SCHULDRECHT BT 2

Miete, Leasing, (Verbraucher-)Darlehen, Bürgschaft u.a.

2020

Dr. Tobias Langkamp
Rechtsanwalt und Repetitor

Dr. Jan Stefan Lüdde
Rechtsanwalt und Repetitor

ALPMANN UND SCHMIDT Juristische Lehrgänge Verlagsges. mbH & Co. KG
48143 Münster, Alter Fischmarkt 8, 48001 Postfach 1169, Telefon (0251) 98109-0
AS-Online: www.alpmann-schmidt.de

Zitiervorschlag: Langkamp/Lüdde, Schuldrecht BT 2, Rn.

Dr. Langkamp, Tobias
Dr. Lüdde, Jan Stefan
Schuldrecht BT 2
Miete, Leasing, (Verbraucher-)Darlehen, Bürgschaft u.a.
19. überarbeitete Auflage 2020
ISBN: 978-3-86752-702-6

Verlag Alpmann und Schmidt Juristische Lehrgänge
Verlagsgesellschaft mbH & Co. KG, Münster

INHALTSVERZEICHNIS

LITERATURVERZEICHNIS

Verweise in den Fußnoten auf „RÜ" und „RÜ2" beziehen sich auf die Ausbildungszeitschriften von Alpmann Schmidt. Dort werden Urteile so dargestellt, wie sie in den Examensklausuren geprüft werden: in der RechtsprechungsÜbersicht als Gutachten und in der Rechtsprechungs-Übersicht 2 als Urteil/Behördenbescheid/Anwaltsschriftsatz etc.

RÜ-Leser wussten mehr: Immer wieder orientieren sich Examensklausuren an Gerichtsentscheidungen, die zuvor in der RÜ klausurmäßig aufbereitet wurden. Die aktuellsten RÜ-Treffer aus ganz Deutschland finden Sie auf unserer Homepage.

Abonnenten haben Zugriff auf unser digitales RÜ-Archiv.

Bamberger/Roth	Beck'scher Online Kommentar BGB 51. Edition, München 2019 (zit.: BeckOK/Bearbeiter)
Blank/Börstinghaus	Miete 5. Aufl., München 2017 (zit.: Blank/Börstinghaus)
Brox/Walker	Besonderes Schuldrecht 43. Aufl., München 2019 (zit.: Brox/Walker, Besonderes Schuldrecht)
Bub-Treier	Handbuch der Geschäfts- und Wohnraummiete 5. Aufl., München 2019 (zit.: Bub-Treier/Bearbeiter)
Burmann/Heß/ Hühnermann/Jahnke/	Straßenverkehrsrecht 25. Aufl., München 2018 (zit.: Burmann/Heß/Hühnermann/Jahnke/Bearbeiter)
Erman	BGB, Kommentar, 15. Aufl., Münster/Köln 2017 (zit.: Erman/Bearbeiter)
Gramlich	Mietrecht 15. Aufl., München 2019 (zit.: Gramlich)
Handkommentar BGB	Kommentar zum BGB 10. Aufl., Baden-Baden 2018 (zit.: Hk-BGB/Bearbeiter)
Jauernig	Bürgerliches Gesetzbuch 17. Aufl., München 2018 (zit.: Jauernig/Bearbeiter)
jurisPraxiskommentar	BGB Schuldrecht, Band 2 8. Aufl., Saarbrücken 2017 (zit.: jurisPK-BGB/Bearbeiter)
Looschelders	Schuldrecht Besonderer Teil 14. Aufl., München 2019 (zit.: Looschelders)

Medicus/Petersen	Bürgerliches Recht 27. Aufl., München 2019 (zit.: Medicus/Petersen BR)
Münchener Kommentar	Bürgerliches Gesetzbuch Band 1, Allgemeiner Teil (§§ 1–240, AGB-Gesetz) 8. Aufl., München 2018 Band 2, Schuldrecht Allgemeiner Teil (§§ 241–310) 8. Aufl., 2019 Band 3, Schuldrecht Besonderer Teil I (§§ 311–432) 8. Aufl., München 2019 Band 4, Schuldrecht Besonderer Teil II (§§ 433–534 CISG) 8. Aufl., München 2019 Band 5, Schuldrecht Besonderer Teil III (§§ 535–630 h) 8. Aufl., München 2020 Band 6, Schuldrecht Besonderer Teil III (§§ 630–704) 8. Aufl., München 2020 (zit.: MünchKomm/Bearbeiter)
Oetker/Maultzsch	Vertragliche Schuldverhältnisse 5. Aufl. 2018
Palandt	Bürgerliches Gesetzbuch, 78. Aufl., München 2019 (zit.: Palandt/Bearbeiter)
Prütting/Wegen/Weinreich	BGB Kommentar 14. Aufl., Köln 2019 (zit.: Prütting/Wegen/Weinreich)
Schmidt-Futterer	Mietrecht 14. Aufl., München 2019 (zit.: Schmidt-Futterer/Bearbeiter)
Soergel	Bürgerliches Gesetzbuch Band 8/Schuldrecht 6: §§ 535–610 13. Aufl., Stuttgart-Berlin-Köln 2007 (zit.: Soergel/Bearbeiter)
Staudinger	J.v. Staudingers Kommentar zum Bürgerlichen Gesetzbuch, Eckpfeiler des Zivilrechts (2018) Zweites Buch, Recht der Schuldverhältnisse (§§ 397–432), 2017 (§§ 535–556 g), 2017 (§§ 677–704), 2015 (§§ 765–778), 2012 (zit.: Staudinger/Bearbeiter)
Thomas/Putzo	ZPO 40. Aufl., München 2019 (zit.: Thomas/Putzo/Bearbeiter)

1. Teil: Darlehensvertrag

Das Gelddarlehen und das Sachdarlehen sind getrennt voneinander geregelt. 1

- Für das **Gelddarlehen** gelten die allgemeinen Vorschriften in den §§ 488–490,[1] die hinsichtlich des Verbraucherdarlehens durch die §§ 491–505 e ergänzt werden.
- Im Sachzusammenhang mit dem Gelddarlehen stehen die **entgeltlichen Finanzierungshilfen** (§§ 506–508) und die **Ratenlieferungsverträge** (§ 510) zwischen einem Unternehmer und einem Verbraucher.
- Das **Sachdarlehen** ist in den §§ 607–609 normiert.

1. Abschnitt: Gelddarlehen

A. Zustandekommen

Das Zustandekommen des Darlehensvertrags erfordert – wie nach allgemeiner Rechtsgeschäftslehre gemäß den §§ 104 ff. üblich – eine Einigung über den Abschluss eines Vertrags, dem keine Wirksamkeitshindernisse entgegenstehen dürfen.

I. Einigung

Die Parteien müssen sich über die nach § 488 maßgeblichen Vertragsbestandteile eines Darlehens einigen. 2

Der Darlehensgeber verpflichtet sich gemäß **§ 488 Abs. 1 S. 1**, dem Darlehensnehmer einen **Geldbetrag** in der vereinbarten Höhe **zur Verfügung zu stellen**. Es kann auch vereinbart werden, dass ein bereits aus einem anderen Grund geschuldeter Geldbetrag nunmehr als Darlehen geschuldet werden soll (Vereinbarungsdarlehen).

Beispiel: Aus einem Kaufvertrag schuldet Käufer K dem Verkäufer V den Restkaufpreis i.H.v.10.000 €. Die Parteien vereinbaren, dass der Betrag als Darlehen mit einer Zinszahlungspflicht und einer bestimmten Laufzeit gelten soll.

Der Darlehensnehmer verpflichtet sich gemäß **§ 488 Abs. 1 S. 2**, einen geschuldeten **Zins zu zahlen** und das **Darlehen** bei Fälligkeit **zurückzugewähren**. Nach der gesetzlichen Regelung ist die Verpflichtung zur Zahlung eines Zinses der **Regelfall**. Es kann aber auch ein zinsloses Darlehen gewährt werden, wie sich aus § 488 Abs. 3 S. 3 ergibt.

II. Wirksamkeit

Der Darlehensvertrag gemäß § 488 ist grundsätzlich **formfrei**. 3

Hinweis: *Verbraucherdarlehensverträge sind gemäß § 492 Abs. 1 S. 1 schriftlich abzuschließen.*

Als Nichtigkeitsgrund kann beim Darlehensvertrag insbesondere § 138 virulent werden. Das gilt vor allem für den Spezialtatbestand des Wuchers gemäß **§ 138 Abs. 2**, der ein **auffälliges Missverhältnis** zwischen Leistung und Gegenleistung voraussetzt. Die Dar-

1 §§ ohne Gesetzesangabe sind solche des BGB.

lehensgewährung und die Zinszahlung stehen im Gegenseitigkeitsverhältnis. Bei der Prüfung des auffälligen Missverhältnisses wird der vertraglich vereinbarte Zins mit dem marktüblichen Zins verglichen.

Klausurhinweis: *Auch wenn die Umstände des Einzelfalls maßgeblich sind, können Sie ein auffälliges Missverhältnis regelmäßig bejahen, wenn der Vertragszins den marktüblichen Zins um 100% oder absolut um 12 Prozentpunkte übersteigt.*[2]

Weiterhin muss das Rechtsgeschäft unter **Ausbeutung der Zwangslage**, der Unerfahrenheit, des Mangels an Urteilsvermögen oder der erheblichen Willensschwäche des Vertragspartners vorgenommen worden sein. Die Ausbeutungsmerkmale sind schwer nachweisbar.

Deshalb gewinnt die Sittenwidrigkeit gemäß **§ 138 Abs. 1** mit der Fallgruppe des **wucherähnlichen Geschäfts** besondere Bedeutung. Dies setzt (wie der Wuchertatbestand) objektiv ein auffälliges Missverhältnis zwischen Leistung und Gegenleistung voraus. In subjektiver Hinsicht erfordert das wucherähnliche Geschäft, dass der Kreditgeber mit **verwerflicher Gesinnung** handelt. Eine solche liegt insbesondere dann vor, wenn der Darlehensgeber die schwächere Lage des anderen Teils bewusst zu seinem Vorteil ausnutzt oder sich leichtfertig der Erkenntnis verschließt, dass der Darlehensnehmer nur wegen seiner schwächeren Position den Vertrag abschließt. Bei einem besonders groben Missverhältnis besteht eine **tatsächliche Vermutung** für ein Handeln in verwerflicher Gesinnung.[3] Diese Vermutung greift jedoch nicht ein, wenn der Darlehensnehmer Unternehmer ist.[4]

Ist Wucher nach § 138 Abs. 2 oder Sittenwidrigkeit nach § 138 Abs. 1 zu bejahen, ist der Darlehensvertrag **insgesamt nichtig**. Der Vertrag wird nicht mit einer angemessenen Gegenleistung aufrechterhalten.[5] Denn ansonsten könnten Darlehensgeber risikolos stark überhöhte Zinsen verlangen.

4 ***Klausurhinweis:*** *Der im Falle der Sittenwidrigkeit oder des Wuchers bestehende Rückzahlungsanspruch aus **§ 812 Abs. 1 S. 1 Alt. 1** wird bezüglich des Darlehenskapitals **nicht durch § 817 S. 2 ausgeschlossen**, weil nur die zeitweise Kapitalüberlassung, nicht aber das Kapital als solches Leistungsgegenstand ist. Das Darlehenskapital muss jedoch dem Vertragspartner bis zu dem Zeitpunkt belassen bleiben, zu dem es bei Gültigkeit des Vertrags zurückzuzahlen wäre.*[6]

*Für die Zeit der Überlassung der Darlehensvaluta können indes **keine Zinsen**, auch nicht die üblichen, verlangt werden, da der Darlehensvertrag nichtig ist und einem bereicherungsrechtlichen Anspruch insoweit § 817 S. 2 entgegensteht.*[7]

---

2 Vgl. AS-Skript BGB AT 2 (2019), Rn. 126.
3 BGH RÜ 2010, 5.
4 Palandt/Ellenberger § 138 Rn. 30.
5 Palandt/Ellenberger § 138 Rn. 75.
6 BGH NJW 1999, 1636, 1637.
7 AS-Skript Schuldrecht BT 3 (2019), Rn. 134.

B. Vertragspflichten und Pflichtverletzungen

I. Pflichten des Darlehensgebers

Gemäß **§ 488 Abs. 1 S. 1** trifft den Darlehensgeber die Pflicht, dem Darlehensnehmer einen **Geldbetrag** in der vereinbarten Höhe **zur Verfügung zu stellen**. Das Zurverfügungstellen kann durch Zahlung von Bargeld oder bargeldlos, insbesondere durch Überweisung oder eine Kontogutschrift erfolgen. 5

Das Zurverfügungstellen an einen Dritten ist gemäß **§§ 362 Abs. 2, 185** möglich, wenn es vereinbart ist.[8]

Beispiel: K kauft von V eine Eigentumswohnung. Mit der finanzierenden Bank vereinbart K, dass der Darlehensbetrag direkt auf das Konto des Verkäufers V überwiesen werden soll.

Aufklärungspflichten des Darlehensgebers bestehen **nur ausnahmsweise**. Eine kreditgebende Bank darf nämlich regelmäßig davon ausgehen, dass die Kunden über die notwendige Sachkenntnis verfügen oder sich bei Fachleuten informiert haben. 6

Nur bei Vorliegen **besonderer Umstände** ergeben sich Aufklärungs- und Hinweispflichten. Dies ist etwa dann der Fall, wenn die Bank über die Rolle als Kreditgeberin hinausgeht, wenn sie einen besonderen Gefährdungstatbestand schafft, wenn sie in Interessenkonflikte verwickelt ist oder wenn sie einen konkreten Wissensvorsprung vor dem Darlehensnehmer hat und dies auch erkennen kann.[9]

Auch einem Unternehmer gegenüber erbringt der Darlehensgeber keine sonstige, rechtliche Leistung, für die er die **Bearbeitungsgebühr** als gesonderte Vergütung verlangen könnte. Die Zurverfügungstellung der Valuta, die Bearbeitung des Darlehensantrages, die Bonitätsprüfung, die Erfassung der Kundenwünsche und -daten, das Führen der Vertragsgespräche, die Abgabe des Darlehensangebots oder die Beratung des Kunden stellen **keine separat vergütungsfähige Sonderleistung** dar. Deshalb ist eine entsprechende AGB des Darlehensgebers gemäß § 307 Abs. 1 S. 1, Abs. 2 Nr. 1 unwirksam.[10]

II. Pflichten des Darlehensnehmers

Der Darlehensnehmer ist gemäß **§ 488 Abs. 1 S. 2** verpflichtet, das **Darlehen** bei Fälligkeit **zurückzugewähren**. Regelmäßig treffen die Parteien die Abrede, dass das Darlehen für einen bestimmten Zeitraum gewährt wird. Ist dies nicht der Fall, so hängt die **Fälligkeit** gemäß § 488 Abs. 3 S. 1 von der Kündigung des Darlehensgebers oder des Darlehensnehmers ab. 7

Im Regelfall besteht zudem die Verpflichtung zur **Zahlung eines Zinses**. Es kann allerdings auch ein zinsloses Darlehen gewährt werden, vgl. § 488 Abs. 3 S. 3.

Aus dem Sinn und Zweck des Vertrags kann sich ferner für den Darlehensnehmer eine **Pflicht zur Abnahme** des Darlehens ergeben. Dies gilt vor allem bei verzinslichen Darlehen.[11]

---

8 BGH NJW 2010, 1144.

9 BGH NJW-RR 2011, 124.

10 OLG Frankfurt a.M. RÜ 2016, 549, 550.

11 Palandt/Weidenkaff § 488 Rn. 8, 16.

Zahlt der Darlehensnehmer das Darlehen bei Fälligkeit nicht zurück, hat der Darlehensgeber **keinen Anspruch auf den Vertragszins**. Allerdings kann ein Anspruch auf Zahlung von Zinsen wegen verspäteter Rückzahlung aus §§ 280 Abs. 1 u. 2, 286 und § 288 bestehen.[12]

III. Pflichtverletzungen

8 Verletzt der Darlehensgeber seine **Pflicht zur Auszahlung**, kann der Darlehensnehmer unter den Voraussetzungen der §§ 280 Abs. 1 u. 2, 286 den Verzögerungsschaden ersetzt verlangen. Gemäß §§ 280 Abs. 1 u. 3, 281 kann ein Schadensersatzanspruch statt der Leistung bestehen. Ferner kommt dann ein Rücktrittsrecht des Darlehensnehmers aus § 323 in Betracht.

Hinweis: *Nach Auszahlung des Darlehens wird das Rücktrittsrecht durch das Kündigungsrecht aus § 314 verdrängt.*[13]

Werden (die nur ausnahmsweise bestehenden) Aufklärungspflichten verletzt, haftet der Darlehensgeber aus § 280 Abs. 1.

Wenn nach dem Sinn und Zweck des Vertrags (vor allem bei verzinslichen Darlehen) eine Abnahmepflicht besteht, hat die Nichtabnahme des Darlehens zur Folge, dass **Schadensersatzansprüche gegen den Darlehensnehmer** aus §§ 280 Abs. 1 u. 3, 281 oder aus §§ 280 Abs. 1 u. 2, 286 und ein Rücktrittsrecht gemäß § 323 bestehen können.

C. Beendigung des Darlehensvertrags durch Kündigung

9 Mit der Rückerstattung des zur Verfügung gestellten Darlehens und Zahlung der vereinbarten Zinsen erlöschen der Rückerstattungs- und der Zinszahlungsanspruch durch **Erfüllung gemäß § 362 Abs. 1** und der Darlehensvertrag wird beendet.

Die Vertragsbeendigung durch Rückerstattung ohne vorherige Kündigung ist nach **§ 488 Abs. 3 S. 3** nur bei zinslosen Darlehensverträgen zulässig.

I. Ordentliche Kündigung unbefristeter Darlehensverträge

10 Ist das Darlehen auf **unbestimmte Zeit** gewährt, so kann der Darlehensvertrag gemäß § 488 Abs. 3 S. 1 u. 2 sowohl vom **Darlehensgeber** als auch vom **Darlehensnehmer** durch **ordentliche Kündigung** mit einer Frist von drei Monaten beendet und damit die Fälligkeit der Rückerstattungspflicht begründet werden.

Bei **zinslosen** Darlehen besteht zugunsten des Darlehensnehmers nach § 488 Abs. 3 S. 3 die Möglichkeit, die Vertragsbeendigung ohne vorherige Kündigung allein durch die Rückerstattung herbeizuführen.

---

12 MünchKomm/Berger § 488 Rn. 211.

13 Palandt/Weidenkaff § 488 Rn. 21.

II. Ordentliche Kündigung durch den Darlehensnehmer

Der **Darlehensnehmer** kann gemäß **§ 489** unter den dort genannten Voraussetzungen den Darlehensvertrag (festverzinsliche Darlehensverträge gemäß Abs. 1, Darlehensverträge mit veränderlichem Zinssatz gemäß Abs. 2) **ordentlich kündigen** und damit die Fälligkeit der Rückzahlungspflicht begründen. 11

Zu beachten ist jedoch die Regelung des **Abs. 3**: Unterbleibt die Darlehensrückzahlung innerhalb von zwei Wochen nach Wirksamwerden einer Kündigung gemäß Abs. 1 oder Abs. 2, wird **fingiert**, dass die **Kündigung nicht erfolgt** ist.

Eine Bausparkasse darf als Darlehensnehmer im Regelfall einen Bausparvertrag gemäß § 489 Abs. 1 Nr. 2 nach Ablauf von zehn Jahren nach Zuteilungsreife kündigen.[14]

III. Außerordentliche Kündigung durch den Darlehensgeber

Der **§ 490 Abs. 1** statuiert ein **außerordentliches Kündigungsrecht** des **Darlehensgebers**. Die sachlichen Voraussetzungen dieses Kündigungsrechts sind: 12

- (Objektiver) Eintritt oder drohender Eintritt einer wesentlichen **Verschlechterung der Vermögensverhältnisse** des Darlehensnehmers **oder der Werthaltigkeit einer** für das Darlehen **gestellten Sicherheit** und
- hierdurch entstehende **Gefährdung des Rückzahlungsanspruchs** des Darlehensgebers.

In zeitlicher Hinsicht unterscheidet § 490 Abs. 1 für das Kündigungsrecht danach, ob die Kündigung

- **vor** Darlehensvalutierung erfolgt: in diesem Fall ist die außerordentliche Kündigung „**im Zweifel stets**" möglich; **oder**
- **nach** Auszahlung des Darlehens erfolgt: hier ist die außerordentliche Kündigung nur „**in der Regel**" möglich, was eine Gesamtwürdigung der jeweiligen Kündigungssituation erfordert. Dann sind also Ausnahmen möglich.[15]

  Beispiel: Es kann dem Darlehensgeber zumutbar sein, sich auf eine mögliche ratenweise Rückzahlung des Darlehens einzulassen, wenn erst die Rückforderung des gesamten Darlehens die Vermögenssituation des Darlehensnehmers so verschlechtern würde, dass er insolvent wird. Gleiches kann im Einzelfall bei einer nur vorübergehenden Vermögensverschlechterung gelten.[16]

IV. Außerordentliche Kündigung durch den Darlehensnehmer

Gemäß **§ 490 Abs. 2 S. 1 u. S. 2** hat der **Darlehensnehmer** bei einem grundpfandrechtlich gesicherten festverzinslichen Darlehensvertrag ein **außerordentliches Kündigungsrecht** insbesondere für den Fall, dass er ein Bedürfnis nach einer anderweitigen Verwertung des Sicherungsobjekts hat. Zum Ausgleich für dieses Kündigungsrecht hat der Darlehensnehmer jedoch dem Darlehensgeber denjenigen Schaden zu ersetzen, 13

14 BGH RÜ 2017, 492, 494 f.

15 Palandt/Weidenkaff § 490 Rn. 4.

16 Vgl. BeckOK/Rohe § 490 Rn. 14.

der diesem aus der vorzeitigen Kündigung entsteht (**Vorfälligkeitsentschädigung**), **§ 490 Abs. 2 S. 3**.

V. Außerordentliche Kündigung und Störung der Geschäftsgrundlage gemäß § 313

14 Neben den bereits aufgeführten speziellen Kündigungsregelungen ist beim Darlehensvertrag als Dauerschuldverhältnis – für beide Parteien – auch die Beendigung durch **außerordentliche Kündigung** gemäß **§ 314** möglich, der allgemein die Kündigung von Dauerschuldverhältnissen aus wichtigem Grund regelt. **§ 490 Abs. 3** stellt insoweit ausdrücklich klar, dass § 314 neben den speziellen außerordentlichen Kündigungsrechten des § 490 anwendbar ist. Allerdings hat § 490 als Spezialregelung Vorrang.[17]

Die Regelung des **§ 490 Abs. 3** stellt zudem klar, dass auch die Möglichkeit zur Vertragsanpassung wegen Störung der Geschäftsgrundlage gemäß **§ 313** von § 490 **unberührt** bleibt.

VI. Ordentliche und außerordentliche Kündigung bei Gesamtschuld

15 Wird der Darlehensvertrag mit **mehreren Vertragspartnern** geschlossen, kann er als Dauerschuldverhältnis **grundsätzlich nur einheitlich** gegenüber allen Darlehensnehmern als Gesamtschuldnern gekündigt werden. Dies ergibt sich aus der Einheitlichkeit des Darlehensvertrags, der nicht gegenüber einem Darlehensnehmer durchgeführt und zugleich gegenüber einem anderen Darlehensnehmer beendet werden kann.

Auch aus der Vorschrift des **§ 425 Abs. 2** lässt sich insoweit nichts Gegenteiliges folgern, da diese Regelung für **Fälligkeitskündigungen** gilt, während die ordentliche als auch die außerordentliche Kündigung des Darlehensvertrags dessen **Beendigung** herbeiführt.[18]

17 Freitag WM 2001, 2370; Palandt/Weidenkaff § 490 Rn. 9.

18 BGH NJW 2002, 2866, 2867.

2. Abschnitt: Verbraucherdarlehen (§§ 491–505), entgeltliche Finanzierungshilfen (§§ 506–508) und Ratenlieferungsverträge (§ 510)

Das Verbraucherschutzrecht des BGB ist an vielen verschiedenen Stellen, jeweils im Zusammenhang mit der entsprechenden Sachmaterie, normiert. Mit dieser Aufteilung im Gesetz korrespondiert die Verteilung des Verbraucherschutzes über die unterschiedlichen AS-Skripte zum Schuldrecht. Denn nur so können die jeweiligen Besonderheiten, die aufgrund des Verbraucherschutzes innerhalb der einzelnen Sachgebiete zu beachten sind, hinreichend verdeutlicht werden. Dazu die folgende Übersicht: 16

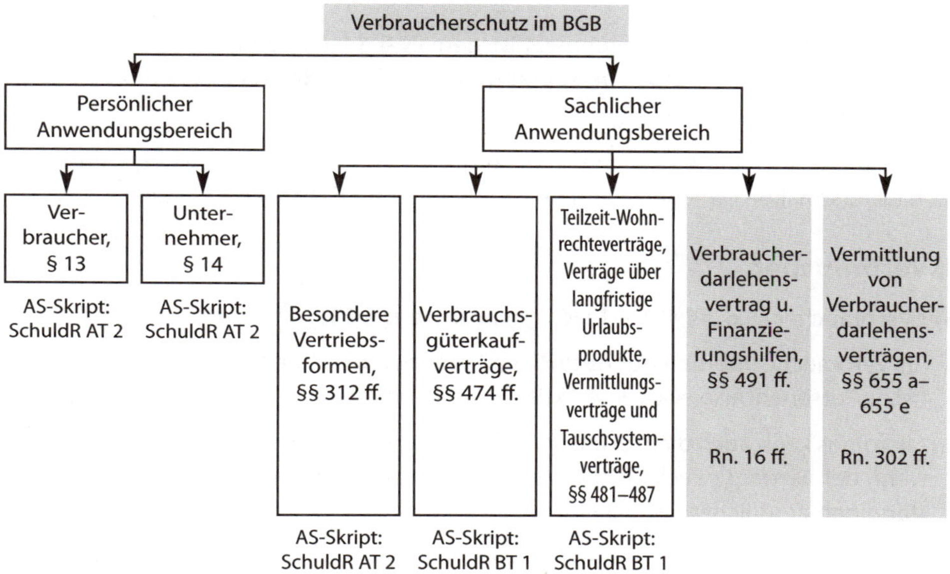

A. Überblick: Regelungsgegenstand der §§ 491–513

Die §§ 491–513 betreffen Verträge zwischen einem Unternehmer einerseits und einem Verbraucher oder Existenzgründer andererseits. Diese Verträge über Finanzierungsmittel lassen sich in sachlicher Hinsicht in drei Gruppen unterteilen.

17

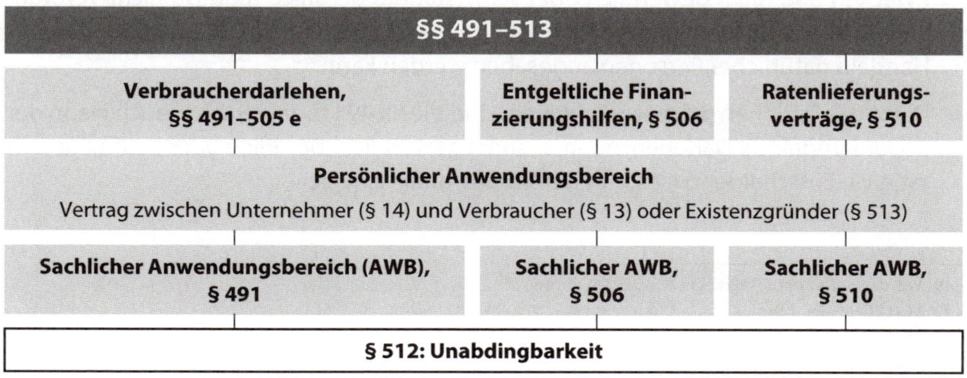

B. Persönlicher Anwendungsbereich

18 Die §§ 491–512 gelten gemäß § 491 Abs. 1 für Verträge zwischen **Unternehmern** und **Verbrauchern**. Erweiternd bestimmt § 513, dass die Vorschriften auch für **Existenzgründer** als Darlehensnehmer, Empfänger eines Zahlungsaufschubs oder einer sonstigen Finanzierungshilfe gelten, wenn der Nettodarlehensbetrag oder der Barzahlungspreis 75.000 € nicht übersteigt.

Die Bestimmung der zentralen Grundbegriffe Unternehmer und Verbraucher erfolgt nach den allgemeinen Bestimmungen in den §§ 13 und 14.

I. Unternehmer

19 Für die Eigenschaft des Unternehmers ist gemäß **§ 14** maßgebend, dass er bei Abschluss des Vertrags in **Ausübung seiner gewerblichen oder selbstständigen beruflichen Tätigkeit** handelt.[19]

Ist ein Handeln im Rahmen der gewerblichen oder beruflichen Tätigkeit gegeben, reicht auch die erstmalige Darlehensvergabe zur Anwendung der §§ 491–512 aus.[20]

II. Verbraucher

20 Wer Verbraucher i.S.d. §§ 491–512 ist, ergibt sich aus **§ 13**.

- Als Verbraucher werden nur **natürliche Personen** geschützt. Deshalb können juristische Personen, also etwa eine Aktiengesellschaft, keine Verbraucher i.S.d. § 13 sein.
- Allerdings kann auch die **Gesellschaft bürgerlichen Rechts** (GbR) Verbraucher sein, wenn der Vertragszweck nicht einer von ihr betriebenen gewerblichen oder selbstständigen beruflichen Tätigkeit dient.[21]

  Die Anerkennung der Teilrechtsfähigkeit der GbR hindert die Anwendbarkeit der Vorschriften der §§ 491 ff. nämlich nicht, da **die GbR nicht den Status einer juristischen Person besitzt**. Im Übrigen ist entscheidend, auf den **Schutzzweck der §§ 491 ff.** abzustellen, der auch dann eingreift, wenn mehrere natürliche Personen das Darlehen gemeinsam aufnehmen. Jedoch ist eine als Außengesellschaft rechtsfähige Gesellschaft bürgerlichen Rechts, deren Gesellschafter eine natürliche Person **und eine juristische Person** sind, unabhängig davon, ob sie lediglich zu privaten Zwecken und nicht gewerblich oder selbstständig beruflich tätig ist, nicht Verbraucher i.S.d. § 13, weil dann das Handeln der GbR nicht mehr als gemeinschaftliches Handeln natürlicher Personen angesehen werden kann.[22]
- Dient das Darlehen **privaten Zwecken**, sind die §§ 491 ff. anwendbar, auch wenn der privat handelnde Darlehensnehmer sonst gewerblich, beruflich oder kaufmännisch tätig ist. Entscheidend ist somit der Verwendungszweck.

---

19 Vgl. dazu AS-Skript Schuldrecht AT 2 (2018), Rn. 164 ff.

20 BGH BGHZ 179, 126.

21 BGH RÜ 2002, 74, 76.

22 BGH RÜ 2017, 485, 486.

Ist ein Kredit nach dem Zweck nicht teilbar, so ist auf den **überwiegenden Zweck** abzustellen, so z.B. wenn ein mit dem Darlehen finanzierter Pkw für gewerbliche Zwecke auch gelegentlich privat genutzt wird. Eine Aufspaltung des Darlehensgeschäfts in einen privaten und einen gewerblichen Teil kommt i.d.R. nicht in Betracht.[23]

Mit der Reform zum 13.06.2014 wurde in § 13 das Wort überwiegend eingefügt.[24] Damit hat nunmehr auch der Gesetzgeber klargestellt, dass es auf den überwiegenden Zweck des jeweiligen Geschäfts ankommt.

- Zeitlich kommt es für die Frage, ob das Darlehen für eine gewerbliche oder selbstständige berufliche Tätigkeit bestimmt ist, auf den **Zeitpunkt** an, in dem der Darlehensvertrag zustande kommt.[25]

  Beispiel: Es ist für die Verbrauchereigenschaft unschädlich, wenn sich der Darlehensnehmer später entschließt, den Pkw doch nicht überwiegend privat, sondern nur gewerblich zu nutzen.

- Schließen **mehrere Personen gesamtschuldnerisch** einen Darlehensvertrag ab, ist die Anwendbarkeit der §§ 491 ff. für jeden Darlehensnehmer getrennt zu beurteilen.[26]

III. Existenzgründer

Die §§ 491–512 gelten gemäß **§ 513 Hs. 1** auch für Existenzgründer. Um ein Existenzgründungsdarlehen handelt es sich auch, wenn der Verbraucher zwar bereits ein gewerbliches Unternehmen betreibt, die **Darlehensmittel** aber **zum Aufbau** einer neuen beruflichen Tätigkeit bestimmt sind, die mit der bisherigen Tätigkeit nicht in Zusammenhang steht.[27] 21

Allerdings finden die §§ 491–512 gemäß **§ 513 Hs. 2** keine Anwendung, wenn der Nettodarlehensbetrag oder der Barzahlungspreis **75.000 € übersteigt**.

Beispiel: Ex-Banker B will einen Bioladen eröffnen. Zur Erstausstattung benötigt er ein Darlehen über 150.000 €. Da das Darlehen nicht für eine bereits ausgeübte Tätigkeit bestimmt ist, handelt es sich um ein Existenzgründungsdarlehen. Nach § 513 Hs. 2 sind die §§ 491 ff. aber nicht anwendbar, wenn der Nettodarlehensbetrag oder Barzahlungspreis über 75.000 € liegt.

Wird ein Betrag von über 75.000 € für ein einheitliches Geschäft bewilligt, aber in kleinere Darlehensverträge oder Finanzierungshilfen aufgeteilt, liegt eine **Umgehung** i.S.v. § 512 S. 2 vor und die Beträge werden zusammengerechnet.[28]

C. Verbraucherdarlehen

Das Verbraucherdarlehen (§§ 490–505 e) ist das **examensrelevanteste Finanzierungsmittel** der §§ 491–512. Es kann insbesondere auch als verbundener Vertrag i.S.d. §§ 358, 359[29] Gegenstand einer Examensklausur sein. 22

---

23 Vgl. Palandt/Weidenkaff § 491 Rn. 5.
24 Dazu AS-Skript Schuldrecht AT 2 (2018), Rn. 160.
25 Palandt/Weidenkaff § 491 Rn. 5.
26 BGH BGHZ 144, 370.
27 Vgl. Palandt/Weidenkaff § 513 Rn. 1.
28 Palandt/Weidenkaff § 513 Rn. 5.
29 Dazu AS-Skript, Schuldrecht AT 2 (2018), Rn. 259 ff.

I. Sachlicher Anwendungsbereich

Während in persönlicher Hinsicht der Darlehensgeber Unternehmer und der Darlehensnehmer Verbraucher sein muss, ist für den sachlichen Anwendungsbereich maßgebend, dass es sich um einen **Verbraucherdarlehensvertrag** handelt. Dazu gehören sowohl Allgemein-Verbraucherdarlehensverträge als auch Immobiliar-Verbraucherdarlehensverträge. Dabei muss es sich um **entgeltliche Darlehensverträge** handeln und kein **Ausnahmetatbestand** gemäß **§ 491 Abs. 2, 3 oder 4** erfüllt sein.

Für **unentgeltliche Darlehen**, die ein Unternehmer einem Verbraucher gewährt, gilt **§ 514**. Durch diese im Rahmen der Umsetzung der WohnImmoKrRL mit Wirkung **zum 21.03.2016** neu eingefügte Vorschrift werden zentrale verbraucherschützende Regelungen zur Vermeidung von Überschuldung, die bisher nur auf entgeltliche Verträge Anwendung fanden, auch auf unentgeltliche Verbraucherdarlehensverträge für entsprechend anwendbar erklärt.[30]

1. Entgeltlicher Darlehensvertrag

23 Der sachliche Anwendungsbereich der § 491 ff. erfordert das Vorliegen eines entgeltlichen (Geld-)Darlehensvertrags. Das in den §§ 607 ff. normierte **Sachdarlehen** wird **nicht erfasst**. Voraussetzung für die Anwendbarkeit der Verbraucherschutzregeln gemäß den §§ 491 ff. ist, dass es sich **nicht** um ein Darlehen handeln darf, bei dem abweichend vom gesetzlichen Regelfall **auf** eine **Verzinsung verzichtet** wurde. Entgeltlichkeit liegt nämlich nur dann vor, wenn der vom Darlehensnehmer insgesamt aufzubringende Betrag die ausbezahlte Valuta zuzüglich der dem Darlehensgeber konkret entstandenen Kosten übersteigt.[31]

Beispiel: Bei einer sog. „**Null-Prozent-Finanzierung**" fehlt es an der erforderlichen Entgeltlichkeit des Darlehens. Es findet dann aber § 514 Anwendung.

Unmittelbar von § 491 erfasst werden also:

- verzinsliche Darlehen, rückzahlbar in Raten oder in einem Betrag,
- Überziehungs- oder andere Kontokorrentkredite.

Darüber hinaus stellt sich in den folgenden Fällen die Frage, ob die **§§ 491 ff. analog anwendbar** sind:

- Schuldbeitritt
- Schuldübernahme
- Vertragsübernahme
- Bürgschaft

30 Vgl. BeckOK BGB/Möller BGB § 514 Rn. 1
31 BeckOK/Möller § 491 Rn. 57.

a) Schuldbeitritt

Fall 1: Fernmündlicher Fehltritt

Die N-GmbH lässt sich von Bank G ein verzinsliches Darlehen gewähren. Auf Verlangen der G erklärt B, der Geschäftsführer und Hauptgesellschafter der N-GmbH ist, noch am gleichen Tage fernmündlich seinen persönlichen Schuldbeitritt. Da die N-GmbH die fälligen Darlehensraten nicht zahlt, will G den B persönlich aufgrund seines Schuldbeitritts in Anspruch nehmen. Daraufhin erklärt B, er werde nicht zahlen, da der Schuldbeitritt formnichtig sei. Hat B Recht?

Der Schuldbeitritt könnte gemäß **§ 494 Abs. 1** formnichtig sein. **24**

I. Dazu müssten die §§ 491 ff. auf den Schuldbeitritt anwendbar sein.

Der **Schuldbeitritt** selbst ist **kein Verbraucherdarlehensvertrag** i.S.d. **§ 491 Abs. 1**. Hierfür ist das Vorliegen eines verzinslichen Darlehens erforderlich, ein solches erlangt der Beitretende jedoch nicht. Er übernimmt lediglich die Mithaftung für die Verpflichtung des Darlehensnehmers, ohne dessen Anspruch gegen den Darlehensgeber auf Auszahlung des Darlehens zu erhalten.[32]

Der **Schuldbeitritt ist jedoch einem Verbraucherdarlehensvertrag gleichzustellen**, wenn es sich bei dem Vertrag, zu dem der Beitritt erfolgt, um einen Verbraucherdarlehensvertrag handeln würde, wenn der Beitretende selbst der Darlehensnehmer wäre. Es sind dann die **§§ 491 ff. analog** anzuwenden.[33]

Im Falle des Schuldbeitritts zu einem Verbraucherdarlehensvertrag ist das **Schutzbedürfnis des Beitretenden nämlich nicht geringer, sondern eher größer als das des Darlehensnehmers**, weil der Beitretende trotz voller Mitverpflichtung keine Rechte gegen den Darlehensgeber erlangt, insbesondere keinen Anspruch auf Auszahlung des Darlehens hat. Aber auch aus der Sicht des Darlehensgebers ist die analoge Anwendung der §§ 491 ff. gerechtfertigt, da er durch den Schuldbeitritt einen weiteren Schuldner für den Verbraucherdarlehensvertrag erhält.

1. B müsste **Verbraucher** i.S.d. §§ 13, 491 Abs. 1 sein.

   a) B ist eine **natürliche Person**. Sein Schuldbeitritt zu den Verpflichtungen der N-GmbH aus dem Darlehensvertrag mit der G ist, ungeachtet dessen, dass er Gesellschafter und Geschäftsführer der N-GmbH ist, nach dem Inhalt des Vertrags nicht für seine bereits ausgeübte gewerbliche oder selbstständige berufliche Tätigkeit bestimmt. Insbesondere ist das **Halten eines GmbH-Geschäftsanteils keine gewerbliche Tätigkeit, sondern Vermögensverwaltung** und die Geschäftsführung einer GmbH keine selbstständige, sondern eine angestellte berufliche Tätigkeit. Folglich ist auch der GmbH-Gesellschafter/Geschäftsführer Verbraucher.[34] B ist mithin Verbraucher.

---

32 BGH BGHZ 133, 71.

33 BGH RÜ 2006, 118, 120; Palandt/Weidenkaff § 491 Rn. 10.

34 Palandt/Weidenkaff § 491 Rn. 10.

b) Dabei ist allein entscheidend, ob in der Person des Mitverpflichteten die Voraussetzungen für die Verbrauchereigenschaft erfüllt sind. Es ist **nicht Voraussetzung, dass neben dem Beitretenden auch der Darlehensnehmer Verbraucher** ist.[35] Da der Schuldbeitritt ein selbstständiges Schuldverhältnis zwischen dem Beitretenden und dem Darlehensgeber begründet, ist in allen die §§ 491 ff. betreffenden Fragen im Wege der Einzelbetrachtung auf die Person des Beitretenden abzustellen. Es ist hier somit unschädlich, dass der Darlehensnehmer selbst, also die N-GmbH, als juristische Person kein Verbraucher ist.

2. G müsste als Darlehensgeber **Unternehmer** i.S.d. §§ 14, 491 Abs. 1 sein. Dies ist bei der G als Bank der Fall.

3. Der Schuldbeitritt ist einem Verbraucherdarlehensvertrag i.S.d. § 491 Abs. 1 gleichzustellen, soweit es sich bei dem Vertrag, zu dem der Beitritt erfolgt, für den Beitretenden um einen **Verbraucherdarlehensvertrag** i.S.d. § 491 Abs. 1 handeln würde, wenn er selbst Darlehensnehmer wäre. Vorliegend handelt es sich um ein verzinsliches (Geld-)Darlehen i.S.d. §§ 491 Abs. 1, 488 Abs. 1, sodass ein Verbraucherdarlehensvertrag vorliegt.

Auf den Schuldbeitritt des B sind somit die §§ 491 ff. analog anwendbar.

25 II. Demnach stellt sich die Frage, ob der Schuldbeitritt des B den Formerfordernissen der §§ 492 Abs. 1, 494 Abs. 1 genügt.

1. Der **Schuldbeitritt** bedurfte gemäß **§ 492 Abs. 1 S. 1** der **Schriftform**. Diese wurde hier nicht eingehalten, da der Beitritt fernmündlich erfolgte. Rechtsfolge der Nichteinhaltung der Form des § 492 Abs. 1 S. 1 ist gemäß § 494 Abs. 1 die Nichtigkeit des Schuldbeitritts.

2. Nach § 494 Abs. 2 S. 1 tritt allerdings **Heilung** ein, „soweit der Darlehensnehmer das Darlehen empfängt oder in Anspruch nimmt". Dabei ist aber wiederum im Wege der Einzelbetrachtung auf die Person des Beitretenden abzustellen. Der Formfehler wird nicht durch Leistung an den Darlehensnehmer – hier die N-GmbH – geheilt. Der hier zu schützende Beitretende B hat das Darlehen nicht in Anspruch genommen. Eine **analoge Anwendung des § 494 Abs. 2** in der Weise, dass mit Auszahlung der Darlehensmittel an den Darlehensnehmer ein Darlehensempfang oder eine Inanspruchnahme des Darlehens durch den Beigetretenen erfolgt sei, ist vor dem Hintergrund des Sinns und Zwecks der Vorschrift **nicht gerechtfertigt**.[36]

   Dem B mögen zwar durch die Überlassung der Darlehensvaluta an die N-GmbH unmittelbare Vorteile entstanden sein. Diese können aber einem **Empfang des Darlehens nicht gleichgestellt** werden.[37]

35 BGH NJW-RR 2012, 166.
36 Scherer/Mayer BB 1998, 2169, 2174.
37 Vgl. BGH NJW 1997, 654, 655.

Der Schuldbeitritt ist somit formnichtig und G kann den B nicht in Anspruch nehmen.

---

b) Befreiende Schuldübernahme

26 Ist der bisherige Schuldner des Darlehens ein Verbraucher, sind die §§ 491 ff. auch nach einer Schuldübernahme auf das Darlehen anwendbar. Dies gilt unabhängig davon, ob die Schuldübernahme gemäß § 414 oder § 415 erfolgt ist.[38]

Wenn der bisherige Schuldner des Darlehens ein Unternehmer ist, sind für den Neuschuldner die §§ 491 ff. anwendbar, wenn er Verbraucher gemäß § 13 ist (oder die Voraussetzungen des § 513 vorliegen).[39]

c) Vertragsübernahme

27 Regelmäßig erfolgt die Vertragsübernahme durch einen Vertrag zwischen der ursprünglichen und der neuen Partei unter Zustimmung der verbleibenden Partei.[40] Auch auf diesen Vertrag sind die **§§ 491 ff.** dann **analog anwendbar.**

Eine Vertragsübernahmevereinbarung genügt dem Schriftformerfordernis des § 492 Abs. 1 S. 1 nicht, wenn die schriftliche Übernahmeerklärung des Verbrauchers nicht den Inhalt des zu übernehmenden Vertrags wiedergibt.[41]

d) Bürgschaft

28 Die Bürgschaft (vgl. dazu eingehend Rn. 326 ff.) für ein Darlehen ist selbst kein Darlehensvertrag und zudem nicht entgeltlich. Die **§§ 491 ff.** sind auf die Bürgschaft auch **nicht analog anwendbar**, weil das Schutzbedürfnis des Sicherungsgebers nicht mit dem des Darlehensnehmers vergleichbar ist.[42]

2. Allgemein-Verbraucherdarlehensverträge und Immobiliar-Verbraucherdarlehensverträge

Mit dem Gesetz[43] zur Umsetzung der Wohnimmobilienkredit-RL mit Wirkung zum 21.03.2016 wurden Verbraucherdarlehensverträge in Allgemein-Verbraucherdarlehensverträge (§ 491 Abs. 2) und Immobiliar-Verbraucherdarlehensverträge (§ 491 Abs. 3) unterteilt. Außerdem ist § 491 mit Wirkung zum 10.06.2017 um Regelungen zum Immobilienverzehrkreditvertrag erweitert worden.[44]

---

38 MünchKomm/Schürnbrand § 491 Rn. 30.
39 MünchKomm/Schürnbrand § 491 Rn. 30.
40 Palandt/Grüneberg § 398 Rn. 42.
41 BGH NJW 1999, 2664, 2667.
42 Vgl. Palandt/Weidenkaff § 491 Rn. 11 m.w.N.; sowie unten Rn. 403 f.
43 BGBl. 2016 I 396.
44 BGBl. 2017 S. 1495.

a) Allgemein-Verbraucherdarlehensverträge

Gemäß der **Legaldefinition in § 491 Abs. 2 S. 1** sind Allgemein-Verbraucherdarlehensverträge entgeltliche Darlehensverträge zwischen einem Unternehmer als Darlehensgeber und einem Verbraucher als Darlehensnehmer.

b) Immobiliar-Verbraucherdarlehensverträge

Nach der **Legaldefinition in § 491 Abs. 3 S. 1** sind Immobiliar-Verbraucherdarlehensverträge entgeltliche Darlehensverträge zwischen einem Unternehmer als Darlehensgeber und einem Verbraucher als Darlehensnehmer, die entweder durch ein Grundpfandrecht oder eine Reallast besichert sind oder für den Erwerb oder die Erhaltung des Eigentumsrechts an Grundstücken, an bestehenden oder zu errichtenden Gebäuden oder für den Erwerb oder die Erhaltung von grundstücksgleichen Rechten bestimmt sind.

c) Immobilienverzehrkreditverträge

Keine Immobiliar-Verbraucherdarlehensverträge sind gemäß § 491 Abs. 3 S. 4 Immobilienverzehrkreditverträge, bei denen der Kreditgeber pauschale oder regelmäßige Zahlungen leistet oder andere Formen der Kreditauszahlung vornimmt und im Gegenzug nur einen Betrag aus dem künftigen Erlös des Verkaufs einer Wohnimmobilie erhält oder ein Recht an einer Wohnimmobilie erwirbt und **erst nach dem Tod des Verbrauchers eine Rückzahlung** fordert, außer der Verbraucher verstößt gegen die Vertragsbestimmungen, was dem Kreditgeber erlaubt, den Vertrag zu kündigen. Außerdem sind solche Immobilienverzehrkreditverträge auch **keine Allgemein-Verbraucherdarlehensverträge**, vgl. § 491 Abs. 2 S. 2 Nr. 6 Alt. 2.

3. Ausnahmetatbestände

In § 491 Abs. 2 S. 2 und § 491 Abs. 3 S. 2-4 sowie in § 491 Abs. 4 sind Ausnahmetatbestände geregelt, die entweder die Anwendung der §§ 491 ff. insgesamt ausschließen oder jedenfalls wesentlich einschränken.

a) Ausnahmen gemäß § 491 Abs. 2 S. 2 Nr. 1–6

29 Auf einen Teil der Verträge, die nach der Definition des § 491 Abs. 2 an sich Allgemein-Verbraucherdarlehensverträge wären, finden die **§§ 491 ff. keine Anwendung**, weil eine wesentliche Gefährdung der Verbraucherinteressen nicht zu befürchten ist; es handelt sich bei diesen Ausnahmetatbeständen jedoch um Verbraucherverträge i.S.d. § 310 Abs. 3, sodass die §§ 312 ff. Anwendung finden können.[45]

- **Kleindarlehen unter 200 €:** § 491 Abs. 2 S. 2 **Nr. 1** enthält eine Ausnahme für Verträge, bei denen der Nettodarlehensbetrag weniger als 200 € beträgt. Nettodarlehensbetrag ist nach der Legaldefinition in Art. 247 § 3 Abs. 2 EGBGB der Höchstbetrag, auf den der Darlehensnehmer aufgrund des Darlehensvertrags Anspruch hat.

45 Palandt/Weidenkaff § 491 Rn. 12.

Nicht maßgebend ist dabei, ob dem Verbraucher der Betrag auch tatsächlich zufließt.[46]

Beispiel: Frau V möchte ein Tablet für 199 € kaufen. Da sie den gesamten Betrag nicht sogleich aufbringen kann, lässt sie sich bei der K-Bank ein Darlehen i.H.v. 199 € zzgl. Zinsen und Bearbeitungsgebühr geben. Das Darlehen soll in monatlichen Raten von 50 € getilgt werden.

Die §§ 491 ff. finden gemäß § 491 Abs. 2 S. 2 Nr. 1 hier keine Anwendung. Entscheidend für die Bagatellgrenze ist nämlich der auszuzahlende Nettodarlehensbetrag, nicht die Gesamtbelastung. Der Nettodarlehensbetrag bestimmt sich nach Art. 247 § 3 Abs. 2 EGBGB. Das ist der Betrag, auf den der Darlehensnehmer tatsächlich Anspruch hat.

Hinweis: *Der Versuch, die Anwendung der §§ 491 ff. auf ein höheres Darlehen zu verhindern, indem mehrere Darlehensverträge unter 200 € abgeschlossen werden, scheitert an § 512 S. 2.*

- **Darlehen mit Pfandsicherung:** Hintergrund der Vorschrift des § 491 Abs. 2 S. 2 **Nr. 2** ist die Tätigkeit von Pfand- und Leihhäusern. Voraussetzung für die Anwendung dieser Ausnahmeregelung ist, dass ein Faustpfand i.S.d. §§ 1204 ff. begründet wird und der Pfandgegenstand übergeben worden ist.[47] Ferner müssen nach dem Darlehensvertrag sämtliche Verpflichtungen aus diesem Vertrag, auch aus Verzug oder Nichterfüllung der Rückzahlung, durch den Pfandgegenstand abgesichert sein.[48]

- **Kurzzeitige Darlehen:** Die Ausnahme gemäß § 491 Abs. 2 S. 2 **Nr. 3** betrifft Kreditverträge mit einer Rückzahlungsverpflichtung **binnen drei Monaten** und **geringen Kosten**. Ob geringe Kosten anfallen, hängt nicht allein vom Darlehensbetrag ab, sondern ist aufgrund aller Umstände zu beurteilen. Typische Anwendungsfälle sind Darlehen auf Zahlkarten, für deren Ausstellung und Nutzung ein Entgelt zu zahlen ist.[49] Die Vorschrift ist nicht anwendbar, wenn bei Vertragsschluss schon offensichtlich ist, dass der Verbraucher das Darlehen nicht fristgerecht zurückzahlen kann und der Unternehmer überdurchschnittlich hohe Verzugszinsen geltend machen kann.[50]

- **Arbeitgeberdarlehen:** Die Ausnahmevorschrift gemäß § 491 Abs. 2 S. 2 **Nr. 4** greift ein, wenn ein Arbeitgeber mit seinem Arbeitnehmer einen Darlehensvertrag zu **Zinsen** abschließt, die **unter den marktüblichen Sätzen** liegen. Die Anwendung der Vorschrift setzt einen inneren Zusammenhang zwischen Darlehen und Arbeitsvertrag voraus.[51] Für die Beurteilung, ob die Zinsen unter den marktüblichen Sätzen liegen, verweist § 491 Abs. 2 Nr. 4 ausdrücklich auf den effektiven Jahreszins i.S.d. **§ 6 PAngV**, also auf die jährliche Gesamtbelastung des Verbrauchers.

  Beispiel: Druckereibetreiber D möchte A als Drucker gewinnen. A sieht sich an der Annahme der Stelle gehindert, weil er den Betrieb des D mit öffentlichen Verkehrsmitteln nicht erreichen kann. D gewährt dem A ein Darlehen von 5.000 € zum Ankauf eines gebrauchten Pkw. Sie vereinbaren, dass der Betrag mit 1% zu verzinsen ist und bis zur Tilgung von Kapital und Zinsen monatlich 250 € vom Lohn des A einbehalten werden.

---

46 Palandt/Weidenkaff Art. 247 § 3 Rn. 4.
47 MünchKomm/Schürnbrand § 491 Rn. 75.
48 Palandt/Weidenkaff § 491 Rn. 14.
49 Palandt/Weidenkaff § 491 Rn. 15.
50 BT-Drs. 16/11 643 S 77.
51 BeckOK/Möller § 491 Rn. 83.

Es liegt (an sich) ein Allgemein-Verbraucherdarlehensvertrag i.S.d. § 491 Abs. 2 S. 1 vor. A ist als Verbraucher anzusehen, denn Arbeitnehmer oder Beamte sind auch dann durch die §§ 491 ff. geschützt, wenn sie ein Darlehen für berufliche Zwecke aufnehmen, da sie keine „selbstständige" berufliche Tätigkeit ausüben. Im vorliegenden Fall finden die §§ 491 ff. nach § 491 Abs. 2 S. 2 Nr. 4 aber deshalb keine Anwendung, weil D als Arbeitgeber mit seinem Arbeitnehmer A den Verbraucherdarlehensvertrag zu Zinsen (1%) abgeschlossen hat, die unter den marktüblichen Sätzen liegen und ein innerer Zusammenhang zwischen Arbeits- und Darlehensvertrag besteht.

- **Förderdarlehen:** Die Ausnahme gemäß § 491 Abs. 2 S. 2 **Nr. 5** bezieht sich auf alle Darlehen, die auf gesetzlichen Vorgaben des öffentlichen Rechts beruhen, z.B. Förderdarlehen zur Berufsausbildung. Da eine Unmittelbarkeit nicht erforderlich ist, werden auch von Förderanstalten über private Kreditinstitute ausgereichte Darlehen erfasst.[52]

- **Immobiliar-Verbraucherdarlehensverträge** und **Immobilienverzehrkreditverträge:** Schließlich stellt § 491 Abs. 2 S. 2 **Nr. 6** klar, dass Immobiliar-Verbraucherdarlehensverträge ebenso wie Immobilienverzehrkreditverträge nicht von § 491 Abs. 2 S. 1 erfasst werden.

b) Ausnahmen gemäß § 491 Abs. 3 S. 2-4

Während § 491 Abs. 3 S. 2 u. 4 vollständige Ausnahmen von der Anwendung der §§ 491 ff. vorsieht, wird der Anwendungsbereich in den Fällen des § 491 Abs. 3 S. 3 lediglich – wenn auch wesentlich – eingeschränkt.

- **Arbeitgeberdarlehen:** Indem § 491 Abs. 3 S. 2 auf Abs. 2 S. 2 Nr. 4 der Vorschrift verweist, werden Arbeitgeberdarlehen insgesamt aus dem Anwendungsbereich der §§ 491 ff. ausgeschlossen.

- **Immobilienverzehrkreditverträge:** Keine Immobiliar-Verbraucherdarlehensverträge sind die in § 491 Abs. 3 S. 4 definierten Immobilienverzehrkreditverträge.

- **Förderdarlehen:** Bei Immobiliar-Verbraucherdarlehensverträgen, welche die Voraussetzungen eines Förderdarlehens i.S.d. § 491 Abs. 2 S. 2 Nr. 5 erfüllen, sind gemäß § 491 Abs. 3 S. 3 **nur** die **vorvertraglichen Informationspflichten gemäß § 491 a Abs. 4** zu beachten.

c) Ausnahmen gemäß § 491 Abs. 4

30 Die Vorschriften über die Form und den Inhalt (§§ 492, 494), die Informationspflichten (§§ 491 a, 493), das Widerrufsrecht (§ 495) sowie das Entfallen der Bindung an einen mit dem Darlehensvertrag verbundenen Vertrag bei Widerruf (§ 358 Abs. 2 u. 4) sind nicht auf die in § 491 Abs. 4 genannten **gerichtlichen Protokolle und Vergleiche** anzuwenden. Gleiches gilt für die §§ 505 a–505 e.

52 Palandt/Weidenkaff § 491 Rn. 17.

II. Besondere Regelungen für das Verbraucherdarlehen

1. Vorvertragliche Informationspflichten

Gemäß **§ 491 a** bestehen die dort im Einzelnen aufgeführten vorvertraglichen Informationspflichten des Darlehensgebers, die den Darlehensnehmer in die Lage versetzen sollen, einen Angebotsvergleich durchzuführen und eine „wohlinformierte" Entscheidung zu treffen.[53] **31**

Eine **Verletzung** dieser Pflichten **wirkt sich** jedoch **nicht** unmittelbar **auf die Wirksamkeit des Darlehensvertrags aus.** Dem Darlehensnehmer können aber Schadensersatzansprüche aus §§ 280 Abs. 1, 311 Abs. 2 zustehen.[54]

2. Form und Inhalt des Vertrags

a) Schriftform

Gemäß **§ 492 Abs. 1 S. 1** ist für Verbraucherdarlehensverträge – im Gegensatz zu einem „einfachen" Darlehen – die **Schriftform** erforderlich. **32**

Der Schriftform (**§ 126**) ist genügt, wenn Antrag und Annahme durch die Vertragsparteien jeweils getrennt schriftlich erklärt werden, § 492 Abs. 1 S. 2. Der Kreditgeber darf sich dabei einer automatischen Einrichtung bedienen, § 492 Abs. 1 S. 3.

§ 492 enthält keinen Ausschluss der elektronischen Form, sodass gemäß § 126 Abs. 3 die Schriftform durch die **elektronische Form** ersetzt werden kann. Textform gemäß § 126 b ist dagegen nicht zulässig.

Zur Wahrung der Schriftform nach § 126 ist erforderlich, dass die **formgerecht errichtete Urkunde der anderen Partei formgerecht zugeht.** Da das beim Erklärungsgegner zugehende Telefax keine eigenhändige (sondern lediglich eine übermittelte) Unterschrift aufweist, wird die Schriftform durch ein Telefax nicht gewahrt.[55] Der Verzicht auf den Zugang ist gemäß § 151 möglich. Auch in Formularverträgen kann der Zugangsverzicht wirksam vereinbart werden.[56]

Abweichend von § 167 Abs. 2 bedarf gemäß § 492 Abs. 4 S. 1 die **Vollmacht** zum Abschluss eines Verbraucherdarlehensvertrags der **Schriftform.** **33**

Ausnahmsweise gilt jedoch nach **§ 492 Abs. 4 S. 2** das Formerfordernis des § 492 Abs. 4 S. 1 i.V.m. Abs. 1 und Abs. 2 nicht, wenn es sich um eine **Prozessvollmacht** oder eine **notariell beurkundete** Vollmacht handelt.

Bei **entgeltlichen Finanzierungshilfen** (insbesondere dem Finanzierungsleasing) ist die **Anwendung des § 492 Abs. 4** gemäß § 506 Abs. 1 **ausgeschlossen.**

53 BeckOK/Möller § 491a Rn. 2.

54 Palandt/Weidenkaff § 491 a Rn. 6.

55 BGH BGHZ 165, 213; Palandt/Weidenkaff § 492 Rn. 2.

56 MünchKomm/Schürnbrand § 492 Rn. 21.

b) Vertragsinhalt

34 Nach **§ 492 Abs. 2 i.V.m. Art. 247 §§ 6–13 EGBGB** muss der Vertrag die dort vorgeschriebenen Angaben enthalten. Dazu zählen etwa der Name und die Anschrift des Darlehensnehmers sowie das einzuhaltende Verfahren bei der Kündigung des Vertrags.

Klausurhinweis: *Sie müssen den Inhalt der Art. 247 §§ 6–13 EGBGB (selbstverständlich) nicht näher kennen, sondern nur aufmerksam durchforsten, wenn der Klausursachverhalt danach „schreit". Das ist insbesondere dann der Fall, wenn der Vertragstext weitgehend abgedruckt ist oder der Inhalt näher beschrieben wird. Dann heißt es: Finde den Fehler!*

c) Rechtsfolgen von Form- oder Inhaltsmängeln

35 Der **Verbraucherdarlehensvertrag** und die für den Abschluss eines solchen Vertrags vom Verbraucher erteilte **Vollmacht** sind **gemäß § 494 Abs. 1 nichtig**, wenn entweder die Schriftform insgesamt oder die in § 492 Abs. 2 i.V.m. Art 246 §§ 6 und 10–13 EGBGB vorgeschriebenen Angaben fehlen.

Klausurhinweis: *Achten Sie in der Klausurhektik unbedingt darauf, dass das Fehlen der Angaben gemäß* ***Art. 247 §§ 7 und 8 EGBGB nicht zur Unwirksamkeit führt****. Diese Vorschriften betreffen insbesondere Notarkosten, Versicherungen, Sicherheiten und Vorfälligkeitsentschädigungen.*

36 Der **Vertrag wird** jedoch **gültig**, soweit der Darlehensnehmer das Darlehen empfängt oder in Anspruch nimmt, **§ 494 Abs. 2 S. 1**. Ein Empfang liegt vor, wenn das Darlehen endgültig aus dem Vermögen des Darlehensgebers ausgeschieden und dem Darlehensnehmer in der vereinbarten Form endgültig zugeführt ist. Inanspruchnahme erfordert eine Disposition des Darlehensnehmers, mindestens das an den Darlehensgeber gerichtete Verlangen, das Geld zur Verfügung zu stellen, dem der Darlehensgeber entspricht, indem er auszahlt, überweist oder einen Scheck einlöst.[57]

Der Vertrag wird durch die Heilung des Formmangels mit der vollen Laufzeit gültig, aber mit **zulasten des Darlehensgebers abweichendem Inhalt**, je nachdem welche Angabe verletzt wurde, § 494 Abs. 2 S. 2 bis Abs. 6.

3. Widerrufsrecht

37 Der **§ 495 Abs. 1** statuiert ein Widerrufsrecht gemäß § 355 zugunsten des Verbrauchers, also des Darlehensnehmers des Verbraucherdarlehensvertrags i.S.v. § 491. Wird das Verbraucherdarlehen als Außergeschäftsraumvertrag (§ 312 b) oder als Fernabsatzvertrag (§ 312 c) abgeschlossen, so wird ein Widerrufsrecht nach **§ 312 g Abs. 1** durch das speziellere Recht aus § 495 Abs. 1 **verdrängt**, vgl. § 312 g Abs. 3.

Hinweis: *Für* ***unentgeltliche*** *Darlehensverträge statuiert* ***§ 514 Abs. 2 S. 1*** *ein Widerrufsrecht gemäß § 355. Hier sind indes die Widerrufsrechte nach § 312 g Abs. 1 vorrangig.*

38 Das Widerrufsrecht nach § 495 Abs. 1 besteht nach **§ 495 Abs. 2** nicht bei Verbraucherdarlehensverträgen, bei denen

57 Palandt/Weidenkaff § 494 Rn. 4.

- Nr. 1: eine besondere Form der **Umschuldung** vorliegt,
- Nr. 2: **notariell beurkundeten Verträgen,** wenn der Notar bestätigt, dass die Rechte des Verbrauchers aus den §§ 491 a, 492 gewahrt sind,
- Nr. 3: **Überziehungskrediten**, sofern sie den Vorschriften der §§ 504 Abs. 2, 505 entsprechen.

Hinweis: *Die Voraussetzungen und die Rechtsfolgen eines Widerrufsrechts gemäß § 355 werden ausführlich im AS-Skript Schuldrecht AT 2 (2018), Rn. 233 ff. behandelt.*

Bei der Prüfung der §§ 355 ff. hinsichtlich eines Widerrufsrechts aus § 495 Abs. 1 sollten insbesondere folgende Besonderheiten beachtet werden:

- Bei Verbraucherdarlehensverträgen (§ 491) beginnt die **Widerrufsfrist** grundsätzlich **mit Vertragsschluss**, da die allgemeine Regel des § 355 Abs. 2 S. 2 auch auf den Verbraucherdarlehensvertrag Anwendung findet. Liegt dem Darlehensnehmer indes zu diesem Zeitpunkt noch nicht die in **§ 356 b Abs. 1** genannte Urkunde vor, beginnt die Frist erst dann zu laufen, wenn ihm die Urkunde zur Verfügung gestellt wurde.

  Das **Widerrufsrecht erlischt** grundsätzlich auch bei unterbliebener oder nicht ordnungsgemäßer Belehrung über das Widerrufsrecht zwölf Monate nach Ablauf der ursprünglichen Widerrufsfrist, vgl. § 356 Abs. 3 S. 2. Eine Ausnahme gilt allerdings für Verträge über Finanzdienstleistungen. Hier verbleibt es beim **„quasi unendlichen Widerrufsrecht"**, da § 356 Abs. 3 S. 3 die Anwendung von S. 2 insoweit ausschließt. Seit 21.03.2016 enthält § 356 b Abs. 2 S. 4 jedoch **für Immobiliar-Verbraucherdarlehensverträge** eine **Gegenausnahme**, derzufolge das Widerrufsrecht spätestens nach zwölf Monaten und 14 Tagen erlischt.

- Während die Verpflichtung zur Rückgewähr der Darlehensvaluta aus der allgemeinen Regelung in § 355 Abs. 3 S. 1 folgt, ergibt sich aus **§ 357 a Abs. 1** eine diesbezügliche **Höchstfrist von 30 Tagen**. Ferner normiert § 357 a Abs. 3 S. 1 die Pflicht des Darlehensnehmers zur Zahlung des vereinbarten Sollzinses für die Inanspruchnahme des Kredits bis zur Rückzahlung des Darlehens.

  Allerdings gewährt § 357 a Abs. 3 S. 2 dem Verbraucher bei einem Immobiliar-Verbraucherdarlehen das Recht des **Nachweises**, dass der **Wert des Gebrauchsvorteils niedriger** war als der Sollzins. Dann schuldet der Verbraucher dem Unternehmer nur den niedrigeren Wert, vgl. **§ 357 a Abs. 3 S. 3**.

4. Bedenkzeit

Nach **§ 495 Abs. 3 S. 1** wird der Darlehensgeber bei **Immobiliar-Verbraucherdarlehensverträgen**, die unter die Ausnahme vom Widerrufsrecht gemäß § 495 Abs. 2 fallen, verpflichtet, dem Verbraucher als Darlehensnehmer eine **Bedenkzeit von mindestens sieben Tagen** einzuräumen. Der Verbraucher soll durch diese cooling-off-period die Möglichkeit haben, das Vertragsangebot des Darlehensgebers zu prüfen, bevor er sich entscheidet.[58] Vor allem für Umschuldungsdarlehen i.S.d. § 495 Abs. 2 Nr. 1 soll die neue

58 Begr. RegE, BT-Drs. 18/5922, 87 f.

Regelung relevant sein. Da hierbei schnelles Handeln erforderlich ist, um die Zinslast nicht unnötig zu vergrößern, ist die Bedenkzeit auf sieben Tage begrenzt.[59]

Bei dieser Frist handelt es sich um eine **Annahmefrist i.S.d. § 148**, sodass der Darlehensgeber gemäß § 145 bis zum Ablauf der Bedenkzeit an sein konkretes Angebot gebunden ist und der Verbraucher das Angebot jederzeit, also insbesondere vor Ablauf der Frist annehmen kann.[60] Für die Fristberechnung gelten die §§ 187 ff. Nach Ablauf der Frist erlischt das Angebot.[61] Gemäß **§ 495 Abs. 3 S. 2** beginnt die Bedenkzeit, sobald dem Verbraucher das Angebot in entsprechender Form vorliegt.

5. Widerrufs- und Einwendungsdurchgriff

In dem Fall, dass ein Vertrag über die Lieferung einer Ware oder die Erbringung einer anderen Leistung **mit einem Verbraucherdarlehensvertrag** derart **verbunden** ist, dass das Darlehen ganz oder teilweise der Finanzierung des anderen Vertrags dient und beide Verträge eine wirtschaftliche Einheit bilden – also verbundene Verträge i.S.d. § 358 Abs. 3 S. 1 vorliegen –, kann es zu einem Widerrufs- und Einwendungsdurchgriff kommen.[62]

- Nach **§ 358 Abs. 2** ist der Verbraucher, wenn er seine auf den Abschluss eines Verbraucherdarlehensvertrags gerichtete Willenserklärung wirksam gemäß § 495 Abs. 1 widerrufen hat, **auch an** seine auf den Abschluss eines mit diesem Verbraucherdarlehensvertrag **verbundenen Vertrags gerichtete Willenserklärung nicht mehr gebunden**. Dadurch kann es etwa zum Widerruf eines Kaufvertrags über einen Pkw kommen, der durch ein Verbraucherdarlehen finanziert wurde, obwohl der Kaufvertrag weder als Außergeschäftsraumvertrag noch als Fernabsatzvertrag (vgl. § 312 g) abgeschlossen worden ist.
- Außerdem sieht **§ 358 Abs. 1** für die im Vergleich zu Absatz 2 der Vorschrift umgekehrte Konstellation ebenso einen Widerrufsdurchgriff vor. Danach ist der Verbraucher, wenn er seine auf den Abschluss eines Vertrags über die Lieferung einer Ware oder die Erbringung einer anderen Leistung durch einen Unternehmer gerichtete Willenserklärung wirksam widerrufen hat, **auch an** seine auf den Abschluss eines **Verbraucherdarlehensvertrags gerichtete Willenserklärung nicht mehr gebunden**.
- Außerdem wirken sich gemäß **§ 359 S. 1** Einwendungen des Verbrauchers aus dem verbundenen Vertrag auch gegenüber dem Verbraucherdarlehensvertrag aus (Einwendungsdurchgriff).

6. Einwendungsverzicht, Wechsel- und Scheckverbot

39 Vereinbarungen, die einen **Einwendungsverzicht** oder ein **Aufrechnungsverbot** gegenüber einem künftigen Zessionar vorsehen, sind unwirksam, **§ 496 Abs. 1**.

---

59 BeckOK/Möller BGB § 495 Rn. 33.

60 Vgl. Brox/Walker, Besonderes Schuldrecht, § 17 Rn. 52b.

61 BeckOK/Möller BGB § 495 Rn. 33.

62 Dazu eingehend AS-Skript, Schuldrecht AT 2 (2018), Rn. 259 ff.

Die an sich dispositiven §§ 404, 406 werden also für den Bereich des Verbraucherdarlehens gemäß § 496 – bei entgeltlichem Zahlungsaufschub und sonstiger entgeltlicher Finanzierungshilfe – i.V.m. § 506 Abs. 1 S. 1 für zwingend erklärt, sodass der Darlehensgeber dem Zessionar auch bei anderslautender Vereinbarung mit dem Verbraucher keine bessere Rechtsposition verschaffen kann, als er selbst hatte.

Ferner statuiert **§ 496 Abs. 2** eine **Unterrichtungspflicht**. Diese Pflicht besteht bei offener Abtretung und bei stiller Zession, sobald diese aufgedeckt wird. Bei einem Wechsel in der Person des Darlehensgebers greift die Pflicht nicht nur bei rechtsgeschäftlicher Übertragung, sondern auch bei gesetzlicher Rechtsnachfolge ein.[63] Der Darlehensnehmer ist über die **Abtretung oder den Wechsel und die Daten des neuen Gläubigers** i.S.v. **Art. 246 § 1 Abs. 1 Nr. 1–3 EGBGB** zu unterrichten. Erfolgt die Unterrichtung nicht oder nicht rechtzeitig, stellt dies eine Pflichtverletzung dar, die Schadensersatzansprüche des Darlehensnehmers aus § 280 Abs. 1 zur Folge haben kann.[64]

Nach **§ 496 Abs. 3 S. 1** darf der Verbraucher nicht verpflichtet werden, für die Ansprü- 40
che des Darlehensgebers aus dem Verbraucherdarlehensvertrag eine **Wechselverbindlichkeit** einzugehen. Damit soll der Gefahr vorgebeugt werden, dass der Verbraucher im Urkunden- und Wechselprozess in Anspruch genommen werden und dann keine Einwendungen aus dem Grundgeschäft erheben kann (§ 598 ZPO).[65]

Des Weiteren darf der Kreditgeber nach **§ 496 Abs. 3 S. 2** vom Verbraucher zur Sicherung später fälliger Raten keine (vordatierten) Schecks entgegennehmen.

Bei dem Wechsel- und Scheckverbot gemäß § 496 Abs. 3 handelt es sich um **gesetzliche Verbote i.S.d. § 134**. Ein Verstoß hat aber nur die Nichtigkeit der Verpflichtung zur Eingehung der Verbindlichkeit und der Sicherungsabrede, nicht aber die Nichtigkeit der abstrakten Wechsel- und Scheckverbindlichkeit zur Folge; entgegen dem Verbot gegebene Wechsel und (Sicherheits-)Schecks sind nicht unwirksam, sondern es kommt ein wirksamer Begebungsvertrag zustande. Der Schutz des Verbrauchers wird dadurch gewährleistet, dass er vom Darlehensgeber die Herausgabe des Wechsels oder Schecks verlangen kann und dass der Darlehensgeber für jeden Schaden haftet, der dem Verbraucher aus einer solchen Wechsel- oder Scheckbegebung entsteht, **§ 496 Abs. 3 S. 3 und S. 4**.[66]

7. Verzugszinsen und Teilleistungen

Soweit der Verbraucher mit Zahlungen, die er aufgrund des Verbraucherdarlehensver- 41
trags schuldet, in **Verzug** kommt, ist der geschuldete Betrag gemäß § 288 Abs. 1 zu verzinsen, § 497 Abs. 1 S. 1 Hs. 1. Nach **§ 497 Abs. 1 S. 2** kann der Darlehensgeber aber einen höheren oder einen niedrigeren Schaden nachweisen. Bei **Immobiliar-Verbraucherdarlehensverträgen** beträgt der Verzugszinssatz **abweichend** von Absatz 1 für das Jahr 2,5 Prozentpunkte über dem Basiszinssatz, **§ 497 Abs. 4 S. 1**.

63 Palandt/Weidenkaff § 496 Rn. 3.
64 Palandt/Weidenkaff § 496 Rn. 3.
65 Palandt/Weidenkaff § 496 Rn. 4.
66 Palandt/Weidenkaff § 496 Rn. 4.

42 Nach Eintritt des Verzugs anfallende Zinsen sind auf einem vom Hauptkonto getrennten **Unterkonto** zu führen, **§ 497 Abs. 2 S. 1. Zinseszinsen** dürfen nicht berechnet werden, § 289 S. 1. Den Schadensersatzanspruch wegen Verzugs mit der Erfüllung des Zinsanspruchs (§§ 280 Abs. 1, Abs. 2, 286), der durch den Verzugszins nicht ausgeschlossen wird (§ 289 S. 2), kann der Darlehensgeber nur bis zur Höhe des gesetzlichen Zinssatzes (§ 246) verlangen.[67] Auf **Immobiliar-Verbraucherdarlehensverträge** findet Absatz 2 keine Anwendung, **§ 497 Abs. 4 S. 2**.

43 Zahlungen des Verbrauchers, die zur vollständigen Tilgung nicht ausreichen (**Teilleistungen**), werden abweichend von § 367 Abs. 1 zunächst auf die Kosten der Rechtsverfolgung, sodann auf rückständiges Kapital einschließlich rückständiger Vertragszinsen und dann erst auf aufgelaufene Verzugszinsen angerechnet, **§ 497 Abs. 3 S. 1**. Damit soll eine raschere Tilgung ermöglicht und ein Anwachsen der Schulden beim Verbraucher verhindert werden. Auf **Immobiliar-Verbraucherdarlehensverträge** findet Absatz 3 Satz 1 keine Anwendung, **§ 497 Abs. 4 S. 2**.

Gemäß **§ 497 Abs. 3 S. 3** ist die **Verjährung** der Ansprüche auf Darlehensrückerstattung und Zinsen vom Eintritt des Verzugs an bis zur Titulierung (§ 197 Abs. 1 Nr. 3–5), höchstens zehn Jahre von der Anspruchsentstehung an, gehemmt.

8. Kündigung wegen Zahlungsverzugs

44 Die Vorschrift des **§ 498** statuiert zum Schutz des Darlehensnehmers qualifizierte Voraussetzungen, unter denen bei **Teilzahlungsdarlehen** der Darlehensgeber wegen Zahlungsverzugs des Verbrauchers den Vertrag kündigen kann. Es müssen die folgenden Voraussetzungen kumulativ gegeben sein:

- **Ratenverzug** gemäß § 498 Abs. 1 S. 1 Nr. 1 mit mindestens zwei aufeinander folgenden Teilzahlungen, ganz oder teilweise und mindestens 10%, bei einer Laufzeit des Verbraucherdarlehensvertrags über drei Jahre mit 5% des Nennbetrags des Darlehens in Verzug **und**
- **Nachfristsetzung und Kündigungsandrohung** gemäß § 498 Abs. 1 S. 1 Nr. 2, d.h. zweiwöchige Frist zur Zahlung des rückständigen Betrags mit der Erklärung, dass bei Nichtzahlung innerhalb der Frist die gesamte Restschuld verlangt werde.

  Durch das Erfordernis gemäß § 498 Abs. 1 S. 1 Nr. 2 wird die Wirksamkeit einer fristlosen Kündigung wegen Zahlungsverzugs insbesondere davon abhängig, dass der Darlehensgeber bei der Fristsetzung und der Kündigungsandrohung **den rückständigen Betrag beziffert angibt**.[68] Die Angabe eines zu hohen Betrags führt zur Unwirksamkeit der Kündigung.[69]

  Umstritten ist demgegenüber, ob die Verpflichtung zur Bezifferung **auch für die Restschuld** gilt. Nach vorzugswürdiger Ansicht ist dies im Hinblick auf den Wortlaut des Gesetzes (§ 498 Abs. 1 S. 1 Nr. 2) und im Interesse des Verbraucherschutzes zu bejahen.[70]

---

67 Palandt/Weidenkaff § 497 Rn. 8.

68 BGH NJW-RR 2005, 1410; Leube NJW 2007, 3240.

69 Palandt/Weidenkaff § 498 Rn. 3.

70 Leube NJW 2007, 3240, 3241 f.; a.A. Palandt/Weidenkaff § 498 Rn. 3.

Außerdem ist umstritten, ob eine Nachfristsetzung und Kündigungsandrohung gemäß § 498 Abs. 1 S. 1 Nr. 2 **ausnahmsweise entbehrlich** sein kann, wenn der Verbraucher, also der Darlehensnehmer, die Erfüllung ernsthaft und endgültig verweigert.[71] Gegen die Entbehrlichkeit spricht der Verbraucherschutz und der Umstand, dass der Gesetzgeber im Rahmen des § 498 gerade keine den §§ 281 Abs. 2, 323 Abs. 2 entsprechenden Regelungen getroffen hat.

Liegen die Voraussetzungen des § 498 Abs. 1 S. 1 vor und zahlt der Verbraucher recht- **45**
zeitig, läuft der Verbraucherdarlehensvertrag weiter, wobei Zins- oder Schadensersatzansprüche (§ 497 Abs. 1) unberührt bleiben.

Das gemäß **§ 498 Abs. 1 S. 2** postulierte **Gesprächsangebot** ist weder eine Wirksamkeitsvoraussetzung für die Fristsetzung noch für die Kündigung.[72] Dafür spricht bereits der Wortlaut der Vorschrift („soll").

Für **Immobiliar-Verbraucherdarlehensverträge** gelten gemäß **§ 498 Abs. 2** Besonderheiten. Eine Kündigung ist danach nur möglich, wenn der Darlehensnehmer mit mindestens zwei aufeinander folgenden Raten und zugleich mit mindestens 2,5% des Nennbetrages des Darlehens in Verzug ist. Nach der Gesetzesbegründung entspricht dies regelmäßig einem Zahlungsrückstand von einem halben Jahr.[73]

9. Kreditwürdigkeitsprüfung

Die **§§ 505 a–505 d** wurden im Rahmen der Umsetzung der Wohnimmobilienkredit-RL mit Wirkung zum **21.03.2016** neu eingefügt und ersetzen den entfallenen § 509 a.F. Außerdem wurde in **§ 505 e** mit Wirkung zum **10.06.2017** eine Verordnungsermächtigung für Leitlinien zu den Kriterien und Methoden der Kreditwürdigkeitsprüfung bei Immobiliar-Verbraucherdarlehensverträgen geregelt.

Die §§ 505 a–505 d regeln die **Pflicht des Darlehensgebers zur Kreditwürdigkeitsprüfung des Kreditinteressenten**, also vor Abschluss des Kreditvertrages. Dabei wird der Anwendungsbereich im Vergleich zu § 509 a.F. auf Immobiliar-Verbraucherdarlehensverträge erstreckt. Kreditwürdigkeitsprüfungen sind nicht mehr als eine primär im öffentlichen Interesse liegende Pflicht, sondern zugleich als eine **Schutzpflicht** gegenüber dem Verbraucher vor der **Gefahr der Überschuldung und der Zahlungsunfähigkeit** zu verstehen.[74]

§ 505 a verpflichtet den Darlehensgeber, die Kreditwürdigkeit von Darlehensinteressenten vor Vertragsschluss zu prüfen, und begründet ein **Verbot, bei einem negativen Ergebnis** der Kreditwürdigkeitsprüfung einen **Kreditvertrag abzuschließen**. Ferner treffen die **§§ 505 b** und **505 c Vorgaben für** die **Grundlage der Prüfung**, die Auskünfte des Darlehensinteressenten ebenso einbeziehen wie solche von dritten Stellen. Dabei ist § 505 b Abs. 2–4 speziell auf Immobiliar-Verbraucherdarlehensverträge gerichtet. Außerdem dient § 505 c der Ausgestaltung der Prüfungspflicht bei Immobiliar-Verbraucherdarlehensverträgen i.S.d. § 491 Abs. 3 Nr. 1.

---

71 Dafür BGH NJW-RR 2007, 1202, 1204; a.A. Looschelders § 21 Rn. 23.

72 Palandt/Weidenkaff § 498 Rn. 5.

73 BT-Drs. 16/9821, 21.

74 BT-Drs. 18/5922, 96.

§ 505 d statuiert **Sanktionen gegen den Darlehensgeber**, der die Kreditwürdigkeitsprüfung nicht oder nicht pflichtgemäß durchgeführt hat. Diese Sanktionen ersetzen die Nichtigkeit, die bei einem Verbotsgesetz i.S.v. § 134 drohen und eine Rückabwicklung nach Bereicherungsrecht insbesondere mit der im Einzelfall schwierig zu beantwortenden Frage nach möglichen Nutzungen des Verbrauchers auslösen würde, und sorgen für differenziertere Reaktionsmöglichkeiten.[75] Die in **§ 505 d Abs. 1 S. 1** geregelten Sanktionen richten sich nach der Art der Zinsvereinbarung (gebundener oder veränderlicher Sollzins) und sehen eine Zinsanpassung zum Nachteil des Darlehensgebers vor, für die ein in Bezug zu nehmender Zinssatz angegeben wird. Außerdem statuiert § 505 d Abs. 1 S. 3 das Recht des Darlehensnehmers zur fristlosen, entschädigungslosen Kündigung. Diese Sanktionen stehen unter dem in **§ 505 d Abs. 1 S. 5** geregelten **Vorbehalt**, dass eine pflichtgemäße Kreditwürdigkeitsprüfung keine positive Prognose ergeben hätte.

Wäre die pflichtgemäße Kreditwürdigkeitsprüfung negativ ausgefallen, kann der **Darlehensgeber** gemäß **§ 505 d Abs. 2** einen **Schaden nicht geltend** machen, der ihm aus dem dennoch abgeschlossenen Kreditvertrag erwächst.

Sind **Informationen** vom Darlehensnehmer **vorsätzlich oder grob fahrlässig falsch** oder gar nicht erteilt worden, scheiden die in den Absätzen 1 und 2 vorgesehenen Sanktionen aus, **§ 505 d Abs. 3**.

D. Entgeltliche Finanzierungshilfen

46 In den §§ 506–508 sind die entgeltlichen **Finanzierungshilfen** in einem Vertrag zwischen einem Unternehmer (§ 14) und einem Verbraucher (§ 13) oder Existenzgründer (§ 513) normiert.

Hinweis: *Für* ***unentgeltliche*** *Finanzierungshilfen gilt* ***§ 515****.*

I. Sachlicher Anwendungsbereich

47 Der sachliche Anwendungsbereich der §§ 506–508 erfasst zum einen die Kreditformen des **entgeltlichen Zahlungsaufschubs**, zum anderen die **sonstigen entgeltlichen Finanzierungshilfen**.

Die **Grundnorm für die Finanzierungshilfen** stellt **§ 506** dar:

48
- **§ 506 Abs. 1** regelt, dass für den **entgeltlichen Zahlungsaufschub** und die entgeltliche **Finanzierungshilfe** grundsätzlich die für den Allgemein-Verbraucherdarlehensvertrag geltenden Vorschriften der §§ 491 a bis 502 mit Ausnahme des § 492 Abs. 4, sowie die §§ 358 bis 360 und die §§ 505 a bis 505 e entsprechende Anwendung finden.
- **§ 506 Abs. 2** stellt die entgeltliche Nutzung eines Gegenstands unter bestimmten Voraussetzungen der entgeltlichen Finanzierungshilfe gleich und regelt somit das **Finanzierungsleasing** (siehe Rn. 171 ff.).

75 BeckOK/Möller § 505 a Rn. 7.

- **§ 506 Abs. 3** regelt das **Teilzahlungsgeschäft** und verweist zusätzlich auf die Besonderheiten der §§ 507 und 508.

- **§ 506 Abs. 4 S. 1** sieht vor, dass für den Anwendungsbereich der Vorschriften über die Finanzierungshilfen auch die für den Verbraucherdarlehensvertrag in § 491 Abs. 2, 3 u. 4 bestimmten **Ausnahmen** gelten.

  Gemäß **§ 506 Abs. 4 S. 2** tritt lediglich an die Stelle des in § 491 Abs. 2 S. 2 Nr. 1 genannten Nettodarlehensbetrags der Barzahlungspreis oder Anschaffungspreis, soweit nach der Vertragsart, wie beispielsweise beim Finanzierungsleasing, ein Nettodarlehensbetrag nicht vorhanden ist.

1. Entgeltlicher Zahlungsaufschub

Die vertraglichen Abreden müssen einen **Zahlungsaufschub** enthalten und dem Vertragspartner einen **finanziellen Vorteil** verschaffen. Es müssen dem Vertragspartner Mittel zur Verfügung gestellt werden, über welche er ohne die getroffene Ratenzahlungsvereinbarung nicht verfügen würde. **49**

Beispiel: Der Käufer braucht den Kaufpreis nicht – wie es § 271 vorsieht – sogleich voll zu bezahlen, sondern es wird ihm (insoweit zu seinen Gunsten) durch eine Ratenzahlungsvereinbarung ein Zahlungsaufschub als Kredit gewährt.

Entspricht die vertragliche Regelung, die Zahlungsverpflichtung nach Zeitabschnitten zu erbringen, dem dispositiven Recht oder weicht sie davon zuungunsten des Zahlungsverpflichteten ab, so verschafft sie ihm keine **wirtschaftliche Besserstellung**. Damit stellt eine solche Zahlungsvereinbarung keinen begünstigenden Zahlungsaufschub i.S.v. § 506 Abs. 3 dar.[76]

Der Zahlungsaufschub muss **entgeltlich** sein. Die Entgeltlichkeit **bezieht sich** nicht auf den finanzierten Vertrag, sondern **auf die Finanzierungshilfe**. Der Zahlungsaufschub ist entgeltlich, wenn er eine auf Geld gerichtete Gegenleistung des Verbrauchers verlangt. **50**

Für einen entgeltlichen Zahlungsaufschub genügt **jede Art von entgeltlicher Hinausschiebung der Fälligkeit**, also wegen des Normzwecks auch – trotz der Formulierung des § 506 Abs. 3 „gegen Teilzahlungen" – wenn die **gesamte Gegenleistung in einem Betrag** oder neben einer Anzahlung in einer Rate zu erbringen ist und hierfür vom Unternehmer ein Entgelt verlangt wird.[77]

Die **Höhe des** zu dem Barpreis zusätzlich zu zahlenden **Entgelts ist unmaßgeblich**. Die Geringfügigkeit des Betrags im Verhältnis zum Gesamtpreis steht der Entgeltlichkeit i.S.d. § 506 Abs. 1 nicht entgegen, da jede Art von Gegenleistung ausreichend ist.[78]

Die **wichtigste Erscheinungsform des Zahlungsaufschubs** sind die **Teilzahlungsgeschäfte**, d.h. Verträge, die die Lieferung einer bestimmten Sache oder die Erbringung einer bestimmten anderen Leistung gegen Teilzahlungen zum Gegenstand haben (§ 506 **51**

---

76 BGH NJW 1996, 457, 458.
77 Palandt/Weidenkaff Vor § 506 Rn. 3.
78 Palandt/Weidenkaff Vor § 506 Rn. 6.

Abs. 3). Für diese Verträge, die einen Unterfall der Stundung darstellen, gelten gemäß § 506 Abs. 3, vorbehaltlich des § 506 Abs. 4, die Sonderregelungen der **§§ 507, 508**.

Beim Teilzahlungsgeschäft handelt es sich um einen Kauf-, Werk-, Werklieferungs- oder Dienstvertrag, bei dem ein Unternehmer mit einem Verbraucher als Käufer, Besteller oder Dienstberechtigter kontrahiert und die Vergütung (insbesondere Kaufpreis, Werklohn) in Teilbeträgen und gegen Entgelt später als gesetzlich bestimmt, fällig gestellt wird, um dem Verbraucher die Zahlung zu erleichtern.[79]

2. Sonstige entgeltliche Finanzierungshilfe

Der **wichtigste Fall** der sonstigen entgeltlichen Finanzierungshilfe ist der **Finanzierungsleasingvertrag**. Der Leasingvertrag ist im 4. Teil dieses Skriptes ausführlich behandelt.

II. Besondere Regelungen für entgeltliche Finanzierungshilfen

52 Gemäß § 506 Abs. 1 kommen die dort aufgeführten Vorschriften für Allgemein-Verbraucherdarlehensverträge und für verbundene Verträge entsprechend zur Anwendung. Das bedeutet im Einzelnen:

- Vorvertragliche Information gemäß § 491 a
- **Schriftform und Vertragsinhalt gemäß § 492 Abs. 1–3**
- Formmängel mit möglicher Heilung gemäß § 494
- **Widerrufsrecht gemäß § 495**
- Verbote für Einwendungsverzicht, Wechsel, Scheck gemäß § 496
- Verzugszinsen und Teilleistungen mit Behandlung gemäß § 497
- Gesamtfälligstellung bei Teilzahlung gemäß § 498, also mit Restschuldminderung
- **Vertretung:** Die **Vollmacht** ist **formfrei**, da § 492 Abs. 4 nicht anzuwenden ist.
- Kreditwürdigkeitsprüfung gemäß den §§ 505 a ff.

1. Form und Inhalt

53 Grundsätzlich ist gemäß § 506 Abs. 1 i.V.m. § 492 Abs. 1 bei allen Finanzierungshilfen die **Schriftform** einzuhalten. Bei **Teilzahlungsgeschäften im Fernabsatzhandel** ist § 507 Abs. 1 S. 2 zu beachten. Die Vorschrift entbindet – unter den dort aufgeführten Voraussetzungen – von der Einhaltung der Form des § 492 Abs. 1 im Fernabsatz.

Die gemäß § 506 Abs. 1 i.V.m. § 492 Abs. 2 und Art. 247 §§ 6–13 EGBGB erforderlichen **Angaben** sind in der Regel auch bei Teilzahlungsgeschäften einzuhalten. Allerdings enthält § 507 Abs. 3 eine Ausnahme für den Fall, dass ein Unternehmer nur gegen Teilzahlungen Sachen liefert oder Leistungen erbringt. Der Anwendung dieser Ausnahme-

79 Palandt/Weidenkaff § 506 Rn. 6.

vorschrift steht nicht entgegen, dass der Unternehmer bei anderen Waren oder Leistungen bar abrechnet oder etwa Skonto gewährt.[80]

Beim **Finanzierungsleasing** tritt an die Stelle des Nettodarlehensbetrages gemäß § 506 Abs. 2 S. 2 der Barzahlungspreis oder, wenn der Unternehmer den Gegenstand für den Verbraucher erworben hat, der Anschaffungspreis.

Grundsätzlich gelten für die Finanzierungshilfen gemäß § 506 Abs. 1 die Nichtigkeitsanordnung in § 494 Abs. 1, die Heilungsmöglichkeit gemäß § 494 Abs. 2 und die weiteren Regelungen in § 494 Abs. 3–7. Für **Teilzahlungsgeschäfte** gelten jedoch gemäß §§ 506 Abs. 3, 507 Abs. 1 S. 1 die § 494 Abs. 1–3, Abs. 6 S. 3 nicht. Insoweit besteht eine **Sonderregelung in § 507 Abs. 2**. Anzuwenden sind mithin § 507 Abs. 2 sowie § 494 Abs. 4, 5, 6 S. 1 und S. 2, Abs. 7.[81]

2. Widerruf und Kündigung

Durch die Verweisung des § 506 Abs. 1 S. 1 auf die §§ 491 a bis 502 und damit auch auf **54**
§ 495 Abs. 1 wird für alle Finanzierungshilfen ein **Widerrufsrecht nach § 355** statuiert.

Ferner gilt die **Kündigungsbeschränkung aus § 498** gemäß § 506 Abs. 1 S. 1 auch für die Finanzierungshilfen des entgeltlichen Zahlungsaufschubs und der sonstigen entgeltlichen Finanzierungshilfe.

Bei einem **Teilzahlungsgeschäft** besteht neben dem Kündigungsrecht (§ 498) ein Rücktrittsrecht (§ 323) gemäß § 508 Abs. 2 S. 1 (vgl. hierzu sogleich unten) und gemäß § 508 Abs. 2 S. 2 tritt an die Stelle des Nennbetrags der Gesamtbetrag.

Beim **Finanzierungsleasing** ist zu beachten: Haben mehrere Leasingnehmer eine Sa- **55**
che geleast, besteht nur ein einheitliches, auf unteilbare Leistung gerichtetes Schuldverhältnis. Daher kann der Leasinggeber den Leasingvertrag nur mit Wirkung gegenüber allen Leasingnehmern kündigen. Ist die Kündigung nicht gegenüber allen Leasingnehmern wirksam, geht sie insgesamt ins Leere.[82]

3. Rücktritt bei Teilzahlungsgeschäften

Für das **Rücktrittsrecht des Unternehmers wegen Zahlungsverzugs** des Verbrau- **56**
chers enthält **§ 508** für **Teilzahlungsgeschäfte** i.S.d. § 506 Abs. 3 (also insbesondere für den Abzahlungskauf) eine Sonderregelung, die den Rücktritt nach § 323 von den besonderen Voraussetzungen des § 498 (Kündigung wegen Zahlungsverzugs) abhängig macht.

Die Voraussetzungen des Rücktrittsrechts bei den in §§ 508 S. 1, 506 Abs. 3 genannten Verträgen ergeben sich infolge der Verweisung in § 508 S. 1 aus § 498:

- Ratenverzug gemäß § 498 S. 1 Nr. 1,

---

80 Palandt/Weidenkaff § 507 Rn. 2.

81 Vgl. Palandt/Weidenkaff § 507 Rn. 6.

82 BGHZ 144, 370; Palandt/Weidenkaff § 498 Rn. 6; vgl. auch BGH NJW 2002, 2866 (grundsätzlich nur einheitliche Kündigung eines Darlehensvertrags gegenüber allen Darlehensnehmern als Gesamtschuldner).

- Nachfristsetzung gemäß § 498 S. 1 Nr. 2.

57 Der Rücktritt muss **wirksam ausgeübt** worden sein. Auch **ohne Rücktrittserklärung** treten unter den Voraussetzungen des § 508 S. 5 die Rücktrittsfolgen ein: Wenn der Unternehmer die aufgrund des Teilzahlungsgeschäfts gelieferte Sache **wieder an sich nimmt**, gilt dies als Ausübung des Rücktrittsrechts, es sei denn, der Unternehmer einigt sich mit dem Verbraucher, diesem den gewöhnlichen Verkaufswert der Sache (§ 813 Abs. 1 S. 1 ZPO) im Zeitpunkt der Wegnahme zu vergüten – **Rücktrittsfiktion.**

§ 508 S. 5 soll den Käufer davor schützen, dass er den Besitz und die sich daraus ergebenden Nutzungen der Kaufsache verliert, aber weiterhin zur Zahlung des Kaufpreises verpflichtet bleibt, also Ware und Geld verliert. **§ 508 S. 5 fingiert** aber **nur die Rücktrittserklärung**. Da die Wegnahme der Sache als Ausübung des Rücktrittsrechts gilt, dieses aber gemäß § 508 S. 1 i.V.m. § 498 beschränkt ist, löst die Wegnahme der Sache durch den Unternehmer **nur dann die Rücktrittsfiktion aus, wenn zugleich ein Rücktrittsgrund vorliegt**, d.h. wenn die Voraussetzungen des § 508 S. 1 i.V.m. § 498 erfüllt sind.[83]

Nimmt der Unternehmer dem Verbraucher die Sache weg, ohne dass die Voraussetzungen des § 498 gegeben sind, so begeht er verbotene Eigenmacht gemäß § 858 Abs. 1.

58 Für das **Rückabwicklungsverhältnis** gelten grundsätzlich die Vorschriften des Rücktrittsrechts nach den §§ 346 ff. Darüber hinaus ordnet **§ 508 S. 3** an, dass der Verbraucher dem Unternehmer auch die infolge des Vertrags gemachten **Aufwendungen** (z.B. Transportkosten) zu ersetzen hat. § 508 S. 4 bestimmt, dass bei der Bemessung der Vergütung von Nutzungen einer zurückzugewährenden Sache auf die inzwischen eingetretene Wertminderung Rücksicht zu nehmen ist.

E. Ratenlieferungsverträge

59 Ein Ratenlieferungsvertrag liegt gemäß **510 Abs. 1** vor bei einem Vertrag über

- **die Lieferung in Teilleistungen**, § 510 Abs. 1 S. 1 **Nr. 1**;

  Der Vertrag muss zum Inhalt haben, dass der Lieferant eine bestimmte Sachgesamtheit in einzelnen Teilleistungen ratenweise zu liefern und der Verbraucher das Entgelt für die gesamten Sachen in Teilleistungen zu entrichten hat.

  Beispiel: Kauf eines mehrbändigen Lexikons oder einer mehrbändigen Buchreihe, wobei monatlich ein Einzelband geliefert und bezahlt wird.[84]

  Nach der Rspr. des BGH[85] fällt auch der Erwerb eines Hauses als „Rohbau-Bausatz", mit dem der Käufer selbst ein Wohnhaus errichtet, unter § 510 Abs. 1 S. 1 Nr. 1, da die Einzelteile des Bausatzes in ihrer speziellen Zusammensetzung eine übergeordnete Einheit darstellen.

  Hingegen ist ein Vertrag, in dem sich ein Unternehmer zur Lieferung **und Errichtung** eines Aufbauhauses gegen Teilzahlungen verpflichtet, als **Werk**vertrag einzuordnen und wird daher nicht von § 510 Abs. 1 Nr. 1 erfasst, der einen **Kauf**vertrag voraussetzt (vgl. das Merkmal „Lieferung").[86]

- **die regelmäßige Lieferung von Sachen gleicher Art**, § 510 Abs. 1 S. 1 **Nr. 2**;

  Es handelt sich hierbei nicht um eine Sachgesamtheit (Nr. 1), sondern um Verträge, die dazu bestimmt sind, ein regelmäßig **neu entstehendes Bedürfnis** des Verbrauchers durch wiederholte Leistungen gleicher Art zu befriedigen. Eine unbestimmte

83 Palandt/Weidenkaff § 508 Rn. 7 f.
84 Palandt/Weidenkaff § 510 Rn. 2.
85 BGH BGHZ 78, 975 f.
86 BGH RÜ 2006, 137.

Laufzeit ist nicht Voraussetzung, auch eine Bestellung auf fortlaufenden Bezug fällt hierunter.

Beispiel: Kaffee-, Zeitungs- und Zeitschriftenabonnements.[87]

- **den wiederkehrenden Bezug von Sachen**, § 510 Abs. 1 S. 1 **Nr. 3**.

  Dazu gehören insbesondere Sukzessivlieferungsverträge, die von einem **wechselnden Bedarf** des Verbrauchers abhängig sind.

  Beispiel: Der Mieter einer Gaststätte übernimmt im Mietvertrag ein auf der Gaststätte liegendes Bierlieferrecht einer Brauerei.

  Die Übernahme eines Getränkelieferungsvertrags fällt (auch wenn sie in einem Gaststättenkauf- oder -mietvertrag vereinbart wird) unter § 510 Abs. 1 S. 1 Nr. 3.[88] Bei Widerruf der Übernahme der Bierbezugsverpflichtung nach § 510 Abs. 2 i.V.m. § 355 erstreckt sich die Nichtigkeit der Bierbezugsverpflichtung i.d.R. auch auf den Mietvertrag, § 139.

Durch § 510 Abs. 1 S. 1 wird ein **Schriftformerfordernis** für den gesamten Vertragsinhalt statuiert. Die Vorschrift des § 510 regelt keine Rechtsfolge für den Fall der Verletzung dieser vorgeschriebenen Form, sodass insoweit die allgemeine Regelung des **§ 125 S. 1** Anwendung findet. Eine Heilungsmöglichkeit scheidet aus, denn § 507 Abs. 2 ist auch nicht analog anwendbar.[89] 60

Außerdem steht dem Verbraucher bei einem Ratenlieferungsvertrag, der weder im Fernabsatz noch außerhalb von Geschäftsräumen geschlossen wurde, ein **Widerrufsrecht** nach § 355 zu, vgl. § 510 Abs. 2.

3. Abschnitt: Sachdarlehen

Beim in den **§§ 607–609** normierten Sachdarlehen verpflichtet sich der Darlehensgeber, dem Darlehensnehmer eine **vertretbare Sache zu überlassen** (§ 607 Abs. 1 S. 1). Die Sache muss dem Darlehensnehmer nach sachenrechtlichen Grundsätzen **übereignet** werden.[90] 61

Die erforderliche Übereignung unterscheidet das Sachdarlehen etwa von der Miete, bei der lediglich der Besitz auf den Mieter übertragen wird.

Der Darlehensnehmer ist zur Zahlung eines Entgelts und bei Fälligkeit **zur Rückerstattung von Sachen gleicher Art und Güte** verpflichtet (§ 607 Abs. 1 S. 2).

Das Sachdarlehen und damit die §§ 607 ff. haben nur sehr geringe praktische Bedeutung. Gleiches gilt für die Examensrelevanz dieser Vorschriften. Einer der seltenen Anwendungsfälle sind Darlehensverträge über Wertpapiere (sog. **Wertpapierleihe**). Auch Verträge über die Überlassung von **Mehrwegverpackungen** sind Darlehensverträge, wenn diese übereignet werden und eine Pflicht zur Rückerstattung von Sachen gleicher Art und Güte besteht.

Klausurhinweis: *Bei Mehrwegflaschen, die aufgrund einer dauerhaften Kennzeichnung als Eigentum eines bestimmten Herstellers ausgewiesen sind, werden an einen Käufer nur die*

---

87 Palandt/Weidenkaff § 510 Rn. 3.

88 BGH NJW 1997, 933, 935.

89 Palandt/Weidenkaff § 510 Rn. 7.

90 Looschelders § 27 Rn. 4.

Inhalte der Flasche übereignet, nicht aber die Flasche selbst.[91] *Mangels Übereignung ist ein Vertrag über die Übertragung individualisierter Mehrwegflaschen kein Darlehen.*[92]

2. Teil: Schenkungsvertrag

Die Schenkung ist eine **unentgeltliche** Zuwendung der einen Partei (Schenker) an eine andere (Beschenkter). Das Gesetz unterscheidet zwei Arten der Schenkung:

62 ■ Bei der **Handschenkung** (**§ 516**) einigen sich der Schenker und der Beschenkte über die Unentgeltlichkeit einer gleichzeitig erfolgenden oder bereits vollzogenen Zuwendung. In dieser Schenkungsabrede liegt die Vereinbarung eines Rechtsgrundes i.S.d. § 812. Eine Handschenkung ist **formlos** gültig, da aufgrund des sofortigen Vollzugs eine Warnung des Schenkers vor der einseitigen Verpflichtung nicht erforderlich ist.

63 ■ Bei der **Vertrags- oder Versprechensschenkung** (**§ 518 Abs. 1**) wird ein Schenkungsvertrag zwischen dem Schenker und dem Beschenkten geschlossen. Der Schenker verpflichtet sich, dem Beschenkten eine unentgeltliche Zuwendung zu machen. Der einseitig verpflichtende Schenkungsvertrag ist von dem Verfügungsgeschäft (z.B. Übereignung der geschenkten Sache) zu unterscheiden. Das für das **Entstehen** der Verpflichtung erforderliche **Schenkungsversprechen**, also nur die Willenserklärung des Schenkenden, ist zu seinem Schutz gemäß § 518 Abs. 1 **formbedürftig**.

Dieses Schutzes bedarf der Schenker – wie bei der Handschenkung – dann nicht, wenn er sein Schenkungsversprechen erfüllt. Daher wird der Mangel der Form durch Bewirken der versprochenen Leistung **geheilt** (§ 518 Abs. 2).

64 ***Hinweis:*** *Wirtschaftlich bedeutsam ist die Schenkung insbesondere bei Vermögensübertragungen innerhalb der Familie, welche die* ***Erbfolge vorwegnehmen*** *sollen. Die Freibeträge bei Erbschafts- und Schenkungssteuer sind nämlich identisch und können mehrfach ausgenutzt werden, wenn zwischen Schenkung und Erbfall jeweils mehr als zehn Jahre liegen.*

65 Mit Rücksicht darauf, dass der Schenker einen Vermögenswert aufgibt, ohne dafür einen Gegenwert zu erhalten, ist im Schenkungsrecht die **Verantwortlichkeit des Schenkers** bei der Abwicklung besonders geregelt:

■ Die mit dem Zustandekommen des Schenkungsvertrags entstehende Verpflichtung zur Übertragung des Gegenstands ist **begrenzt**; für die Nichterfüllung oder Verletzung von Nebenpflichten haftet der Schenker nur im Falle des **Vorsatzes und der groben Fahrlässigkeit** (**§ 521**).

Hinweis: *Vergleichbare Haftungsmilderungen gelten auch bei anderen unentgeltlichen Verträgen (Leihe, § 566, unentgeltliche Verwahrung, § 690). Hingegen besteht beim Auftragsvertrag (§ 662) trotz seiner Unentgeltlichkeit keine gesetzliche Haftungsmilderung.*

---

91 BGH BGHZ 173, 159.

92 Looschelders § 27 Rn. 1.

- **Für Rechts- und Sachmängel** haftet der Schenker **nur bei Arglist** (§§ 523, 524).
- Der Schenker kann sich insbesondere im Falle des Notbedarfs (§ 528) und des groben Undankes (§ 530) **einseitig vom Schenkungsvertrag** lösen.

Für bestimmte **Schenkungsarten** gelten Sonderregeln (Schenkung unter Auflage, §§ 525 ff., Schenkung auf den Todesfall, § 2301).

1. Abschnitt: Zustandekommen des Schenkungsvertrags

A. Einigung über die Unentgeltlichkeit der Zuwendung

Unentgeltlich ist die Zuwendung, wenn für sie nach dem übereinstimmenden Willen der Parteien **keine Gegenleistung** zu erbringen ist.[93] Für die Annahme einer Schenkung genügt es nicht, wenn die Zuwendung objektiv unentgeltlich erfolgte, sondern sie muss auch von den Parteien **subjektiv als unentgeltliche Zuwendung gewollt** sein. Gegenleistung ist dabei im weitesten Sinne zu verstehen und umfasst auch immaterielle Leistungen. **66**

Beispiel: Keine Schenkung liegt vor, wenn der Ehemann seine Frau durch eine Zuwendung zur Rückkehr in die Ehe bewegen will.

- Die Schenkung bezieht sich regelmäßig auf die unentgeltliche **Zuwendung eines Vermögenswerts**. Ebenso wie beim Kauf geht es regelmäßig um die endgültige Übertragung einer Sache, eines Rechtes oder eines sonstigen Gegenstands.[94] Die Schenkung ist damit im Regelfall das „unentgeltliche Gegenstück zum Kauf", kann aber auch auf andere Weise, wie z.B. durch Erlass einer Forderung, erfolgen.[95]

- Ob eine **nachträgliche Zuwendung** für eine erbrachte Leistung entgeltlich oder unentgeltlich ist, muss im Wege der Auslegung ermittelt werden. Eine Schenkung ist dabei nur dann anzunehmen, wenn der Zuwendende dem Empfänger für die bereits erbrachte Leistung eine rechtlich nicht geschuldete Belohnung gewähren will – sog. remuneratorische Schenkung.[96]

  Eine **entgeltliche** Zuwendung liegt demgegenüber vor, wenn erbrachte Leistungen nachträglich **zusätzlich entlohnt** werden sollen. Das ist regelmäßig bei Gratifikationen, Tantiemen oder auch Trinkgeldern der Fall, da die Zuwendung gerade deshalb erfolgt, weil der Zuwendende der Auffassung ist, dass die vorhergehende Leistung des anderen einen (höheren) Lohn verdient.[97]

  Beispiel: Der verwitwete A erklärt seiner Haushälterin H, die seit Jahren für ihn tätig ist, dass er ihr die Vitrine mit Geschirr schenke, weil sie ihn so gut versorgt habe und er davon ausgehe, dass sie bei ihm bleibe. Nach dem Tode des A nimmt die Erbin E die Vitrine an sich und weigert sich, diese an H herauszugeben, weil die Schenkung nicht formgerecht sei.

---

93 Palandt/Weidenkaff § 516 Rn. 8.
94 Looschelders § 18 Rn. 1.
95 Looschelders § 18 Rn. 1.
96 Palandt/Weidenkaff § 516 Rn. 9a.
97 MünchKomm/Koch § 516 Rn. 33.

Der A und die H haben sich darüber geeinigt, dass A verpflichtet sein soll, die Vitrine mit dem Geschirr an die Haushälterin zu übereignen. Die Erfüllung dieser Verpflichtung sollte erst nach dem Tode erfolgen.

Die Zuwendung seitens des A war nicht unentgeltlich. Sie sollte dazu dienen, die H für geleistete Dienste zu entlohnen und sie zum Bleiben zu veranlassen. Die H hat sich demnach zur Erbringung einer – zwar freiwilligen – Gegenleistung verpflichtet. Es liegt somit keine Einigung über die Unentgeltlichkeit vor; der Vertrag war nicht formbedürftig.

Die H kann von E die Übereignung der Vitrine nebst Geschirr verlangen.

Examensrelevant ist insbesondere die **Rückforderung von Zuwendungen** innerhalb einer Familie oder einer nichtehelichen Lebensgemeinschaft. Dann wird nämlich die Frage virulent, ob die Zuwendungen als Schenkung zu qualifizieren sind.

I. Zuwendungen unter Ehegatten

67 Die Zuwendung unter Ehegatten ist **regelmäßig keine Schenkung**. Zwar erfolgt auch hier die Übertragung eines Vermögenswertes objektiv unentgeltlich, doch liegt einer Zuwendung unter Ehegatten i.d.R. die Vorstellung oder Erwartung zugrunde, dass die eheliche **Lebensgemeinschaft Bestand haben werde** und dass die Zuwendung als Beitrag zur Verwirklichung, Ausgestaltung, Erhaltung oder Sicherung der ehelichen Lebensgemeinschaft erbracht wird. Bei derartigen Zuwendungen handelt es sich um **ehebedingte** (**unbenannte**) **Zuwendungen** und nicht um Schenkungen.[98]

Hinweis: *Bei Scheitern der Ehe erfolgt der Ausgleich im Rahmen des Zugewinnausgleichs. Ist dies nicht möglich, so kommt eine Rückabwicklung nach den Regeln des Wegfalls der Geschäftsgrundlage oder gemäß § 812 Abs. 1 S. 2 Alt. 2 in Betracht.*

Etwas anderes gilt nur ausnahmsweise dann, wenn die Ehepartner ausdrücklich eine Schenkung vereinbaren.

II. Zuwendungen an Schwiegerkinder

68 Die **frühere Rspr.** hat bei Leistungen, welche die Schwiegereltern an den Ehepartner des eigenen Kindes mit Rücksicht auf die Ehe und zur Begünstigung der ehelichen Lebensgemeinschaft erbracht haben, in der Regel keinen konkludenten Schenkungsvertrag angenommen, sondern hat ein **Rechtsverhältnis eigener Art** bejaht, das mit den ehebezogenen (umbenannten) Zuwendungen unter Ehegatten vergleichbar ist.[99]

Diese Rspr. hat der **BGH inzwischen** aufgegeben und geht nunmehr davon aus, dass schwiegerelterliche Zuwendungen auch dann sämtliche tatbestandlichen **Voraussetzungen des § 516 Abs. 1 erfüllen**, wenn sie um der Ehe des eigenen Kindes willen erfolgen.[100]

Bei schwiegerelterlichen Zuwendungen fehlt es nicht an einer mit der Zuwendung einhergehenden dauerhaften Vermögensminderung, wie sie § 516 voraussetzt.[101] Die Schwiegereltern übertragen nämlich den zugewendeten Gegenstand regelmäßig in

98 Siehe im Einzelnen AS-Skript Familienrecht, (2019), Rn. 80.

99 Vgl. BGH NJW 1995, 1889, 1890.

100 BGH RÜ 2016, 205; RÜ 2015, 289, 290.

101 BGH RÜ 2012, 157, 158.

dem Bewusstsein auf das Schwiegerkind, künftig nicht mehr selbst an dem Gegenstand zu partizipieren. Demnach kann sich ein **Rückforderungsanspruch aus den §§ 527, 528, 530** ergeben.

Hinweis: *Die speziellen Rückforderungsregeln des Schenkungsrechts (§§ 527, 528, 530) sind zwar Sonderfälle der Störung der Geschäftsgrundlage und schließen die Regelung des* ***§ 313*** *in ihrem Anwendungsbereich aus, die allgemeinen Grundsätze der Störung der Geschäftsgrundlage bleiben jedoch anwendbar, soweit die Sonderregelungen tatbestandlich oder hinsichtlich der geltend gemachten Rechtsfolgen nicht zutreffen. Das ist etwa der Fall, wenn es an einem Widerrufsgrund i.S.v. § 530 fehlt.[102] Ein solcher Rückforderungsanspruch aus § 313 unterliegt der dreijährigen Verjährungsfrist des § 195, es sei denn, der Anspruch ist auf Vertragsanpassung nach einer Grundstücksschenkung gerichtet, für den die Verjährungsfrist nach § 196 gilt.[103]*

Ein Rückforderungsanspruch kann sich auch aus ***§ 812 Abs. 1 S. 2 Alt. 2*** *ergeben, wenn zwischen den Beteiligten eine Zweckvereinbarung getroffen worden ist und der Zweck nicht erreicht wurde.[104]*

III. Zuwendung bei nichtehelicher Lebensgemeinschaft

Bei Zuwendungen innerhalb einer nichtehelichen Lebensgemeinschaft ist eine güterrechtliche Rückabwicklung unbenannter Zuwendungen ausgeschlossen.[105] Ferner liegt aber auch hier – ebenso wie bei ehelichen Gemeinschaften – **regelmäßig keine Schenkung** vor. Denn die Zuwendungen sollen im Zweifel nicht ausschließlich einem Partner, sondern der gemeinsamen Lebensführung dienen.[106] **69**

Gleiches kann für die Rückforderung von **Zuwendungen an die Eltern** der nichtehelichen Lebenspartnerin gelten.[107]

Eine Erstattung kommt ausnahmsweise nach den Grundsätzen über die **Störung der Geschäftsgrundlage** in Betracht, wenn Geschäftsgrundlage der Zuwendung der Fortbestand der nichtehelichen Lebensgemeinschaft war.[108]

Die vom (mit-)beschenkten Partner des eigenen Kindes geteilte oder jedenfalls erkannte Vorstellung des Schenkers, eine zugewendete Immobilie werde vom eigenen Kind und dessen Partner **dauerhaft als gemeinschaftliche Wohnung** oder Familienwohnung genutzt, kann nämlich die Geschäftsgrundlage eines Schenkungsvertrages bilden. Für den Wegfall der Geschäftsgrundlage reicht es aber nicht aus, dass die Lebensgemeinschaft nicht bis zum Tod eines der Partner Bestand hat. Denn die Schenkung begründet kein Dauerschuldverhältnis. Hat jedoch die gemeinsame Nutzung der Immobilie entgegen der **mit der Schenkung verbundenen Erwartung** nur kurze Zeit angedauert, kommt regelmäßig ein Wegfall der Geschäftsgrundlage in Betracht. In diesem Fall ist der Schenker in der Regel berechtigt, vom Schenkungsvertrag zurückzutreten

102 BGH RÜ 2016, 205, 206; RÜ 2015, 289, 290.
103 BGH RÜ 2016, 205, 207.
104 BGH RÜ 2012, 157.
105 AS-Skript Familienrecht, (2019), Rn. 218.
106 AS-Skript Familienrecht, (2019), Rn. 218.
107 BGH RÜ 2015, 351, 354.
108 Looschelders § 18 Rn. 23.

und gemäß **§ 346 Abs. 1** i.V.m. **§ 313 Abs. 3** das gesamte Geschenk oder dessen Wert zurückzufordern.[109]

B. Nichtigkeit der Einigung

Die Einigung über die Schenkung ist nicht wirksam, wenn Nichtigkeitsgründe eingreifen (z.B. Anfechtung, § 142; Sittenwidrigkeit, § 138 Abs. 1). **Examensrelevant** ist vor allem die Schenkung an einen Minderjährigen und die Nichtigkeit des Schenkungsvertrags wegen Verstoßes gegen Formvorschriften.

I. Schenkung an einen Minderjährigen

70 Bei der Schenkung an einen Minderjährigen kann sich die Frage stellen, ob der Vertrag trotz der **beschränkten Geschäftsfähigkeit** (vgl. § 106) des Beschenkten gemäß den §§ 107 ff. wirksam ist.

Der Schenkungsvertrag ist **lediglich rechtlich vorteilhaft**, weil der Beschenkte grundsätzlich zu keiner Gegenleistung verpflichtet wird. Gemäß § 107 bedarf der Minderjährige deshalb nicht der Einwilligung des gesetzlichen Vertreters.

Eine Schenkung kann aber dann für den beschenkten Minderjährigen **rechtlich nachteilig** sein, wenn in dem Vertrag weitere belastende Abreden enthalten sind, wie beispielsweise ein **Rücktrittsrecht**, das im Falle der Ausübung eine Verpflichtung zum Wert- oder Schadensersatz wegen einer zwischenzeitlich eingetretenen Verschlechterung des Grundstücks begründen kann.[110]

Nach der früheren Rspr.[111] konnte in Ausnahmefällen eine Gesamtbetrachtung von Verpflichtungsgeschäft und Verfügungsgeschäft erforderlich sein, insbesondere bei der Schenkung eines belasteten Grundstücks oder einer Eigentumswohnung an einen Minderjährigen durch die Eltern. Der BGH[112] hat die Gesamtbetrachtungsweise mittlerweile aber aufgegeben. Eine **teleologische Reduktion des § 181** reicht bei der Prüfung des Erfüllungsgeschäfts aus, um den Minderjährigen vor den nachteiligen Folgen des Geschäfts zu schützen. Danach ist § 181, letzter Hs. „es sei denn, dass das Rechtsgeschäft ausschließlich in Erfüllung einer Verbindlichkeit besteht" nicht anwendbar, wenn das Erfüllungsgeschäft für den Minderjährigen nachteilhaft ist. Die Schenkung ist isoliert zu betrachten und damit auch ohne Zustimmung eines Ergänzungspflegers wirksam.[113]

II. Formerfordernisse

1. Form des Schenkungsversprechens

71 Die Einigung bei einer Vertragsschenkung ist nur wirksam, wenn das Schenkungsversprechen – also nicht der ganze Vertrag, sondern nur das Schenkungsangebot – notariell beurkundet worden ist, **§ 518 Abs. 1 S. 1**. Wie die notarielle Beurkundung im Einzelnen zu erfolgen hat, ist im Beurkundungsgesetz geregelt.

109 BGH RÜ 2019, 621.
110 BGH BGHZ 161, 170, 174.
111 BGH BGHZ 78, 28, 34.
112 BGH BGHZ 187, 119.
113 Einzelheiten AS-Skript BGB AT 2 (2019), Rn. 44 ff.

Klausurhinweis: *Neben der Formvorschrift des § 518 Abs. 1 S. 1 sind Formvorschriften zu beachten, die sich aus dem Gegenstand des Schenkungsvertrags ergeben. Wird beispielsweise ein* ***Schenkungsvertrag über ein Grundstück*** *geschlossen, ist – auch für die Annahme und nicht nur für das Schenkungsangebot – § 311 b Abs. 1 S. 1 zu beachten. Werden GmbH-Geschäftsanteile verschenkt, gilt § 15 Abs. 4 S. 1 GmbHG.*

2. Heilung eines Formverstoßes

Nach § 518 Abs. 2 wird die **Formnichtigkeit** des Schenkungsversprechens durch die Bewirkung der versprochenen Leistung **geheilt**. Die Heilung tritt allein durch den Vollzug ein, unabhängig davon, ob der Schenker die Unwirksamkeit des Schenkungsvertrags kannte.[114] 72

- **Bewirkt** ist die **Leistung** immer dann, wenn das Schenkungsversprechen nach §§ 362 ff. **vollständig erfüllt** ist; bei teilweiser Erfüllung tritt die Heilung nur zu einem entsprechenden Teil ein.[115]

  Beispiele: Eine Barzuwendung wird durch Eigentumsverschaffung gemäß den §§ 929 ff. geheilt; bei der Bezugsberechtigung aus einem Lebensversicherungsvertrag ist Vollzug anzunehmen, wenn der Versicherungsnehmer mit dem Versicherer im Versicherungsvertrag eine unwiderrufliche Bezugsberechtigung zugunsten des Beschenkten vereinbart; bei einer widerruflichen Bezugsberechtigung tritt der Vollzug indes erst mit dem Tod des Versicherungsnehmers ein.[116]

- Eine Bewirkung der Leistung liegt auch schon dann vor, wenn der Schenker die ihm obliegenden **Erfüllungshandlungen vollständig erbracht** hat, infolge eines fehlenden Bedingungseintritts aber noch keine Erfüllung vorliegt. Daher ist z.B. auch die Verschaffung eines Anwartschaftsrechts auf Erwerb des Vollrechts als Vollziehung nach § 518 Abs. 2 anzusehen.[117]

  Die Heilungsvorschrift des § 518 Abs. 2 gilt auch für den Fall der **Zuwendung von Forderungen**. Beim Schuldversprechen oder Schuldanerkenntnis tritt jedoch die Heilung nicht schon mit der Abgabe der Einigungserklärung, sondern erst mit der Erfüllung des Schuldversprechens ein, vgl. § 518 Abs. 1 S. 2.

Hinweis: *Sofern andere Formvorschriften unbeachtet geblieben sind (z.B. § 311 b Abs. 1 S. 1 oder § 15 Abs. 4 GmbHG), sind die speziellen Voraussetzungen für eine Heilung zu beachten (z.B. § 311 b Abs. 1 S. 1 bzw. § 15 Abs. 4 S. 2 GmbHG i.V.m. § 15 Abs. 3 GmbHG). Nach § 518 Abs. 2 wird* ***nur*** *ein* ***Verstoß gegen § 518 Abs. 1 geheilt****.*

So kann die formheilende Wirkung des Schenkungsvollzugs gemäß § 518 Abs. 2 nicht auf einen sich aus ***§ 311 b Abs. 3*** *ergebenden Formmangel übertragen werden, da der Betroffene mit dem Formzwang gemäß § 311 b Abs. 3 vor einer übereilten Übertragung des gesamten Vermögens und nicht nur eines einzelnen, schenkweise zugewandten Gegenstands geschützt werden und überdies auch eine Umgehung der für Verfügungen von Todes wegen geltenden Vorschriften verhindert werden soll.*[118]

---

114 Palandt/Weidenkaff § 518 Rn. 8.
115 Palandt/Weidenkaff § 518 Rn. 9.
116 MünchKomm/Koch § 518 Rn. 27.
117 Palandt/Weidenkaff § 518 Rn. 13; a.A. MünchKomm/Koch § 518 Rn. 11.
118 BGH RÜ 2016, 749, 750.

2. Abschnitt: Rechtsfolgen des Schenkungsvertrags

73 Der Schenker muss den versprochenen Gegenstand übertragen. Es muss dazu ein **Rechtssubjektswechsel** eintreten, sodass der Beschenkte nach Vollzug der Schenkung die Rechtsstellung des bisherigen Rechtsinhabers erlangt.

- Bewegliche Sachen müssen also gemäß §§ 929 ff. **übertragen** werden; Grundstücke gemäß §§ 925, 873.
- Rechte und Forderungen müssen **abgetreten** werden, und zwar nach den für die Übertragung des Rechts bestehenden Sonderregeln oder gemäß § 398.

Der Schenker hat gemäß § 519 ein aufschiebendes **Leistungsverweigerungsrecht**, soweit durch die Erfüllung sein eigener Unterhalt oder der seiner kraft Gesetzes unterhaltsberechtigten Angehörigen gefährdet wird.

74 Wird die Leistungsverpflichtung vom Schenker nicht oder nicht vertragsgemäß erfüllt, so greifen die **allgemeinen Regeln** über die Unmöglichkeit, den Verzug und die Nichtleistung ein.

Der Schenker haftet jedoch nur für Vorsatz und grobe Fahrlässigkeit, **§ 521**. Die Haftungsprivilegierung greift auch bei anfänglicher Unmöglichkeit ein, da nach § 311 a Abs. 2 auch dies ein Fall der Haftung für vermutetes Verschulden ist.[119] Außerdem sind gemäß **§ 522** keine Verzugszinsen zu entrichten.

75 Grundsätzlich haftet der Schenker ferner nicht für **Sach- oder Rechtsmängel** des zugewendeten Schenkungsgegenstandes (Eselsbrücke: „Einem geschenkten Gaul schaut man nicht ins Maul.“).

Nur ausnahmsweise besteht eine Haftung des Schenkers für Sach- und Rechtsmängel nach den §§ 523, 524:

- Bei einem **arglistigen Verschweigen** eines Rechts- oder Sachmangels haftet der Schenker, allerdings nur auf das **Vertrauensinteresse**.
- Verschenkt der Schenker einen Gegenstand, den er selbst erst erwerben sollte, haftet er bei einem Mangel bereits bei Kenntnis und für grobe Fahrlässigkeit. In diesem Fall besteht eine Haftung auf das **Erfüllungsinteresse**.

Die Terminologie des Schenkungsrechts wurde im Rahmen der Schuldrechtsmodernisierung nicht an die Terminologie des allgemeinen Leistungsstörungsrechts angepasst. Im Schenkungsrecht ist daher weiterhin von Schadensersatz wegen Nichterfüllung und nicht von Schadensersatz statt der Leistung die Rede.

76 Die Vertragsparteien, Schenker und Beschenkter, müssen gemäß **§ 241 Abs. 2** bestehende, **nicht leistungsbezogene Nebenpflichten** beachten. Im Falle ihrer Verletzung kommen Ansprüche aus §§ 280 Abs. 1, 311 Abs. 2, 241 Abs. 2 oder §§ 280 Abs. 1, 241 Abs. 2 in Betracht, doch haftet der Schenker dabei gemäß **§ 521 nur für Vorsatz und grobe Fahrlässigkeit**.

---

119 Die früher gegenteilige Rspr. ist durch die Vorschrift des § 311 a Abs. 2 überholt, Palandt/Weidenkaff § 521 Rn. 4; a.A. wohl Brox/Walker, Besonderes Schuldrecht, § 9 Rn. 16.

3. Abschnitt: Rückforderungsrecht

Weil die Schenkung uneigennützig erfolgt, sind im Schenkungsrecht zwei besondere **Rückforderungsgründe** in **§ 528** (Bedürftigkeit) und **§ 530** (grober Undank) normiert. In beiden Fällen richtet sich der Umfang der Rückforderung nach Bereicherungsrecht, da sowohl § 528 Abs. 1 S. 1 als auch § 531 Abs. 2 entsprechende Verweisungen vorsehen. 77

Während es sich bei dem Verweis in § 528 um eine **Rechtsfolgenverweisung** handelt,[120] ist der Verweis in § 531 ein **Rechtsgrundverweis** auf das Bereicherungsrecht.[121] Es sind also bei dem letztgenannten Verweis auch die Voraussetzungen der §§ 812 ff. und nicht nur die Rechtsfolgen zu prüfen.

Hinweis: *Die nahezu wortlautidentischen Verweise in § 528 Abs. 1 S. 1 und § 531 Abs. 2 sind (leider) ein gutes Beispiel dafür, warum man die wichtigsten Rechtsgrund- und Rechtsfolgenverweise auswendig lernen sollte.*

- Dem Schenker steht gemäß **§ 528** ein Rückforderungsrecht zu, wenn er seinen angemessenen Unterhalt nicht bestreiten oder ihm gesetzlich obliegende Unterhaltspflichten nicht erfüllen kann, er also **bedürftig** ist. Allerdings besteht kein Rückforderungsrecht, wenn der Schenker diese Bedürftigkeit vorsätzlich oder grob fahrlässig herbeigeführt hat oder seit Vollzug der Schenkung zehn Jahre vergangen sind, § 529. Da § 529 als Einrede, nicht als Einwendung einzuordnen ist, hat der Beschenkte die Wahl, ob er diese erhebt oder nicht.[122] Für die Rückforderung kommt es nicht darauf an, ob der Notbedarf vor oder nach der Schenkung entstanden ist.[123]

  Hinweis: *Die Rückforderung wegen Bedürftigkeit des Schenkers hat in den vergangenen Jahren eine erhebliche praktische Bedeutung erlangt: Erhält eine Person Sozialhilfeleistungen nach SGB XII (z.B. wegen* ***Pflegebedürftigkeit im Alter*** *nach §§ 61–66 SGB XII), kann der Sozialhilfeträger etwaige Rückforderungsansprüche gegen Beschenkte nach § 93 SGB XII auf sich überleiten und geltend machen.*

- Wenn sich der Beschenkte durch eine schwere Verfehlung gegen den Schenker oder dessen nahe Angehörige eines **groben Undanks** schuldig macht, kann der Schenker gemäß § 530 die Schenkung widerrufen, mit Ausnahme von Pflicht- und Anstandsschenkungen, § 534.

  Beispiele für schwere Verfehlungen: Bedrohung des Lebens, körperliche Misshandlung, grundlose Strafanzeige,[124] belastende Aussage trotz Zeugnisverweigerungsrecht[125] und ehewidriges Verhalten.[126] Eine schwere Verfehlung kann auch in der hartnäckigen Weigerung eines Beschenkten liegen, ein bei der Schenkung vorbehaltenes Recht (z.B. Wohnrecht, Gartennutzung) später zu erfüllen.[127]

120 MünchKomm/Koch § 528 Rn. 5; Looschelders § 18 Rn. 21.
121 BeckOK/Gehrlein § 531 Rn. 2.
122 BeckOK/Gehrlein § 529 Rn. 1.
123 BGH NJW 2007, 60.
124 BeckOK/Gehrlein § 530 Rn. 4.
125 BGH BGHZ 112, 40, 50 f.
126 Palandt/Weidenkaff § 530 Rn. 7.
127 BGH NJW 1993, 1577, 1578; zu den Rechtsfolgen bei gemachten Verwendungen BGH RÜ 1999, 235 ff.

4. Abschnitt: Besondere Arten der Schenkung

A. Schenkung unter Auflage

78 Eine Schenkung unter Auflage (**§§ 525-527**) liegt vor, wenn der Beschenkte nach Erhalt des Schenkungsgegenstands zu einer bestimmten Leistung verpflichtet sein soll.[128]

Maßgebendes Abgrenzungskriterium zur entgeltlichen Zuwendung ist, dass die Leistung des Zuwendungsempfängers nicht als Ausgleich für die Zuwendung aus seinem sonstigen Vermögen, sondern **erst auf der Grundlage und aus dem Wert der Zuwendung erbracht** werden soll.[129] Auflage und Schenkung stehen deshalb in keinem Gegenseitigkeitsverhältnis.

Beispiel: Graf von Rotz (G) schenkt der Kirchengemeinde K ein Grundstück im Wert von 150.000 € mit der Auflage, dass die Kirchengemeinde von nun an die Pflege der Erbbegräbnisstätte derer von Rotz übernehmen soll.

Hier liegt eine Schenkung unter Auflage vor, weil die Pflege der Erbbegräbnisstätte aus dem Vermögen erfolgen soll, das G der K geschenkt hat.

Kommt der Beschenkte dem Erfüllungsanspruch des Schenkers auf Vollzug der Auflage gemäß § 525 nicht nach, so kann der Schenker das Geschenk gemäß **§ 527** nach Bereicherungsrecht – **Rechtsfolgenverweisung auf §§ 818, 819** – zurückverlangen, wenn die Rücktrittsvoraussetzungen der §§ 323, 326 Abs. 5 erfüllt sind. Rechtsfolge ist, dass das Geschenk insoweit zurückgefordert werden kann, als es zur Erfüllung der Auflage hätte eingesetzt werden müssen.

B. Zweckschenkung

79 Eine Zweckschenkung liegt vor, wenn der Schenker nach dem Inhalt des Vertrags mit der Schenkung erreichen will, dass der Beschenkte mit dem geschenkten Gegenstand einen bestimmten Erfolg herbeiführt. Anders als bei der Auflagenschenkung wird hier **keine einklagbare Verpflichtung** begründet.[130]

Wird der Zweck nicht erreicht, kommen für den Schenker Rückforderungsansprüche aus § 313 (wegen Störung der Geschäftsgrundlage) oder aus § 812 Abs. 1 S. 2 Alt. 2 in Betracht.

C. Gemischte Schenkung

80 Die gemischte Schenkung unterscheidet sich von der Schenkung unter Auflage dadurch, dass der Beschenkte eine **partielle Gegenleistung** erbringt, die aus seinem sonstigen Vermögen zu bestreiten ist. Für die Abgrenzung, ob eine gemischte Schenkung oder ein Kauf zum Freundschaftspreis vorliegt, ist nicht das objektive Werteverhältnis, sondern der Parteiwille maßgebend. Die Parteien müssen sich also darüber einig sein, dass ein Teil der Leistung unentgeltlich erfolgt.[131] Eine solche Mischung aus

128 MünchKomm/Koch § 525 Rn. 1 f.
129 Palandt/Weidenkaff § 525 Rn. 7.
130 Palandt/Weidenkaff § 525 Rn. 11.
131 Looschelders § 18 Rn. 27.

entgeltlichem und unentgeltlichem Vertrag ist im Gesetz nicht geregelt und die Einordnung im Einzelnen umstritten.

- Nach der bereits vom Reichsgericht begründeten **Trennungstheorie**[132] kann die gemischte Schenkung in einen entgeltlichen und unentgeltlichen Teil aufgespalten werden. Auf jeden Teil des Vertrages sind dann die entsprechenden gesetzlichen Vorschriften anzuwenden.

- Man kann jedoch den gesamten Vertrag auch als Einheit betrachten und dann, wenn ein Widerrufsgrund gemäß §§ 530, 531 vorliegt, dem Schenker einen Anspruch auf Rückgewähr des bisherigen Gegenstandes selbst zubilligen. Der Schenker muss dann die Gegenleistung an den Empfänger zurückgeben – **Einheitstheorie.**[133]

- Die h.M. stellt dagegen auf den wirtschaftlichen Zweck des konkreten Geschäftes sowie die geschützten Interessen der Vertragspartner ab – **Zweckwürdigungstheorie.**[134]

  Rückforderungsrechte (§§ 527, 528), Widerruf (§ 530) und Notbedarfseinrede (§ 519) erstrecken sich demnach grundsätzlich nur auf den unentgeltlichen Teil. Auf den gesamten Gegenstand erstrecken sie sich dann, wenn der Schenkungscharakter (Unentgeltlichkeit) des Geschäftes überwiegt, d.h. die Zuwendung des Schenkers den doppelten Wert im Vergleich zur Gegenleistung aufweist.[135] Ist dies nicht der Fall, kann mit dem Herausgabeanspruch nur Wertersatz in Höhe der Differenz zwischen Geschenk und Gegenleistung verlangt werden.

  Beispiel: Der S überträgt dem nichtehelichen Sohn Brutus (B) seiner Frau ein Grundstück im Wert von 100.000 € für 12.500 €. Der B macht sich später wegen groben Undanks gegenüber S schuldig und S widerruft die Grundstücksübertragung.

  Hier überwiegt der unentgeltliche Vertragsteil – 87.500 € – gegenüber dem entgeltlichen – 12.500 € – bei weitem. Da sich B wegen groben Undanks gegenüber S schuldig gemacht hat, kann S die Schenkung wirksam widerrufen, sodass der Rückübereignungsanspruch aus §§ 531 Abs. 2, 812 ff. Zug um Zug gegen Rückzahlung von 12.500 € besteht.

  Haben der entgeltliche und der unentgeltliche Teil des Vertrags ein gleiches Gewicht oder überwiegt der entgeltliche Teil, so ist im Zweifel anzunehmen, dass die Parteien auch die Gültigkeit beider Elemente unabhängig voneinander gewollt haben. Besteht in diesen Fällen ein schenkungsrechtlicher Widerrufsgrund, kann der Schenker nicht den von ihm geschenkten Gegenstand ganz zurück verlangen. Vielmehr kann er vom Beschenkten nur den Betrag verlangen, der dem Wert der unentgeltlichen Zuwendung entspricht. Im Übrigen bleibt das Rechtsgeschäft bestehen.

D. Schenkung auf den Todesfall

Verspricht der Schenker dem Beschenkten einen Gegenstand unter der Bedingung, 81
dass der Beschenkte den Schenker überlebt, dann bedarf dieses Schenkungsversprechen gemäß **§ 2301 Abs. 1 S. 1** der **Form der Verfügung von Todes wegen.**[136]

---

132 Vgl. dazu MünchKomm Koch § 516 Rn. 37.

133 Vgl. dazu BeckOK/Gehrlein § 516 Rn. 14.

134 Palandt/Weidenkaff § 516 Rn. 14; Looschelders § 18 Rn. 28.

135 Palandt/Weidenkaff § 516 Rn. 16.

136 Vgl. dazu eingehend AS-Skript Erbrecht (2018), Rn. 494 ff.

Der Rechtsgedanke ist: Wenn der Erblasser zu Lebzeiten kein Vermögensopfer erbringen will, sondern der Übergang des Vermögensgegenstands erst nach seinem Tode und nur dann eintreten soll, wenn der Beschenkte ihn überlebt, dann soll er die Formvorschriften des Erbrechts einhalten. Ferner könnten anderenfalls die speziellen Vorschriften für die Verfügung von Todes wegen umgangen werden.

Beispiel: E vereinbart mit seiner Tochter T, dass diese ein wertvolles Gemälde nach seinem Tode erhalten soll. T soll berechtigt sein, das Gemälde sofort nach dem Tode abzuholen. So geschieht es.

I. E und T haben sich im Voraus über eine unentgeltliche Zuwendung und über den Eigentumsübergang geeinigt. Da der E mit der Besitzergreifung durch T einverstanden war, liegt auch eine Übergabe gemäß § 929 vor.
II. Das Schenkungsversprechen war **formungültig**. Zwar ist es vollzogen worden, doch gilt hier nicht § 518, sondern § 2301. Die Schenkung ist unwirksam.

Hinweis: *Abweichend davon ist die Rechtsstellung des Bedachten beim* ***Vertrag zugunsten Dritter auf den Todesfall*** *gemäß § 331.*[137] *Der Vertrag im Valutaverhältnis ist nach h.M. ein Rechtsgeschäft unter Lebenden und unterliegt daher der Form des § 518 mit der Möglichkeit der Heilung nach § 518 Abs. 2. Der Unterschied zwischen einer Schenkung auf den Todesfall und einem Vertrag zugunsten Dritter auf den Todesfall liegt darin, dass der Bedachte bei § 331 ein eigenes Recht nicht gegen den Erben, sondern unmittelbar gegen den Versprechenden erwirbt.*[138]

137 Vgl. auch AS-Skript Schuldrecht AT 2 (2018), Rn. 298.
138 BGH RÜ 2004, 119; MünchKomm/Gottwald § 331 Rn. 4.

Die Schenkung

82

Zustandekommen des Vertrags

- **Einigung** über die **Unentgeltlichkeit der Zuwendung**

  Unentgeltlich ist die Zuwendung, wenn für sie nach dem übereinstimmenden Willen der Parteien keine Gegenleistung zu erbringen ist.

  - Bei **Zuwendungen unter Ehegatten** handelt es sich im Regelfall nicht um eine Schenkung, sondern um eine sog. ehebedingte (unbenannte) Zuwendung, wenn sie zur Verwirklichung, Ausgestaltung, Erhaltung oder Sicherung der ehelichen Lebensgemeinschaft erfolgt.

    Zuwendungen an Schwiegerkinder sind nach neuester Rspr. im Regelfall Schenkungen, auch wenn sie um der Ehe des eigenen Kindes erfolgen.
  - Zuwendungen innerhalb einer nichtehelichen Lebensgemeinschaft, die deren Verwirklichung dienen, sind ebenfalls keine Schenkungen.
- **Nichtigkeit der Einigung, § 107**
  - Bei Schenkung an Minderjährigen ist die Schenkung nach h.M. lediglich rechtlich vorteilhaft. Eine teleologische Reduktion des § 181 reicht bei der Prüfung des Erfüllungsgeschäfts aus, um den Minderjährigen vor den nachteiligen Folgen des Geschäfts zu schützen.
  - **Formverstoß, § 125**. Gemäß § 518 Abs. 1 bedarf das Schenkungsversprechen der notariellen Beurkundung (Heilung gemäß § 518 Abs. 2).

Die Rechtsfolgen des Schenkungsvertrags

- Der Schenker muss den versprochenen Gegenstand übertragen.
- Grundsätzlich haftet der Schenker nur für Vorsatz und grobe Fahrlässigkeit, § 521.

Besondere Rückforderungsrechte

- **§ 528 (Bedürftigkeit)**. Wenn der Schenker seinen angemessenen Unterhalt nicht bestreiten bzw. seine Unterhaltspflicht nicht erfüllen kann.
- **Grober Undank** des Beschenkten gegenüber dem Schenker oder dessen nahen Angehörigen, **§ 530**.
- Bei **gemischter** Schenkung Zweckwürdigungstheorie

  Überwiegt der geschenkte Teil den entgeltlichen Teil erheblich, so ist im Zweifel anzunehmen, dass bei Widerruf des schenkungsrechtlichen Teils das Geschäft insgesamt keine Gültigkeit hat.

Schenkungsarten

- Schenkung unter Auflage, §§ 525–527
- Zweckschenkung
- Gemischte Schenkung (Zweckwürdigungstheorie)
- Schenkung auf den Todesfall, § 2301

3. Teil: Mietvertrag und Pachtvertrag

1. Abschnitt: Einleitung

A. Vertragsgegenstände

83 Inhalt eines Mietvertrags ist gemäß § 535 die **Überlassung einer Sache** (§ 90) **gegen Entgelt** für eine vereinbarte Zeit.

Abzugrenzen ist die Miete insbesondere **von** den Vertragstypen Leihe und Verwahrung. Von der **Leihe** (§ 598) unterscheidet sich der Mietvertrag dadurch, dass für die Überlassung der Sache ein Entgelt verlangt wird. Bei einem **Verwahrungsvertrag** (§ 688) wird nur die Aufbewahrung geschuldet, es geht dabei nicht um eine Gebrauchsüberlassung.

84 Ein **Pachtvertrag** (§ 581) bezieht sich nicht nur auf Sachen, sondern der Begriff „Gegenstand" umfasst vielmehr sowohl **Sachen als auch Rechte**. Über den Gebrauch hinaus gewährt die Pacht außerdem auch den Bezug der Früchte.

B. Regelungsquellen

85 Der Mietvertrag ist in den **§§ 535–580 a** gesetzlich geregelt, der Pachtvertrag in den **§§ 581–597**.

Während die §§ 535–548 allgemeine Vorschriften für Mietverhältnisse enthalten, regeln die §§ 549–580 a Sonderbereiche:

- §§ 549–574 c Mietverhältnisse über Wohnraum
- §§ 575, 575 a Zeitmietverhältnisse
- §§ 576–576 b Werkswohnungen
- §§ 577, 577 a Bildung von Wohnungseigentum an vermietetem Wohnraum
- §§ 578–580 a Mietverhältnisse über andere Sachen

86 Mit dem Gesetz zur Dämpfung des Mietanstiegs auf angespannten Wohnungsmärkten und zur Stärkung des Bestellerprinzips bei der Wohnungsvermittlung (MietNovG),[139] das als Unterkapitel 1a (**§§ 556 d–555 g**) in das Kapitel 2 „Die Miete" eingefügt wurde, hat der Bundesgesetzgeber die sogenannte **„Mietpreisbremse"** eingeführt.

Die Einführung ist vor dem **Hintergrund** zu sehen, dass die Wohnraumverknappung in den Ballungszentren dazu geführt hat, dass Vermieter die wenigen begehrten Wohnungen bei einer Neuvermietung zu Preisen vermieten, die weit über der ortsüblichen Vergleichsmiete i.S.d. § 558 Abs 2 liegen.[140] Die Erhöhungen bei Mietbeginn sind nunmehr auf höchstens zehn Prozent über der Vergleichsmiete begrenzt, wenn sich die neu zu vermietende Wohnung in einem **Gebiet mit angespanntem Wohnungsmarkt** befindet. Dazu muss eine entsprechende Verordnung für die Gemeinde bestehen, die die zu vermietende Wohnung betrifft, vgl. § 556 d Abs. 2 S. 1. Gebiete mit angespannten Woh-

139 BGBl. I 2015, 610.

140 BeckOK/Schüller § 556 d Rn. 2.

nungsmärkten liegen gemäß § 556 d Abs. 2 S. 2 vor, wenn die ausreichende Versorgung der Bevölkerung mit Mietwohnungen in einer Gemeinde oder einem Teil der Gemeinde zu angemessenen Bedingungen besonders gefährdet ist.

Außerhalb des BGB sind für den Bereich der Betriebskosten die **Betriebskostenverordnung** (BetrKV) und die Heizkostenverordnung (HeizkostenV) von Bedeutung. 87

Zu den Regelungsquellen des Mietrechts zählt außerdem das Allgemeine Gleichbehandlungsgesetz (**AGG**), das von der Schutzrichtung her zwischen drei Gruppen von Mietverhältnissen unterscheidet, nämlich den Massengeschäften (§ 19 Abs. 1 Nr. 1 AGG), den sonstigen Mietverhältnissen (§ 19 Abs. 2 AGG) und den Näheverhältnissen (§ 19 Abs. 5 AGG). 88

Unter **Massengeschäfte** fallen Mietverhältnisse, die typischerweise ohne Ansehen der Person zu vergleichbaren Bedingungen in einer Vielzahl von Fällen zustande kommen, z.B. bei Vermietung von **Ferienwohnungen oder Hotelzimmern**. Für diese Geschäfte enthält § 19 Abs. 1 AGG ein Benachteiligungsverbot.

Beispiel: Wird die Vermietung einer "Hochzeitsvilla" verweigert, weil es sich bei den Brautleuten um ein homosexuelles Paar handelt, so steht diesen ein Entschädigungsanspruch aus § 21 Abs. 2 S. 1 u. 3 AGG wegen Verstoßes gegen das Benachteiligungsverbot aufgrund der sexuellen Identität zu.[141]

Die Vermietung von Wohnraum zum nicht nur vorübergehenden Gebrauch ist gemäß **§ 19 Abs. 5 S. 3 AGG** regelmäßig kein Massengeschäft, wenn der Vermieter insgesamt nicht mehr als 50 Wohnungen vermietet.

Bei **Näheverhältnissen** gilt dagegen kein Benachteiligungsverbot. Gemäß § 19 Abs. 5 S. 2 AGG liegt ein Näheverhältnis vor, wenn die Parteien oder ihre **Angehörigen** Wohnraum auf demselben Grundstück nutzen. Zu den Angehörigen zählen die engen Familienangehörigen, also Eltern, Kinder, Geschwister, Ehe- und Lebenspartner sowie Verwandte und Verschwägerte, die zum Vermieter ein besonderes persönliches Verhältnis haben.[142]

Ein eingeschränktes, nämlich nur auf die verpönten Merkmale Rasse und ethnische Herkunft bezogenes Benachteiligungsverbot gilt für die **sonstigen Mietverhältnisse** i.S.d. § 19 Abs. 2 AGG, also für alle Mietverhältnisse außer den Massengeschäften und den Näheverhältnissen, die auf **Kleinvermieter** gerichtet sind.[143] Gemäß § 19 Abs. 3 AGG ist indes bei der Vermietung von Wohnraum eine unterschiedliche Behandlung im Hinblick auf die Schaffung und Erhaltung sozial stabiler Bewohnerstrukturen und ausgewogener Siedlungsstrukturen sowie ausgeglichener wirtschaftlicher, sozialer und kultureller Verhältnisse zulässig.

Beim Abschluss von Wohnraummietverträgen ist es vielfach geübte Praxis, **Formularmietverträge** zu verwenden, die dann der Inhaltskontrolle gemäß den §§ 307–309 unterliegen. Da der Schutz des Wohnraummieters eine wesentliche Rolle spielt, gibt es dazu eine Vielzahl gerichtlicher Entscheidungen.[144] 89

141 LG Köln RÜ 2016, 424.

142 BeckOK/Zehelein § 535 Rn. 144.

143 BeckOK/Zehelein § 535 Rn. 143.

144 Vgl. Palandt/Grüneberg § 307 Rn. 115 ff.

2. Abschnitt: Zustandekommen und Pflichten

A. Zustandekommen

90 Der Grundsatz der Vertragsfreiheit gilt grundsätzlich auch für das Mietrecht, er erfährt aber im Bereich der Wohnraummiete gewisse Einschränkungen.

I. Einigung

91 Die erforderliche Willensübereinstimmung kann von den Mietparteien durch Angebot und Annahme (§§ 145–155), durch gemeinsame Erklärung – Unterschrift unter einen vorbereiteten Vertrag – oder durch sonstiges rechtlich erhebliches Verhalten, insbesondere durch die Fortsetzung des beendeten Mietverhältnisses (§ 545), erzielt werden.

Mietparteien sind die Personen, die nach dem Vertrag bzgl. der Leistungspflichten aus § 535 berechtigt und verpflichtet sein sollen. Jedoch sind nicht alle Personen, welche die Mietsache gebrauchen dürfen, Mietparteien.

Beispiele:

1. Der M, der für seine Familie eine Vier-Zimmer-Wohnung mietet, wird grundsätzlich nicht als Vertreter der einzelnen Familienmitglieder tätig, sodass zwischen dem Vermieter und den einzelnen Familienmitgliedern kein Mietvertrag zustande kommt.

2. Der M, der ein Büro anmietet, gibt die Vertragserklärungen nicht im Namen der Büroangestellten ab. Er wird nicht als deren Vertreter tätig, sodass zwischen dem Vermieter und den Büroangestellten grundsätzlich kein Mietvertrag zustande kommt.

Sofern Eheleute Wohnraum anmieten, wird der Vermieter in aller Regel darauf Wert legen, dass beide Eheleute Vertragspartner werden.

- Dies ist unproblematisch dann der Fall, wenn die Namen der Eheleute im Kopf des Vertrags erscheinen und das Vertragsformular auch von beiden unterzeichnet wird.[145]
- Wenn beide Ehepartner im Kopf des Vertrages genannt sind, aber nur einer der beiden unterschreibt, so kann im Zweifel angenommen werden, dass der Unterzeichnende den anderen Ehegatten vertritt.[146]
- Von der Interessenlage der Beteiligten ausgehend wird man zum gleichen Ergebnis gelangen, wenn beide Ehepartner unterschreiben, aber nur einer im Kopf des Vertrags erscheint.[147]

Auch wenn zwischen dem Vermieter und den zur Mitbenutzung berechtigten Personen kein Mietvertrag zustande kommt, können sie dennoch als **Dritte in den Schutzbereich** des Mietvertrags einbezogen sein.[148]

---

145 Schmidt-Futterer/Blank Vor § 535 Rn. 339.

146 Palandt/Weidenkaff § 535 Rn. 7.

147 Einschränkend Schmidt-Futterer/Blank Vor § 535 Rn. 340; a.A. OLG Saarbrücken MietRB 2007, 311.

148 Vgl. AS-Skript Schuldrecht AT 2 (2018), Rn. 307 ff.

II. Form

Der Mietvertrag kann **grundsätzlich formfrei** abgeschlossen werden. 92

Für Mietverträge über Grundstücke, Wohnungen und Räume, die für längere Zeit als **ein Jahr** abgeschlossen werden, ist jedoch gemäß **§ 550 S. 1 die Schriftform** erforderlich.

- Die Schriftform des § 126 erfordert **keine körperliche Verbindung** der einzelnen Blätter der Urkunde, wenn sich deren Inhalt aus fortlaufender Paginierung oder fortlaufender Nummerierung der einzelnen Bestimmungen ergibt.[149]

- Dem Schriftformerfordernis des § 550 S. 1 kann auch gemäß § 126 Abs. 2 S. 2 entsprochen werden, wonach es genügt, wenn über den Vertrag **mehrere gleichlautende Urkunden** aufgenommen werden und jede Partei die für die andere Partei bestimmte Urkunde unterzeichnet. Für die Einhaltung der Schriftform des § 550 S. 1 ist es dann ausreichend, wenn die Vertragsparteien gleichlautende Vertragsurkunden unterzeichnen. Eines Zugangs dieser Urkunden beim jeweiligen Vertragspartner bedarf es insoweit nicht.[150]

- Wird ein formgültig geschlossener Mietvertrag **nachträglich** verlängert oder in anderer Weise geändert oder ergänzt, so muss grundsätzlich auch die nachträgliche Vereinbarung die Schriftform wahren.[151]

  Eine **Option,** die einer oder beiden Parteien das Recht einräumt, das bestehende Mietverhältnis durch einseitige Erklärung um eine bestimmte Zeit zu verlängern, ist allerdings ein schon im Ausgangsvertrag eingeräumtes Gestaltungsrecht. Sofern die Jahresgrenze des § 550 S. 2 überschritten wird, bedarf schon die Vereinbarung eines Optionsrechts der Schriftform des § 550. Dieses Formerfordernis greift jedoch nicht ein, wenn einer Partei bereits im Mietvertrag die Möglichkeit eingeräumt ist, durch einseitige Willenserklärung eine Änderung der Vertragswirkungen herbeizuführen, und sie dann von dieser Möglichkeit Gebrauch macht. In diesem Fall muss sich allein die ursprüngliche vertragliche Bestimmung am Schriftformerfordernis des § 550 S. 1 BGB messen lassen.[152]

- Der Verstoß gegen dieses Formerfordernis führt allerdings entgegen der allgemeinen Vorschrift des § 125 **nicht** zur **Nichtigkeit** des Vertrags, sondern hat gemäß § 550 S. 1 zur Folge, dass der voll wirksame Vertrag als auf **unbestimmte Zeit** geschlossen gilt und frühestens zum Ablauf des ersten Vertragsjahres unter Einhaltung der Kündigungsfristen des § 573 c gekündigt werden kann.

III. Inhalt der Einigung

Die Parteien können sich im Rahmen der Vertragsfreiheit über alle für die Abwicklung des Vertrags erforderlichen Punkte verständigen. Bei der Wohnraummiete erfährt die Vertragsfreiheit jedoch Einschränkungen, so z.B. bei der Miethöhe und durch inhaltliche Begrenzungen von Formularklauseln. 93

149 BGH NJW 1999, 1104.
150 BGH RÜ 2018, 420.
151 Palandt/Weidenkaff § 550 Rn. 16.
152 BGH RÜ 2019, 146.

1. Einigung über die Hauptleistungspflichten

Inhalt des Mietvertrags ist die Überlassung einer Sache gegen Mietzahlung für eine vereinbarte Zeit, § 535 BGB.

a) Mietsache

94 Mietsachen i.S.v. § 535 können sein:

- Räumlichkeiten (Wohn-, Geschäfts- und sonstige Räume),
- Grundstücke,
- eingetragene Schiffe und Luftfahrzeuge sowie
- bewegliche Sachen.

Rechte scheiden als Gegenstand eines Mietvertrags aus, weil Rechte nicht zu **gebrauchen**, sondern nur zu nutzen sind. Darüber kann aber ein **Pachtvertrag** abgeschlossen werden.[153]

Beispiel: Gleichwohl liegt in der Zurverfügungstellung einer konkreten Werbefläche auf einem Kraftfahrzeug eine Gebrauchsüberlassung gemäß § 535, bei der es einer Besitzverschaffung ausnahmsweise nicht bedarf.[154]

Werden Räumlichkeiten angemietet, so kann es sich um **Geschäfts- oder Wohnraummiete** handeln. Die Unterscheidung ist deshalb bedeutsam, weil bei der Wohnraummiete eine Reihe von Sondervorschriften zur Anwendung kommt.

Wohnraummiete liegt vor, wenn die Räumlichkeiten überwiegend zu Wohnzwecken genutzt werden sollen. Handelt es sich um ein sogenanntes **Mischmietverhältnis**, bei dem auch gewerbliche Zwecke verfolgt werden, so ist maßgeblich, **welcher Zweck überwiegt**. Bei Gleichwertigkeit gebührt dem Wohnraummietrecht der Vorrang.[155] Maßgebliche Einordnungsindikatoren sind Wohnfläche und konkrete Nutzungsart. In Zweifelsfällen kommt Wohnraummietrecht zur Anwendung.

Wird ein Mischmietverhältnis trotz des Betriebs einer Hypnosepraxis als Wohnraummietverhältnis eingeordnet, so ist das angerufene Landgericht sachlich unzuständig (§§ 71 Abs. 1, 23 Nr. 2 a GVG).[156]

b) Höhe der Miete

95 Der Mietvertrag ist nur wirksam, wenn die Parteien eine Abrede über die Miete getroffen haben. Die Miete muss **bestimmt oder bestimmbar** sein.[157] Haben sich die Parteien nur darüber geeinigt, dass eine Sache entgeltlich auf Zeit zum Gebrauch überlassen werden soll, und keine Abrede über die Höhe der Miete getroffen, dann wird die **angemessene** Miete geschuldet.

153 Palandt/Weidenkaff Einf v § 535 Rn. 16.
154 BGH RÜ 2019, 81.
155 BGH RÜ 2014, 685, 686.
156 BGH RÜ 2014, 685, 687.
157 Palandt/Weidenkaff § 535 Rn. 74.

Zur Ermittlung der angemessenen Miete werden teilweise die §§ 315 ff. oder auch die §§ 612, 632 Abs. 2 herangezogen.[158]

Die Höhe der Miete kann grundsätzlich **frei** bestimmt werden. Bei Sozialwohnungen besteht indes eine **Mietpreisbindung** nach dem Wohnungsbindungsgesetz. Im Übrigen kann die Mietpreisvereinbarung gemäß § 134 nichtig sein. Die Grenzen für die Höhe der Miete ergeben sich aus § 5 Wirtschaftsstrafgesetz (WiStG). Hinsichtlich der zulässigen Miethöhe bei Mietbeginn sind § 556 d (**Mietpreisbremse**) und in Bezug auf **Mieterhöhungen** die §§ 557 ff. zu beachten.

Hinweis: *Der Verstoß gegen gesetzliche Verbotsvorschriften hat nicht zur Folge, dass der gesamte Mietvertrag nichtig ist, sondern nur die Mietpreisvereinbarung i.H.d. unzulässigen Überpreises.*[159]

c) Vertragsdauer

Ein Mietverhältnis kann auf **bestimmte oder unbestimmte Zeit** abgeschlossen werden, vgl. § 542. Es kann nach Tagen, Wochen, Monaten oder auch nach längeren Zeitabschnitten zeitlich festgelegt werden (vgl. § 580 a). **96**

Bei auf bestimmte Zeit abgeschlossenen Verträgen endet das Mietverhältnis nach Zeitablauf, bei nicht bestimmter Mietzeit kann jede Partei nach den gesetzlichen Vorschriften kündigen.

Im Bereich der Wohnraummiete gibt es auf bestimmte Zeit abgeschlossene Verträge nur unter den Voraussetzungen des § 575. Für zulässig angesehen wird allerdings ein befristeter Verzicht des Mieters auf sein gesetzliches Kündigungsrecht.[160] Ist die Mietzeit nicht festgelegt, kann ohne weitere Voraussetzungen nur der Wohnraum**mieter** kündigen. Das Kündigungsrecht des Vermieters ist dagegen an enge Voraussetzungen geknüpft (s. Rn. 158 ff.).

B. Pflichten der Mietvertragsparteien

Die Mietparteien müssen die wirksam **vereinbarten** Vertragspflichten erfüllen. Fehlt eine für die sachgerechte Abwicklung des Vertrags erforderliche Regelung, so gelten die **gesetzlichen Pflichten**. **97**

In der Regel wird beim Mietvertrag über Wohnraum ein Formularmietvertrag abgeschlossen, der die weiteren Leistungs- und Nebenpflichten enthält.

I. Pflichten des Vermieters

1. Erfüllung der Hauptleistungspflichten

Der Vermieter muss dem Mieter die Mietsache vertragsgemäß anbieten, damit dieser die **Möglichkeit** erhält, den Besitz an der Sache zu ergreifen. **98**

158 Vgl. Palandt/Weidenkaff § 535 Rn. 74.
159 MünchKomm/Häublein § 535 Rn. 30.
160 BGH WuM 2011, 294, 295.

- Der Vermieter muss die Mietsache **am vereinbarten Ort** anbieten. Fehlt eine Vereinbarung, so kann sich der Erfüllungsort (= Leistungsort) etwa bei der Vermietung von Wohnungen und Grundstücken – aus den **Umständen** ergeben, anderenfalls aus **§ 269**. Danach besteht eine Holschuld.
- Maßgebend ist die Parteivereinbarung. Fehlt eine solche, so kann sich die **Leistungszeit** aus den **Umständen** ergeben – z.B. bei Vermietung einer im Bau befindlichen Wohnung – oder kraft Gesetzes gemäß § 271. Danach tritt die sofortige Fälligkeit ein.
- Der Vermieter muss während der gesamten Dauer des Mietvertrags die Mietsache in einem **vertragsgemäßen Zustand** überlassen und erhalten, **§ 535 Abs. 1 S. 2**.

Beispiel: Der Vermieter ist gemäß § 535 Abs. 1 S. 2 verpflichtet, die Mietsache und den Mieter durch geeignete Maßnahmen vor dem **Eindringen von Wildschweinen** auf dem Grundstück zu schützen.[161]

Gegenbeispiel: Der Vermieter und Grundstückseigentümer, dem die Gemeinde nicht als Anlieger die allgemeine Räum- und Streupflicht übertragen hat, ist aber regelmäßig nicht aus dem Mietvertrag gemäß § 535 Abs. 1 verpflichtet, auch über die Grundstücksgrenze hinaus **Teile des öffentlichen Gehwegs zu räumen und zu streuen**.

Der Mieter hat einen **Erfüllungsanspruch** auf sach- und rechtsmängelfreie Übertragung. Das bedeutet, dass der Vermieter grundsätzlich auch die Schönheitsreparaturen zu tragen hat. Im Bereich der (Wohn-)Raummiete entspricht es allerdings der weit überwiegenden Praxis, die Durchführung der Schönheitsreparaturen dem Mieter durch entsprechende Klauseln zu übertragen (vgl. dazu eingehend Rn. 105).

2. Weitere Leistungs- und Duldungspflichten

99 Die Verpflichtung des Vermieters erschöpft sich nicht darin, die Mietsache gegenständlich anzubieten. Er muss außerdem die weiteren Leistungen, die eine sachgerechte Verwendung der Mietsache ermöglichen, erbringen und deshalb Handlungen des Mieters oder Dritter dulden.

a) Leistungspflichten

100 Auch ohne besondere Abrede ist der Vermieter verpflichtet, alle Bestandteile der Mietsache und im Zweifel das Zubehör entsprechend § 311 c zu überlassen. Mitvermietet sind bei der Vermietung von Räumen und Grundstücken auch die Teile, die den Zugang und den **Gebrauch der Mieträume ermöglichen.**[162]

Beispiele: Bei Wohnungen und gewerblichen Räumen gehören **Wasser- und Stromanschluss** sowie die **Beheizbarkeit** der Räume zur Gebrauchsgewährung.[163]

Der vertragsgemäße Gebrauch einer Wohnung umfasst grundsätzlich auch die **Überlassung und** hiermit korrespondierend auch die **Instandhaltung einer funktionsfähigen Telefonanschlusseinrichtung**. Das wird man jedenfalls dann bejahen müssen, wenn die Wohnung mit einer sichtbaren Telefonanschlussdose ausgestattet ist. Dazu gehört die Möglichkeit des Mieters, diesen Anschluss nach Abschluss eines Vertrages mit einem Telekommunikationsanbieter ohne Weiteres nutzen zu können, das heißt ohne zuerst noch Verkabelungsarbeiten von dem Anschluss in der Wohnung bis zu einem gege-

161 LG Berlin RÜ 2016, 277.

162 Palandt/Weidenkaff § 535 Rn. 16.

163 Palandt/Weidenkaff § 535 Rn. 17, 24.

benenfalls im Keller des Mehrfamilienhauses liegenden Hausanschlusspunkt (APL) vornehmen zu müssen.[164]

Darüber hinaus muss der Vermieter den Mieter gegen **Störungen** am Gebrauch **durch andere Mieter oder Dritte** im möglichen und zumutbaren Umfang schützen. Er muss deshalb fremde Störungen im Rahmen der tatsächlichen und rechtlichen Möglichkeiten abwehren.

- Im Bereich der Wohnraummiete geht es dabei vor allem um **Lärmimmissionen** (Musik, Kinder etc.) und **Geruchsbelästigungen** (z.B. Grill- oder Zigarettenrauch), vor denen der Mieter im rechtlichen Rahmen des § 906 BGB zu schützen ist. Dabei ist die Wesentlichkeitsgrenze des § 906 BGB regelmäßig dann überschritten, wenn die Miete des gestörten Mieters wegen der Störungen gemindert ist.[165]
- Im Falle der Vermietung an einen Gewerbetreibenden oder Freiberufler (z.B. Arzt oder Anwalt), hat der Vermieter zumindest im gleichen Gebäude oder auf demselben Grundstück eigene Konkurrenz sowie die **Vermietung an ein Konkurrenzunternehmen** zu unterlassen.[166]Auch auf unmittelbar angrenzenden Grundstücken des Vermieters gehört es bei der Vermietung von Räumen zum Betrieb eines bestimmten Geschäfts zur Leistungspflicht nach § 535 Abs. 1 S. 2 kein Konkurrenzunternehmen zuzulassen und so dem Mieter den Betrieb des Geschäfts zu ermöglichen. Eine unzumutbare Konkurrenz liegt vor, wenn sich die Leistungen eines Konkurrenten in anderen Räumen des Hauses oder auf unmittelbar angrenzenden Grundstücken und des Mieters im **Hauptsortiment überschneiden** und an **denselben Verbraucherkreis** richten.[167]

b) Duldungspflichten

Die Duldungspflicht des Vermieters beschränkt sich nicht nur auf die Duldung der blo- **101**
ßen Nutzung, sondern erstreckt sich auch darauf, die **Ausstattung der Mietsache mit technischen Anlagen und Geräten** zu dulden, soweit dies der zweckentsprechenden Nutzung dient und rechtlich geschützte Interessen des Vermieters oder anderer Mieter nicht beeinträchtigt werden.[168]

Beispiele: Zu dulden ist bei Wohnraummiete das Aufstellen von Haushaltsgeräten,[169] wie z.B. Waschmaschine, Gefriertruhe, Geschirrspülautomat, Installierung eines Fernsprechanschlusses, die Anbringung einer Rundfunk- und Fernsehantenne, wenn keine Gemeinschaftsantenne vorhanden ist, ggf. auch die Anbringung einer Parabolantenne, insbesondere durch ausländische Mieter.[170]

Auch **Dritte können zur Mitbenutzung befugt sein**, sofern die Mietsache für den Vermieter erkennbar nur sachgerecht gebraucht werden kann, wenn andere Personen die Mietsache mitbenutzen. Wer im Einzelnen zur Mitbenutzung berechtigt ist, muss im Wege der Vertragsauslegung ermittelt werden.[171]

---

164 BGH RÜ 2019, 79.
165 Börstinghaus, NZM 2004, 48, 49.
166 Looschelders § 22 Rn. 17; zur ergänzenden Vertragsauslegung bei einer Konkurrenzschutzklausel BGH NJW 2012, 844.
167 KG RÜ 2019, 279.
168 Vgl. Palandt/Weidenkaff § 535 Rn. 20 ff.
169 Palandt/Weidenkaff § 535 Rn. 22.
170 BVerfG NJW 1994, 2143; NJW-RR 2005, 661; BGH NJW-RR 2005, 335; BGH NJW 2008, 216.
171 Vgl. Looschelders § 22 Rn. 14.

Beispiele:

1. G mietet im Hotel des H ein Doppelzimmer. Als G mit seiner Lebensgefährtin das Doppelzimmer beziehen will, weigert sich H, dem G das Doppelzimmer zu überlassen.

G und H haben sich über die Mietvertragsbestandteile geeinigt, sodass zwischen ihnen ein Mietvertrag besteht. Ob H verpflichtet ist, das Doppelzimmer auch an die Lebensgefährtin, die nicht Mietpartei ist, zu überlassen, muss im Wege der Auslegung unter Berücksichtigung von Treu und Glauben und des Vertragszwecks ermittelt werden. Danach ergibt sich die Verpflichtung des H, das Zimmer an G mit seiner Lebensgefährtin zu überlassen.

2. M mietet von V eine Dreizimmerwohnung. Als M mit seiner Familie – Ehefrau, Kinder, Mutter – einziehen will, macht V geltend, die Mutter sei nicht zur dauernden Mitbenutzung berechtigt.

Es besteht nur ein Mietvertrag zwischen V und M. Diese haben sich über die Vertragsbestandteile geeinigt. Der Umfang des Gebrauchsrechts des M und die zur Mitbenutzung befugten Personen müssen im Wege der Vertragsauslegung ermittelt werden. Bei Mietverhältnissen über Wohnräume umfasst der vertragsgemäße Gebrauch der Sache durch den Mieter auch zwangsläufig die **Mitbenutzung** der Mietsache **durch die nächsten Angehörigen, Ehegatten, Kinder, Hausangestellte, Pflegepersonal**, also auch durch die Mutter des M.[172]

3. Die Firma F mietet Büroräume bei V. Nach acht Monaten stellt die Firma F drei weitere Angestellte ein. V meint, bezüglich der neu Eingestellten sei er nicht zur Gebrauchsüberlassung verpflichtet, es müsse ein neuer Mietvertrag abgeschlossen werden.

Zwischen V und F besteht ein wirksamer Mietvertrag. Ob den neu Eingestellten ein Mitbenutzungsrecht zusteht, muss im Wege der Vertragsauslegung ermittelt werden. Danach dürfen unter Berücksichtigung von Treu und Glauben und der Verkehrssitte die Firmenangehörigen die Büroräume mitbenutzen, soweit es der sachgerechten Verwendung der Mietsache – Büroräume – entspricht.

Die zur Mitbenutzung befugten Personen, die nicht Mietpartei sind, können aus dem Mietvertrag keine Leistungsansprüche gegen den Vermieter erheben. Es stehen ihnen keine Erfüllungsansprüche zu. Anspruchsberechtigt ist insoweit lediglich der Mieter. Dritte können jedoch Schadensersatzansprüche geltend machen, wenn sie in den Schutzbereich des Mietvertrags einbezogen sind.

In Bezug auf die Duldung von **Haustieren** ist zu differenzieren:

- Die Haltung von **Kleintieren** (Ziervögel, Fische, Hamster, Meerschweinchen usw.) muss der Vermieter in jedem Fall dulden. Der Mieter muss keine Erlaubnis des Vermieters einholen und Klauseln, die eine Kleintierhaltung untersagen, sind unwirksam. Dem liegt die Erwägung zugrunde, dass regelmäßig weder die Interessen des Vermieters noch die der übrigen Hausbewohner durch die Haltung solcher Tiere tangiert werden.[173]
- Nach h.M. bedarf die **Haltung größerer Tiere** vor allem von Katzen und Hunden der Erlaubnis des Vermieters. Darüber ist einzelfallbezogen im Wege einer umfassenden Interessenabwägung zu entscheiden. Zu berücksichtigen sind dabei insbesondere Art, Größe und Verhalten der Tiere sowie Größe, Zustand und Lage der Wohnung bzw. des Hauses und berechtigte Interessen der Mitbewohner und Nachbarn.[174] Dagegen soll unbeachtlich sein, ob das Tier artgerecht gehalten wird.[175]

---

172 Vgl. Palandt/Weidenkaff § 535 Rn. 21.

173 Blan NJW 2007, 729, 731.

174 Blank/Börstinghaus § 535 Rn. 566.

175 BGH NJW-RR 2013, 522.

c) Untervermietung

Der Mieter ist gemäß **§ 540 Abs 1 S. 1** ohne die **Erlaubnis des Vermieters** nicht berechtigt, den Gebrauch der Mietsache einem Dritten zu überlassen, insbesondere sie weiter zu vermieten. Die Vorschrift verdeutlicht den im Mietrecht geltenden Grundsatz, dass der Mieter den Mietgebrauch nur in eigener Person ausüben darf, da die Miete ein persönliches, von gegenseitigem Vertrauen getragenes Rechtsverhältnis ist, sodass sich der Vermieter nicht gegen seinen Willen einen anderen Mieter aufdrängen lassen muss.[176] **102**

Allerdings hat der Mieter unter den Voraussetzungen des **§ 553** einen Anspruch auf Erteilung der Untervermietungserlaubnis. Danach darf der Mieter, soweit er ein **berechtigtes Interesse** hat und keine Unzumutbarkeit für den Vermieter gemäß § 553 Abs. 1 S. 2 vorliegt, einen **Teil des Wohnraums** einem Dritten zum Gebrauch überlassen.

- Als berechtigt ist dabei **jedes Interesse des Mieters von nicht ganz unerheblichem Gewicht** anzusehen, das mit der geltenden Rechtsordnung in Einklang steht. Der Anspruch auf Erlaubniserteilung ist – vor allem in der durch Mobilität und Flexibilität geprägten heutigen Gesellschaft – nicht auf die Fälle beschränkt, in denen der Mieter seinen Lebensmittelpunkt in der Wohnung hat.

  Denn dies würde dem Zweck des § 553 Abs. 1 S. 1 BGB zuwiderlaufen, dem Mieter auch dann die Wohnung zu erhalten, wenn er einen Teil untervermieten möchte, und der grundsätzlich anzuerkennenden Entscheidung des Mieters, sein Privatleben innerhalb der eigenen vier Wände nach seinen Vorstellungen zu gestalten.[177]

- In Anbetracht des mieterschützenden Zwecks des § 553 Abs. 1, dem Mieter den Wohnraum zu erhalten, ist ein großzügiger Maßstab anzulegen. Von einer Überlassung eines Teils des Wohnraums an Dritte ist daher regelmäßig selbst dann auszugehen, wenn der Mieter den **Gewahrsam am Wohnraum nicht vollständig aufgibt**.

  Hierfür genügt es etwa, wenn der Mieter ein Zimmer einer größeren Wohnung zurückbehält, um hierin Einrichtungsgegenstände zu lagern und/oder dieses gelegentlich zu Übernachtungszwecken (Urlaub, kurzzeitiger Aufenthalt) zu nutzen.[178]

Liegen die Voraussetzungen des § 553 vor, muss der Vermieter die Erlaubnis erteilen. Ferner **kann** der Vermieter – im Rahmen der Vertragsfreiheit – auch eine **weitergehende Erlaubnis**, etwa in Bezug auf den ganzen Wohnraum erteilen. Wie weit eine Erlaubnis über den Mindestinhalt des § 553 hinaus geht, ist im Einzelfall durch Auslegung zu ermitteln.

Erhält der Mieter eine Untervermietungserlaubnis, so kann dieser ohne besondere Anhaltspunkte nicht davon ausgehen, dass die Erlaubnis eine **tageweise Vermietung an Touristen** umfasst, wenn der Vermieter mit der Erlaubnis die Verpflichtung des Mieters verlangt hat, den Untermietern Postvollmacht für alle Willenserklärungen der Hausverwaltung im Zusammenhang mit dem Mietverhältnis zu erteilen mit der Folge, dass alle Willenserklärungen wie z. B. Betriebskostenabrechnungen oder Mieterhöhungserklärungen als ordnungsgemäß zugestellt gelten.[179]

Klausurhinweise: *Das Thema Untervermietungserlaubnis wird selten abstrakt, sondern vielmehr im Zusammenhang mit konkreten Rechten oder Ansprüchen des Vermieters oder*

---

176 BeckOK/Wiederhold § 540 Rn. 1.

177 BGH RÜ 2014, 624, 625.

178 BGH RÜ 2014, 624, 625.

179 BGH RÜ 2014, 145.

Mieters – inzident – zu prüfen sein.

Grundsätzlich kann der Mieter gemäß ***§ 540 Abs. 1 S. 2*** *im Falle der Verweigerung der Untervermietung durch den Vermieter den Mietvertrag kündigen, sofern nicht in der Person des potenziellen Untermieters ein wichtiger Grund für die Untersagung vorliegt.*

Nimmt der Mieter die Untervermietung vor, ohne die erforderliche Erlaubnis des Vermieters zu haben, verletzt er auch dann seine vertraglichen Pflichten, wenn er einen Anspruch auf die Erlaubnis hat.[180] *Dies kann ein außerordentliches Kündigungsrecht des Vermieters gemäß* ***§ 543 Abs. 2 Nr. 2*** *begründen.*[181]

Wird eine ***Erlaubnis nach § 553 zu Unrecht versagt****, kann dem Mieter ein Anspruch aus § 280 Abs. 1 BGB auf Ersatz des angefallenen Mietausfallschadens zustehen.*[182]

3. Weitere Nebenpflichten des Vermieters

103 Der Vermieter muss den Mieter über die Umstände, die eine sachgerechte Abwicklung des Vertrags verhindern können, aufklären, insbesondere **auf nicht erkennbare Gefahren** bei der Benutzung der Mietsache **hinweisen**.

Außerdem muss der Vermieter im Rahmen seiner Sorgfaltspflichten auch vorbeugend die notwendigen Maßnahmen treffen, um drohende Gefahren für die Rechtsgüter des Mieters abzuwenden (**Verkehrssicherungspflicht**).

Der Vermieter muss beispielsweise für die Sicherheit der Zu- und Abgänge, der Treppen und Flure, der Fahrstühle usw. Sorge tragen.[183] Im Bereich der Raummiete werden gewisse Sorgfaltspflichten (z.B. Schneeräumen) häufig auf den Mieter übertragen.

Dem Vermieter können nach dem Inhalt des Vertrags unter Berücksichtigung von § 242 ferner **Fürsorgepflichten** treffen.

Beispiel: Der Hotelier als Vermieter muss im Falle der Erkrankung eines Hotelgastes einen Arzt rufen und den Gast versorgen.

II. Vertragspflichten des Mieters

1. Zahlung der Miete

104 Der Mieter muss die vereinbarte oder die gemäß § 315 bestimmte Miete zahlen und zwar am geschuldeten **Ort** und zur geschuldeten **Zeit**. Fehlt eine Vereinbarung und ergeben sich der Ort und die Zeit auch nicht aus den Umständen, so gilt:

- Der **Leistungsort** ergibt sich aus **§ 270**. Danach muss der Mieter die Miete auf seine Gefahr dem Vermieter an dessen Wohn- oder Geschäftssitz zahlen.

180 BGH NJW 2011, 1065, 1066.
181 BGH RÜ 2014,143, 144.
182 Vgl. dazu BGH RÜ 2014, 624.
183 Palandt/Weidenkaff § 535 Rn. 60.

- Die **Fälligkeit** der Miete bestimmt sich nicht nach § 271, sondern nach den **§§ 556 b, 579**. Danach ist die Miete für bewegliche Sachen, Grundstücke und eingetragene Schiffe am Ende der Mietzeit zu entrichten (§ 579), bei Wohnraummiete muss sie bis zum dritten Werktag des jeweiligen Zeitabschnitts entrichtet werden (§ 556 b).

  Dabei kommt es für die **Rechtzeitigkeit der Mietzahlung im Überweisungsverkehr** aber nicht darauf an, dass die Miete bis zum dritten Werktag des vereinbarten Zeitabschnitts auf dem Konto des Vermieters eingegangen ist. Es genügt, dass der Mieter – bei ausreichend gedecktem Konto – seinem Zahlungsdienstleister den **Zahlungsauftrag bis zum dritten Werktag** des vereinbarten Zeitabschnitts **erteilt**.[184]

  Die **AGB eines Wohnraummietvertrages**, wonach die laufende Miete monatlich im Voraus, spätestens am dritten Werktag des Monats auf das Konto des Vermieters zu zahlen ist, es für die Rechtzeitigkeit der Zahlung also nicht auf die Absendung, sondern auf den Eingang des Geldes ankommen soll, sind **gemäß § 307 Abs. 1 S. 1 unwirksam**. Sie verlagern nämlich bei der gebotenen kundenfeindlichsten Auslegung das Risiko einer durch Zahlungsdienstleister verursachten Verzögerung des Zahlungsvorgangs entgegen der gesetzlichen Regelung auf den Mieter.[185]

  Werden die Mietzahlungen aufgrund der Bedürftigkeit des Mieters direkt durch ein Sozialamt (oder Jobcenter) erbracht, so ist dieses nicht Erfüllungsgehilfe des Mieters.[186]

- Eine **Erhöhung** der Miete kann durch vertragsändernde Vereinbarung oder **einseitig** dadurch erfolgen, dass der Vertrag durch ordentliche Kündigung mit dem Ziel beendet wird, einen neuen Vertrag mit einer höheren Miete abzuschließen (**Änderungskündigung**). Die erhöhte Miete ist nur dann zu zahlen, wenn der Mieter das Angebot des Vermieters annimmt.

- Besonderheiten gelten bei der **Wohnraummiete**. Der Vermieter kann zwar einseitig Mieterhöhungen nach Maßgabe der **§§ 558 bis 560** durchsetzen. Eine Kündigung zum Zwecke der Mieterhöhung ist jedoch gemäß § 573 Abs. 1 S. 2 ausgeschlossen.

  Stimmt der Mieter einer Wohnung einer vom Vermieter verlangten Anpassung der Miete an die ortsübliche Vergleichsmiete zu (§§ 558 a Abs. 1, 558 b Abs. 1), so steht dem Mieter **kein** Recht, die erklärte Zustimmung nach Maßgabe der Bestimmungen über das **Widerrufsrecht** bei im Fernabsatz geschlossenen Verbraucherverträgen zu widerrufen, zu. Indem § 558 a Abs. 1 die Textform (§ 126 b) sowie eine Begründung vorschreibt, wird einem etwaigen Informationsdefizit wirksam begegnet. Zudem wird für den Schutz der Entschließungsfreiheit des Mieters auch durch die eingeräumte Zustimmungsfrist (§ 558 b Abs. 2 BGB) gesorgt. Auf diese Weise kann der Mieter den Vertragsgegenstand vor Vertragsabschluss ausreichend beurteilen, sodass der Sinn und Zweck der verbraucherschützenden Regelungen für Vertragsabschlüsse im Fernabsatz bereits uneingeschränkt erfüllt ist.[187]

---

184 BGH RÜ 2017, 216, 217.

185 BGH RÜ 2017, 216, 219.

186 BGH NJW 2009, 3781.

187 BGH RÜ 2019, 75, 77 f.

- Fehlt eine Vereinbarung bzgl. der **Nebenkosten** i.S.v. § 556 Abs. 1, so muss im Wege der **Vertragsauslegung** ermittelt werden, ob der Mieter diese zu zahlen hat. Bleiben insofern Zweifel, wirken sich diese zulasten des Vermieters aus. Durch Auslegung muss häufig auch geklärt werden, ob eine Pauschale ohne jährliche Abrechnung gemeint ist oder eine Vorauszahlung, die eine Nebenkostenabrechnung zulässt.

2. Weitere Leistungs- und Duldungspflichten

105 - **Schönheitsreparaturen** (vgl. zum Begriff § 28 Abs. 4 S. 3 II. Berechnungsverordnung) hat der Mieter nur dann durchzuführen, wenn dies (wirksam) vereinbart worden ist. Denn **grundsätzlich** ist der **Vermieter** für den Erhalt der Mietsache **verantwortlich**, vgl. § 535 Abs. 1 S. 2.

  Eine **Übertragung auf den Mieter** ist – unter bestimmten Voraussetzungen – **aber zulässig** und bei der Vermietung von Wohnraum allgemein üblich. Schönheitsreparaturen umfassen das Tapezieren, Anstreichen oder Kalken der Wände und Decken, das Streichen der Fußböden, Heizkörper einschließlich Heizrohre, der Innentüren sowie der Fenster und Außentüren von innen. Zum Anstrich der Wände gehört auch das Streichen von Sockel- und Fußleisten, weil diese Leisten die Wand abschließen.[188]

  In den letzten Jahren hat der BGH die Rechte der Mieter im Zusammenhang mit derartigen Formularklauseln erheblich gestärkt.

  - Demnach sind **„starre Fristenpläne"**, bei denen dem Mieter die Möglichkeit verwehrt ist, den Renovierungsbedarf in Zweifel zu ziehen, unwirksam.[189] Dem Mieter werde nämlich durch derartige Klauseln eine höhere Instandhaltungsverpflichtung auferlegt, als sie der Vermieter ohne Abwälzung schulden würde.[190]

  - Ferner sind Formularklauseln, die dem Mieter einer **unrenoviert oder renovierungsbedürftig übergebenen Wohnung** die Schönheitsreparaturen ohne angemessenen Ausgleich auferlegen, unwirksam. Denn eine solche Klausel verpflichtet den Mieter zur Beseitigung sämtlicher Gebrauchsspuren des Vormieters und führt – jedenfalls bei kundenfeindlichster Auslegung – dazu, dass der Mieter die Wohnung vorzeitig renovieren oder gegebenenfalls in einem besseren Zustand zurückgeben müsste, als er sie selbst vom Vermieter erhalten hat.[191]

  - Eine allein **zwischen** dem **bisherigen und** dem **neuen Mieter getroffene Renovierungsvereinbarung** vermag – mit Rücksicht darauf, dass die Wirkungen eines Schuldverhältnisses grundsätzlich auf die daran beteiligten Parteien beschränkt sind – daran nichts zu ändern. Das Bestehen einer Renovierungsvereinbarung der Vormieterin mit dem neuen Mieter kann nämlich grundsätzlich keinen Einfluss auf die Wirksamkeit der in dem Mietvertrag zwischen Vermieter und neuem Mieter enthaltenen Verpflichtungen durch eine Vornahmeklausel haben, insbesondere

---

188 Schmidt-Futterer/Langenberg § 538 Rn. 76.
189 BGH NJW 2006, 3778.
190 BGH NJW 2004, 2586.
191 BGH RÜ 2015, 417, 418.

nicht dergestalt, dass der Vermieter so gestellt werden könnte, als hätte er dem neuen Mieter eine renovierte Wohnung übergeben.[192]

- Außerdem sind **Quotenabgeltungsklauseln**, die dem Mieter einen Teil der zukünftig entstehenden Kosten für Schönheitsreparaturen für den Fall auferlegen, dass das Mietverhältnis vor Fälligkeit der ihm übertragenen Verpflichtung zur Vornahme von Schönheitsreparaturen endet, unzulässig. Diese verlangen nämlich von dem Mieter bei Vertragsschluss, zur Ermittlung der auf ihn im Zeitpunkt der Vertragsbeendigung zukommenden Kostenbelastung **mehrfach hypothetische Betrachtungen** anzustellen, die eine sichere Einschätzung der tatsächlichen Kostenbelastung nicht zulassen.[193]

  Klausurhinweis: *Die Inhaltskontrolle einer Schönheitsreparaturklausel kann in eine Klausur unterschiedlich eingebaut werden. Zunächst ist eine isolierte Prüfung denkbar („M hält die Klausel für unwirksam. Zu Recht?").*

  Führt der Mieter Schönheitsreparaturen aus, obwohl die Klausel nicht wirksam ist und verlangt er deshalb Ersatz, so kann die Inhaltskontrolle im Rahmen der Ansprüche des Mieters aus § 280 Abs. 1 sowie aus § 812 Abs. 1 S. 1 Alt. 1 vorzunehmen sein.

  Hat der Mieter keine Schönheitsreparaturen ausgeführt, obwohl die Klausel wirksam war, kann die Inhaltskontrolle inzident beim Anspruch des Vermieters gemäß §§ 280 Abs. 1 u. 3, 281 zu prüfen sein, soweit nach Schadenersatzansprüchen des Vermieters gefragt wird.

- Unter den Voraussetzungen der **§§ 555 a ff.** muss der Mieter **vorübergehende Beeinträchtigungen** des vertragsgemäßen Gebrauchs **dulden**, damit der Vermieter Erhaltungs- und Modernisierungsmaßnahmen vornehmen kann. Denn nur so kann der Vermieter seiner Instandhaltungspflicht nachkommen. Der Mieter muss auch vor Ablauf des Mietvertrags dem Vermieter gestatten, dass er mit künftigen Mietern die Mietsache besichtigt.

  Beispiel: Den **Einbau von Rauchwarnmeldern**, die der Vermieter mit Rücksicht auf eine entsprechende bauordnungsrechtliche Verpflichtung vornimmt, hat der Mieter auch dann zu dulden, wenn er die Wohnung bereits mit von ihm ausgewählten Rauchwarnmeldern ausgestattet hat.[194]

3. Nebenpflichten und Obliegenheiten des Mieters

Der Mieter muss sich so verhalten, dass der Vertrag sachgerecht abgewickelt werden **106**
kann und Rechtsgüter des Vermieters nicht zu Schaden kommen. Hierbei muss sich der Mieter auch das Fehlverhalten seiner Erfüllungsgehilfen zurechnen lassen.[195]

Die **Sorgfaltspflicht** besteht auch dann, wenn der Mieter vor Ablauf des Mietvertrags die Nutzung der Sache aufgibt und keine Vorkehrungen trifft, um Schaden von der Mietsache abzuwenden.

192 BGH RÜ 2018,752, 753
193 BGH RÜ 2015, 417, 419.
194 BGH RÜ 2015, 561, 562.
195 BGH NJW 1991, 1750.

Beispiel: M gab vor Ablauf des Mietvertrags die Nutzung des angemieteten Schrottplatzes auf. Obwohl er vertraglich zur Einzäunung des Platzes verpflichtet war, nahm er eine solche nicht vor. Unbekannte stellten auf dem Platz schadhafte Ölfässer ab. Der Platz wurde verunreinigt. M haftet aus § 280 Abs. 1 auf Schadensersatz.[196]

Hat der Vermieter die Kosten für die Versicherung hinsichtlich der Mietsache, z.B. für eine Feuerversicherung, zumindest anteilig auf den Mieter abgewälzt, so beschränkt sich die **Haftung des Mieters** bei Schädigung der Mietsache auf **Vorsatz und grobe Fahrlässigkeit**.[197]

Hat der Vermieter eine Wohngebäudeversicherung abgeschlossen, deren Kosten vom Mieter getragen werden, und verursacht der Mieter leicht fahrlässig einen von dieser Versicherung umfassten Wohnungsbrand, so trifft den Vermieter in der Regel die mietvertragliche Pflicht, wegen des Brandschadens nicht den Mieter, sondern die **Versicherung in Anspruch zu nehmen**. Außerdem hat der Vermieter in einem solchen Fall aufgrund seiner Pflicht zur Erhaltung der Mietsache (§ 535 Abs. 1 S. 2 BGB) den Brandschaden grundsätzlich auch dann zu beseitigen, wenn er von einer Inanspruchnahme der Wohngebäudeversicherung absieht.[198]

Nach **§ 538** ist die **bloße Abnutzung** der Mietsache **kein Verstoß** gegen die Sorgfaltspflicht. Sie wird durch die Miete abgegolten.

Der Mieter darf die Mietsache aber nicht über Gebühr benutzen. **Überschreitet** er den **vertragsmäßigen Gebrauch**, so kann der Vermieter gemäß **§ 280 Abs. 1** (§ 241 Abs. 2) Schadensersatz verlangen oder nach Abmahnung gemäß **§ 541** auf Unterlassung klagen und bei erheblicher Verletzung seiner Rechte gemäß **§§ 543, 569** fristlos kündigen (vgl. zur fristlosen Kündigung unten Rn. 119).

Beispiel: Ein Mieter überschreitet die Grenze vertragsgemäßen Gebrauchs und verstößt gegen seine mietvertragliche Obhutspflicht (§§ 535, 538, 241 Abs. 2), wenn er in der angemieteten Wohnung illegale Betäubungsmittel (Marihuana) aufbewahrt.[199]

Nach **§ 536 c** trifft den Mieter eine **Anzeige-** und **Obhutspflicht**. Er muss dem Vermieter auftretende Mängel unverzüglich anzeigen.

Unterlässt er die Anzeige, so ist er zum Schadensersatz verpflichtet. Er kann ferner seinerseits nicht die in §§ 536, 536 a, 543 Abs. 3 S. 1 bestimmten Rechte geltend machen, wenn der Vermieter infolge der Unterlassung der Anzeige keine Abhilfe schaffen kann.

3. Abschnitt: Mängelgewährleistung

A. Mängel der Mietsache

107 Ein Mangel der Mietsache i.S.d. § 536 liegt vor, wenn

- die Mietsache mit einem Mangel behaftet ist, der ihre **Tauglichkeit** zum vertragsgemäßen Gebrauch **aufhebt** (§ 536 Abs. 1 S. 1) oder die Tauglichkeit **mindert** (§ 536 Abs. 1 S. 2) oder
- der Mietsache eine **zugesicherte Eigenschaft** fehlt oder später wegfällt (§ 536 Abs. 2) oder

196 OLG Düsseldorf MDR 1994, 1213.

197 BGH NJW 1996, 715.

198 BGH RÜ 20115, 86, 88.

199 BGH RÜ 2017, 137, 138.

- dem Mieter der vertragsgemäße Gebrauch der Mietsache durch das **Recht eines Dritten** ganz oder teilweise entzogen wird (§ 535 Abs. 3).

I. Mangel i.S.d. § 536 Abs. 1

Die Mietsache ist mit einem Mangel i.S.d. § 536 Abs. 1 S. 1, also mit einem **Sachmangel**, 108
behaftet, wenn die **Ist-Beschaffenheit** ungünstig von der **Soll-Beschaffenheit** abweicht[200] und dadurch der vertragsmäßige Gebrauch beeinträchtigt wird.

- Das ist der Fall, wenn der Mietsache physische Eigenschaften (**Beschaffenheitsmerkmale**) **fehlen**, die zum vertragsgemäßen Gebrauch vorhanden sein müssen. Anknüpfungspunkt ist **in erster Linie** die von den Mietvertragsparteien **vereinbarte Beschaffenheit**, nicht so sehr die Einhaltung technischer Normen.[201]

  Beispiele:

  1. Die Gebrauchsgewährungspflicht des Vermieters nach dem Mietvertrag, kann durch **nachträgliche Vereinbarungen** zwischen den Parteien abgeändert werden. Der Inhalt einer solchen Vereinbarung ist nach den §§ 133, 157 auszulegen und maßgeblich für die Frage, ob im Fall des Abhandenkommens eines ehemals zum Mietumfang gehörenden Gegenstandes (Einbauküche) ein Sachmangel vorliegt.[202]

  2. V vermietet dem M eine Wohnung an einer verkehrsreichen Straße. Im Mietvertrag ist bestimmt, dass die Fenster doppelt verglast und schallisoliert sind.

  Die vermietete Wohnung ist mangelhaft, wenn keine ausreichende Schallisolierung gegeben ist, z.B. wenn die Fenster nur einfach verglast sind.

  3. V vermietet dem M einen Wagen. Die Reifen sind abgefahren und daher **nicht verkehrssicher**.

  Da der Wagen vertragsmäßig nur gebraucht werden kann, wenn er mit verkehrssicheren Reifen ausgerüstet ist, ist der Wagen mangelhaft.

  4. Die von V an M vermietete Gaststätte darf aufgrund behördlicher Anordnung nicht benutzt werden, weil die Räume zu niedrig sind.

  Die Mietsache ist mangelhaft, wenn **öffentlich-rechtliche Beschränkungen** bestehen, die speziell an die Beschaffenheit oder Lage der Mietsache anknüpfen.[203] Das Fehlen einer erforderlichen behördlichen Genehmigung zur vertragsgemäßen Nutzung der Mieträume kann mangelbegründend sein. Der Vermieter hat nämlich grundsätzlich für das Vorliegen der Genehmigung zu sorgen.[204]

  Der Mieter muss durch die öffentlich-rechtlichen Beschränkungen und Gebrauchshindernisse in seinem **vertragsgemäßen Gebrauch auch tatsächlich eingeschränkt** werden. Diese Voraussetzung ist regelmäßig nur dann erfüllt, wenn die zuständige Behörde die Nutzung des Mietobjekts durch ein rechtswirksames und unanfechtbares Verbot bereits untersagt hat; allerdings kann ein möglicher Sachmangel im Einzelfall auch darin gesehen werden, dass eine **langwährende Unsicherheit über die Zulässigkeit** der behördlichen Nutzungsuntersagung die begründete Besorgnis bewirkt, die Mietsache nicht zum vertragsgemäßen Gebrauch nutzen zu können.[205]

- Die Mietsache ist mangelhaft, wenn die **Benutzung** durch Immissionen (Lärm, Rauch etc.) **beeinträchtigt** wird.

---

200 Looschelders § 22 Rn. 23.

201 BGH NJW 2005, 218.

202 BGH RÜ 2016, 479, 480.

203 Palandt/Weidenkaff § 536 Rn. 18.

204 OLG Brandenburg OLG-Report 1998, 411, 413; OLG Köln OLG-Report 1998, 93.

205 BGH RÜ 2017, 345, 346.

Beispiele:

1. V hat dem M eine Wohnung in guter Lage vermietet und überlassen. Später wird im Nachbarhaus eine Gaststätte eröffnet. M wird fortwährend in seiner Nachtruhe gestört.

2. Die vermietete Wohnung liegt neben einer Abdeckerei, sodass eine erhebliche Geruchsbelästigung eintritt, falls die Fenster geöffnet werden.

3. Ein auf zehn Jahre gemieteter „Bungalow in ruhiger Lage" liegt in der Nähe eines Steinbruchs, in dem täglich gesprengt wird.

Allerdings begründen nachträglich erhöhte Geräuschimmissionen, die von einem Nachbargrundstück ausgehen – bei Fehlen anderslautender Beschaffenheitsvereinbarungen – grundsätzlich keinen Mangel i.S.d. § 536 Abs. 1 BGB, wenn auch der Vermieter die Immissionen ohne eigene Abwehr- oder Entschädigungsmöglichkeit nach **§ 906 BGB** als unwesentlich oder ortsüblich hinnehmen muss.[206]

- Ein Mangel der Mietsache kann auch dann vorliegen, wenn die Benutzung mit **Gefahren** verbunden ist, insbesondere wenn der **Zustand** oder die **Lage** der Mietsache den Eintritt eines Schadens erwarten lässt.[207]

Beispiele:

1. V vermietet an M Büroräume. Zwei Jahre nach dem Einzug stellt M fest, dass eine Rauchrohröffnung mit einer Tapete überklebt ist und somit eine Brandgefahr besteht.[208]

Zwar ist M durch den Mangel nicht unmittelbar im Gebrauch der Mietsache beeinträchtigt worden. Er hat zwei Jahre ohne Beanstandung die Büroräume benutzt. Da aber eine Gefahrenlage bestand, die jederzeit in einen Schaden umschlagen konnte, ist die Mietsache mangelhaft.

2. Der vermietete einwandfreie Lagerraum liegt in der Nähe eines Flusses, der im Frühjahr häufig über die Ufer tritt und den Lagerraum überschwemmt. Die Mietsache ist mangelhaft, denn es besteht eine Gefahrenlage, die in einen Schaden umschlagen kann.[209]

3. Das Eindringen von Wildschweinen auf ein Wohngrundstück stellt eine konkrete Gefahr dar und entspricht nicht mehr dem allgemeinen Lebensrisiko – auch unter Berücksichtigung des Umstandes, dass es sich um eine Wohnanlage am Waldrand handelt. Deshalb begründet diese Gefahr einen Mangel, der die Tauglichkeit der Mietsache zum vertragsgemäßen Gebrauch nicht unerheblich beeinträchtigt.[210]

4. Nicht mangelbegründend ist jedoch die Gefahr der Gebrauchsbeeinträchtigung durch seltene und ungewöhnliche Naturkatastrophen, wie z.B. ein „Jahrhunderthochwasser". Daraus resultierende Schäden gehören vielmehr zum allgemeinen Lebensrisiko, das der Mieter grundsätzlich selbst zu tragen hat.

5. Ebenfalls nicht mangelbegründend ist es, wenn der Zugang zu einem vermieteten Ladenlokal wegen Straßenbauarbeiten behindert ist. Zwar muss grundsätzlich ein ungehinderter Publikumszutritt möglich sein, doch hat es jeder Anlieger hinzunehmen, dass die Straße, von der er Nutzen ziehen kann, entsprechend der öffentlichen Bedürfnisse erneuert und umgestaltet wird (Schicksalsgemeinschaft).[211]

Die **Tauglichkeit** der Mietsache zum vertragsgemäßen Gebrauch muss durch den Mangel **aufgehoben** (§ 536 Abs. 1 S. 1) **oder erheblich gemindert** (§ 536 Abs. 1 S. 3) sein.

---

206 BGH RÜ 2015, 488, 489 f.; a.A. Looschelders § 22 Rn. 25.

207 MünchKomm/Häublein § 536 Rn. 13.

208 Nachgebildet BGHZ 49, 350.

209 Vgl. MünchKomm/Häublein § 536 Rn. 13.

210 LG Berlin RÜ 2016, 277, 278.

211 OLG Düsseldorf NJW-RR 1998, 1236.

Unerheblich ist der Mangel, wenn dieser leicht erkennbar ist und schnell sowie mit geringerem Kostenaufwand beseitigt werden kann oder nur eine unerhebliche Beeinträchtigung bedeutet.[212]

Beispiele: Abstellkammer ist zu warm; Neubaufeuchte in üblichem Ausmaß; haushaltsübliche Gerüche aus der Nachbarwohnung; kurzzeitiger Ausfall der Heizung.[213]

Bei einer **„ca.-Angabe" der Wohnungsgröße** stellt das Abweichen der Wohnfläche um 10% von den Angaben im Mietvertrag einen Mangel i.S.d. § 536 Abs. 1 BGB dar.[214] Bei einer derartigen Abweichung kommt es auch nicht mehr darauf an, dass die Angabe nur „ca." im Mietvertrag erfolgte, da in jedem Fall der Bereich der **Unerheblichkeit einer Tauglichkeitsminderung überschritten** ist.[215] Die Größe hat nämlich Einfluss auf die Berechnung der Nebenkosten, für deren Errechnung die tatsächliche Wohnungsgröße maßgebend ist (vgl. z.B. §§ 6 Abs. 2 S. 2 Ziff. 1 und 2, 7 Abs. 1 S. 2, 8 Abs. 1, 9 a Abs. 1 HeizkostVO, § 556 a Abs. 1 S. 1). Ist die Flächenangabe indes mit dem Zusatz versehen, dass sie nicht zur Festlegung des Mietgegenstandes dient, entfällt das Minderungsrecht.[216] **109**

Den Vermieter trifft die Pflicht, die Wohnung zum vertragsgemäßen Gebrauch zu überlassen und sie fortlaufend in diesem Zustand zu erhalten, § 535 Abs. 1 S. 2. Für das Bestehen dieser Hauptleistungspflicht ist es **nicht relevant**, ob der Mieter die Sache tatsächlich nutzt und ihn der Mangel daher **subjektiv beeinträchtigt**.[217]

Eine **unerhebliche Minderung** der Tauglichkeit zum vertragsgemäßen Gebrauch ist nur bei zugesicherter Eigenschaft bedeutsam.

II. Fehlen zugesicherter Eigenschaften

Gemäß **§ 536 Abs. 2** gelten Absatz 1 Satz 1 und 2 der Vorschrift auch, wenn eine zugesicherte Eigenschaft fehlt oder später wegfällt. **110**

Das (anfängliche) Fehlen oder der Wegfall einer zugesicherten Eigenschaft hat im Mietrecht lediglich eine **beschränkte Bedeutung**, da die Zusicherung einer Eigenschaft regelmäßig zugleich eine Beschaffenheitsvereinbarung darstellt. Damit weicht bereits die Soll- von der Ist-Beschaffenheit ab, sodass ein Mangel gemäß § 536 Abs. 1 vorliegt. Die Bedeutung des § 536 Abs. 2 liegt aber darin, dass

- der Mangel **auch unerheblich** sein kann (§ 536 Abs. 2 verweist nämlich gerade nicht auf Absatz 1 Satz 3 der Vorschrift) und
- für das Vorliegen eines Mangels **keine Beeinträchtigung des vertragsgemäßen Gebrauchs** festgestellt werden muss.[218]

Eine Zusicherung liegt nicht schon in der bloßen Vereinbarung einer Eigenschaft oder der Angabe des Verwendungszwecks. Aus der (ausdrücklichen oder konkludenten) Er-

212 Looschelders § 22 Rn. 23.
213 MünchKomm/Häublein § 536 Rn. 21.
214 BGH NJW 2008, 142.
215 BGH NJW 2010, 1795.
216 BGH NJW 2011, 220.
217 BGH RÜ 2018, 756.
218 MünchKomm/Häublein § 536 Rn. 22.

klärung des Vermieters muss sich vielmehr ergeben, dass er für alle Folgen, die sich aus dem Nichtvorhandensein der Eigenschaft ergeben, einstehen will.[219]

Hintergrund: Der Vermieter muss bei einem anfänglich vorhandenen Mangel unabhängig von einem Verschulden Schadensersatz gemäß § 536 a Abs. 1 Alt. 1 leisten.

Beispiel: V vermietet M eine Lagerhalle und sagt im Vertrag ausdrücklich eine bestimmte Tragfähigkeit der Decke zu. Als M Maschinen in diesen Räumen aufstellt, stellt sich heraus, dass die Decken nicht die vereinbarte Stärke haben und die Lagerräume für M daher ungeeignet sind. Aufgrund der Zusicherung der Tragfähigkeit ist V dem M zum Schadensersatz verpflichtet.

Vor diesem Hintergrund kann auch bei der ungefähren **Angabe der Wohnungsgröße** nicht von der Zusicherung bestimmter Eigenschaften ausgegangen werden.

111 In § 537 Abs. 2 S. 2 a.F. war die Wohnungsgröße noch als konkreter Fall der Eigenschaft normiert. Das ist in der aktuellen Gesetzesfassung nicht mehr der Fall, es verbleibt aber dabei, dass die Größe die Beschaffenheit der Mietsache betrifft und somit Eigenschaft ist. Enthält der Mietvertrag aber lediglich eine „**ca.-Angabe**“, kann nicht davon ausgegangen werden, dass eine rechtlich verbindliche Aussage über die Größe getroffen werden sollte. Von einer Zusicherung kann deshalb keine Rede sein.

III. Rechtsmängel

112 Gemäß **§ 536 Abs. 3** liegt ein Rechtsmangel vor, wenn einem Dritten ein Recht an der Mietsache zusteht und dem Mieter infolgedessen der vertragsmäßige Gebrauch nicht oder nicht vollständig gewährt wird.

Als Rechte eines Dritten kommen grundsätzlich nur **private Rechte** anderer in Betracht, die sich auf die Mietsache beziehen und sich nicht ausschließlich gegen den Vermieter richten (z.B. Konkurrenzverbot).[220] Das Recht des Dritten kann schuldrechtlicher oder dinglicher Natur sein.[221]

Beispiele: Eigentum, Nießbrauch, beschränkt persönliche Dienstbarkeiten, Doppelvermietung.

Es reicht außerdem nicht aus, dass das Recht des Dritten besteht, sondern der Dritte muss das Recht auch **geltend machen**, indem er beispielsweise Räumung verlangt. Denn erst dann ist der Mieter in dem vertragsmäßigen Gebrauch der Mietsache beeinträchtigt.[222]

113 Bei **öffentlich-rechtlichen** Beschränkungen liegt in der Regel ein **Sachmangel** vor,[223] da die meisten Beschränkungen an die Sache selbst anknüpfen. Ein Rechtsmangel besteht dann, wenn die Beschränkung an die Person des Vermieters anknüpft, wenn dieser z.B. bei einer öffentlich geförderten Wohnung einer Genehmigung für die Nutzung durch bestimmte Personen bedarf.

Der Wortlaut des § 536 Abs. 3 „**entzogen**“ legt zunächst das Verständnis nahe, dass dem Mieter der Gebrauch der Mietsache vor dem Entzug zunächst eingeräumt worden sein muss. Darauf kommt es aber letztlich nicht an.

---

219 BeckOK/Wiederhold § 536 Rn. 97.

220 Palandt/Weidenkaff § 536 Rn. 27.

221 Brox/Walker, Besonderes Schuldrecht, § 11 Rn. 12.

222 BGH BGHZ 63, 132, 138; BGH NJW-RR 1999, 1239, 1240; Palandt/Weidenkaff § 536 Rn. 27; nach a.A. genügt schon die drohende Ausübung des Rechts: MünchKomm/Häublein § 536 Rn. 26.

223 Looschelders § 22 Rn. 24, 27

Beispiel: V vermietet dem M eine Dreizimmerwohnung, nachdem er X, dem bisherigen Wohnungsinhaber, gekündigt hat. Später stellt sich heraus, dass die Kündigung unwirksam ist. X will in der Wohnung bleiben. V weigert sich daher, dem M die Wohnung zu überlassen.

Nach dem Wortlaut des § 536 Abs. 3 muss dem Mieter der Gebrauch der Mietsache überlassen und dann infolge des Rechts eines Dritten entweder ganz oder zum Teil entzogen worden sein. Dem M ist der Gebrauch der Mietsache aber schon nicht eingeräumt worden. Da jedoch die Nichtgewährung der Entziehung des Gebrauchs gleichsteht, ist § 536 Abs. 3 auch auf diesen Fall anzuwenden.[224]

B. Rechte des Mieters wegen Mängeln

Hat die Mietsache einen Mangel, hat der Mieter – ungeachtet der Gewährleistungsrech- **114**
te gemäß den §§ 536, 536 a – einen **Erfüllungsanspruch auf Beseitigung** der Mängel nach § 535 Abs. 1 S. 2.[225] Dieser Anspruch gibt dem Mieter auch das Recht, die Einrede des nicht erfüllten Vertrages gemäß **§ 320** zu erheben.[226]

Im Rahmen des mietvertraglichen Gewährleistungsrechts ist der **maßgebliche Zeitpunkt** für das Vorliegen des Mangels grundsätzlich die **Überlassung der Mietsache**. Das ergibt sich aus § 536 Abs. 1 S. 1 („zur Zeit der Überlassung an den Mieter").

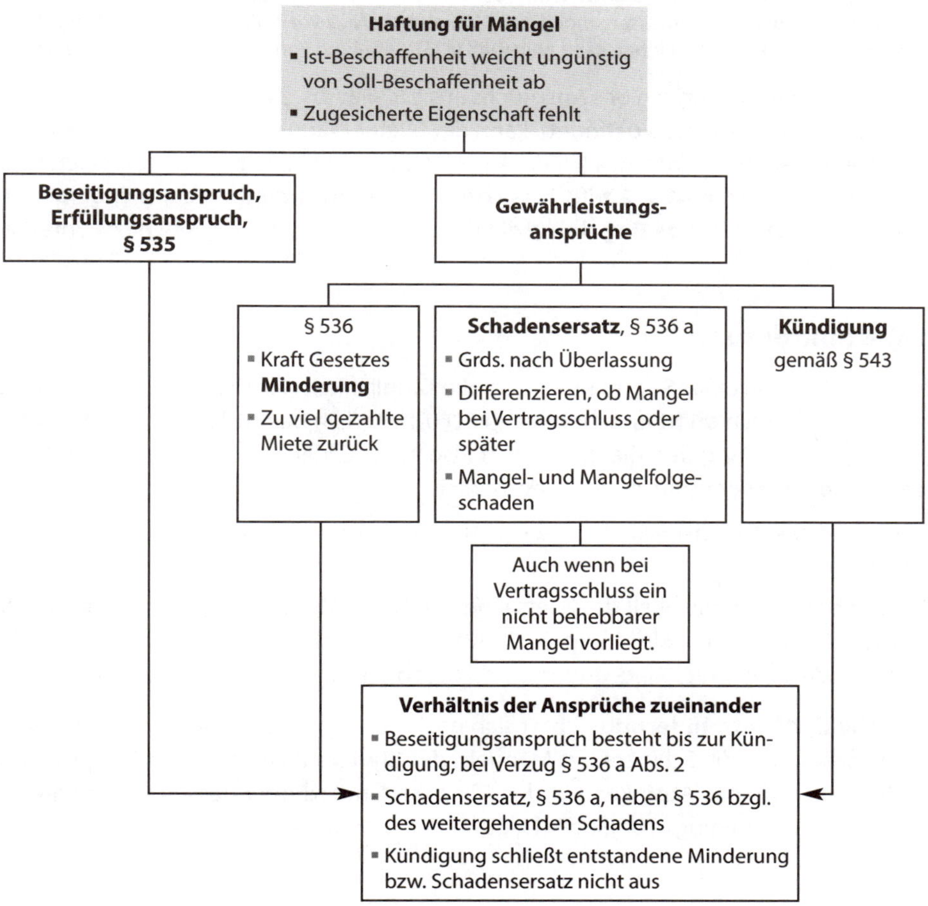

224 So etwa BeckOK/Wiederhold § 536 Rn. 104 m.w.N.

225 Looschelders Rn. 419.

226 So die h.M., vgl. Palandt/Weidenkaff § 536 Rn. 6 m.w.N.

I. Selbstvornahme und Aufwendungsersatzanspruch

115 Der Mieter kann gemäß **§ 536 a Abs. 2** den Mangel selbst beseitigen und Ersatz der erforderlichen Aufwendungen verlangen, wenn

- der Vermieter mit der Beseitigung der Mängel in **Verzug** ist (Nr. 1) oder
- die **umgehende Beseitigung** des Mangels zur Erhaltung oder Wiederherstellung des Bestands der Mietsache **notwendig** ist (Nr. 2).

Im Rahmen dieses Aufwendungsersatzanspruchs hat der Mieter auch einen Anspruch auf **Vorschusszahlung**.[227] Anspruchsgrundlage dafür soll § 242 sein.[228]

Beispiel: V hat dem M ein Einfamilienhaus vermietet. Die Aufhängevorrichtung der Eingangstür ist schadhaft, sodass sich die Tür nicht mehr richtig schließen lässt. M mahnt dies bei V an. Da V nichts unternimmt, beauftragt M den Handwerker H, der die Tür instand setzt. Kosten: 160 €.

Da V auf die Abmahnung des M nicht reagierte und daher mit der Beseitigung des Mangels im Verzug war, darf M gemäß § 536 a Abs. 2 Nr. 1 die Instandsetzung veranlassen und die Kosten als Aufwendungen ersetzt verlangen. Da die Instandsetzung der Tür ferner für den Erhalt der Mietsache notwendig war, liegen außerdem die Voraussetzungen des § 536 a Abs. 2 Nr. 2 vor. Sofern M die Vergütung an den Handwerker noch nicht gezahlt hat, kann er gemäß § 257 Befreiung von der Verbindlichkeit verlangen.

Liegen die Voraussetzungen des Anspruchs aus § 536 a Abs. 2 nicht vor (z.B. weil der Vermieter sich nicht im Verzug befindet), kann der Mieter Mängelbeseitigungskosten nicht unter den Voraussetzungen des § 539 Abs. 1 i.V.m. §§ 677 ff. vom Vermieter ersetzt verlangen. Denn **§ 536 a Abs. 2** trifft hinsichtlich der Aufwendungen zur Mängelbeseitigung eine **abschließende Regelung**, die durch einen Rekurs auf § 539 nicht unterlaufen werden darf.[229]

II. Mietminderung

116 Mit dem Auftreten eines Sachmangels, der die Tauglichkeit der Mietsache zum vertragsgemäßen Gebrauch **nicht unerheblich** (§ 536 Abs. 1 S. 3) beeinträchtigt, tritt **kraft Gesetzes** die Minderung der Miete ein. Es ist also keine Erklärung des Mieters – wie etwa im Kauf- oder Werkvertragsrecht – erforderlich.

Hintergrund: Der Vermieter trägt das Risiko des Untergangs und der Verschlechterung während der Mietzeit.

Ist die Gebrauchstauglichkeit der Mietsache durch den Mangel aufgehoben, entfällt die Pflicht zur Mietzahlung vollständig (§ 536 Abs. 1 S. 1). Ist die Tauglichkeit nicht unerheblich gemindert, wird die Miete angemessen herabgesetzt, § 536 Abs. 1 S. 2.

Die **Höhe der Mietminderung** richtet sich nach den Umständen des Einzelfalls. Dabei sind insbesondere die Schwere des Mangels, der Grad und die Dauer der Tauglichkeitsminderung sowie das Absinken auf den Mindeststandard oder dessen Unterschreiten und die dadurch bedingte Beeinträchtigung der Gebrauchstauglichkeit der Mietsache maßgebend.[230]

227 OLG Düsseldorf, NZM 2000, 464 (Anspruchsgrundlage offen gelassen); Palandt/Weidenkaff § 536 a Rn. 18.

228 Palandt/Weidenkaff § 536 a Rn. 18.

229 Looschelders § 22 Rn. 39.

230 BeckOK/Wiederhold § 536 Rn. 118.

Beispiel: Der in einer behördlichen Nutzungsuntersagung bestehende Mietmangel führt noch nicht per se zum (völligen) Wegfall der Verpflichtung des Mieters zur Zahlung des Mietzinses, sofern die Behörde eine Weiternutzung der Mietsache zumindest faktisch duldet, indem sie etwa auf die zwangsweise Vollziehung der Verfügung verzichtet.[231]

Klausurhinweis: *In Klausuren des 1. Examens wird üblicherweise nicht verlangt, angemessene Beträge genau zu beziffern. Das gilt für die Bestimmung eines angemessenen Schmerzensgeldes, aber auch etwa für die Frage, in welcher Höhe die Miete angemessen herabzusetzen ist. Gleichwohl sollten Sie – soweit vorhanden – Sachverhaltsangaben, die für die Bemessung beachtlich sind, benennen.*

Ist die Tauglichkeit der Mietsache durch Maßnahmen beeinträchtigt, die einer **energetischen Modernisierung** (§ 555 b Nr. 1) **dienen**, bleibt die Minderung gemäß § 536 Abs. 1 a für drei Monate außer Betracht. Dieser Ausschluss der Minderung gilt auch, wenn eine Maßnahme neben der energetischen Sanierung der Erhaltung der Mietsache, etwa der Wärmedämmung, dient.[232]

Sofern der Mieter bereits die Miete gezahlt hat, kann er den zu viel entrichteten Betrag **zurückverlangen**. Anspruchsgrundlage dafür ist **§ 812 Abs. 1 S. 1 Alt. 1**.[233] Dabei kann sich der Vermieter grundsätzlich auch auf den Wegfall der Bereicherung gemäß § 818 Abs. 3 berufen.[234]

III. Schadensersatz

Im Rahmen des Schadensersatzanspruches des Mieters aus **§ 536 a Abs. 1** sind drei Fallgruppen zu unterscheiden. **117**

- Ist bereits **bei Vertragsschluss** ein Mangel vorhanden, hat der Mieter einen verschuldensunabhängigen Schadensersatzanspruch aus § 536 a Abs. 1 **Alt. 1** (Garantiehaftung).
- Entsteht ein Mangel erst **nach Vertragsschluss**, hat der Mieter einen Schadensersatzanspruch aus § 536 a Abs. 1 **Alt. 2**, wenn der Vermieter den Mangel zu vertreten hat.
- Kommt der Vermieter mit der **Beseitigung eines Mangels in Verzug**, hat der Mieter einen Schadensersatzersatzanspruch aus § 536 a Abs. 1 **Alt. 3**. Auch hierbei ist ein Vertretenmüssen des Vermieters erforderlich, § 286 Abs. 4.

Der **Garantiehaftung** aus § 536 a Abs. 1 Alt. 1 steht es nicht entgegen, wenn der Mangel bei Vertragsschluss lediglich in seiner Anlage, also als **bloße Gefahrenquelle**, vorhanden war. Es ist nämlich nicht erforderlich, dass er zu diesem Zeitpunkt bereits hervorgetreten war und seine schädigenden Wirkungen zeigte.[235]

231 BGH RÜ 2017, 345, 348.
232 Brox/Walker, Besonderes Schuldrecht, § 11 Rn. 11.
233 Vgl. BGH NJW-RR 1993, 519 f.; Palandt/Weidenkaff § 536 Rn. 36.
234 Looschelders § 22 Rn. 33.
235 BeckOK/Wiederhold § 536a Rn. 10.

118 **Beispiel:** V vermietet dem M einen Lagerraum. Nachdem M seine Waren dort eingelagert hat, verbietet ihm die zuständige Behörde die Benutzung des Raumes, weil dieser Raum ohne die erforderliche behördliche Genehmigung errichtet worden ist und wegen seiner Lage in einem reinen Wohngebiet nicht gewerbsmäßig genutzt werden darf. M verlangt von V Schadensersatz. Zu Recht?

M könnte gegen V einen Anspruch gemäß **§ 536 a Abs. 1 Alt. 1** haben.

I. M und V haben sich über die Mietvertragsbestandteile geeinigt. Der Wirksamkeit des Vertrags steht gemäß § 311 a Abs. 1 BGB nicht die anfängliche objektive Unmöglichkeit entgegen. Ein wirksamer Mietvertrag liegt mithin vor.

II. Die Mietsache ist nicht im vertragsmäßigen Zustand. Sie ist i.S.d. § 536 Abs. 1 mangelhaft.

III. Dieser Mangel muss **bei Vertragsschluss** lediglich vorhanden gewesen sein. Nicht erforderlich ist, dass er zu diesem Zeitpunkt bereits hervorgetreten war. Mithin liegen die Voraussetzungen der Garantiehaftung aus § 536 a Abs. Alt. 1 vor.

M kann von V Schadensersatz verlangen.

Der **Umfang des Anspruchs** auf Schadensersatz aus § 536 a Abs. 1 erfasst nach ganz h.M. sowohl Mangelschäden als **auch Mangelfolgeschäden**, sodass eine Differenzierung nicht erforderlich ist.[236]

Zur **Begründung** lässt sich anführen: Bei der Miete verbringt der Mieter seine Rechtsgüter und Vermögensgegenstände in den Einwirkungsbereich des Vermieters, sodass er dessen Zugriff besonders ausgeliefert ist. Aufgrund der sich daraus ergebenden erhöhten **Schutzbedürftigkeit des Mieters** müssen die teilweise leichteren Haftungsvoraussetzungen im Mietrecht (z.B. keine Exkulpationsmöglichkeit bei anfänglichen Mängeln) nicht nur für Mängel an der Mietsache selbst, sondern auch für Mangelfolgeschäden gelten.

Als Mangelfolgeschäden kommen insbesondere durch den Mangel bedingte Körper- und Sachschäden in Betracht.[237] In diesen Fällen bestehen oftmals nicht nur mietvertragliche, sondern **auch deliktische Schadensersatzansprüche**.

Beispiel: V vermietet an M eine Lagerhalle. V lässt neben dieser Halle vom Unternehmer U Abbrucharbeiten durchführen. Dabei wird das Hallendach beschädigt. Es dringt Regenwasser in die Halle ein und beschädigt die eingelagerten Sachen des M. Deshalb verlangt M Schadensersatz dafür, dass er vorübergehend eine andere Lagerhalle bis zur Instandsetzung des Daches anmieten musste sowie Ersatz für die beschädigten Sachen. Zu Recht?

A. Anspruch des M auf Schadensersatz gemäß **§ 536 a Abs. 1 Alt. 2**

I. Zwischen V und M bestand ein wirksamer Mietvertrag.

II. Die überlassene Mietsache – die Lagerhalle – war nach der Beschädigung des Daches **mangelhaft**.

III. Da der Mangel **nach Vertragsschluss** entstanden ist, haftet V gemäß § 536 a Abs. 1 Alt. 2 nur, sofern er den Mangel zu vertreten hat.
Ein eigenes Verschulden des V ist nicht ersichtlich. Dennoch hat V den Mangel gemäß § 278 zu vertreten, wenn U als Erfüllungsgehilfe tätig geworden ist und in Erfüllung der Verbindlichkeit schuldhaft die Beschädigung des Daches verursacht hat.
Den V traf die Verpflichtung, alles zu unterlassen, was eine Schädigung der Sachen des M verursachen konnte. Er war zur Sorgfalt verpflichtet und hätte Vorkehrungen treffen müssen, damit das Lagerdach – die Mietsache – nicht beschädigt wird. Diese Verpflichtung zur Sorgfalt hat V konkludent auf U übertragen. Dieser hat die Sorgfaltspflicht schuldhaft missachtet, sodass V gemäß § 278 die Beschädigung des Lagerdaches – den Mangel – zu vertreten hat.

IV. M ist berechtigt, Schadensersatz zu verlangen.

---

236 Vgl. BeckOK/Wiederhold § 536a Rn. 27 m.w.N.

237 Looschelders § 22 Rn. 36.

1. Er kann den Mangelschaden ersetzt verlangen, d.h. den Schaden, der dadurch entstanden ist, dass das Dach beschädigt worden ist, also die Mietkosten für einen Ersatzraum.

2. Fraglich ist, ob der Mieter auch den Mangelfolgeschaden ersetzt verlangen kann, also den Schaden, den er an seinen Rechtsgütern infolge des Mangels erlitten hat.

Nach ganz h.M. ist der gesamte, infolge des Mangels eingetretene Schaden zu ersetzen; das ist der Mangel- und der Mangelfolgeschaden.

B. Des Weiteren steht dem M ein Schadensersatzanspruch aus § 823 Abs. 1 zu.

Infolge der Beschädigung der eingelagerten Sachen ist M in seinem Eigentum verletzt. Die Beschädigung der gemieteten Halle stellt für M eine Besitzverletzung dar. Beide Rechtsgüter sind in § 823 Abs. 1 geschützt. Das zurechenbare und schuldhafte Verhalten des V ist in der Verletzung seiner Aufsichts- und Überwachungspflicht gegenüber dem U zu sehen.

Der Vermieter kann nicht nur dem Mieter, sondern auch **Dritten gegenüber** gemäß § 536 a Abs. 1 zum Schadensersatz verpflichtet sein, wenn der Mietvertrag Schutzwirkung zugunsten des Dritten entfaltet.[238]

Beispiele: Verwandte des Wohnungsmieters, Beifahrer des Mieters eines Pkw.

Zwar bestehen auch in diesen Fällen nicht selten deliktische Ansprüche der Dritten gegen den Vermieter, aber soweit eine Garantiehaftung aus § 536 a Abs. 1 Alt. 1 greift, ist im Gegensatz zum Deliktsrecht kein Verschulden erforderlich.[239]

Dem **Untermieter** stehen allerdings gegen den Hauptvermieter keine Schadensersatzansprüche aus § 536 a Abs. 1 zu, da der Untermieter eigene vertragliche Ansprüche desselben Inhalts gegen seinen Vermieter, den Hauptmieter, hat. Es fehlt deshalb an der für einen Vertrag mit Schutzwirkung zugunsten Dritter erforderlichen Schutzbedürftigkeit des Dritten.[240]

IV. Fristlose Kündigung

Der Mieter kann gemäß **§ 543 Abs. 1 u. 2 Nr. 1** den Mietvertrag aus wichtigem Grund kündigen, wenn ihm der vertragsgemäße Gebrauch vorenthalten wird, unabhängig davon, ob der Vermieter dies zu vertreten hat. **119**

Da der Vermieter dem Mieter in den Fällen, in denen die Mietsache einen Sach- oder Rechtsmangel aufweist oder ihr eine zugesicherte Eigenschaft fehlt, nicht den vertragsgemäßen Gebrauch gewährt, ist § 543 Abs. 2 Nr. 1 vor allem auch dann einschlägig, wenn die **Mietsache i.S.d. § 536 mangelhaft** ist.[241]

Die Kündigung ist allerdings gemäß § 543 Abs. 3 S. 1 erst dann zulässig, wenn der Mieter dem Vermieter fruchtlos eine angemessene **Frist** zur Abhilfe gesetzt oder ihn erfolglos abgemahnt hat, es sei denn, die Fristsetzung oder Abmahnung ist ausnahmsweise gemäß § 543 Abs. 3 S. 2 **entbehrlich**.

- Es bedarf keiner Fristsetzung, wenn eine Frist oder Abmahnung **offensichtlich keinen Erfolg verspricht** (§ 543 Abs. 3 S. 2 **Nr. 1**).

238 Vgl. AS-Skript Schuldrecht AT 2 (2018), Rn. 307 ff.

239 Looschelders § 22 Rn. 37.

240 AS-Skript Schuldrecht AT 2 (2018), Rn. 325.

241 Palandt/Weidenkaff § 543 Rn. 13 f.

Das ist etwa der Fall, wenn der Vermieter eine **Abhilfe endgültig, ernsthaft und nachdrücklich verweigert**.[242]

- Ferner ist die Fristsetzung entbehrlich, wenn die sofortige Kündigung aus besonderen Gründen unter **Abwägung der beiderseitigen Interessen** gerechtfertigt ist (§ 543 Abs. 3 S. 2 **Nr. 2**).

  Besondere Gründe liegen beispielsweise vor, wenn wegen der Zerstörung der Mietsache oder wegen des Begehens einer schweren Straftat gegen den Mieter eine Abmahnung zur **reinen Förmelei** würde, weil die Interessenverletzung des Mieters offensichtlich ist.[243]

V. Konkurrenzen

1. Verhältnis der Gewährleistungsrechte untereinander

120 Die Rechte des Mieters aus den §§ 536 ff. stehen grundsätzlich **nebeneinander**.[244]

- Der Beseitigungsanspruch aus § 535 Abs. 1 S. 2 besteht bis zur Kündigung (§ 543).
- Der Mieter kann neben der Minderung (§ 536 Abs. 1) gemäß § 536 a Abs. 1 den Ersatz des **weitergehenden** Schadens verlangen.
- Eine Kündigung nach § 543 schließt weder eine entstandene Minderung noch einen Anspruch auf Schadensersatz aus.

2. Verhältnis der Gewährleistungsrechte zum allgemeinen Leistungsstörungsrecht

Als Grundsatz gilt zunächst, dass die §§ 536 ff. das allgemeine Leistungsstörungsrecht verdrängen. Maßgeblicher Zeitpunkt für die (ausschließliche) Geltung des Gewährleistungsrechts ist dabei grundsätzlich die Überlassung der Mietsache. Dieser Grundsatz wird jedoch in einigen Fällen durchbrochen.

a) Verhältnis zur Anfechtung

121 Hat der Vermieter den Mieter über einen Umstand arglistig getäuscht, der zugleich einen Mangel der Mietsache begründet, kommen – nach Überlassung der Mietsache – sowohl eine Anfechtung gemäß **§ 123 Abs. 1 Alt. 1** als auch Rechte gemäß den §§ 536 ff. **nebeneinander** in Betracht. Das Anfechtungsrecht des Mieters wird wegen der fehlenden Schutzwürdigkeit des Vermieters nicht durch das spezielle Gewährleistungsrecht verdrängt. Ferner wird – anders als etwa bei der Anfechtung vollzogener Arbeits- oder Gesellschaftsverträge – die Rückwirkung der Anfechtung (§ 142 Abs. 1) im Mietrecht nicht eingeschränkt.[245]

242 MünchKomm/Bieber § 543 Rn. 65.
243 BeckOK/Wiederhold § 543 Rn. 73.
244 Looschelders § 22 Rn. 42.
245 Vgl. Palandt/Weidenkaff § 536 Rn. 12 m.w.N.

Klausurhinweis: *Nach erfolgreicher Anfechtung ist also eine (uneingeschränkte) bereicherungsrechtliche Rückabwicklung des Mietverhältnisses möglich. Anspruchsgrundlage ist dann § 812 Abs. 1 S. 1 Alt. 1, wobei ggf. auch die Saldotheorie anzuwenden ist.*[246]

Nach h.M. verdrängen die §§ 536 ff. auch das Anfechtungsrecht des Mieters gemäß **§ 119 Abs. 2** nicht, wenn der Mieter über eine verkehrswesentliche Eigenschaft irrt, die zugleich einen Mietmangel darstellt.[247] Das überzeugt jedoch nicht, da es bei § 119 Abs. 2 im Gegensatz zu § 123 Abs. 1 nicht an der Schutzwürdigkeit des Vermieters fehlt. Es ist deshalb kein ausreichender Grund dafür ersichtlich, dass durch einen Rekurs auf das Anfechtungsrecht die Haftungsausschlüsse gemäß den §§ 536 b, 536 c unterlaufen werden können.[248]

b) Verhältnis zur Unmöglichkeit

Folgt man dem Grundsatz, dass die §§ 536 ff. erst nach Überlassung der Mietsache An- **122**
wendung finden, haftet der Vermieter für **anfängliche unbehebbare Mängel** nur unter den Voraussetzungen des **§ 311 a Abs. 2**.[249] Das führt dazu, dass der Mieter nicht in den Genuss der Garantiehaftung aus § 536 Abs. 1 Alt. 1 kommt, sondern die Haftung des Vermieters davon abhängt, dass dieser den Mangel bei Vertragsschluss kannte oder hätte kennen müssen, § 311 Abs. 1 S. 2.

Vor diesem Hintergrund lässt ein Teil der Lit.[250] **bei anfänglicher Unmöglichkeit** einen Anspruch aus **§ 536 a Abs. 1 auch bereits vor Überlassung** der Mietsache zu. Denn die Garantiehaftung in dieser Vorschrift müsse unabhängig davon eingreifen, ob der Mieter die Mietsache in Besitz genommen habe oder nicht. Gerade bei anfänglichem Unvermögen könne es auf eine Übergabe nicht ankommen. Dies führe nämlich zu **zufälligen Ergebnissen**. Der Schutz des Mieters müsse insbesondere bei einem unbehebbaren Mangel auch schon vor Übergabe gewährleistet sein.[251]

Entsteht ein die Unmöglichkeit begründender Mangel erst nach Vertragsschluss (**nach- 123**
trägliche Unmöglichkeit), kommt eine Garantiehaftung ohnehin nicht in Betracht, sodass es bei der Grundregel bleiben kann, dass (erst) nach der Überlassung der Mietsache die §§ 536 ff. Anwendung finden und der Vermieter vor der Überlassung gemäß **§§ 280 Abs. 1 u. 3, 283** haftet.[252]

Hinweis: *Nach h.M. bewirkt die nachträgliche Unmöglichkeit nicht nur das Erlöschen der Hauptleistungspflichten, sondern führt auch zur Auflösung des Mietverhältnisses, ohne dass es einer Kündigung bedarf.*[253]

---

246 BeckOK/Wiederhold § 536 Rn. 32.
247 BeckOK/Wiederhold § 536 Rn. 32.
248 Vgl. Looschelders § 22 Rn. 51.
249 Vgl. BGH NJW 1999, 603; Palandt/Weidenkaff § 536 a Rn. 3.
250 Jauernig/Teichmann § 536 Rn. 2; MünchKomm/Häublein § 536 Rn. 11; Looschelders § 22 Rn. 53.
251 Voß/Timme JZ 1998, 304 f.; Tröster NZM 1998, 697.
252 Looschelders § 22 Rn. 55.
253 Palandt/Weidenkaff § 543 Rn. 9.

c) Verhältnis zu § 313

124 Soweit sich die Störung der Geschäftsgrundlage auf Mängel der Mietsache bezieht, **verdrängen die §§ 536 ff.** nach der Überlassung der Mietsache als abschließende Sondervorschriften die Regelungen in § 313.[254]

d) Verhältnis zum Verschulden bei Vertragsschluss

125 Nach Überlassung der Mietsache verdrängen die §§ 536 ff. grundsätzlich die Haftung des Vermieters aus §§ 280 Abs.1, 311 Abs. 2 u. 3 wegen Verschuldens bei Vertragsschluss, wenn die vorvertragliche Pflichtverletzung zugleich einen Mangel betrifft.[255] Etwas anderes gilt nur dann, wenn der Vermieter vorsätzlich eine vorvertragliche Pflicht verletzt, also etwa einen Rechtsmangel arglistig verschwiegen hat.[256]

e) Verhältnis zum Deliktsrecht

126 Mietvertragliche Ansprüche und Schadensersatzansprüche aus unerlaubter Handlung (§§ 823 ff.) stehen **nebeneinander**. Dieses Verhältnis gewinnt insbesondere Bedeutung, wenn die vertraglichen Ansprüche, etwa gemäß § 536 c Abs. 2, ausgeschlossen sind.[257]

f) Verhältnis zu § 320

127 Dem Mieter steht nach ganz h.M. die Einrede aus § 320 **neben den Rechten aus §§ 536 ff.** zur Seite.[258] Deshalb kann der Mieter, auch wenn die Miete gemäß § 536 Abs. 1 bereits zum Teil gemindert ist, darüber hinaus Mietzahlungen unter Berufung auf § 320 verweigern und den Vermieter so zusätzlich zur Behebung des Mietmangels anhalten.[259] Allerdings ist die Wertung des § 536 c auch im Rahmen des § 320 zu berücksichtigen. Hat der Mieter also eine Mängelanzeige unterlassen, scheidet die Einrede aus § 320 aus, solange der Vermieter den Mangel wegen fehlender Kenntnis nicht beseitigen konnte.[260]

C. Ausschluss der Gewährleistungsrechte

128 Die Gewährleistungsrechte des Mieters können aufgrund einer Parteivereinbarung oder kraft Gesetzes ausgeschlossen sein.

---

254 BeckOK/Wiederhold § 536 Rn. 27.
255 Looschelders § 22 Rn. 55.
256 Palandt/Weidenkaff § 536 Rn. 14.
257 Vgl. Looschelders § 22Rn. 57.
258 Vgl. MünchKomm/Häublein Vor § 536 Rn. 14 m.w.N.
259 Looschelders § 22 Rn. 52.
260 MünchKomm/Häublein Vor § 536 Rn. 15.

I. Ausschluss kraft Vereinbarung

Ein vertraglicher Ausschluss der Gewährleistungsrechte ist grundsätzlich wirksam. Der Ausschluss durch Individualvertrag wird aber durch § 536 Abs. 4, § 536 d und § 569 Abs. 5 begrenzt.

- Nach **§ 536 Abs. 4** kann die Minderung der Miete wegen Mängeln nicht abbedungen werden, wenn ein Mietverhältnis über **Wohnraum** vorliegt.
- Gemäß **§ 536 d** greift ein vertraglicher Ausschluss der Mieterrechte nicht ein, wenn der Vermieter den Mangel **arglistig verschwiegen** hat.
- Außerdem sind nach **§ 569 Abs. 5 S. 1** Vereinbarungen in Wohnraummietverträgen, die abweichend von § 543 oder § 569 Abs. 1–3 die **Kündigung des Vermieters** erleichtern oder die **Kündigungsmöglichkeit des Mieters** erschweren oder ausschließen, unwirksam.

Der Ausschluss in **Formularverträgen** unterliegt der AGB-Kontrolle nach den §§ 305 ff. Neben der Generalklausel des § 307 können dabei insbesondere die speziellen Klauselverbote aus § 309 Nr. 7 und 8a virulent werden.[261]

II. Ausschluss kraft Gesetzes

1. Ausschluss gemäß § 536 b

Nach § 536 b sind die Gewährleistungsansprüche ausgeschlossen, 129

- wenn der **Mieter den Mangel kennt**, es sei denn, der Mieter hat sich die Rechte wegen des Mangels vorbehalten, oder
- wenn der Mieter den Mangel **infolge grober Fahrlässigkeit nicht gekannt** hat, es sei denn, der Vermieter hat den Mangel arglistig verschwiegen.

  Beispiel: Die Lage der Mietsache (Hausgrundstück) in der Nähe eines Waldgebietes allein begründet keine Kenntnis oder grob fahrlässige Unkenntnis des Mieters i.S.d. § 536 b von bestehendem oder drohendem Wildschweinbefall.[262]

Die Vorgängervorschrift des **§ 536 b**, nämlich § 539 a.F., wurde **analog** angewendet, wenn der Mieter trotz nachträglicher Kenntnis eines – anfänglich vorhandenen oder nachträglich auftretenden – Mangels den Gebrauch der Mietsache vorbehaltslos fortsetzte und insbesondere die Miete in voller Höhe weiterzahlte.[263]

Dazu hat der BGH jedoch entschieden, dass für Mietverhältnisse, die ab dem 01.09.2001 begründet worden sind, nicht mehr von einem Ausschluss des Minderungsrechts analog § 539 a.F. (§ 536 b n.F.) ausgegangen werden kann. Für vor dem 01.09.2001 begründete Mietverhältnisse gilt, dass analog § 539 a.F. erloschene Minderungsrechte nicht wieder aufleben.[264] Für die Zukunft kann dann aber wieder gemindert werden.

---

261 Looschelders § 22 Rn. 47.

262 LG Berlin RÜ 2016, 277, 279.

263 BGH NJW 1997, 2674.

264 BGH NJW 2003, 2601.

In den Fällen, die früher eine Analogie begründeten, können heute die Gewährleistungsrechte nur unter den engeren **Voraussetzungen der Verwirkung** (§ 242) ausnahmsweise ausgeschlossen sein.[265]

2. Ausschluss gemäß § 326 Abs. 2

130 Hat der Mieter den Mangel **selbst zu vertreten oder** stammt dessen Ursache aus einem dem Mieter zuzurechnenden **Verantwortungsbereich**, so ist aus § 326 Abs. 2 herzuleiten, dass der Mieter weder den Beseitigungsanspruch noch die Gewährleistungsrechte geltend machen kann.[266]

Beispiel: Die Beeinträchtigung der Gebrauchstauglichkeit beruht auf einer von den Mietern geforderten Veränderung der Mietsache.[267]

3. Ausschluss gemäß § 536 c Abs. 2 BGB

131 Der Minderungs- und Schadensersatzanspruch sowie das Kündigungsrecht nach § 543 Abs. 3 sind gemäß § 536 c Abs. 2 ausgeschlossen, wenn der Mieter eine **Mängelanzeige unterlassen** hat und der Vermieter deswegen keine Abhilfe schaffen konnte. Die Vorschrift greift also nicht ein, wenn der Vermieter auch bei erfolgter Anzeige keine Abhilfe hätte schaffen können.

265 Looschelders § 22 Rn. 43.

266 Palandt/Weidenkaff § 536 Rn. 37.

267 OLG München OLG-Report 1997, 2.

Rechte des Mieters wegen Sach- und Rechtsmängeln 132

Wirksamer Mietvertrag

- Einigung über den **Vertragsinhalt**
- Für das Zustandekommen der Einigung über den Vertragsinhalt gelten die Regeln über Rechtsgeschäfte, §§ 104 ff.

Grund der Mängelhaftung

- **Mangel der Mietsache**
  - Gebrauchsbeeinträchtigender, erheblicher Mangel: Ist-Beschaffenheit weicht von der Soll-Beschaffenheit ungünstig ab
  - Zugesicherte Eigenschaft fehlt

Mängelansprüche

- **Beseitigungsanspruch** = Erfüllungsanspruch gemäß § 535 bei Verzug mit Mängelbeseitigung, § 536 a Abs. 2: erforderliche **Aufwendungen** sind zu ersetzen
- Gewährleistungsrechte:
  - **Minderung** gemäß § 536 **automatisch**, wenn Mietsache überlassen ist; zu viel Gezahltes kann zurückgefordert werden – Anspruchsgrundlage: § 812 Abs. 1 S. 1 Alt. 1
  - **Schadensersatz** gemäß § 536 a:
    - – Mangel bei Vertragsschluss: Garantiehaftung ohne Verschulden
    - – Mangel nach Vertragsschluss: muss zu vertreten sein
    - – **Umfang** nach h.M. Mangel- und Mangelfolgeschaden
    - – Bei **nicht behebbaren** Mängeln gilt nach h.M. § 536 a auch vor Überlassung
- Kündigung gemäß § 543, wenn der vertragsgemäße Gebrauch nicht gewährt wird

Ausschluss

- Vertrag: bei AGB Inhaltskontrolle gemäß §§ 305 ff.
- Gesetz: § 536 b, § 326 Abs. 2, § 536 c Abs. 2

Rechtsmangel

- Rechte Dritter, auch Besitzrechte eines anderen Mieters
- Entzug; dem steht die Nichtgewährung gleich

Einrede des nichterfüllten Vertrags

- Ist oder wird die überlassene Mietsache mangelhaft, so steht dem Mieter die Einrede des nichterfüllten Vertrags zu, weil er einen **Anspruch auf mangelfreie Überlassung** hat.

4. Abschnitt: Aufwendungs- und Wegnahmerecht aus § 539

133 Nach **§ 539 Abs. 1** kann der Mieter den Ersatz der Aufwendungen auf die Mietsache, die der Vermieter ihm nicht nach § 536 a Abs. 2 zu ersetzen hat, nach den Vorschriften über die Geschäftsführung ohne Auftrag ersetzt verlangen.

Da notwendige Aufwendungen, d.h. Aufwendungen, die zur Erhaltung oder Wiederherstellung der Sache objektiv erforderlich sind, gemäß § 536 a Abs. 2 Nr. 2 zu ersetzen sind, betrifft der Anspruch aus § 539 Abs. 1 nur die **sonstigen Aufwendungen**. Darunter fallen etwa Maßnahmen zur Befestigung einer Hoffläche oder der Ausbau der gemieteten Gewerberäume zur Verbesserung der Wasser- und Stromversorgung sowie An- und Umbauten an einem Tankstellengebäude.[268]

Aufwendungen, die dazu dienen, den vertragsmäßigen Zustand der Sache herzustellen, also alle Aufwendungen, die der Mängelbeseitigung dienen, fallen dagegen ausschließlich unter § 536 a Abs. 2 Nr. 2.

Da § 539 Abs. 1 einen **Rechtsgrundverweis** auf die Vorschriften über die Geschäftsführung ohne Auftrag enthält, kann der Mieter nur dann Aufwendungsersatz verlangen,

- wenn er mit Fremdgeschäftsführungswillen (**§ 677**) und dem wirklichen oder mutmaßlichen Willen des Vermieters entsprechend (**§ 683 S. 1**) gehandelt hat oder
- wenn die Aufwendungen der Erfüllung einer im öffentlichen Interesse liegenden Pflicht, etwa einer baubehördlichen Auflage, dienten (**§§ 683 S. 2, 679**) oder
- wenn sie vom Vermieter genehmigt worden sind (**§ 684 S. 2**), wobei die bloße Duldung einer Maßnahme, die der Vermieter untersagen könnte, nicht genügt.[269]

Klausurhinweis: *Nimmt der Mieter Schönheitsreparaturen vor und stellt sich später heraus, dass die diesbezügliche Übertragung unwirksam war, hat der Mieter keinen Anspruch gemäß § 539 Abs. 1 i.V.m. §§ 677, 683 S. 1, 670, weil er mit der Renovierung kein Geschäft des Vermieters ausführt, sondern* ***nur im eigenen Rechts- und Interessenkreis tätig wird****; er will nämlich eine Leistung erbringen, die rechtlich und wirtschaftlich Teil des von ihm für die Gebrauchsüberlassung an der Wohnung geschuldeten Entgelts ist.*[270]

Gemäß **§ 539 Abs. 2** ist der Mieter berechtigt, eine Einrichtung, mit der er die Mietsache versehen hat, wegzunehmen. Dieses **Wegnahmerecht**, das insbesondere Bedeutung gewinnt, wenn keine Ansprüche aus § 536 a Abs. 2 oder § 539 Abs. 1 bestehen, soll sicherstellen, dass der Mieter die auf die Mietsache gemachten Investitionen jederzeit – vor allem nach Mietende – an sich nehmen kann, und zwar auch dann, wenn die Einrichtung wesentlicher Bestandteil gemäß § 94 geworden ist.[271]

Eine **Einrichtung** i.S.d. § 539 Abs. 2 ist eine Sache, die mit der Mietsache verbunden ist und dem Zweck der Mietsache zu dienen bestimmt ist.[272]

Beispiele: Einbau eines Wandschranks, Installierung einer Lichtanlage.

---

268 BeckOK/Zehelein § 539 Rn. 4.
269 MünchKomm/Bieber § 539 Rn. 8.
270 BeckOK/Zehelein § 535 Rn. 6.
271 BeckOK/Zehelein § 539 Rn. 1.
272 Palandt/Weidenkaff § 539 Rn. 9.

Der Vermieter kann die **Wegnahme** durch Zahlung einer angemessenen Entschädigung **abwenden**, wenn der Mieter kein berechtigtes Interesse an der Wegnahme hat, **§ 552 Abs. 1**.

Nach der Wegnahme hat der Mieter den **früheren Zustand der Mietsache wiederherzustellen**, § 258 S. 1. Außerdem kann der Vermieter für die Kosten der Wiederherstellung Sicherheit verlangen und so lange die Duldung der Wegnahme ablehnen (§ 258 S. 2). Soweit der frühere Zustand nicht wiederhergestellt werden kann, ist eine Wegnahme nicht zulässig. Dann kommen aber Ansprüche des Mieters aus § 539 Abs. 1 oder gemäß den §§ 812 ff. in Betracht.[273]

5. Abschnitt: Vertragspflichtverletzung außerhalb der Mängelgewährleistung

A. Unmöglichkeit der Gebrauchsüberlassung

Dem Vermieter ist die Erfüllung der Leistungspflicht, nämlich die Überlassung der mangelfreien Mietsache, unmöglich, wenn die Mietsache zerstört oder gestohlen wird oder der Gebrauch der Mietsache aus Gründen nicht möglich ist, die im Risikobereich des Vermieters liegen. **134**

- Für alle nicht in der Person des Mieters begründeten Leistungshindernisse gelten die Regeln des Ausschlusses der Leistungspflicht.
  - Der Erfüllungsanspruch geht gemäß **§ 275 Abs. 1** unter.
  - Für die Gegenleistungsverpflichtung – die Zahlungspflicht – gilt **§ 326 Abs. 1 u. 2**.
  - Hat der Vermieter die Unmöglichkeit zu vertreten, so greifen die **§§ 280 Abs. 1 u. 3, 283** ein.
- Ist der Gebrauch der Mietsache ganz oder zum Teil ausgeschlossen und ist die Erfüllung nicht mehr nachholbar, liegt ein **Fixgeschäft** vor, das die Rechtsfolgen des Ausschlusses der Leistungspflicht auslöst.

  Beispiel: V vermietet dem M durch schriftlichen Vertrag vom 05.01. für 10 Jahre eine Drei-Zimmerwohnung für 400 € monatlich ab 01.04. Da sich die Renovierungsarbeiten an der Wohnung verzögern, kann V die Wohnung erst am 01.06. überlassen. M entstehen infolgedessen Kosten i.H.v. 1.600 € für die Anmietung einer Ersatzwohnung, die er ersetzt verlangt. Zu Recht?

  Anspruch auf Schadensersatz i.H.v. 1.600 € gemäß §§ 280 Abs. 1 u. 3, 283?

  I. Zwischen M und V besteht ein wirksamer Mietvertrag.
  II. Dem V war es in der Zeit vom 01.04.–01.06. unmöglich, seine Leistungsverpflichtung, nämlich die Gebrauchsüberlassung zu erfüllen. Da es sich bei der Raummiete ferner regelmäßig um ein absolutes Fixgeschäft handelt, ist die Leistung auch nicht nachholbar.
  Ist die Mietzeit also vertragswesentlich, so greifen im Falle der verspäteten Überlassung nicht die Regeln des Verzugs, sondern die des Ausschlusses der Leistungspflicht ein.[274]
  III. Der V hat die Unmöglichkeit auch zu vertreten.

---

273 MünchKomm/Bieber § 539 Rn. 17.

274 MünchKomm/Häublein Vor § 536 Rn. 20.

IV. M kann gemäß §§ 280 Abs. 1 u. 3, 283 den infolge der Unmöglichkeit entstandenen Schaden ersetzt verlangen, also den Schaden, der dadurch entstanden ist, dass ihm die Mietsache vom 01.04.–01.06. nicht überlassen worden ist. Da ihm dadurch Kosten i.H.v. 1.600 € entstanden sind, kann er diese ersetzt verlangen.

B. Verzug mit der Gebrauchsüberlassung

135 Überlässt der Vermieter die Mietsache nicht bei Fälligkeit, so kann der Mieter gemäß **§§ 280 Abs. 1 u. 2, 286** im Falle des Verzugs den Verzögerungsschaden ersetzt verlangen.

Außerdem kann der Mieter bei nicht rechtzeitiger Gebrauchsgewährung gemäß **§ 543** nach fruchtloser Abmahnung fristlos kündigen. Das Rücktrittsrecht gemäß § 323 wird durch § 543 als lex specialis verdrängt.

Der Mieter kann ferner gegenüber dem Vermieter die Einrede aus **§ 320** erheben.

C. Nichterfüllung der Zahlungspflicht

136 Zahlt der Mieter bei Fälligkeit die Miete nicht und gerät er in Zahlungsverzug, so kann der Vermieter

- gemäß **§§ 280 Abs. 1 u. Abs. 2, 286** den Verspätungsschaden ersetzt verlangen und im Übrigen am Vertrag festhalten;
- gemäß **§ 543 Abs. 2 Nr. 3** vorgehen und den Vertrag fristlos kündigen. Soweit die Miete in wiederkehrenden Zeitabschnitten zu zahlen ist, scheidet allerdings ein Rücktritt gemäß § 323 aus.

D. Zahlungspflicht bei persönlicher Verhinderung des Mieters

137 Ist der Mieter aus in seiner Person liegenden Gründen am Gebrauch der Mietsache gehindert, so ist er gleichwohl gemäß **§ 537 Abs. 1 S. 1** weiterhin zur Zahlung der Miete verpflichtet. Die Vorschrift des § 537 ist eine **Sonderregelung gegenüber § 326**, sodass die Zahlungsverpflichtung des Mieters auch dann fortbesteht, wenn er die Verhinderung nicht zu vertreten hat.[275]

Deshalb entfällt die Mietzahlungspflicht auch weder bei Krankheit oder Tod des Mieters noch bei beruflicher Veränderung oder Inhaftierung.[276] Der Vermieter muss sich allerdings gemäß **§ 537 Abs. 1 S. 2** den Wert der ersparten Aufwendungen sowie die Vorteile anrechnen lassen, die er aus einer anderweitigen Verwertung des Gebrauchs erlangt.

Solange der Vermieter jedoch infolge der Überlassung des **Gebrauchs an einen Dritten** außerstande ist, dem Mieter den Gebrauch zu gewähren, ist der Mieter zur Entrichtung des Mietzinses nicht verpflichtet, **§ 537 Abs. 2**.

Ob § 537 Abs. 2 auch dann gilt, wenn der **Mieter** durch sein Verhalten die **Gebrauchsüberlassung an einen Dritten veranlasst** hat, wird nicht einheitlich beurteilt.

275 Palandt/Weidenkaff § 537 Rn. 4.

276 BeckOK/Zehelein § 537 Rn. 4.

Fall 2: Vorzeitiger Auszug 138

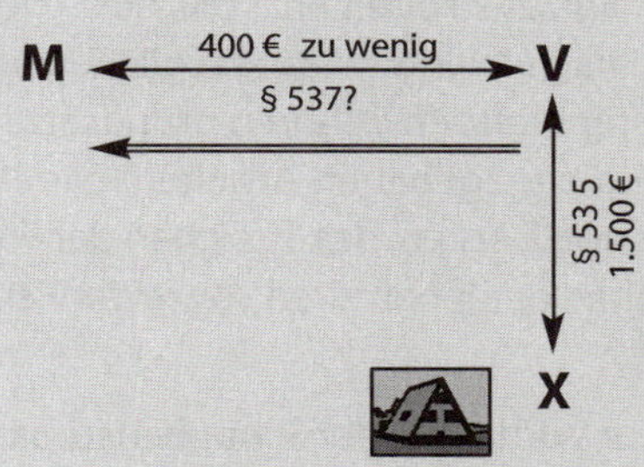

V hat dem M im Herbst 2010 ein Geschäftslokal für die Dauer von 10 Jahren zu einer Miete von monatlich 1.900 € vermietet. M zieht im Oktober 2017 aus, ohne den V zu verständigen und ohne die Miete weiter zu zahlen. Als V erfährt, dass M sein Geschäft aufgegeben hat, vermietet er die Räume nach längeren Verhandlungen für 1.500 € an X und verlangt von M Zahlung des Differenzbetrags von monatlich 400 €.

V kann den Differenzbetrag verlangen, wenn ihm ein Anspruch aus **§ 535 Abs. 2** zusteht.

I. Der **Anspruch** auf Miete ist mit Abschluss des Mietvertrags **entstanden**.

II. Dieser Anspruch könnte gemäß **§ 537 Abs. 2 erloschen** sein, weil V das Geschäftslokal an X weitervermietet hat und es ihm infolgedessen nicht möglich ist, die Mietsache an M zu überlassen. Jedoch hat M den V durch sein Verhalten zur Weitervermietung an X veranlasst, indem er grundlos ausgezogen ist und nach den gesamten Umständen nicht zu erwarten war, dass M nach der Geschäftsaufgabe wieder einziehen würde. Es stellt sich daher die Frage, ob sich M dennoch auf § 537 Abs. 2 berufen kann.

1. Zum Teil wird in der Rspr. die Auffassung vertreten, dass auch in einem solchen Fall der gesamte Anspruch auf Miete gegen den ursprünglichen Mieter nach § 537 Abs. 2 erlösche.[277]

2. Demgegenüber nimmt der BGH an, dass der vertragsuntreue Mieter gemäß **§ 242** rechtsmissbräuchlich handelt und sich nicht auf § 537 Abs. 2 berufen kann, wenn er durch sein vertragswidriges Verhalten den Vertragspartner zur Weitervermietung veranlasst hat. Damit handele der Vermieter auch im Interesse des Mieters, weil er dadurch dessen Schadensersatzpflicht mindere.[278]

4\. Demnach ist M verpflichtet, die Miete zu zahlen. Jedoch muss sich V die Vorteile anrechnen lassen, die er aus der anderweitigen Vermietung erlangt hat, § 537 Abs. 1 S. 2, sodass M für die Dauer des Mietvertrags den Differenzbetrag i.H.v. 400 € zu zahlen hat.

---

277 OLG München NJW-RR 1992, 204.

278 BGH RÜ 2008, 283, 285.

E. Nichtvornahme übernommener Schönheitsreparaturen

139 Hat sich der Mieter vertraglich wirksam verpflichtet (vgl. dazu oben Rn. 105), die Schönheitsreparaturen auszuführen, hat der Vermieter zunächst einen diesbezüglichen vertraglichen **Erfüllungsanspruch**. Zu den Schönheitsreparaturen gehören grundsätzlich die in § 28 Abs. 4 S. 5 der II. Berechnungsverordnung angegebenen Arbeiten, nämlich das Tapezieren, Anstreichen oder Kalken der Wände und Decken, das Streichen der Fußböden und der Heizkörper einschließlich der Heizrohre, der Innentüren sowie der Fenster und der Außentüren von innen.

Bei Nichterfüllung der vertraglichen Verpflichtung zur Vornahme der Schönheitsreparaturen hat der Vermieter einen **Anspruch auf Schadensersatz**. Anspruchsgrundlage ist dann **§§ 280 Abs. 1 u. 3, 281**. Die Schönheitsreparaturen sind nämlich gemäß § 535 Abs. 1 S. 2 grundsätzlich Hauptpflicht des Vermieters. Werden diese vom Mieter übernommen, so bleibt der Charakter erhalten. Voraussetzung des Schadensersatzanspruches ist grundsätzlich eine angemessene Fristsetzung zur Durchführung der Schönheitsreparaturen, § 281 Abs. 1. Zieht der Mieter jedoch – unverrichteter Dinge – aus der Mietsache aus, ist darin eine endgültige Erfüllungsverweigerung zu sehen, sodass die Fristsetzung gemäß § 281 Abs. 2 entbehrlich ist. [279]

Werden die Schönheitsreparaturen vom Nachmieter ausgeführt, lässt dies den Anspruch des Vermieters nicht mangels Schadens entfallen, weil der Mietvertrag für diesen Fall dahingehend auszulegen ist, dass der Mieter dem Vermieter eine **Geldentschädigung** schuldet.[280]

6. Abschnitt: Schutz der Parteien während des Mietverhältnisses

A. Schutz des Mieters im Falle der Veräußerung

140 In **§ 566** findet sich eine zentrale Mieterschutzvorschrift, die dem Schutz des Mieters vor Verlust des gemieteten Grundstücks oder Raums infolge der Veräußerung an einen Dritten dient. Die Vorschrift durchbricht den Grundsatz, dass vertragliche Rechte und Pflichten nur zwischen den am Schuldverhältnis beteiligten Personen entstehen und stellt einen Fall der gesetzlichen Vertragsübernahme dar (gleiches gilt etwa für § 613 a).

Der Schutz des § 566 greift unter folgenden **Voraussetzungen** ein:

- Der Vermieter muss das **Grundstück veräußert**, d.h., es muss ein **Eigentumswechsel** stattgefunden haben. Entgegen der amtlichen Überschrift reicht der „Kauf" also nicht aus, um die Rechtsfolgen des § 566 auszulösen.

  Hintergrund der **rechtsgeschäftlichen Übertragung** kann neben dem Kauf auch eine Schenkung oder ein Tausch sein.[281]

- Über das Grundstück oder über Räume in Gebäuden auf dem Grundstück muss ein **wirksamer Mietvertrag** zwischen dem ursprünglichen Vermieter und dem Mieter im Zeitpunkt der Veräußerung bestehen.

279 Looschelders § 22 Rn. 67.

280 Brox/Walker, Besonderes Schuldrecht, § 11 Rn. 43.

281 Looschelders § 23 Rn. 24.

- Dem Mieter muss die **Sache vor der Veräußerung** aufgrund des Mietvertrags **überlassen worden** sein.[282]

  Die Überlassung liegt in der Übergabe des Grundstücks zum Gebrauch durch Verschaffung des unmittelbaren Besitzes; bei Räumen geschieht dies häufig durch Übergabe der Schlüssel.

  Erfolgt die Überlassung erst **nach der Veräußerung**, so tritt der Erwerber nicht kraft Gesetzes in den bestehenden Mietvertrag ein. Es gilt dann die Regelung in **§ 567 a**.

Als Rechtsfolge tritt der **Erwerber anstelle des Vermieters** in die sich während der Dauer seines Eigentums aus dem Mietverhältnis ergebenden **Rechte und Pflichten** ein.

Beispiel: V und M haben einen Mietvertrag für die Dauer von fünf Jahren über ein dem E gehörendes Haus abgeschlossen. V ist im Grundbuch eingetragen. Noch vor Ablauf der Mietzeit veräußert V das Grundstück an X, ohne den Mietvertrag zu erwähnen. X wird im Grundbuch als Eigentümer eingetragen und verlangt von M nunmehr Räumung der Wohnung.
Anspruch des X gegen M auf Räumung gemäß § 985?

I. Der V hat das Grundstück gemäß §§ 873, 925, 892 wirksam an X veräußert. X hat vom nichtberechtigten V das Eigentum erworben.

II. M hat jedoch gemäß § 986 ein Recht zum Besitz, wenn zwischen ihm und X ein wirksamer Mietvertrag besteht. Da X und M sich nicht über die Vertragsbestandteile eines Mietvertrags geeinigt haben, kommt nur ein gesetzlicher „Eintritt" gemäß § 566 Abs. 1 in Betracht.

1. V hat an X das Grundstück veräußert.

2. Zwischen V und M bestand im Zeitpunkt der Veräußerung des Grundstücks ein wirksamer Mietvertrag. Die Wirksamkeit des Mietvertrags wird nicht dadurch berührt, dass V nicht Eigentümer des Grundstücks war. Ein Mietvertrag kann auch über fremde Sachen wirksam abgeschlossen werden, weil es sich dabei lediglich um ein schuldrechtliches Verpflichtungsgeschäft handelt.

3. Dem Mieter M ist aufgrund des Mietvertrags vor der Veräußerung der Besitz überlassen worden. Daher ist gemäß § 566 Abs. 1 der Erwerber in den Mietvertrag eingetreten. Der M hat gegenüber dem X ein Recht zum Besitz. Dass dem X das Bestehen des Mietvertrags nicht bekannt war, ist rechtlich unerheblich. Die Vorschrift des § 566 greift unabhängig davon ein, ob der Erwerber Kenntnis hat.
X hat mithin keinen Anspruch gegen M aus § 985.

Hinweis: *Bei Eigentumswohnungen stellt sich die Problematik des Sonder- und gemeinschaftlichen Eigentums. Die Rspr. befürwortet hier eine alleinige Vermieterstellung des Erwerbers und kein Auseinanderfallen.*[283]

B. Schutz des Mieters nach allgemeinen Vorschriften

Wird der Mieter als Besitzer der Mietsache im Besitz durch Dritte gestört, so kann er als Besitzer die allgemeinen **Besitzschutzansprüche** geltend machen. **141**

I. Entzug oder Vorenthaltung

Der Mieter kann gegen den neuen Besitzer nachstehende Ansprüche geltend machen: **142**

- Den Besitzentziehungsanspruch gemäß **§ 861**, wenn ihm der Besitz durch verbotene Eigenmacht entzogen worden ist.
- Der Mieter kann ferner unter den Voraussetzungen des **§ 1007** Herausgabe der Mietsache verlangen.

---

282 Palandt/Weidenkaff § 566 Rn. 13.

283 BGH NJW 1999, 1731.

- Ein Herausgabeanspruch kann auch gemäß **§§ 823 Abs. 1, 249** (Besitz als „sonstiges Recht") und **§ 823 Abs. 2** i.V.m. der Verletzung eines Schutzgesetzes gegeben sein.

II. Besitzstörung

143 Im Falle der Besitzstörung kommen Ansprüche aus **§ 862** und aus den **§§ 1004, 823 Abs. 1 u. Abs. 2** i.V.m. der Verletzung eines Schutzgesetzes in Betracht.

Bei **Störungen** des Mieters **durch einen Mitmieter** kommen ebenfalls nur die Besitzansprüche in Betracht, die der Mieter gegenüber Dritten hat.

144 **Beispiel:** M wohnt in dem Mehrfamilienhaus des V. Der über ihm wohnende Mieter X veranstaltet wiederholt lautstarke Partys bis tief in die Nacht. Kann M von X Unterlassung der Störung verlangen?

I. Der Vermieter schließt mit dem einzelnen Mieter **keinen Vertrag zugunsten Dritter** mit dem Inhalt, dass jeder Mitmieter dem anderen Mieter gegenüber verpflichtet ist, Störungen zu unterlassen.

II. Die Mieter sind auch **nicht in den Schutzbereich** des Mietvertrags zwischen dem Vermieter und dem anderen Mieter **einbezogen**, weil der Vermieter weder aufgrund eines personenrechtlichen Fürsorgeverhältnisses für das Wohl und Wehe der anderen Mitmieter einzustehen hat, noch ein besonderes vertragliches Schutzinteresse gegeben ist.

III. M könnte gegen X gemäß § 862 einen Anspruch auf Einhaltung der Nachtruhe haben. M wird ohne seinen Willen im Besitz gestört, sodass eine verbotene Eigenmacht gemäß § 858 vorliegt.
Da M diese Störung, wenn er Eigentümer wäre, gemäß § 906 Abs. 1 wegen der erheblichen Beeinträchtigung der Nachtruhe nicht hinnehmen müsste, ist der Abwehranspruch gemäß § 862 begründet.

IV. Darüber hinaus ist X gemäß §§ 1004, 823 Abs. 1 und § 823 Abs. 2 i.V.m. § 858 zur Unterlassung der Störung verpflichtet.

Daneben kann M von V verlangen, dass V gemäß § 535 Abs. 1 S. 2 die dauernde Störung der Nachtruhe unterbindet. Da durch die Störung die Mietsache mangelhaft wird, kommen auch Mängelansprüche des M gegen V in Betracht.

Klausurhinweis: *Störung eines Mieters in seinem Besitz durch den* ***Tabakrauch*** *eines anderen Mieters, der auf dem Balkon seiner Wohnung raucht, ist auch dann eine verbotene Eigenmacht i.S.d. § 858 Abs. 1, wenn dem anderen Mieter im Verhältnis zu seinem Vermieter das Rauchen gestattet ist. Nach dem auf den Besitzschutzanspruch entsprechend anzuwendenden Maßstab des § 906 Abs. 1 S. 1 kann der Mieter Einwirkungen durch das Rauchen eines anderen Mieters nicht verbieten, wenn sie einen verständigen Nutzer in dem Gebrauch der Mietsache nicht oder nur unwesentlich beeinträchtigen.*[284]

C. Schutz des Vermieters durch das Vermieterpfandrecht

145 Der Vermieter erwirbt gemäß **§ 562** wegen seiner Forderungen aus dem Mietverhältnis ein **gesetzliches Pfandrecht** an den eingebrachten Sachen des Mieters.

I. Entstehen des Vermieterpfandrechts

Das Vermieterpfandrecht entsteht unter den folgenden **Voraussetzungen:**

- Es muss ein **wirksamer Mietvertrag** bestehen. Gegenstand des Vertrags muss wegen der systematischen Stellung des § 562 die Vermietung von **Wohnraum** sein.

284 BGH RÜ 2015, 502.

Über die Verweisungen in § 578 findet § 562 auch auf Mietverträge über **Grundstücke und Räume**, die keine Wohnräume sind, Anwendung.

- Die **Sache** muss **eingebracht** worden sein. Dazu ist erforderlich, dass der Mieter bewegliche Sachen, wozu auch Inhaberpapiere (Aktien) und indossable Wertpapiere (Wechsel) gehören, willentlich in den durch das Mietverhältnis vermittelten Machtbereich des Vermieters hineingeschafft hat und dies nicht nur zum vorübergehenden Zweck erfolgt ist. Die bloße vorübergehende Unterstellung einzelner Sachen genügt daher nicht.

  Eingebracht sind allerdings auch solche Sachen, die bestimmungsgemäß untergebracht sind, auch wenn sie die Mietsache immer wieder kurzfristig verlassen (etwa Kfz) oder endgültig von der Mietsache entfernt werden (z.B. Ware eines Kaufmanns oder die vom Mieter auf dem Grundstück hergestellten Produkte).[285]

  Da es sich bei dem „Einbringen" um rein tatsächliches, nicht rechtsgeschäftliches Verhalten handelt, kommt es insoweit auf die Geschäftsfähigkeit des Mieters nicht an.[286]

- Das Pfandrecht entsteht nach § 562 Abs. 1 S. 1 nur an den Sachen des Mieters, sodass die eingebrachte Sache im **Eigentum des Mieters** stehen muss.

  An fremden Sachen erwirbt der Vermieter auch **nicht kraft guten Glaubens** ein Pfandrecht, da es sich bei dem Vermieterpfandrecht um ein besitzloses Pfandrecht handelt und ein gutgläubiger Erwerb nur in Betracht kommt, wenn der Erwerber den unmittelbaren Besitz erlangt.[287]

  Soweit dem Mieter allerdings ein **Anwartschaftsrecht** zusteht, erstreckt sich das Pfandrecht auch auf dieses Anwartschaftsrecht.[288]

- Schließlich darf die Sache gemäß § 562 Abs. 1 S. 2 **nicht unpfändbar** sein. Der Pfändung unterliegen Sachen nicht, wenn sie Pfändungsschutz genießen. Dies bestimmt sich nach den §§ 811 ff. ZPO. Demnach zählen zu den unpfändbaren Sachen etwa diejenigen, die zum persönlichen Gebrauch oder zur Haushaltsführung benötigt werden.

  Beispiele: Nicht dem Vermieterpfandrecht unterliegen Radio, TV, Kühlschrank, Waschmaschine, wohl aber ein Anrufbeantworter.[289]

II. Umfang der Sicherung

Gesichert werden nach § 562 Abs. 1 S. 1 alle **Forderungen aus dem Mietverhältnis**. **146**
Dazu gehören der Anspruch auf Miete sowie der Anspruch auf Pauschalen für Nebenkosten und auch Ersatzansprüche bei Verletzung von Vertragspflichten, insbesondere Entschädigungsansprüche nach § 546 a wegen verspäteter Rückgabe.

Das Pfandrecht erfasst **auch noch nicht fällige Mietforderungen**. Allerdings lediglich für das laufende und das folgende Mietjahr (nicht Kalenderjahr!), **§ 562 Abs. 2**.[290] Für künftige Entschädigungsforderungen, etwa aus § 546 a, kann das Pfandrecht indes gemäß § 562 Abs. 2 nicht geltend gemacht werden.

---

285 Palandt/Weidenkaff § 562 Rn. 6.

286 Palandt/Weidenkaff § 562 Rn. 6; Erman/Lützenkirchen § 562 Rn. 8; Staudinger/Emmerich § 562 Rn. 10: Mieter muss zumindest beschränkt geschäftsfähig sein; ebenso Schmidt-Futterer/Lammel § 562 Rn. 32.

287 Looschelders § 23 Rn. 8 f.

288 BeckOK/Wiederhold § 562 Rn. 23.

289 BeckOK/Wiederhold § 562 Rn. 35.

290 Palandt/Weidenkaff § 562 Rn. 14.

III. Rechte des Vermieters

147 Dem Vermieter stehen aufgrund des Pfandrechts folgende Rechte zu:

- Der Vermieter kann gemäß **§ 562 b Abs. 1 S. 1** die Entfernung der seinem Pfandrecht unterliegenden Sachen selbst – also, ohne ein Gericht anrufen zu müssen – verhindern, wenn er die Entfernung nicht gemäß § 562 a S. 2 dulden muss, d.h., wenn z.B. die Entfernung nicht den gewöhnlichen Lebensverhältnissen entsprechend erfolgt.

  Der Vermieter hat damit ein gegenüber § 229 erweitertes **Selbsthilferecht**.

- Sind die dem Pfandrecht unterliegenden Sachen ohne Wissen des Vermieters oder gegen seinen Willen entfernt worden, so kann der Vermieter gemäß § 562 b Abs. 2 S. 1 **Rückschaffung** auf das vermietete Grundstück oder – wenn der Mieter schon ausgezogen ist – Herausgabe an sich verlangen.

  Hinweis: *Der Rückschaffungs- oder Herausgabeanspruch richtet sich auch gegen einen Dritten, der Besitzer geworden ist.*[291]

- Der Vermieter darf die Sache nach Maßgabe der über § 1257 auf das gesetzliche Vermieterpfandrecht anwendbaren §§ 1228 ff. **verwerten**.

- Klausurrelevant ist nicht selten das **Konkurrenzverhältnis** zwischen **Vermieterpfandrecht** und **Sicherungseigentum**.

Fall 3: Wettlauf der Rechte

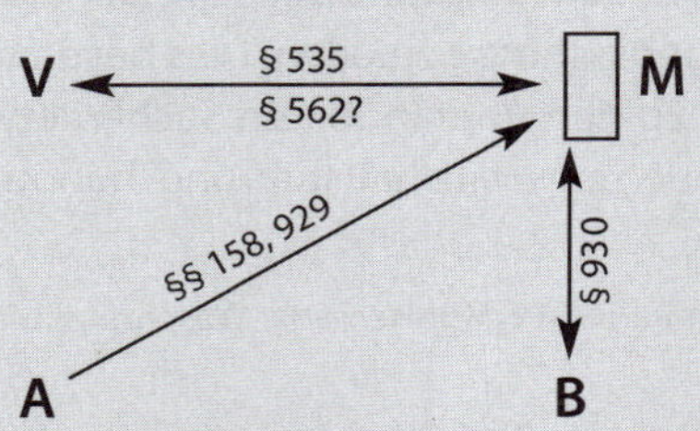

M hat von V Geschäftsräume zum Betrieb eines Kunsthandels gemietet. M, der von der B-Bank einen umfangreichen Kredit erhalten hat, schließt mit der B einen wirksamen Sicherungsübereignungsvertrag. Danach überträgt er dieser das Eigentum und die Anwartschaftsrechte an allen gegenwärtigen und künftigen Sachen in seinem Geschäft. Später erwirbt M von A zwei wertvolle Gemälde unter Eigentumsvorbehalt. Die B zahlt an A den Kaufpreis. Hat B unbelastetes Eigentum erworben?

I. B ist Eigentümerin der Gemälde geworden. M hat nämlich von A gemäß **§§ 929, 158** ein Anwartschaftsrecht an den Gemälden erworben, das M durch den Sicherungsvertrag auf B gemäß **§§ 929, 930** übertragen hat.

   Mit der Zahlung der B an A ist das **Anwartschaftsrecht unmittelbar zum Vollrecht** erstarkt, sodass B nicht von M, sondern von A das Eigentum erworben hat (kein Durchgangserwerb bei M).

II. Fraglich ist, ob B das Eigentum belastet mit dem Vermieterpfandrecht erworben hat.

   Da M niemals Eigentümer geworden ist, könnte das Vermieterpfandrecht gemäß § 562 mangels Eigentums des Mieters überhaupt nicht entstanden sein.

291 Palandt/Weidenkaff § 562 b Rn. 8.

M war jedoch Anwartschaftsberechtigter und es könnte an diesem Anwartschaftsrecht das Vermieterpfandrecht entstanden sein, das sich mit dem Eigentumserwerb durch die B am Eigentum fortsetzte.

Als M das Anwartschaftsrecht erwarb, könnte die **zeitlich zuvor vereinbarte Sicherungsübereignung** wirksam geworden sein und die B unbelastetes Eigentum erworben haben.

Nach der Auffassung des BGH gebührt aber in dieser Konstellation dem **Vermieterpfandrecht** der **Vorrang**.[292]

Die Bevorzugung des Vermieterpfandrechts gegenüber dem Anwartschaftsrecht ist deshalb gerechtfertigt, weil das Vermieterpfandrecht im Gegensatz zum Anwartschaftsrecht gesetzlich normiert ist.

Mithin hat B kein unbelastetes Eigentum erworben.

IV. Erlöschen des Vermieterpfandrechts

Hinsichtlich des Erlöschens lassen sich die folgenden Fallgruppen unterscheiden: **148**

- Das Vermieterpfandrecht erlischt durch **Entfernung der Sachen** gemäß **§ 562 a S. 1**, es sei denn, dass dies ohne Wissen oder gegen den beachtlichen Widerspruch des Vermieters erfolgte.

  Unter Entfernung ist – als Gegenteil zum Einbringen – jedes rein tatsächliche Herausschaffen der Sachen zu verstehen.[293]

  Unterschiedlich beurteilt wird, ob bereits das nur **zeitweilige Entfernen** (Pkw zur Benutzung oder Reparatur) das Pfandrecht zum Erlöschen bringt.[294]

- Außerdem erlischt das Vermieterpfandrecht mit **Ablauf der Ausschlussfrist** des **§ 562 b Abs. 2 S. 2**.
- Das Vermieterpfandrecht erlischt ferner nach den über **§ 1257** geltenden allgemeinen Regeln, nämlich nach den §§ 1252, 1255, 1256.
  - § 1252: mit Erlöschen der Forderung (Akzessorietät des Pfandrechts!)
  - § 1255: durch rechtsgeschäftliche Aufhebung des Pfandrechts
  - § 1256: wenn Pfandrecht und Eigentum in derselben Person zusammentreffen
- Schließlich erlischt das Vermieterpfandrecht mit dem **gutgläubigen lastenfreien Erwerb** durch einen Dritten, § 936.

---

292 BGH NJW 1992, 2014, 2016.

293 Palandt/Weidenkaff § 562 a Rn. 4.

294 Vgl. zum Meinungsstand Palandt/Weidenkaff § 562 a Rn. 4.

7. Abschnitt: Verjährung

149 Soweit es um Ansprüche im Zusammenhang mit einem Mietverhältnis geht, ist zu beachten, dass für bestimmte Ansprüche nicht die allgemeinen Verjährungsregelungen gemäß den §§ 195 ff. gelten, sondern **§ 548 als lex specialis**, der eine verkürzte Verjährungsfrist vorsieht.

A. Ansprüche des Vermieters

150 Nach **§ 548 Abs. 1 S. 1** verjähren die Ersatzansprüche des Vermieters wegen Veränderung oder Verschlechterung der Mietsache in **sechs Monaten**. Die Verjährung beginnt mit der Rückgabe der Mietsache, § 548 Abs. 1 S. 2.

Da der **Zweck** der verkürzten Verjährung darin besteht, eine **schnelle Klärung der Ansprüche** zu ermöglichen, ist die Vorschrift weit auszulegen. Die erfassten Ansprüche des Vermieters können sowohl gesetzlicher als auch vertraglicher Natur sein.[295] Außerdem können die Ansprüche ihre Grundlage auch außerhalb des eigentlichen Mietrechts haben. Deshalb werden etwa auch Ansprüche aus Verzug, wegen vorvertraglicher Pflichtverletzung oder aus den §§ 823 ff. erfasst, nicht jedoch aus § 826.[296]

Aufgrund des weiten Anwendungsbereichs unterfallen **konkurrierende Ansprüche** aus Mietvertrag und Gesetz, z.B. aus § 280 Abs. 1 und § 823 Abs. 1, gleichermaßen der Verjährung nach § 548 Abs.1.[297] Anderenfalls würde der Zweck des § 548 Abs. 1 weitgehend unterlaufen.

Wird die **Mietsache völlig zerstört**, ist § 548 Abs. 1 allerdings nicht anwendbar, weil die Sache in diesem Fall nicht mehr zurückgegeben werden kann und somit auch das Bedürfnis nach rascher Abwicklung aller Ansprüche entfällt.[298]

Die verkürzte Verjährung nach § 548 Abs. 1 greift jedoch auch bei Ersatzansprüchen wegen Schäden an Anlagen oder Einrichtungen (z.B. Treppen und Flure), die nur zur Mitbenutzung überlassen worden sind und auch bei Schäden an den zum Mietobjekt gehörenden Sachen, an denen der Mieter kein Benutzungsrecht hat und die deshalb **nicht Gegenstand des Mietvertrags** sind. Gleiches gilt, wenn die Beschädigung der gemieteten Sache zu weiteren **Sachschäden**, etwa am Nachbargrundstück, das im Eigentum **eines Dritten** steht, geführt hat. Der Schaden muss dann allerdings einen „hinreichenden Bezug zum Mietobjekt" haben.[299]

Schließlich findet § 548 Abs. 1 auch bei **Ersatzansprüchen** des Vermieters **gegen Dritte** Anwendung, wenn der Dritte in den Schutzbereich des Mietvertrags einbezogen ist.

Beispiel: Das deliktsfähige Kind der Wohnungsmieterin beschädigt die Mietsache.[300]

Die in einem von dem Vermieter verwendeten **Formularmietvertrag** enthaltene Bestimmung „Ersatzansprüche des Vermieters wegen Veränderungen oder Verschlechte-

---

295 BeckOK/Wiederhold § 548 Rn. 4.
296 Vgl. Jauernig/Teichmann § 548 Rn. 1, 3.
297 Palandt/Weidenkaff § 548 Rn. 7.
298 Looschelders § 22 Rn. 73.
299 MünchKomm/Bieber § 548 Rn. 8.
300 Vgl. Looschelders § 22 Rn. 74.

rungen der Mietsache und Ansprüche des Mieters auf Ersatz von Aufwendungen oder Gestattung der Wegnahme einer Einrichtung verjähren in 12 Monaten nach Beendigung des Mietverhältnisses." ist mit wesentlichen Grundgedanken des § 548 Abs. 1 S. 1, 2 unvereinbar und benachteiligt den Mieter deshalb entgegen den Geboten von Treu und Glauben unangemessen; sie ist daher nach § 307 Abs. 1 S. 1, Abs. 2 Nr. 1 unwirksam.[301]

B. Ansprüche des Mieters

Gemäß **§ 548 Abs. 2** unterliegen auch Ansprüche des Mieters auf Ersatz von Aufwendungen oder auf Gestattung der Wegnahme einer Einrichtung der verkürzten Verjährung. Die **sechsmonatige Verjährungsfrist** beginnt mit der (rechtlichen) Beendigung des Mietverhältnisses und nicht wie im Rahmen des § 548 Abs. 1 mit der (tatsächlichen) Rückgabe der Mietsache. **151**

Die verkürzte Verjährung gilt sowohl für vertragliche als auch für gesetzliche Ansprüche, die auf Aufwendungsersatz oder auf die Gestattung der Wegnahme gerichtet sind.[302] **Schadensersatzansprüche** des Mieters und ebenso der bereicherungsrechtliche Anspruch gegen den Vermieter aus **§ 812 Abs. 1 S. 1 Alt. 1** wegen aufgrund unwirksamer Renovierungsklauseln durchgeführter Schönheitsreparaturen werden auch von § 548 Abs. 2 erfasst.[303]

8. Abschnitt: Beendigung des Mietvertrags und die Rechtsfolgen

Der Mietvertrag (§ 535) endet, **152**

- wenn die Parteien im Rahmen der Vertragsfreiheit einen **Aufhebungsvertrag** schließen und die Ausgleichspflichten regeln, § 311 Abs. 1;

  Die Parteien eines Mietvertrags können grundsätzlich das Mietverhältnis auch dann jederzeit durch einen Aufhebungsvertrag vorzeitig beenden, wenn der Mieter einen Untermietvertrag geschlossen oder einem Dritten auf einer anderen rechtlichen Grundlage die Mietsache zur Nutzung überlassen hat. In diesen Fällen ist der Abschluss eines Mietaufhebungsvertrags in der Regel nicht sittenwidrig, wenn dem Hauptmieter gegen den Dritten ein Kündigungsrecht zusteht, mit dem er dessen Gebrauchsmöglichkeit zeitnah beenden kann.[304]

- wenn eine Partei ein **einseitiges Gestaltungsrecht** ausübt. Es treten dann die vereinbarten oder gesetzlich bestimmten Abwicklungsfolgen ein:
  - im Falle der auf den Zeitpunkt des Vertragsschlusses rückwirkenden **Anfechtung** (§§ 142 Abs. 1, 119 ff.) gemäß §§ 812 ff.;
  - im Falle des wirksamen **Rücktritts** aufgrund eines gesetzlichen Rücktrittsrechts gemäß §§ 313, 346, 349, 323, 324; § 543 ist allerdings gegenüber § 323 vorrangig;
  - im Falle der **Kündigung**, also der Aufhebung der mietvertraglichen Bindung für die Zukunft, gemäß §§ 546, 546 a, 571;

301 BGH RÜ 2018, 80.

302 BeckOK/Wiederhold § 548 Rn. 27.

303 MünchKomm/Bieber § 548 Rn. 21.

304 BGH RÜ 2018, 613.

Die Kündigung zur Beendigung eines Dauerschuldverhältnisses, insbesondere eines Mietvertrags, muss grundsätzlich von allen bzw. gegenüber allen Gesamtschuldnern erfolgen, weil i.d.R. ein einheitlicher Bestand des Dauerschuldverhältnisses gewollt ist.[305] Kündigung i.S.d. § 425 Abs. 2 meint daher nur die Fälligkeitskündigung, etwa eines Darlehens (§§ 489, 490) oder einer Grundschuld (§ 1193).[306]

- im Falle des **Zeitablaufs** bei einem befristeten Mietverhältnis.

Im Folgenden wird das Hauptaugenmerk auf die Kündigung gelegt, die den häufigsten Beendigungstatbestand im Mietrecht darstellt und die größte Examensrelevanz aufweist.

A. Kündigung

153 Für die **Wirksamkeitskontrolle** einer Kündigung sind zunächst die einschlägigen Vorschriften für die jeweilige Fallgruppe zu bestimmen:

- Mietverträge, die **nicht** für eine **bestimmte Zeit** abgeschlossen worden sind, können grundsätzlich **formlos** gekündigt werden (**§ 542 Abs. 1**).
- Ist das Mietverhältnis für eine **bestimmte Zeit** abgeschlossen worden, kann es in den gesetzlich vorgesehenen Fällen **außerordentlich** gekündigt werden (**§ 542 Abs. 2 Nr. 1**).
- Für Mietverträge über **Wohnraum** sind Kündigungen **formbedürftig** (**§ 568**) und eine ordentliche Kündigung nur wirksam, wenn der Vermieter ein **berechtigtes Interesse** an der Beendigung des Mietverhältnisses hat (**§ 573**) oder der Mieter nicht schutzwürdig ist (**§ 573 a**). Die ordentliche Kündigung durch den Mieter bedarf indes keines Grundes.
- Ist der Wohnraum mit Rücksicht auf das Bestehen eines Dienstverhältnisses vermietet (**Werkswohnungen**), so gelten die besonderen Vorschriften in **§ 576 a** und **§ 576 b**.
- Eine **fristlose** Kündigung ist bei Mietverträgen über **Wohnraum** nur wirksam, wenn ein **wichtiger Grund** vorliegt (**§§ 543, 569**).

I. Ordentliche Kündigung

154 Wenn im Mietvertrag eine Mietzeit nicht bestimmt ist, kann jeder Vertragsteil unter **Einhaltung** der vereinbarten oder gesetzlichen **Kündigungsfrist** kündigen, **§ 542 Abs. 1**.

Die gesetzlichen Kündigungsfristen sind in **§§ 573 c, 580 a** geregelt. Dabei ist zu unterscheiden:

- Für Mietverträge über **Grundstücke** und Räume, die weder Geschäfts- noch Wohnräume sind, gilt § 580 a, der die Kündigungsfrist von der Bemessung der Miete nach Tagen, Wochen oder Monaten abhängig macht.

---

305 Vgl. auch BGH RÜ 2015, 146, für den Fall, dass ursprünglich ein Mieter, aber nach dessen Tod gemäß § 564 S. 1 zwei Mieter existieren.

306 AS-Skript Schuldrecht AT 2 (2018), Rn. 489.

- Bei Mietverträgen über **Geschäftsräume** ist die Kündigung spätestens am dritten Werktag eines Kalendervierteljahres für den Ablauf des nächsten Kalendervierteljahres zulässig (§ 580 a Abs. 2).
- Bei einem Mietvertrag über **bewegliche Sachen** gelten die in § 580 a Abs. 3 aufgeführten Kündigungsfristen.
- Für Mietverträge über **Wohnraum** gelten die Regeln des § 573 c.

II. Außerordentliche Kündigung

Eine außerordentliche Kündigung des Mietverhältnisses ist sowohl bei befristeten als auch bei unbefristeten Mietverträgen möglich.

1. Außerordentliche Kündigung gemäß § 542

Abweichend von § 542 Abs. 1 kann der Mietvertrag auch dann gekündigt werden, wenn **155**
er über eine **bestimmte Zeit** abgeschlossen worden ist und ein besonderer gesetzlicher Kündigungsgrund vorliegt (**§ 542 Abs. 2 Nr. 1**). Es ist also stets ein **besonderer Grund** erforderlich.

- Der **Mieter** kann etwa kündigen,
  - wenn der Vermieter die **Genehmigung zur Untermiete** verweigert, § 540 Abs. 1 S. 2,
  - wenn der Vermieter die **Miete erhöht**, § 561,
  - wenn der Mietvertrag über **mehr als 30 Jahre** abgeschlossen worden ist, § 544 S. 1.
- Der **Vermieter** kann ebenfalls außerordentlich kündigen, wenn der Mietvertrag über mehr als 30 Jahre abgeschlossen worden ist (§ 544 S. 1) und beispielsweise auch beim Tode des Mieters (§ 580).

2. Außerordentliche Kündigung gemäß § 543

Gemäß **§ 543 Abs. 1 S. 1** kann jede Partei den Mietvertrag außerordentlich ohne Einhal- **156**
tung einer Frist kündigen, wenn ein **wichtiger Grund** vorliegt.

Ein solcher Grund ist gemäß § 543 Abs. 1 S. 2 gegeben, wenn dem Kündigenden unter Berücksichtigung aller **Umstände des Einzelfalls**, insbesondere eines Verschuldens der Vertragsparteien und unter Abwägung der beiderseitigen Interessen, die Fortsetzung des Mietverhältnisses nicht zugemutet werden kann. Ferner benennt **§ 543 Abs. 2** Beispiele („insbesondere") für wichtige Gründe.

- Der Mieter kann gemäß § 543 Abs. 2 Nr. 1 fristlos kündigen, wenn ihm der **vertragsgemäße Gebrauch** der Mietsache ganz oder zum Teil **nicht** rechtzeitig **gewährt** oder wieder entzogen wird (vgl. dazu oben Rn. 119).
- Der Vermieter kann gemäß § 543 Abs. 2 Nr. 2 fristlos kündigen, wenn der Mieter die **Mietsache** durch Vernachlässigung der ihm obliegenden Sorgfalt erheblich **gefährdet** oder sie **unbefugt einem Dritten überlässt** und dadurch Rechte des Vermieters in erheblichem Umfang verletzt.

  Klausurhinweis: *Für die Beurteilung, ob die Wohnung unbefugt überlassen wurde, können vor allem die **§ 540** und **§ 553** virulent werden.*

- Gemäß § 543 Abs. 2 Nr. 3 steht dem Vermieter außerdem ein Kündigungsrecht zu, wenn der Mieter seinen Zahlungsverpflichtungen nicht nachkommt. Danach ist u.a. der **Verzug mit** der **Zahlung der Miete** für eine Kündigung ausreichend, wenn der Betrag zweier Nettomieten erreicht wird.

157 Besteht der wichtige Grund für die Kündigung in der Verletzung einer Pflicht aus dem Mietvertrag, so ist die Kündigung gemäß **§ 543 Abs. 3 S. 1** grundsätzlich erst nach erfolglosem Ablauf einer zur Abhilfe bestimmten angemessenen **Frist oder** nach erfolgloser **Abmahnung** zulässig. Unter den Voraussetzungen des § 543 Abs. 3 S. 2 ist eine Fristsetzung oder Abmahnung jedoch ausnahmsweise entbehrlich.

III. Besonderheiten bei der Kündigung von Wohnraum

Das Kündigungsrecht des Vermieters wird für den Bereich der Wohnraummiete durch die **§§ 568 ff.** deutlich eingeschränkt. Diese Vorschriften dienen vor allem dem **Bestandsschutz des Mieters**, da die angemieteten Wohnräume vielfach zur Grundlage für die private Lebensgestaltung gehören.[307]

1. Form und Inhalt der Kündigung

158 Gemäß **§ 568 Abs. 1** bedarf die Kündigung eines Mietverhältnisses über Wohnraum der **Schriftform**. Dieses Schriftformerfordernis gilt sowohl für die ordentliche als auch für die außerordentliche Kündigung und ferner unabhängig davon, ob der Vermieter oder der Mieter kündigt.

Wird die Schriftform, die von den Mietvertragsparteien nicht abbedungen werden kann, **nicht gewahrt**, ist die Kündigung **gemäß § 125 S. 1 nichtig.**[308]

Bei Vermietung einer Wohnung durch zwei Miteigentümer bleiben beide auch dann Vermieter – und ist eine Kündigung gegenüber dem Mieter demgemäß **von beiden Vermietern auszusprechen** –, wenn der eine seinen Miteigentumsanteil später an den anderen veräußert. Auf einen solchen Eigentumserwerb findet § 566 Abs. 1 weder direkte noch analoge Anwendung.[309]

Ferner soll der Vermieter den Mieter auf die **Möglichkeit des Widerspruchs** nach § 574 sowie auf die Form und die Frist des Widerspruchs rechtzeitig hinweisen (§ 568 Abs. 2). Ein Verstoß gegen diese „Soll"-Vorschrift hat nicht die Unwirksamkeit der Kündigung zur Folge, führt aber zu einer Verlängerung der Widerspruchsfrist (§ 574 b Abs. 2 S. 2).[310]

Schließlich ist bei einer außerordentlichen Kündigung der zur Kündigung führende wichtige **Grund anzugeben** (§ 569 Abs. 4). Fehlt die Angabe, so ist die Kündigung gemäß § 125 S. 1 unwirksam. Gleiches gilt für ordentliche Kündigungen, bei denen der Kündigungsgrund gemäß **§ 573 Abs. 3 S. 1** anzuführen ist.[311]

---

307 Vgl. Brox/Walker, Besonderes Schuldrecht, § 10 Rn. 6.

308 Jauernig/Teichmann § 568 Rn. 2.

309 BGH RÜ 2019, 218.

310 Palandt/Weidenkaff § 568 Rn. 13.

311 Palandt/Weidenkaff § 568 Rn. 10.

2. Berechtigtes Interesse an ordentlicher Kündigung

Nach **§ 573 Abs. 1 S. 1** ist die vermieterseitige Kündigung von Wohnraum in Abweichung von der allgemeinen Regelung (§ 542 Abs. 1) nur wirksam, wenn der Vermieter an der Beendigung des Mietverhältnisses ein **berechtigtes Interesse** hat. In **§ 573 Abs. 2** werden drei Fallgruppen für ein solches Interesse aufgeführt. **159**

- Der Mieter begeht eine erhebliche schuldhafte **Vertragsverletzung**

  Beispiele: Mieter ist mit Zahlung der Miete in Verzug (dabei muss der Umfang des § 543 Abs. 2 Nr. 3 nicht erreicht sein);[312] Nichtdurchführung der Schönheitsreparaturen; gewerbliche Nutzung einer ausschließlich zum Wohnen überlassenen Wohnung.[313]

  Dass der **Mieter den Vermieter gegen seinen Willen aus dem Haus trägt**, muss nicht in jedem Fall ein berechtigtes Interesse begründen. Denn in die Beurteilung, ob der Vermieter angesichts einer Pflichtverletzung des Mieters ein berechtigtes Interesse (§ 573 Abs. 2 Nr. 1 BGB) an der Beendigung des Mietvertrages hat, ist ein vorangegangenes vertragswidriges Verhalten des Vermieters einzubeziehen, insbesondere, wenn es das nachfolgende vertragswidrige Verhalten des Mieters provoziert hat. Das ist der Fall, wenn der Vermieter zuvor eigenmächtig und ohne besonderen Anlass versucht hat, alle Wohnräume zu besichtigen.[314]

- Der Vermieter benötigt Räume als Wohnung für sich, seine Familienangehörigen oder Angehörige des Haushalts (**Eigenbedarfskündigung**).

  Die Anforderungen an eine Kündigung gemäß § 573 Abs. 2 Nr. 2 sind nicht zu hoch anzusetzen, es genügt ein **vernünftiges Interesse** (wirtschaftlicher oder auch nichtwirtschaftlicher Art) an einer längerfristigen Nutzung des Wohnraums.[315]

  Auch wenn die Voraussetzungen für eine Eigenbedarfskündigung an sich vorliegen, kann die Kündigung gleichwohl wegen **Rechtsmissbrauchs** unwirksam sein. Der Vermieter, der eine Wohnung auf unbestimmte Zeit vermietet, obwohl er entweder entschlossen ist oder zumindest erwägt, sie alsbald selbst in Gebrauch zu nehmen, setzt sich nämlich mit einer später hierauf gestützten Eigenbedarfskündigung zu seinem früheren Verhalten in Widerspruch, wenn er den Mieter, der mit einer längeren Mietdauer rechnet, bei Vertragsschluss nicht über die Aussicht einer begrenzten Mietdauer aufklärt. Der Vermieter ist indes weder verpflichtet, von sich aus vor Abschluss eines unbefristeten Mietvertrags unaufgefordert Ermittlungen über einen möglichen künftigen Eigenbedarf anzustellen (sogenannte „**Bedarfsvorschau**"), noch den Mieter ungefragt über mögliche oder konkret vorhersehbare Eigenbedarfssituationen zu unterrichten.[316]

- Der Vermieter ist an angemessener wirtschaftlicher Verwertung gehindert und daher drohen ihm erhebliche Nachteile (**Verwertungskündigung**).

  Als anderweitige wirtschaftliche Verwertung durch den Vermieter kommt etwa die Belastung mit dinglichen Rechten (Erbbaurecht, Dauerwohnrecht), entgeltliche Gebrauchsüberlassung zu anderen als Wohnzwecken sowie die Sanierung oder Modernisierung in Betracht.[317] Die Verwertung ist angemessen, wenn sie von vernünftigen, nachvollziehbaren Erwägungen getragen ist.[318]

---

312 Looschelders § 23 Rn. 32.
313 MünchKomm/Häublein § 573 Rn. 56.
314 BGH RÜ 2014, 559, 560.
315 Jauernig/Teichmann § 573 Rn. 3.
316 BGH RÜ 2015, 294, 295 f.
317 BeckOK/Hannappel § 573 Rn. 79.
318 Jauernig/Teichmann § 573 Rn. 7.

Ob ein Nachteil vorliegt, ist durch Vergleich der Vermögenslage des Vermieters feststellbar, wobei die gegenwärtige (vermieteter Zustand) mit der Lage verglichen wird, die hypothetisch bei unvermietetem Zustand bestünde.[319] Der Nachteil ist erheblich, wenn er weit über die Nachteile hinausgeht, die der Wohnungsverlust für den Mieter bewirkt.[320]

Die Vorschrift des § 573 Abs. 2 enthält **keine abschließende Aufzählung**. Das ergibt sich aus der Formulierung des Gesetzes („insbesondere"). Das Kündigungsinteresse des Vermieters kann sich daher auch aus anderen Gründen rechtfertigen, soweit diese ähnliches Gewicht haben wie die im Gesetz ausdrücklich genannten Fälle.[321]

Beispiele: Vermieter benötigt den Wohnraum für einen bei ihm beschäftigten Arbeitnehmer (Betriebsbedarf); Kündigung zur Erlangung von Steuervorteilen.

Gemäß **§ 573 Abs. 3** werden als berechtigte Interessen des Vermieters nur die Gründe berücksichtigt, die in dem Kündigungsschreiben angegeben sind, soweit sie nicht nachträglich entstanden sind.

160 Für die **Kündigungsfristen** gilt **§ 573 c**. Danach ist gemäß § 573 c Abs. 1 S. 1 eine ordentliche Kündigung eines Wohnraummietverhältnisses spätestens am dritten Werktag eines Kalendermonats zum Ablauf des übernächsten Monats zulässig. Während diese allgemeine Frist für Kündigungen durch den Mieter unverändert bleibt, verlängert sich die Frist für vermieterseitige Kündigungen nach fünf und acht Jahren seit der Überlassung des Wohnraums um jeweils drei Monate, § 573 c Abs. 1 S. 2.

Abweichende Vereinbarungen von den Kündigungsfristen nach § 573 c Abs. 1 sind gemäß Abs. 4 der Vorschrift zum Nachteil des Mieters nicht zulässig. Ein befristeter Ausschluss des Rechts zur ordentlichen Kündigung durch den Mieter in einer **Individualvereinbarung** ist aber möglich.[322] Gleiches gilt für den Ausschluss in **Formularmietverträgen** bis zu einer Frist von vier Jahren seit Abschluss des Mietvertrags.[323]

Nach der Rspr. des BGH kann ein formularmäßig vereinbarter Kündigungsausschluss, der für beide Vertragsparteien wirken soll, in einem auf unbestimmte Zeit geschlossenen Mietvertrag nur für die Dauer von maximal vier Jahren wirksam vereinbart werden. Wird ein Kündigungsverzicht formularmäßig für eine längere Zeit als vier Jahre vereinbart, hat dies zur Folge, dass dieser wegen unangemessener Benachteiligung des Mieters gemäß § 307 Abs. 1 S. 1 unwirksam ist. Bei einem individuell vereinbarten dauerhaften Kündigungsausschluss wird eine Grenze nur durch § 138 gesetzt, etwa bei Ausnutzung einer Zwangslage einer Partei oder beim Vorliegen sonstiger Umstände, die der Vereinbarung das Gepräge eines sittenwidrigen Rechtsgeschäfts geben. Die individuelle Vereinbarung eines dauerhaften Ausschlusses der ordentlichen Kündigung ist daher grundsätzlich möglich.[324]

Als Korrektiv zu § 573 enthält **§ 574** eine Sozialklausel, derzufolge der Mieter in besonderen **Härtefällen** der Kündigung – obwohl ein berechtigtes Interesse des Vermieters vorliegt – widersprechen und vom Vermieter die Fortsetzung des Mietvertrags verlangen kann.

319 MünchKomm/Häublein § 573 Rn. 89.
320 Looschelders § 23 Rn. 33.
321 BVerfG NJW 1992, 105.
322 BGH NJW 2004, 1448; Palandt/Weidenkaff § 573 c Rn. 3.
323 Palandt/Weidenkaff § 573 c Rn. 3.
324 BGH RÜ 2019, 487.

Beispiele: Fortgeschrittene Schwangerschaft; Umschulung der Kinder zu ungünstigem Zeitpunkt; schwere Krankheit; Gebrechlichkeit.[325]

Das hohe Alter eines Mieters und/oder eine lange Mietdauer mit einer damit einhergehenden langjährigen Verwurzelung im bisherigen Umfeld rechtfertigen allerdings ohne weitere Feststellungen zu den sich hieraus ergebenden Folgen im Falle eines erzwungenen Wohnungswechsels nicht per se eine Härte im Sinne des § 574 Abs. 1 S. 1. Kommen zu diesen Umständen Erkrankungen hinzu (z.B. Demenz), bei denen im Falle eines Umzugs eine – nach ihrem Grad nicht näher festgestellte – Verschlechterung des gesundheitlichen Zustands zu erwarten steht, kann dies aber gerade in der **Gesamtschau** zu einer Härte führen.[326]

Ausweislich § 574 Abs. 1 S. 1 führt allein das Vorliegen einer Härte auf Seiten des Mieters aber noch nicht dazu, dass dieser vom Vermieter die Fortsetzung des Mietverhältnisses verlangen kann. Vielmehr stellt die Vorschrift darauf ab, ob die beim Mieter bestehende Härte auch **unter Würdigung der berechtigten Interessen des Vermieters** nicht zu rechtfertigen ist. Bei der damit vorzunehmenden Interessenabwägung sind die Bestandsinteressen des Mieters mit den Erlangungsinteressen des Vermieters in Relation zu setzen. Insoweit ist zu eruieren, welche Auswirkungen die Beendigung des Mietverhältnisses und der Auszug aus der Wohnung für den Mieter nach sich ziehen würden (Bestandsinteresse) und welche Auswirkungen es für den Vermieter hätte, wenn das Mietverhältnis fortgesetzt werden würde (Erlangungsinteresse). Hierbei sind die Wertentscheidungen des Grundgesetzes zu berücksichtigen und zu beachten, dass sowohl die Rechtsposition des Vermieters als auch das vom Vermieter abgeleitete Besitzrecht des Mieters von der Eigentumsgarantie des Art. 14 Abs. 1 GG geschützt sind.

Beispiel: Im Rahmen der Interessenabwägung hat das Bestandsinteresse eines 88- jährigen, schwer herzkranken, seit 45 Jahren in der Wohnung verwurzelten Mieters hinter dem Erlangungsinteresse der sich auf Eigenbedarf berufenden Vermieter zurückzustehen, wenn dem Mieter eine gleichwertige, in der unmittelbaren Umgebung der bisherigen Wohnung gelegene Ersatzwohnung zu identischen Konditionen angeboten wird, die Vermieter dieses Angebot ausdrücklich bis zur Rechtskraft des Räumungsurteils und einer etwaig anschließend stattfindenden Zwangsvollstreckung aufrechterhalten und die Vermieter zudem die Kosten und die gesamte Umzugsorganisation übernehmen.[327]

Eine Fortsetzung des Mietverhältnisses setzt nicht voraus, dass die aufseiten des Mieters bestehende Härte die Interessen des Vermieters deutlich überwiegt. Maßgebend ist **allein**, ob sich ein **Übergewicht** der Belange der Mieterseite feststellen lässt.[328]

3. Außerordentliche fristlose Kündigung aus wichtigem Grund

Für den Bereich der Wohnraummiete ergänzt **§ 569** die allgemeinen Regelungen in 161
§ 543, indem die Vorschrift weitere Tatbestände benennt, in denen ein wichtiger Grund i.S.d. § 543 für eine außerordentliche Kündigung vorliegt.[329]

Danach liegt ein **wichtiger Grund** für eine fristlose Kündigung auch dann vor,

325 Vgl. Jauernig/Teichmann § 574 Rn. 2.

326 BGH RÜ 2019, 553.

327 LG München I RÜ 2019, 422.

328 BGH RÜ 2019, 553.

329 Looschelders § 23 Rn. 37.

- wenn die Benutzung der Mietsache mit einer **Gesundheitsgefährdung** für den Mieter verbunden ist (§ 569 Abs. 1) oder

  Beispiele: Schimmelbildung, unzureichende Beheizbarkeit, Ungeziefer, Öldämpfe aus dem Heizungskeller in der Wohnung.[330]

- wenn der Vermieter oder Mieter den **Hausfrieden nachhaltig stört** (§ 569 Abs. 2).

  Beispiele: Beleidigungen, Bedrohungen und Körperverletzungen; unberechtigte Strafanzeige gegen die andere Partei mit zumindest leichtfertig falschen Angaben; Prostitution und Drogenhandel.[331] In Extremfällen auch Störungen durch exzessives Rauchen.[332]

Außerdem ergänzt und konkretisiert **§ 569 Abs. 3** das Recht des Vermieters, gemäß § 543 Abs. 2 Nr. 3 wegen **Zahlungsverzug des Mieters** außerordentlich zu kündigen. Danach ist etwa der Mietrückstand nur dann erheblich, wenn er die Höhe einer Monatsmiete übersteigt (§ 569 Abs. 3 Nr. 1 S. 1).

Auch im Rahmen des § 569 gilt grundsätzlich das in § 543 Abs. 3 S. 1 statuierte Erfordernis einer **Fristsetzung oder Abmahnung**,[333] soweit dies (z.B. bei einer erheblichen Gesundheitsbeeinträchtigung) nicht ausnahmsweise entbehrlich ist.[334]

Verstreicht zwischen der erfolglos gebliebenen Fristsetzung und der fristlosen Kündigung mehr als ein Jahr, so erfordert eine wirksame Kündigung regelmäßig eine nochmalige Fristsetzung. Dies folgt aus dem Rechtsgedanken des § 314 Abs. 3 bzw. aus den Grundsätzen der unzulässigen Rechtsausübung bzw. der Verwirkung gemäß § 242; auch wenn § 314 Abs. 3 auf die Kündigung gemäß § 569 Abs. 1 nicht analog anwendbar ist,[335] weil dies zu einem vollständigen Ausschluss des Kündigungsrechts trotz fortbestehender erheblicher Gesundheitsgefährdung führen könnte, ist die in der Vorschrift zum Ausdruck kommende gesetzgeberische Wertentscheidung insoweit zu berücksichtigen, als der Schutzzweck des § 569 Abs. 1 dem nicht entgegensteht.[336] Das Kündigungsrecht des § 569 Abs. 1 darf hierdurch also nicht unzumutbar erschwert werden.

B. Beendigung durch Zeitablauf

162 Schließlich bedarf noch die Beendigung durch bloßen Zeitablauf besonderer Erwähnung. Gemäß **§ 542 Abs. 2 Hs. 1** endet ein auf bestimmte Zeit eingegangener Mietvertrag mit dem Ablauf dieser Zeit.

Im Bereich der **Wohnraummiete** sind Zeitmietverträge nur unter den Voraussetzungen des § 575 möglich. In **§ 575 Abs. 1 Nr. 1–3** sind die Befristungsgründe aufgezählt, die dem Mieter bei Vertragsschluss mitzuteilen sind.

Der **§ 575 Abs. 2** begründet ein **Informationsrecht** des Mieters, dessen Verletzung zu einer Verlängerung des Mietvertrages führt.

---

330 BeckOK/Wöstmann § 573 Rn. 6.
331 MünchKomm/Häublein § 569 Rn. 20, 23.
332 Vgl. dazu BGH NJW 2015, 1239; AG Düsseldorf, Urt. v. 31.07.2013 – 24 C 1355/13, BeckRS 2013, 13254.
333 OLG Braunschweig RÜ 2016,146, 147.
334 Looschelders § 23 Rn. 37.
335 BGH RÜ 2016, 758, 59 f.
336 OLG Braunschweig RÜ 2016,146, 147.

C. Rechtsfolgen der Beendigung

I. Rückgabeanspruch

Nach **§ 546** muss der Mieter die Mietsache an den Vermieter **zurückübertragen**, sodass der Vermieter den **unmittelbaren Besitz** an der Sache erlangt. Das gilt auch dann, wenn der Mieter nicht im Besitz der Sache ist. Er muss dann auf den Besitzer einwirken, damit dieser die Sache zurückgibt. **163**

Der Zustand der Mietsache ist grundsätzlich für die Erfüllung der Rückgabeverpflichtung ohne Bedeutung. So ist auch **unerheblich**, in welchem Zustand sich die Räume, vor allem hinsichtlich des **Dekorationszustandes** befinden, da dies Veränderungen oder Verschlechterungen sind, die durch den vertragsgemäßen Gebrauch herbeigeführt worden sind (**§ 538**).[337]

Beispiel: Mieter M übernimmt das Mietobjekt frisch in weißer Farbe renoviert, streicht danach einzelne Wände in kräftigen Farben (rot, gelb, blau) und gibt das Mietobjekt in diesem farbigen Zustand nach Beendigung des Mietverhältnisses zurück.

M hat die Rückgabepflicht aus § 546 nicht verletzt, er hat jedoch die Pflicht zur Rücksichtnahme nach § 241 Abs. 2, § 242 verletzt, weil er die in neutraler Dekoration übernommene Wohnung bei Mietende in einem Zustand zurückgibt, der von vielen Mietinteressenten nicht akzeptiert wird.[338]

Der Mieter ist aber etwa verpflichtet, die **Einrichtung**, mit der er die Sache versehen hat, zu **beseitigen**. Allerdings stehen einzelne zurückgebliebene Sachen in der Mietwohnung der Erfüllung der Rückgabeverpflichtung nicht entgegen, wenn der Mieter keinen Willen zum Eigenbesitz an den Gegenständen (§ 854) mehr äußert.[339]

II. Entschädigungsansprüche bei verspäteter Rückgabe

Wird dem Vermieter die Mietsache nach Beendigung des Mietvertrags nicht im geschuldeten Zustand zurückgegeben, so kann der Vermieter gemäß **§ 546 a** für die Zeit der Vorenthaltung **als Entschädigung die vereinbarte Miete** verlangen. Der Vermieter soll so stehen, wie er im Falle der Fortsetzung des Mietvertrags gestanden hätte. War die Mietsache vor Beendigung des Mietverhältnisses mit einem Mietmangel behaftet, ist nur die geminderte Miete zu zahlen.[340] **164**

Dagegen hat ein erst während der Zeit der Vorenthaltung auftretender **Mietmangel keinen Einfluss auf die Höhe der Entschädigung**, weil den Vermieter keine Gebrauchserhaltungspflicht mehr trifft.[341] Etwas anderes gilt nur dann, wenn den Vermieter nach Treu und Glauben im Rahmen des Abwicklungsverhältnisses **ausnahmsweise eine nachvertragliche Pflicht** zur Beseitigung von Mängeln der vorenthaltenen Mietsache trifft.

Dazu müssen durch das Unterlassen von Maßnahmen zur Instandhaltung oder Instandsetzung der Mietsache akute und **schwerwiegende Gefahren für Leben, Gesundheit oder hohe Eigentumswer-**

337 BeckOK/Wiederhold § 546 Rn. 19.

338 BGH RÜ 2014, 217, 218.

339 BeckOK/Wiederhold § 546 Rn. 19 f.

340 BeckOK/Wiederhold § 546a Rn. 23.

341 BGH RÜ 2016, 79; a.A. Schmidt-Futterer/Streyl § 546 a Rn. 69; MünchKomm/Bieber Rn. 10.

te des Mieters drohen **und zusätzlich** muss die fortgesetzte Vorenthaltung der Mietsache durch den früheren Mieter in einem **milderen Licht** erscheinen. Davon wird jedenfalls dann auszugehen sein, wenn und soweit gesetzliche Regeln – insbesondere die Vollstreckungsschutzvorschriften (§§ 721, § 765 a ZPO) – dem Mieter eine Weiterbenutzung der Mietsache gestatten. Es ist darüber hinaus an Fälle zu denken, in denen der Mieter – etwa während eines Streits um die Wirksamkeit einer von dem Vermieter ausgesprochenen Kündigung – mit nachvollziehbaren Erwägungen davon ausgehen durfte, weiterhin zum Besitz der Mietsache berechtigt zu sein.[342]

Wahlweise kann der Vermieter aber auch – und zwar bei allen Mietsachen – statt der vereinbarten Miete **die ortsübliche Miete** verlangen.[343]

Die für vergleichbare Sachen ortsübliche Miete ist **bei beendeten Wohnraummietverträgen** nicht nach Maßgabe der auf laufende Mietverhältnisse zugeschnittenen Regelung über Mieterhöhungen bis zur ortsüblichen Vergleichsmiete (§ 558 Abs. 2), sondern anhand der bei Neuabschluss eines Mietvertrages über die Wohnung ortsüblichen Miete (**Marktmiete**) zu bestimmen.[344]

Für den Entschädigungsanspruch aus § 546 a ist es ohne Belang, welche Umstände die Vorenthaltung der Mietsache ausgelöst haben, der Mieter haftet also **verschuldensunabhängig**. Der Vermieter kann die Zahlung der Miete verlangen, wenn die Mietsache überhaupt nicht, verspätet oder unvollständig zurückgegeben wird.

Die Mietsache wird dem Vermieter dann im Sinne des § 546 a Abs. 1 nach Beendigung des Mietverhältnisses **vorenthalten**, wenn der Mieter die Mietsache nicht zurückgibt und das Unterlassen der Herausgabe dem Willen des Vermieters widerspricht. An einem **Rückerlangungswillen** des Vermieters fehlt es etwa, wenn er – trotz Kündigung des Mieters – von einem Fortbestehen des Mietverhältnisses ausgeht. Fehlt es an einem Rückerlangungswillen des Vermieters, steht diesem ein Anspruch auf Nutzungsentschädigung nach § 546 a grundsätzlich auch dann nicht zu, wenn der Mieter zur Rückgabe der Mietsache außerstande ist und die subjektive Unmöglichkeit durch ihn selbst verursacht wurde.[345]

In **§ 546 a Abs. 2** wird klargestellt, dass ein weitergehender **Schadensersatzanspruch** des Vermieters nicht durch die Entschädigung gemäß § 546 a Abs. 1 ausgeschlossen wird. Für Wohnraummietverhältnisse werden Schadensersatzansprüche aber gemäß **§ 571** beschränkt. § 546 a Abs. 2 ist keine eigene Anspruchsgrundlage, es kommen aber die folgenden Ansprüche in Betracht:

- Gerät der Mieter mit der Rückgabe in **Verzug**, so kann der Vermieter gemäß **§§ 280 Abs. 1 u. 2, 286** den Verspätungsschaden ersetzt verlangen. Dabei ist eine Mahnung gemäß § 286 Abs. 2 Nr. 1 entbehrlich, da eine Zeit nach dem Kalender bestimmt ist.
- Ferner kann **Schadensersatz** wegen der Nichtdurchführung von Schönheitsreparaturen oder Beschädigung der Mietsache zu leisten sein. In der Regel ist dann eine Fristsetzung gemäß **§ 281** vorzunehmen.

342 BGH RÜ 2016, 79, 81 f.
343 BeckOK/Wiederhold § 546a Rn. 24.
344 BGH RÜ 2017, 412 f.
345 BGH RÜ 2018, 10.

- Da mit Beendigung des Mietvertrags das Besitzrecht des Mieters erlischt, kommt auch ein Anspruch aus **§ 987** auf Ersatz der Nutzungen in Betracht. Die Anwendbarkeit der Vorschrift ist umstritten, nach h.M. jedoch gegeben. Dafür spricht die Klarstellung in § 546 a Abs. 2.[346]

III. Anspruch auf Rückzahlung der Kaution

Der Mieter kann die von ihm geleistete Mietkaution (§ 551) nach Beendigung des Mietvertrags zurückverlangen. Der Anspruch wird indes erst nach Rückgabe der Mietsache und dem **Ablauf einer angemessenen Prüfungs- und Überlegungsfrist** fällig. Dem Vermieter wird nämlich – als Konsequenz des Sicherungscharakters der Kaution – eine Frist von 3–6 Monaten zugestanden, damit er noch offene Ansprüche gegen den Mieter abklären kann, die mit der Kautionsrückforderung verrechnet werden können.[347] 165

Betriebskostennachforderungen aus Jahresabrechnungen des Vermieters sind wiederkehrende Leistungen im Sinne des § 216 Abs. 3, sodass es dem Vermieter deshalb nach § 216 Abs. 3 verwehrt ist, sich wegen bereits **verjährter Betriebskostennachforderungen** aus der Mietsicherheit zu befriedigen.[348]

Während des laufenden Mietverhältnisses darf der Vermieter eine Mietsicherheit wegen streitiger Forderungen gegen den Mieter nicht verwerten. Denn anderenfalls würde die Zielsetzung des § 551 Abs. 3 S. 3, nämlich sicherzustellen, dass der Mieter nach Beendigung des Mietverhältnisses auch in der Insolvenz des Vermieters ungeschmälert auf die Sicherheitsleistung zurückgreifen kann, konterkariert.[349]

9. Abschnitt: Besonderheiten bei der Pacht

Nach **§ 581 Abs. 2** sind auf die Pacht grundsätzlich die **mietrechtlichen Regeln entsprechend** anzuwenden, soweit in den §§ 582 ff. keine abweichende Bestimmung getroffen ist. Im Wesentlichen bestehen folgende **Sonderregelungen:** 166

Bei der **Verpachtung eines Grundstücks mit Inventar** ist bezüglich des Inventars zwischen der Mitverpachtung und der Übernahme zum Schätzwert zu unterscheiden. 167

Inventar ist die Gesamtheit der beweglichen Sachen, die der Nutzung des Grundstücks dienen und zu diesem in einem entsprechenden räumlichen Verhältnis stehen, vgl. §§ 97, 98.

Beispiele: Maschinen auf einem Fabrikgrundstück, Zuchthengst auf einem Reiterhof.

Hinsichtlich der Mitverpachtung gemäß **§ 582** ist folgendes zu beachten:

- Der Verpächter hat nach § 582 Abs. 2 S. 1 die zufällig untergegangenen oder verlorenen Inventarstücke zu ersetzen.
- Der Pächter hat nach § 582 Abs. 1 – abweichend von §§ 581 Abs. 2, 535 – das **Inventar instand zu halten** und zu ergänzen sowie Verluste, soweit sie von ihm zu vertreten sind, durch Neuanschaffung auszugleichen.

346 Palandt/Weidenkaff § 546 a Rn. 20.
347 Palandt/Weidenkaff § 551 Rn. 14.
348 BGH RÜ 2017, 7.
349 BGH RÜ 2014, 561.

Ferner ist bei der Verpachtung mit **Übernahme des Inventars zum Schätzwert** gemäß **§ 582 a** zu beachten:

- Nach § 582 a Abs. 1 und Abs. 2 ist der Pächter verpflichtet, alle notwendigen **Instandhaltungsmaßnahmen zu treffen** und auch bei zufälligem Untergang oder Verlust neue Inventarstücke zu beschaffen.
- Ist bei Rückgabe des Inventars dessen Schätzwert höher oder niedriger als bei Übernahme, ist der Differenzbetrag nach **§ 582 a Abs. 3 in Geld auszugleichen**.

168 Besonderheiten gelten schließlich auch für die **Kündigung und Abwicklung** des Pachtvertrags:

- Bei der Pacht von Grundstücken, Räumen oder Rechten kann nach **§ 584 Abs. 1** die ordentliche Kündigung nur zum Ende eines Pachtjahres erfolgen, wobei eine Kündigungsfrist von einem halben Jahr einzuhalten ist. Das **Recht zur außerordentlichen Kündigung** wird für beide Parteien in § 584 a **eingeschränkt**. § 584 a ist aber abdingbar.[350]
- Bei verspäteter Rückgabe bemisst sich die vom Pächter zu zahlende Entschädigung, **anders als nach § 546 a**, gemäß § 584 b nach dem Verhältnis der während der Vorenthaltung erzielten oder erzielbaren Nutzungen zu den möglichen Nutzungen des ganzen Pachtjahres.

350 Palandt/Weidenkaff § 584 a Rn. 2.

4. Teil: Leasingvertrag

Beim Leasing verpflichtet sich der Leasinggeber, dem Leasingnehmer den Gebrauch an einer Sache zu überlassen. Der Leasingnehmer ist zur Zahlung von Leasingraten verpflichtet. Im Grundsatz ist Leasing die entgeltliche Gebrauchsüberlassung, die im deutschen Recht als Miete geregelt ist. So wird etwa „to lease" allgemein auch mit „mieten, vermieten, pachten, verpachten" übersetzt. 169

Miettypisch ist aber nur das **Operatingleasing**. Diese Form des Leasings dient der Absatzförderung von Investitionsgütern. Der Leasinggeber verpflichtet sich dabei, neben der Gebrauchsüberlassung die geleaste Sache zu überwachen, instand zu halten und eventuell auszutauschen. 170

- Der Leasinggeber schließt mit dem Leasingnehmer regelmäßig einen Vertrag mit **kurzzeitiger Laufzeit** ab; wird der Vertrag auf unbestimmte Zeit abgeschlossen, so besteht ein jederzeitiges **Kündigungsrecht**.
- Da der Leasinggeber nach Vertragsablauf keine Abschlusszahlungen vom Leasingnehmer erhält, trägt er das **Investitionsrisiko**.

Beim Operatingleasing steht also die zeitlich begrenzte Gebrauchsüberlassung gegen Entgelt im Vordergrund, sodass eine Einordnung als **Mietvertrag** gerechtfertigt ist.[351]

Bei der Inhaltskontrolle der beim Operatingleasing verwandten AGB ist daher auch vom Leitbild der Miete auszugehen.[352]

In der Praxis und im Examen ist indes das **Finanzierungsleasing** von weitaus höherer Bedeutung. Für diese Form des Leasing sind weitere Vereinbarungen typisch, die dem Mietrecht nicht entsprechen. So wird regelmäßig ein **Haftungsausschluss für anfängliche und nachträgliche Mängel** vereinbart. Anders als der Vermieter ist danach der Leasinggeber nicht zur Instandhaltung der Sache verpflichtet. Weiterhin ist häufig eine **Kaufoption** für den Leasingnehmer nach Ablauf des Leasingvertrags vorgesehen. Für den Leasingnehmer entspricht diese Konstruktion wirtschaftlich weitgehend einem durch Darlehen finanzierten Kauf. 171

Beispiel: N will ein neues Auto erwerben. Seine Bank G rät ihm zu einer Finanzierung durch Leasing. G kauft das von N ausgesuchte Auto bei dem Hersteller V. Sodann schließen G und N einen Leasingvertrag, nach dem N das Fahrzeug gegen Zahlung von Leasingraten für drei Jahre nutzen kann. Nach Ablauf der Leasingzeit kann N das Auto zum Preis von 10.000 € von G erwerben.

Hätte N das Auto durch ein Darlehen finanziert, hätte er es an die Bank zur Sicherheit übereignen müssen und das Eigentum bei einer auflösend bedingten Sicherungsübereignung mit Zahlung der letzten Rate erworben. Von dem finanzierten Kauf unterscheidet sich das Leasing wirtschaftlich also nur durch eine hohe Restrate.

Das Finanzierungsleasing wird wegen der nicht miettypischen Vertragsgestaltung und der Finanzierungsfunktion als **atypischer Mietvertrag** angesehen.[353]

Daher ist zu beachten, dass die **Mietrechtsregeln nicht uneingeschränkt** (**analog**) **Anwendung** finden. Es muss vielmehr immer den Besonderheiten des Leasingvertrags 172

351 Looschelders § 24 Rn 1.

352 MünchKomm/Koch Leasing Rn. 5.

353 Vgl. BeckOK/Zehelein § 535 Rn. 64 m.w.N.

Rechnung getragen werden, damit eine interessengerechte Entscheidung gewährleistet ist.[354] Hierbei ist zu berücksichtigen, dass das Leasing vorwiegend den Interessen des Leasingnehmers dient. Grundsätzlich hätte er die Sache käuflich erwerben wollen. Nur hat der Leasingnehmer hieran entweder aus finanzierungstechnischen oder steuerrechtlichen Gründen kein Interesse. Es ist daher insbesondere die kaufrechtliche Interessenlage zu berücksichtigen.

- Die **Gefahrtragung** ist im Kaufrecht sachgerecht geregelt: Wer die Sache in seiner ausschließlichen Gewalt hat, muss das Risiko der Verschlechterung und des Untergangs tragen (vgl. § 446 BGB).[355]
- Ist dem Leasingnehmer eine **mangelhafte Sache** überlassen worden, so gilt § 536 analog mit der Maßgabe, dass der Leasinggeber für nach der Überlassung verursachte Mängel nicht haftet. Der Leasinggeber kann die Gewährleistung gemäß §§ 536 ff. abbedingen, indem er seine Gewährleistungsansprüche aus dem Kaufvertrag mit dem Lieferanten an den Leasingnehmer uneingeschränkt und vorbehaltlos abtritt, mit der Folge, dass der Leasingnehmer so steht, wie er im Falle des Kaufes gestanden hätte.[356]

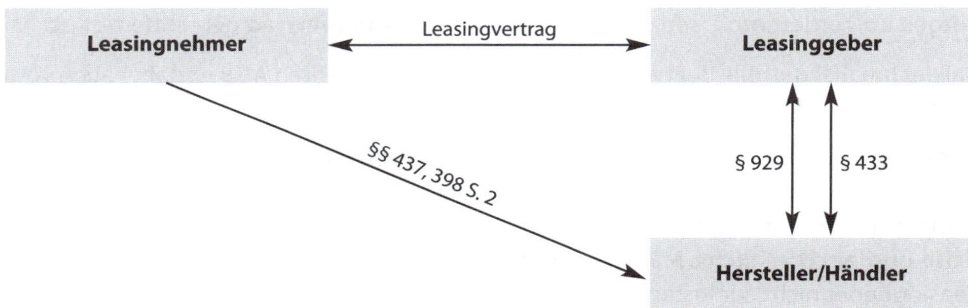

- In dieser **Abtretungskonstellation** ist die Verjährung des Anspruchs des Leasinggebers auf Zahlung der Leasingraten gemäß § 205 während eines auf Rückabwicklung des Kaufvertrages gerichteten Rechtsstreits des Leasingnehmers gegen den Lieferanten gehemmt. Denn das Recht des Leasingnehmers, die Zahlung der Leasingraten vorläufig einzustellen, wenn er ihm übertragene Ansprüche und Rechte auf Gewährleistung gegen den Lieferanten (Hersteller/Händler) klageweise geltend macht, ist ein leasingvertraglich vereinbartes **vorübergehendes Leistungsverweigerungsrecht**.[357]

354 Looschelders § 24 Rn 2.

355 Vgl. Palandt/Weidenkaff Einf v § 535 Rn. 59.

356 Palandt/Weidenkaff Einf v § 535 Rn. 56 ff.

357 BGH, Urt. v. 16.09.2015 - VIII ZR 119/14, BeckRS 2015, 17216; vgl. dazu auch Rn. 369.

A. Gefahrtragung

In den AGB des Leasinggebers wird regelmäßig vereinbart, dass der Leasingnehmer die Gefahr für den Untergang, die Beschädigung oder den Verlust der Sache zu tragen hat. 173

Fall 4: Verbrannter Volvo

Arzt N hat bei der G einen Volvo V70 für seine Praxis geleast. Die Vertragsdauer wurde auf fünf Jahre festgelegt. Die monatliche Leasingrate beträgt 400 €. In den auf dem Vertragsformular abgedruckten Allgemeinen Geschäftsbedingungen der G heißt es u.a.:

„§ 3.1 Der Leasingnehmer trägt die Gefahr des Untergangs, des Verlustes oder einer Beschädigung des Leasinggegenstands. Derartige Umstände sind ohne Einfluss auf die Verpflichtungen des Leasingnehmers aus diesem Vertrage.

§ 3.2 Bei Untergang, Verlust oder Beschädigung des Leasinggegenstands kann der Leasingvertrag von jeder Vertragspartei binnen sechs Wochen nach dem Schadenseintritt zum Ende des Kalendermonats gekündigt werden."

Nach einem Jahr wird der Pkw bei einem Brand auf dem Hof der Praxis des N zerstört. Worauf der Brand zurückzuführen ist, kann nicht geklärt werden. N stellt die Zahlung der Leasingraten ein. G verlangt weiterhin die Zahlung der Leasingraten. Zu Recht?

G könnte gegen N einen Anspruch auf Zahlung der Leasingraten haben.

A. Der **Zahlungsanspruch ist entstanden**, wenn zwischen den Parteien ein wirksamer Leasingvertrag abgeschlossen worden ist. 174

G und N haben sich darüber geeinigt, dass G verpflichtet sein soll, den Pkw für fünf Jahre an N zum Gebrauch zu überlassen. N soll verpflichtet sein, dafür monatlich ein Entgelt von 400 € zu zahlen. Mit der Einigung über die zu erbringende Leistung und die dafür geschuldete Gegenleistung ist der Leasingvertrag zustande gekommen, sodass ein Zahlungsanspruch entstanden ist.

B. Dieser **Zahlungsanspruch** könnte entsprechend § 536 Abs. 1 S. 1 automatisch **entfallen** sein. Die Anwendung des § 536 scheidet indes aus, wenn die in § 3.1 der AGB getroffene Regelung wirksam ist.

I. Bei den Vertragsbedingungen handelt es sich um AGB i.S.d. § 305 Abs. 1 S. 1. Diese sind in den Vertrag einbezogen worden. § 305 Abs. 2 u. 3 finden für die Einbeziehung in den Vertrag gemäß § 310 Abs. 1 S. 1 keine Anwendung, da die AGB gegenüber einem Unternehmer verwendet werden. Die Einbeziehung ist wirksam, weil es sich bei dieser Klausel nicht um eine überraschende Regelung i.S.d. § 305 c Abs. 1 handelt.

II. Die eindeutige Regelung unterliegt der **Inhaltskontrolle** gemäß der §§ 307–309. Im vorliegenden Fall könnte ein Verstoß gegen § 307 Abs. 2 Nr. 1 vorliegen. Dazu müsste die Klausel in § 3.1 der AGB mit wesentlichen Grundgedanken der gesetzlichen Regelungen unvereinbar sein.

1. Wenn die Gebrauchsüberlassung des Pkw aufgrund des Leasingvertrags mit der Gebrauchsüberlassung aufgrund eines Mietvertrags vergleichbar ist, dann könnte die Regelung gegen die **grundsätzliche Erhaltungspflicht des Vermieters aus § 535 Abs. 1 S. 2** verstoßen und somit unwirksam sein.

2. Allerdings sind nicht alle in einem Leasingvertrag getroffenen Abreden mit denen des Mietrechts vergleichbar. Denn beim **Finanzierungsleasing** steht für den Leasinggeber die Finanzierungsfunktion im Vordergrund und der Leasingnehmer kann die geleaste Sache wie ein Käufer seinen Interessen entsprechend verwenden. Er kann für die Sicherheit der Leasingsache Sorge tragen und entsprechende Versicherungsverträge abschließen. Mit Rücksicht auf diese Sachlage kann der **Mietvertrag nur mit Einschränkungen** Leitbild für die Inhaltskontrolle nach § 307 sein. In Bezug auf die Sach- und Gegenleistungsgefahr erscheint es vielmehr gerechtfertigt, den Leasingnehmer aufgrund der AGB wie einen **Käufer** zu behandeln.[358] Da der Käufer nach Übergabe die Gefahr für den Untergang und die Verschlechterung der Kaufsache trägt (§ 446), ist es interessengerecht, wenn auch dem Leasingnehmer diese Gefahrtragung durch AGB auferlegt werden kann.

175 3. Voraussetzung für eine **wirksame Abwälzung der Gefahrtragung** auf den Leasingnehmer ist beim Kfz-Leasing mit Rücksicht auf die besondere Sach- und Interessenlage jedoch, dass ihm ein **kurzfristiges Kündigungsrecht** für den Fall des Untergangs oder der erheblichen Beschädigung eingeräumt wird.[359]

Unwirksam ist daher eine Regelung beim Kfz-Leasing, derzufolge das Kündigungsrecht des § 543 Abs. 2 S. 1 Nr. 1 ausgeschlossen ist[360] oder wenn der Leasingnehmer bei Verlust der Sache zur sofortigen Zahlung aller noch ausstehenden Raten verpflichtet sein soll.[361]

Vorliegend war jedoch nach § 3.2 der AGB ein kurzfristiges Kündigungsrecht vorgesehen, sodass die vereinbarte Regelung bzgl. der Gefahrtragung wirksam ist.

Ergebnis: G hat einen Anspruch auf Zahlung der vollen Leasingraten bis zum vereinbarten Vertragsende. Dem kann N dadurch entgegentreten, dass er von dem außerordentlichen Kündigungsrecht Gebrauch macht. Geht er so vor, realisiert sich die auf ihn abgewälzte Preisgefahr dadurch, dass er dem Leasinggeber zum Ausgleich des zum Kündigungszeitpunkt noch nicht amortisierten Gesamtaufwands verpflichtet ist.[362]

---

358 Palandt/Weidenkaff Einf v § 535 Rn. 59.
359 BGH NJW 2007, 290, 292.
360 BeckOK/Zehelein § 535 Rn. 103 m.w.N.
361 BeckOK/Zehelein § 535 Rn. 103 m.w.N.
362 BGH NJW 2007, 290, 292.

Beschädigt oder zerstört ein Dritter die Leasingsache, stellt sich die Frage, welche Ansprüche Leasinggeber und Leasingnehmer haben und welche Schäden sie geltend machen können. 176

Beispiel: D verursacht schuldhaft einen Verkehrsunfall. Dabei wird das von Leasingnehmer N geleaste Fahrzeug zerstört. Ansprüche des N und des Leasinggebers G gegen D, wenn N die Gefahr trägt?

I. G kann als Eigentümer des Fahrzeugs gemäß § 823 Abs. 1 (bzw. §§ 7, 18 StVG) nur Schadensersatz wegen der Zerstörung des Fahrzeugs verlangen. Ein Ersatzanspruch wegen der noch ausstehenden Leasingraten kommt nicht in Betracht, denn die Sach- und Gegenleistungsgefahr ist auf den N abgewälzt, gegen den der Leasinggeber einen auf Vollamortisation gerichteten Ausgleichsanspruch hat, sodass ihm durch die Beschädigung des Fahrzeugs kein Gewinn entgeht und somit kein Schaden entsteht.

II. N kann gemäß § 823 Abs. 1 wegen des Besitzentzugs Schadensersatz verlangen. Er hat jedoch keinen Anspruch auf Ausgleich der noch ausstehenden Leasingraten, die er dem G schuldet. Sein Unfallschaden besteht nämlich grundsätzlich nicht in der Belastung mit den Leasingraten, sondern nur in dem Entzug der Sachnutzung.

Hinweis: *Der BGH[363] hat klar gestellt, dass der Leasingnehmer dem Leasinggeber gegenüber nicht aus § 7 Abs. 1 StVG für Schäden am geleasten Fahrzeug haftet. Begründet wird dies damit, dass eine solche Haftung nicht vom Schutzzweck der Norm umfasst sei, da dieser nicht das gehaltene Fahrzeug selbst betreffe. „Sache" i.S.d. § 7 Abs. 1 StVG sei daher nur eine andere Sache, nicht das schädigende Fahrzeug selbst. Die verschärfte Haftung des Fahrzeughalters bezwecke nur, Dritte vor den ihnen aufgezwungenen Gefahren des Kraftfahrzeugverkehrs zu schützen. Damit sei eine Haftung des Leasingnehmers gegenüber dem Leasinggeber allein aufgrund dessen Eigentums nicht zu vereinbaren.*

B. Mängelansprüche des Leasingnehmers

Abweichend von § 536 wird regelmäßig in den AGB des Leasinggebers die Gewährleistung für Mängel der Leasingsache ausgeschlossen. Diese Abrede wird in der Regel damit verbunden, dass der Leasinggeber seine kaufrechtlichen Gewährleistungsansprüche gegen den Verkäufer (Hersteller/Lieferant) abtritt. 177

Fall 5: Like a Satellite

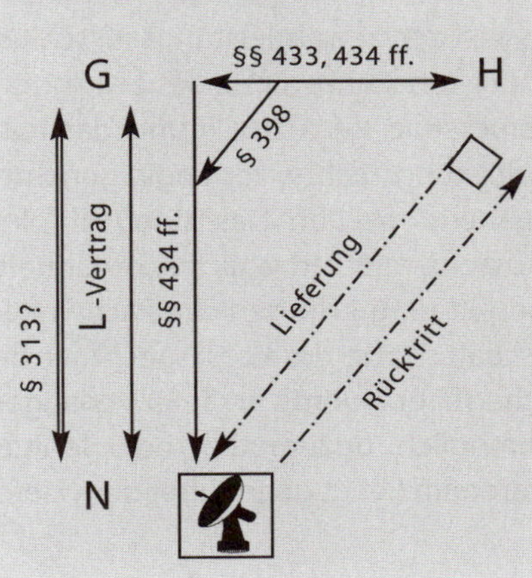

N bestellte bei H für seinen Betrieb eine Satellitenanlage zum Preis von 7.250 €. Als Zahlungsbedingung war auf dem Bestellschein „Leasing" angegeben. H übersandte dem N Formulare für einen Leasingvertrag mit der G-Bank. In dem Vertrag heißt es u.a.:

„§ 4: Der Leasinggeber tritt seine Gewährleistungs-, Garantie- und Schadensersatzansprüche aus dem Liefervertrag gegen den Verkäufer an den Leasingnehmer ab. Entsprechende Ansprüche des Leasingnehmers gegen den Leasinggeber aus dem Leasingvertrag sind dafür ausgeschlossen."

363 BGH RÜ 2011, 214, 216.

Die Satellitenanlage, welche die G nach Abschluss des Leasingvertrags vom Hersteller H kaufte, wurde von diesem unmittelbar an N ausgeliefert. Dieser nahm sie jedoch, weil die Reichweite entgegen der Zusicherung nicht ausreichend war, nicht in Gebrauch.

N erklärte gegenüber H wegen dieses Mangels der Anlage, nachdem eine dem H zur Nacherfüllung gesetzte angemessene Frist erfolglos verstrichen war, wirksam den Rücktritt vom Kaufvertrag. Gegenüber G erklärte N die Kündigung des Leasingvertrags, in den die AGB der G wirksam einbezogen wurden, und leistete in der Folgezeit keine Zahlungen an G. Kann G von N Zahlung der Leasingraten verlangen?

178 G könnte gegen N einen Anspruch auf Zahlung der Leasingraten haben.

I. G und N haben einen Leasingvertrag abgeschlossen, in dem sich N zur Zahlung der Leasingraten verpflichtet hat. Für den Vertrag gelten die Formerfordernisse der §§ 506 Abs. 1, 492 Abs. 1 nicht, da N die Anlage für seinen Betrieb bestellte und daher als Unternehmer i.S.d. § 14 handelte. Mithin ist ein **Zahlungsanspruch entstanden**.

II. Dieser Zahlungsanspruch könnte indes **analog § 536 erloschen** sein. Der Leasingvertrag ist ein atypischer Mietvertrag, auf den § 536 analog anwendbar ist. In § 4 des Vertrags hat die G die Gewährleistung jedoch ausgeschlossen. Fraglich ist, ob dieser Gewährleistungsausschluss wirksam ist.

1. Da es sich um einen Formularvertrag handelt, enthält § 4 des Leasingvertrags AGB i.S.d. § 305 Abs. 1 S. 1.

2. Der Gewährleistungsausschluss müsste aber auch einer **Inhaltskontrolle** standhalten. Der Ausschluss könnte gemäß **§ 309 Nr. 8 b) aa)** unwirksam sein. Gemäß § 310 Abs. 1 S. 1 ist § 309 aber nicht anwendbar, da N als Unternehmer handelte. Auch ein Verstoß gegen **§ 309 Nr. 7** scheidet deshalb aus. Allerdings sind die Wertungen der Klauselverbote des § 309 bei der Beurteilung, ob eine unangemessene Benachteiligung i.S.d. § 307 vorliegt, zu berücksichtigen, vgl. § 310 Abs. 1 S. 2 BGB.

3. Ein Verstoß gegen **§ 307** liegt aber nicht vor, weil der Gewährleistungsausschluss unter Abtretung der kaufrechtlichen Gewährleistungsansprüche des Leasinggebers gegen den Lieferanten keine unangemessene Benachteiligung darstellt. Zwar muss der Leasingnehmer seine Gewährleistungsrechte, vorrangig gerichtet auf Nacherfüllung, gegen den Lieferanten geltend machen. Das ist jedoch eine **adäquate Kompensation** für die ausgeschlossene mietvertragliche Gewährleistung, da der Lieferant das für die Mängelbeseitigung erforderliche Fachwissen eher aufweisen wird als eine Leasinggesellschaft. Hätte der Leasingnehmer die Leasingsache gekauft, hätte er auch nur Nacherfüllung vom Verkäufer verlangen können. Ist dagegen die Nacherfüllung unmöglich, unzumutbar oder fehlgeschlagen, kann der Leasinggeber aus abgetretenem Recht gegenüber dem Lieferanten zurücktreten.

§ 536 BGB wurde deshalb durch § 4 des Leasingvertrags rechtswirksam abbedungen. Ein Erlöschen analog § 536 scheidet mithin aus.

III. Der Zahlungsanspruch der G könnte aber **durch Kündigung des Leasingvertrags erloschen** sein.

1. Eine Kündigung gemäß **§ 543 Abs. 1 u. 2 Nr. 1 analog** scheidet aus, da die Gewährleistung im Leasingvertrag wirksam ausgeschlossen worden ist (s.o.).

2. Ferner kommt eine Kündigung gemäß **§ 313 Abs. 3** in Betracht. **179**

a) Das Fortbestehen des Kaufvertrags müsste Geschäftsgrundlage des Leasingvertrags geworden sein.

aa) Dem Leasingvertrag lag zunächst ein Kaufvertrag über eine mangelfreie Kaufsache zugrunde (**tatsächliches Element**).

bb) N hätte, wenn er bereits im Zeitpunkt des Abschlusses des Leasingvertrags gewusst hätte, dass er vom Kaufvertrag wegen einer mangelhaften Kaufsache zurücktreten wird, den Leasingvertrag nicht abgeschlossen (**hypothetisches Element**).

cc) Fraglich ist, ob sich G, wenn dieser Umstand im Zeitpunkt des Vertragsabschlusses bedacht worden wäre, nach Treu und Glauben mit Rücksicht auf die Verkehrssitte hätte darauf einlassen müssen, dass der Bestand des Kaufvertrags als Bedingung des Leasingvertrags in diesem vereinbart worden wäre (**normatives Element**). Das ist der Fall, wenn das Vorliegen dieses Umstands nicht allein in den Risikobereich des sich auf den Wegfall der Geschäftsgrundlage berufenden N fällt.

Hier hat G durch die Abtretung der Gewährleistungsrechte an N zum Ausdruck gebracht, dass sie eine Verknüpfung zwischen dem mit H geschlossenen Kaufvertrag und dem Leasingvertrag anerkennt. Die Auswirkungen der Mangelhaftigkeit des Leasinggegenstands sollen also nicht nur den Kaufvertrag, sondern auch den Leasingvertrag betreffen und liegen daher **nicht allein im Risikobereich des N**.

Hat der Leasinggeber den Leasingnehmer in seinen AGB wirksam auf die Geltendmachung abgetretener Gewährleistungsansprüche verwiesen, so muss er die sich daraus ergebenden rechtlichen Folgen auch als für den Leasingvertrag verbindlich hinnehmen. Mithin ist das **Bestehen eines wirksamen Kaufvertrags** über die zu verleasende, gebrauchstaugliche Satellitenanlage zur **Geschäftsgrundlage** des Leasingvertrags zwischen N und G geworden.

b) Der Kaufvertrag über eine mangelfreie Sache und daher die **Geschäftsgrundlage** des Leasingvertrags könnte sich durch die Rücktrittserklärung des N **schwerwiegend verändert** haben. Dazu müsste der Rücktritt wirksam sein.

G und H haben einen wirksamen Kaufvertrag abgeschlossen. Die Gewährleistungsrechte aus diesem Vertrag kann N aufgrund der wirksamen Abtretung gemäß §. 4 des Leasingvertrags geltend machen, **§§ 398, 413**. N hat den Rücktritt gemäß § 349 gegenüber H erklärt. Die Satellitenanlage war bei Gefahrübergang mangelhaft i.S.d. § 434 Abs. 1 S. 1, da ihr die vereinbarte Beschaffenheit einer bestimmten Reichweite fehlt. N hat H zudem erfolglos eine angemessene Frist zur Nacherfüllung gesetzt. Da der Mangel auch nicht unerheblich i.S.d. § 323 Abs. 5 S. 2 war, ist der Rücktritt wirksam. Damit ist die Geschäftsgrundlage für den Leasingvertrag entfallen.

c) Weiterhin dürfte dem **Leasingnehmer ein Festhalten** am unveränderten Vertrag nicht zumutbar sein, § 313 Abs. 1 a.E. Es ist N **nicht zumutbar**, am Vertrag mit G festzuhalten, denn er müsste dann weiterhin die Leasingraten zahlen, während die Satellitenanlage aufgrund des Rücktritts gemäß § 346 Abs. 1 an H zurückzugewähren ist und N dadurch keine Leasingsache mehr hat.

d) Als Rechtsfolge ist grundsätzlich die Anpassung des Vertrags vorgesehen, vgl. § 313 Abs. 1 u. 3. Da hier jedoch aufgrund des Rücktritts die Satellitenanlage an H zurückzugewähren ist, N dann also keine Leasingsache mehr hat, macht eine Anpassung des Leasingvertrages keinen Sinn. Deshalb muss der Leasingvertrag gemäß § 313 Abs. 3 S. 1 aufgehoben werden. Wegen des Dauerschuldcharakters des Leasingvertrags ist ein Rücktritt nicht möglich, sodass N ein **Recht zur Kündigung** aus § 313 Abs. 3 S. 2 hat.

Der Zahlungsanspruch der G hinsichtlich der Leasingraten ist demnach durch Kündigung des N erloschen.

G hat gegen N keinen Anspruch auf Zahlung der Leasingraten aus dem Leasingvertrag.

Der Leasingnehmer kann bei der Störung der Geschäftsgrundlage nicht nur die Zahlung der (weiteren) Leasingraten verweigern, sondern auch vom Leasinggeber die **Rückzahlung erbrachter Leasingraten** verlangen. Problematisch ist allein die Anspruchsgrundlage.[364] Zum Teil wird eine Rückabwicklung über das Unmöglichkeits- oder Bereicherungsrecht favorisiert, die wohl h.M. wendet hingegen die **§§ 313 Abs. 3 S. 1, 346 Abs. 1** an und nimmt dabei eine teleologische Reduktion des § 313 Abs. 3 S. 2 vor.[365]

Nach §§ 313 Abs. 3 S. 1, 346 Abs. 1 können nach einem Rücktritt die bereits erbrachten Leistungen zurückgefordert werden. Wie der Mietvertrag ist der Leasingvertrag jedoch ein Dauerschuldverhältnis, bei dem gemäß § 313 Abs. 3 S. 2 kein Rücktrittsrecht, sondern ein Kündigungsrecht besteht. Eine **Kündigung wirkt nur für die Zukunft**, sie berechtigt deshalb nicht zur Rückforderung bereits erbrachter Leistungen.

364 Vgl. zum Meinungsstand MünchKomm/Koch Leasing Rn. 109 ff.

365 So etwa auch MünchKomm/Koch Leasing Rn. 110; Looschelders § 24 Rn. 8.

Ein Ausschluss des Rückforderungsrechts ist jedoch nicht gerechtfertigt, wenn der Leasingnehmer eine von Anfang an mangelhafte Sache erhalten hat. Die Überlassung einer mangelfreien Sache gehört zu den Hauptpflichten des Leasinggebers. Der Ausschluss der Gewährleistung durch den Leasinggeber ist nur wirksam, weil dem Leasingnehmer die Gewährleistungsansprüche gegen den Lieferanten abgetreten werden und nach dem Rücktritt vom Kaufvertrag die Geschäftsgrundlage für den Leasingvertrag entfällt. Die **Besonderheit dieser leasingtypischen Abtretungskonstruktion** erfordert es, dass der Leasingvertrag nach Rücktrittsrecht rückabgewickelt werden kann.

In dieser Konstellation stellt sich ferner die Frage, ob der Leasinggeber vom Hersteller bzw. dem Lieferanten des Leasinggegenstands die **Rückzahlung des Kaufpreises** verlangen kann, obwohl er im Leasingvertrag die Gewährleistungsansprüche an den Leasingnehmer abgetreten hat.

Geht man davon aus, dass der Leasingnehmer gemäß § 313 Abs. 3 S. 1 den Rücktritt vom Leasingvertrag erklären und bereits erbrachte Leasingraten vom Leasinggeber zurückfordern kann, so muss der Leasinggeber auch das Recht haben, die Rückzahlung des Kaufpreises von dem Lieferanten zu verlangen. Im Leasingvertrag tritt der Leasinggeber nämlich nur den Nacherfüllungsanspruch in vollem Umfang ab. Bezüglich des Rücktritts geht **nur** die **Ausübungskompetenz auf den Leasingnehmer** über.[366] Nach der Rücktrittserklärung des Leasingnehmers stehen dem Leasinggeber jedoch die Ansprüche aus dem Rückabwicklungsschuldverhältnis zu.[367]

Der **Leasingnehmer muss** nach h.M. den **Anspruch auf Rückzahlung** des Kaufpreises aus §§ 437 Nr. 2, 323 Abs. 1, 346 Abs. 1 aber **geltend machen** und gegebenenfalls den Prozess gegen den Lieferanten führen. Ist der Lieferant mit dem Rücktritt nicht einverstanden, kann der Leasingnehmer erst nach Klageerhebung gegen den Lieferanten die Zahlung weiterer Leasingraten verweigern.[368]

366 Greiner NJW 2012, 961, 962.

367 Palandt/Weidenkaff Einf v § 535 Rn. 58.

368 BGH RÜ 2010, 484.

5. Teil: Leihvertrag

A. Zustandekommen des Leihvertrags

180 Der Leihvertrag (**§§ 598–610**) kommt mit der wirksamen Einigung über den erforderlichen Vertragsinhalt zustande.

I. Vertragsinhalt

Durch den Leihvertrag wird der Verleiher verpflichtet, dem Entleiher den **zeitlich begrenzten Gebrauch einer Sache unentgeltlich** zu gestatten (§ 598).

Hinweis: *In der Praxis hat die Leihe aufgrund ihrer Unentgeltlichkeit keine große Relevanz. Bedeutung – gerade auch im Examen – erlangt sie jedoch als **Besitzmittlungsverhältnis** im Rahmen von Sicherungsübereignungen (vgl. §§ 930, 868).*[369]

181 ■ **Gegenstand der Leihe** können nach dem Wortlaut des § 598 wie beim Mietvertrag nur – bewegliche oder unbewegliche – **Sachen** sein.

Entsprechende Anwendung finden die §§ 598 ff. auf die Überlassung von **Tieren** (§ 90 a S. 3).[370]

Umstritten ist demgegenüber die Behandlung der unentgeltlichen Überlassung von **Rechten und Forderungen**. Nach wohl h.M.[371] finden auch insoweit die §§ 598 ff. entsprechende Anwendung; nach der Gegenansicht[372] sollen in diesem Fall die Regeln über die Pacht (§§ 581 ff.) analoge Anwendung finden.

182 ■ Die **Unentgeltlichkeit** der Gebrauchsüberlassung setzt voraus, dass die Überlassung **unabhängig von einer Gegenleistung** des Entleihers erfolgt. Das bedeutet, dass bereits die Vereinbarung eines – auch nur ganz geringfügigen – Entgelts der Einordnung als Leihvertrag entgegensteht und in diesem Fall vielmehr ein Mietvertrag (§ 535) vorliegt.[373]

■ Unter **Gebrauch** der Sache ist – wie bei der Miete – die tatsächliche Verwendung und Benutzung der Sache ohne Eingriff in ihre Substanz zu verstehen.[374] Das Gebrauchsrecht umfasst hingegen nicht das Recht zur Verfügung über die Sache; ein **Recht zur Fruchtziehung** besteht **nur ausnahmsweise**, wenn die Parteien dies vereinbart haben.[375]

183 ■ Die Gestattung des Gebrauchs erfasst die **Besitzüberlassung** und das **Unterlassen von Besitzstörungen**.[376] Zu beachten ist insoweit, dass sich bei der Leihe somit die Gebrauchsgestattungspflicht **auf die Überlassung des Besitzes beschränkt**. An-

---

369 Vgl. dazu AS-Skript Sachenrecht 1 (2018), Rn. 304 ff.

370 BeckOK/Wagner § 598 Rn. 18.

371 Vgl. BeckOK/Wagner § 598 Rn. 18 m.w.N.

372 Palandt/Weidenkaff § 598 Rn. 3.

373 Palandt/Weidenkaff § 598 Rn. 4.

374 BGH NJW-RR 2004, 1566; Palandt/Weidenkaff § 598 Rn. 5 m.w.N.

375 Jauernig/Mansel § 598 Rn. 8 m.w.N.; nach a.A. ist bei einem Fruchtziehungsrecht ein mit Elementen der Leihe und Schenkung gemischter Vertrag anzunehmen, vgl. Palandt/Weidenkaff § 598 Rn. 5.

376 Palandt/Weidenkaff § 598 Rn. 6.

ders als bei der Miete (vgl. dort: § 535 Abs. 1 S. 2) ist der Verleiher also **nicht verpflichtet**, die Sache in einen gebrauchsfähigen Zustand zu versetzen und sie während der Vertragslaufzeit instand zu halten.[377]

Hinweis: *Der Verleiher muss nicht zwingend Eigentümer der Sache sein. Infolge der in der Regel erfolgenden Besitzüberlassung bleibt er jedenfalls mittelbarer Besitzer, der Entleiher wird unmittelbarer Besitzer (vgl. § 868), sodass dem Entleiher (auch gegenüber dem Verleiher) der sog. possessorische Besitzschutz zusteht (§§ 858, 859, 861, 867).*[378]

II. Art und Weise des Zustandekommens

Der Leihvertrag ist nach **h.M.** ein **Konsensualvertrag**. Das bedeutet, dass der Leihvertrag bereits mit der Einigung über die Vertragsbestandteile und nicht erst mit der Überlassung der Sache zustande kommt.[379] **184**

Die **früher h.M.** hat hingegen einen **Realvertrag** angenommen, der erst mit Überlassung der Sache zustande kam.

Hinweis: *Bei der Leihe wird unterschieden zwischen der sog.* ***Handleihe****, bei der die Sache sogleich mit der Einigung übergeben wird, und der sog.* ***Versprechensleihe****, bei der die Übergabe dem Vertragsschluss durch Einigung nachfolgt.*

Die Einigung ist beim Leihvertrag **formlos** möglich. Dies gilt selbst dann, wenn Gegenstand der Leihe ein Grundstück ist.[380]

III. Abgrenzung zu anderen Rechtsverhältnissen

Häufig ist in Klausuren näher zu untersuchen, ob eine Einigung i.S.d. § 598 über einen Leihvertrag vorliegt. Insoweit ist bei der Auslegung der Einigungserklärungen der Parteien (§§ 133, 157) der Leihvertrag insbesondere zu folgenden Rechtsverhältnissen abzugrenzen: **185**

- **Mietvertrag** (§ 535): Der Leihvertrag ist ebenso wie der Mietvertrag auf die zeitlich begrenzte Gebrauchsüberlassung einer Sache gerichtet. Anders als bei der Miete (vgl. § 535 Abs. 2) erfolgt die Gebrauchsüberlassung bei der Leihe jedoch **unentgeltlich** (§ 598).

  Hinweis: *Im täglichen Leben wird der Begriff „Leihe" häufig im Zusammenhang mit Verträgen verwandt, die richtigerweise als „Miete" einzuordnen sind, z.B. „Leihwagen" statt Miete eines Kfz, „Leihbibliothek", etc.*

- **Schenkungsvertrag** (§ 516): Während bei der Leihe die überlassene Sache zurückzugeben ist (§ 604), verpflichtet sich bei der Schenkung der Schenker, die überlassene Sache zu übereignen, sodass diese – anders als bei der Leihe – **nicht im Vermögen des Schenkers verbleibt**.

377 Brox/Walker, Besonderes Schuldrecht, § 16 Rn. 2.

378 BeckOK/Wagner § 598 Rn. 19.

379 BeckOK/Wagner § 598 Rn. 2 m.w.N.

380 BeckOK/Wagner § 598 Rn. 2.

- **Sachdarlehensvertrag** (§ 607): Auch beim Sachdarlehensvertrag wird eine Sache überlassen, jedoch bezieht sich die Überlassung dort – anders als bei der Leihe – nicht nur auf die **Übertragung** des Besitzes, sondern auch auf die **des Eigentums**, da nur eine Sache gleicher Art, Güte und Menge zurückzuerstatten ist (vgl. § 607 Abs. 1 S. 2). Demgegenüber wird bei der Leihe die überlassene Sache nicht übereignet, da diese selbst zurückzugeben ist.[381]

- **Verwahrung** (§ 688): Anders als bei der Leihe wird bei der Verwahrung die Sache **nicht zum Gebrauch**, sondern nur zur Aufbewahrung überlassen (§ 688). Im Übrigen kann die Verwahrung nicht nur unentgeltlich, sondern auch **entgeltlich** vereinbart werden (vgl. § 689).

- (Bloßes) **Gefälligkeitsverhältnis**: Aufgrund der Unentgeltlichkeit der Leihe bestehen häufig Abgrenzungsprobleme zwischen der Leihe als Gefälligkeitsvertrag und bloßen Gefälligkeitsverhältnissen, bei denen der **Rechtsbindungswille fehlt** und bei deren Vorliegen die überlassene Sache jederzeit zurückgefordert werden kann.[382]

  Die **Abgrenzung** muss **im Einzelfall** nach Anlass und Zweck der Gebrauchsüberlassung, ihrer wirtschaftlichen Bedeutung und nach den Interessen der Parteien vorgenommen werden. Insoweit kann als **Indiz** für die Annahme einer Leihe vor allem das Vorliegen eines schutzwürdigen Interesses daran, die Gebrauchsmöglichkeit nicht willkürlich abzukürzen, herangezogen werden.[383]

Beispiele: Wird ein Pkw zur **Probefahrt** überlassen, handelt es sich um keine Leihe, sondern um eine Maßnahme zur Anbahnung eines Kaufvertrages.[384] Bei der Verwendung von **Mehrwegverpackungen** hängt die Frage, ob eine Leihe oder ein Kauf vorliegt, von der im Einzelfall gegebenen (konkludenten) Vereinbarung ab. Ein Leihvertrag ist nur dann anzunehmen, wenn das Eigentum bei dem Überlassenden verbleibt und der Empfänger die konkrete Verpackung zurückgeben muss.[385]

B. Vertragspflichten und Pflichtverletzungen

186 Da die Gebrauchsüberlassung bei der Leihe **unentgeltlich** erfolgt, steht der Übertragung **keine Verpflichtung des Entleihers gegenüber**. Weder die Erhaltungs- und Obhutspflichten des Entleihers noch die Pflicht zur Rückgabe stehen mit der Pflicht des Verleihers zur Gebrauchsüberlassung in einem Gegenseitigkeitsverhältnis. Daraus ergibt sich, dass es sich bei dem Leihvertrag nicht um einen gegenseitigen Vertrag, sondern um einen **unvollkommen zweiseitig verpflichtenden Vertrag** handelt, auf den die §§ 320 ff. keine Anwendung finden.[386]

---

381 Palandt/Weidenkaff Einf v § 607 Rn. 2, Einf. § 598 Rn. 5.
382 Vgl. dazu ausführlich AS-Skript BGB AT 1 (2018), Rn. 54 ff.
383 Palandt/Weidenkaff Einf v § 598 Rn. 7.
384 BeckOK/Wagner § 598 Rn. 10.
385 BeckOK/Wagner § 598 Rn. 9 m.w.N.
386 Jauernig/Mansel § 598 Rn. 1.

I. Pflichten des Verleihers

1. Gebrauchsgestattung

Der Verleiher ist gemäß **§ 598** verpflichtet, dem Entleiher unentgeltlich den **Gebrauch der Sache zu gestatten**. Da es sich hierbei jedoch um eine **Holschuld** (§ 269) handelt, ist der Entleiher verpflichtet, die Kosten hierfür zu tragen.[387] 187

Im Regelfall bedingt die Pflicht zur Gebrauchsüberlassung die Pflicht zur **Besitzüberlassung**. Allerdings ist der Verleiher – anders als der Vermieter (vgl. § 535 Abs. 1 S. 2) – nicht verpflichtet, die Sache in einen **zum vertragsmäßigen Gebrauch geeigneten Zustand** zu versetzen und sie während der Vertragslaufzeit in diesem Zustand zu erhalten.[388] Vielmehr ist – wie sich aus der Regelung des **§ 601 Abs. 1** ergibt – bei der Leihe der Entleiher verpflichtet, während der Vertragslaufzeit die Leihsache zu erhalten.[389]

2. Verwendungsersatz

Gemäß **§ 601 Abs. 2 S. 1** ist der Verleiher verpflichtet, dem Entleiher Verwendungen, welche die gewöhnlichen Erhaltungskosten der geliehenen Sache übersteigen, nach den Vorschriften über die Geschäftsführung ohne Auftrag (**§§ 677 ff.**) zu ersetzen. Hierbei handelt es sich um einen **Rechtsgrundverweis**, sodass zusätzlich zu den Voraussetzungen des § 601 Abs. 2 S. 1 das Vorliegen der Voraussetzungen der §§ 677 ff. zu prüfen ist.[390] 188

Unter **Erhaltungskosten** sind solche Aufwendungen zu verstehen, die erforderlich sind, um die Sache in ihrem bisherigen Zustand zu erhalten. Die **Gewöhnlichkeit** richtet sich nach der Verkehrsauffassung.

Beispiele für gewöhnliche Erhaltungskosten: TÜV-Inspektion oder Ölwechsel beim Kfz; Schutzimpfung oder Fütterungskosten (vgl. § 601 Abs. 1) bei Tieren.[391]

Beispiele für ungewöhnliche Erhaltungskosten: Einbau eines Austauschmotors oder einer neuen Lichtmaschine beim Kfz.

Der Anspruch des Entleihers auf Verwendungsersatz **verjährt** gemäß § 606 S. 1, S. 2 i.V.m. § 548 Abs. 2 **in sechs Monaten nach Beendigung der Leihe**.

Von den unter § 601 Abs. 2 S. 1 fallenden „Erhaltungskosten" sind jedoch abzugrenzen: 189

- **Schadensbeseitigungskosten** (z.B. Kosten von Schäden am Kfz oder Behandlung von Tierkrankheiten): Solche Kosten sind keine Erhaltungskosten und sind vom Entleiher nur unter den Voraussetzungen eines **Schadensersatzanspruchs** (§ 280 Abs. 1, § 823) zu tragen, wenn sie durch vertragswidrigen Gebrauch entstanden sind. Schäden, die durch **vertragsmäßigen** Gebrauch entstanden sind, hat der Entleiher hingegen nicht zu ersetzen, vgl. **§ 602**.[392]

---

387 Hk-BGB/Ebert § 598 Rn. 9.

388 Brox/Walker, Besonderes Schuldrecht, § 16 Rn. 2.

389 BeckOK/Wagner § 601 Rn. 1.

390 BeckOK/Wagner § 601 Rn. 5.

391 MünchKomm/Häublein § 601 Rn. 2.

392 MünchKomm/Häublein § 601 Rn. 3.

- **Kosten der Gebrauchsermöglichung** (z.B. Benzin oder Kfz-Steuer beim Kfz): Auch solche Kosten sind keine Erhaltungskosten und grundsätzlich **vom Entleiher**, der hierdurch für sich den Gebrauch ermöglichen will, **zu tragen**. Lediglich in dem Fall, dass diese Kosten auch im Interesse des Verleihers liegen, können Ansprüche aus GoA (§§ 677 ff.) oder Bereicherungsrecht (§§ 812 ff.) in Betracht kommen.[393]

3. Wegnahmerecht

190 Zu beachten ist schließlich, dass dem Entleiher gemäß **§ 601 Abs. 2 S. 2** auch ein **Wegnahmerecht** bzgl. solcher Einrichtungen zusteht, mit denen er die Sache verbunden hat. Für das Wegnahmerecht des Entleihers ist es ohne Bedeutung, ob es sich bei den Einrichtungen um **wesentliche Bestandteile** (§§ 93 f.), die Eigentum des Verleihers geworden sind, oder um **Zubehör** (§ 97) handelt, das Eigentum des Entleihers geblieben ist.[394] Dieses Wegnahmerecht ist jedoch ausgeschlossen, wenn der Entleiher (z.B. aufgrund vertraglicher Vereinbarung) verpflichtet war, die Einrichtung anzubringen.[395]

Der Anspruch des Entleihers auf Gestattung der Wegnahme einer Einrichtung **verjährt** gemäß § 606 S. 1, S. 2 i.V.m. § 548 Abs. 2 **in sechs Monaten nach Beendigung des Leihverhältnisses**.

Hinweis: *Die* ***Durchführung*** *der Wegnahme richtet sich nach* ***§ 258****. Unter Umständen kann sich aus der Rückgabepflicht (§ 604 Abs. 1) sogar eine* ***Wegnahmepflicht*** *des Entleihers ergeben.*

4. Rechtsfolgen einer Pflichtverletzung

191 - Bei Pflichtverletzungen des Verleihers, die das Erfüllungsinteresse des Entleihers bzgl. der Gebrauchsüberlassung betreffen – Verzug (§ 286) und Unmöglichkeit (§ 275) –, haftet der Verleiher nach den allgemeinen Regeln gemäß §§ 280 ff. Wegen der Unentgeltlichkeit der Gebrauchsüberlassung **beschränkt** jedoch die Regelung des **§ 599** den **Haftungsmaßstab** für den Verleiher in Ausnahme zu § 276 auf Vorsatz und grobe Fahrlässigkeit.

192 - Bei **Verletzung vorvertraglicher oder vertraglicher Schutzpflichten** (§ 241 Abs. 2) haftet der Verleiher nach §§ 280 Abs. 1, 311 Abs. 2, 241 Abs. 2 bzw. gemäß §§ 280 Abs. 1, 241 Abs. 2. Dabei ist **umstritten**, ob auch insoweit die Haftungsprivilegierung des **§ 599 Anwendung findet**. Zum Teil wird für diese Fälle die Anwendbarkeit des § 599 stets befürwortet, teilweise ausnahmslos abgelehnt (sodass § 276 gelten soll). Eine vorzugswürdige vermittelnde Ansicht will § 599 jedenfalls bei solchen Schutzpflichtverletzungen anwenden, die sich auf den Vertragsgegenstand beziehen.[396]

  Klausurhinweis: *Folgt man der Ansicht, dass dem Verleiher das* ***Haftungsprivileg*** *des § 599 im Hinblick auf die Verletzung vorvertraglicher und vertraglicher Schutzpflichten*

---

393 MünchKomm/Häublein § 601 Rn. 5.

394 MünchKomm/Häublein § 601 Rn. 7.

395 Palandt/Weidenkaff § 601 Rn. 3.

396 Umfassender Überblick über den Streitstand bei MünchKomm/Häublein § 599 Rn. 3.

*zukommt, schlägt diese Regelung auch auf mit den vertraglichen Ansprüchen konkurrierende Ansprüche aus Delikt gemäß **§§ 823 ff.** durch.*[397]

- Bei **Sach- und Rechtsmängeln** trifft den Verleiher aufgrund der Uneigennützigkeit der Leihe **grundsätzlich keine Haftung**. Hiervon macht die Regelung des § 600 (wie bei der Schenkung gemäß §§ 523 Abs. 1, 524 Abs. 1) eine **Ausnahme**. Danach haftet der Verleiher dann doch für Sach- und Rechtsmängel, wenn er den Mangel **arglistig verschwiegen** hat. 193

  Klausurhinweis: *§ 600 ist in diesem Fall selbst die **Anspruchsgrundlage**.*[398]

  Nach **h.M.** gilt die Regelung des § 600 jedoch nur für **Mangelschäden** (durch die Gebrauchsbeeinträchtigung), **nicht** jedoch für die mangelbedingten **Schäden an anderen Rechtsgütern** (z.B. Körper, Gesundheit, Eigentum) des Entleihers. Solche Mangelfolgeschäden sind dann nur unter den Voraussetzungen des **§ 280 Abs. 1 bzw.** der **§§ 823 ff.** zu ersetzen.[399]

II. Pflichten des Entleihers

1. Einhaltung des vertragsgemäßen Gebrauchs

Der Entleiher ist verpflichtet, den vertragsmäßigen Gebrauch der Sache nicht zu überschreiten, insbesondere sie **nicht ohne Erlaubnis** des Verleihers **einem Dritten** zu **überlassen**, vgl. **§ 603**. 194

Bei einer **Gebrauchsüberlassung aus Gefälligkeit** ist jedoch § 603 S. 2 nicht analog anwendbar, sodass eine Schadensersatzhaftung des Begünstigten, dem die Sache überlassen wurde, ausscheidet, wenn ihn an der Beschädigung der Sache, die er dann dem Dritten überlassen hat, kein eigenes Verschulden trifft.[400]

2. Erhaltungskosten, Erhaltungs- und Obhutspflicht

Gemäß **§ 601 Abs. 1** hat der Entleiher die **gewöhnlichen Erhaltungskosten** (zu diesem Begriff Rn. 188), bei der Leihe eines Tieres insbesondere die Fütterungskosten, zu tragen. 195

Aus der Regelung des § 601 Abs. 1 ist zudem auch die **Pflicht des Entleihers** herzuleiten, die Sache während der Vertragslaufzeit zu erhalten.[401] Dies erfasst auch eine **Obhutspflicht** (vgl. auch § 605 Nr. 2), insbesondere die Pflicht, die Sache sorgfältig aufzubewahren. Eine solche Schutzpflicht ergibt sich auch aus **§ 241 Abs. 2**.[402]

397 BeckOK/Wagner § 599 Rn. 3.

398 Palandt/Weidenkaff § 600 Rn. 4.

399 BeckOK/Wagner § 600 Rn. 4.; Palandt/Weidenkaff § 600 Rn. 4.

400 BGH NJW 2010, 3087.

401 Palandt/Weidenkaff § 601 Rn. 1.

402 Brox/Walker, Besonderes Schuldrecht, § 16 Rn. 5.

3. Rückgabepflicht

196 Nach Beendigung der Leihe muss der Entleiher gemäß **§ 604 Abs. 1–3** die Sache dem Verleiher zurückgeben, d.h. den **unmittelbaren Besitz verschaffen**. Die Abtretung eines Herausgabeanspruchs gegen einen Dritten genügt nicht.[403]

Der Entleiher hat hierbei die Sache **in dem Zustand zurückzugeben**, der ihrem **vertragsmäßigen Gebrauch** (vgl. § 602) **entspricht**.

Die Rückgabepflicht des Entleihers ist eine **Bringschuld** und hat daher grundsätzlich auf Kosten des Entleihers am Wohnsitz des Verleihers zu erfolgen.[404]

Hinweis: *Hat der Entleiher die Sache – mit oder ohne Erlaubnis des Verleihers – einem Dritten zum Gebrauch überlassen, kann der Verleiher nach Beendigung der Leihe* ***von dem Dritten Herausgabe*** *verlangen,* ***§ 604 Abs. 4****. Dieser vertragliche Anspruch kann neben den dinglichen Herausgabeanspruch aus § 985 treten.*

4. Rechtsfolgen einer Pflichtverletzung

197
- Verletzt der Entleiher seine **Pflicht zur Einhaltung des vertragsmäßigen Gebrauchs** oder seine **Erhaltungs- und Obhutspflichten** steht dem Verleiher ein Recht zur außerordentlichen Kündigung gemäß § 605 Nr. 2 sowie in entsprechender Anwendung des § 541 ein Anspruch auf Unterlassung zu.[405]

  Darüber hinaus hat der Verleiher einen Schadensersatzanspruch aus **§ 280 Abs. 1**, wenn die Sache infolge schuldhaft vertragswidrigen Gebrauchs beschädigt wird. Insoweit gilt der Haftungsmaßstab der §§ 276, 278; die Privilegierung des **§ 599** ist auf die Haftung des Entleihers **nicht anzuwenden**. Nach h.M. haftet der Entleiher aus § 280 Abs. 1 auch für einen **zufällig an der Sache eingetretenen Schaden**, wenn dieser ohne vertragswidrigen Gebrauch nicht eingetreten wäre und die Vertragswidrigkeit des Gebrauchs auf einem Verschulden des Entleihers beruht.[406]

  Gemäß **§ 606 S. 1 verjähren** die Schadensersatzansprüche des Verleihers **in sechs Monaten**. Nach allgemeiner Ansicht gilt diese Regelung einer kurzen Verjährung nicht nur für vertragliche Schadensersatzansprüche des Verleihers, sondern darüber hinaus auch für alle damit konkurrierenden Ansprüche, insbesondere aus Delikt oder Eigentum.[407] Der **Fristbeginn** richtet sich gemäß **§ 606 S. 2 nach § 548 Abs. 1 S. 2**.

198
- Bei **Unmöglichkeit** oder **Verzug** des Entleihers mit der Rückgabe haftet er nach den allgemeinen Regeln gemäß den §§ 280 ff.[408]

  Ist die Rückgabe der Sache wegen deren Untergangs unmöglich geworden (§ 275), gelten für den Schadensersatzanspruch des Verleihers die **allgemeinen Verjährungsregeln** (§§ 195, 199), die Regelung des **§ 606** gilt in diesem Fall **nicht** (vgl. Wortlaut des § 606 S. 1: „Veränderung oder Verschlechterung").

---

403 Palandt/Weidenkaff § 604 Rn. 1.
404 BGH NJW-RR 2002, 1027.
405 Palandt/Weidenkaff § 603 Rn. 2.
406 BGHZ 37, 310; Palandt/Weidenkaff § 603 Rn. 2.
407 Palandt/Weidenkaff § 606 Rn. 3.
408 Palandt/Weidenkaff § 604 Rn. 2.

C. Beendigung des Leihvertrags

Bei der **Beendigung** des Leihvertrags sind folgende **Fallgruppen** zu unterscheiden:[409] **199**

- **Ablauf** der vertraglich **vereinbarten Laufzeit** des Leihvertrags, **§ 604 Abs. 1**;
- **Zweckerreichung** der Gebrauchsüberlassung, **§ 604 Abs. 2 S. 1**;
- **Unmöglichkeit der Zweckerreichung** der Gebrauchsüberlassung, **§ 604 Abs. 2 S. 1** analog;
- **Rückforderung** bei **unbefristetem, aber zweckgebundenem Leihvertrag** auch schon vor Zweckerreichung, wenn soviel Zeit abgelaufen ist, wie objektiv für die Zweckerreichung erforderlich war, **§ 604 Abs. 2 S. 2**. Ob der Entleiher subjektiv die Möglichkeit hatte, den Zweck zu erreichen, ist nach allgemeiner Ansicht unerheblich;
- **Rückforderung** bei unbefristetem Leihvertrag, wenn sich auch aus dem Zweck der Leihe keine Dauer entnehmen lässt, **§ 604 Abs. 3**;
- **Ordentliche** Kündigung (bei dementsprechender **Vereinbarung** der Parteien);
- **Außerordentliche** Kündigung gemäß **§ 605**.

Hinweis: *Auch in den Fällen der Rückforderung gemäß § 604 Abs. 2 S. 2 oder nach § 604 Abs. 3 ist eine **Kündigungserklärung** erforderlich, die jedoch konkludent in dem Rückforderungsverlangen erblickt werden kann.*

409 Vgl. dazu MünchKomm/Häublein § 604 Rn. 1–4.

6. Teil: Dienst- und Behandlungsvertrag

200 Gemäß **§ 611 Abs. 1** ist der **Dienstvertrag** ein gegenseitiger Vertrag, bei dem der Dienstverpflichtete Dienste erbringt und der Dienstberechtigte dafür eine Vergütung leistet.

201 Bis zum 31.03.2017 war der **Arbeitsvertrag** ein Unterfall des Dienstvertrags i.S.d. § 611. Mit Wirkung **zum 01.04.2017** ist er nunmehr **eigenständig in § 611 a geregelt**. Der Arbeitsvertrag zeichnet sich dadurch aus, dass der Dienstverpflichtete Arbeitnehmer ist. Arbeitnehmer ist, wer zur Leistung weisungsgebundener, fremdbestimmter Arbeit in persönlicher Abhängigkeit verpflichtet ist, vgl. § 611 a Abs. 1. Das Arbeitsrecht hat als Sonderrecht und Schutzrecht der Arbeitnehmer eine wesentlich höhere praktische Bedeutung als das Recht des selbstständigen (freien) Dienstvertrags und ist im Skript „Arbeitsrecht" behandelt.

202 Auch der **Behandlungsvertrag** ist ein besonderer Typus des Dienstvertrags. Er ist in den §§ 630 a ff. speziell geregelt und auf die medizinische Behandlung eines Patienten gegen Entgelt gerichtet.

1. Abschnitt: Dienstvertrag

A. Zustandekommen

203 Das Zustandekommen eines Dienstvertrags erfordert, dass sich die Parteien über die entgeltliche Leistung von Diensten einigen.

Der Dienstvertrag ist vom Werkvertrag dadurch abzugrenzen, dass der Dienstverpflichtete nur die Erbringung der Dienste und damit ein **bloßes Tätigwerden schuldet**. Der Werkunternehmer ist dagegen zur Herstellung eines Erfolgs verpflichtet.

Beispiel: Bei Steuerberatern ist zu unterscheiden zwischen der umfassenden dienstvertraglichen Beratung und Werkverträgen über die Abgabe von Steuererklärungen oder die Aufstellung von Bilanzen.

Die begriffliche Trennung zwischen Dienst- und Werkverträgen ist nicht immer eindeutig, weil auch der Dienstberechtigte (natürlich) regelmäßig erwartet, dass das Tätigwerden nicht völlig erfolglos bleibt.[410]

Beispiel: Der Vertrag über die **Bereitstellung eines DSL-Anschlusses** wird von der h.M. als **Dienstvertrag** angesehen. Der Schwerpunkt der Leistung liegt in dem Transport von Daten in das und aus dem Internet. Gegen einen Werkvertrag spricht, dass die Leitungskapazitäten des Providers begrenzt sind. Der Anbieter kann daher nicht einen bestimmten Erfolg, das jederzeitige Zustandekommen einer Verbindung in das Internet mit einer bestimmten Datenrate, versprechen und der Kunde kann einen solchen Erfolg nicht erwarten. Der Provider schuldet nur die Bereithaltung des Anschlusses und das sachgerechte Bemühen um die Herstellung einer Verbindung in das Internet.[411]

204 Werden **Dienste als reine Nebenleistungen** geschuldet, ändert das den Vertragstypus der Hauptleistung nicht.

Beispiel: Der Vertrag über die Nutzung eines **Fitnessstudios** ist regelmäßig ein reiner Mietvertrag. Er ist auf die Nutzung der Räumlichkeiten und das Zurverfügungstellen der Fitnessgeräte gerichtet. So-

410 Looschelders § 28 Rn. 4.

411 BGH RÜ 2013, 209.

weit für die Nutzung der Geräte eine Einweisung erforderlich ist, ist diese eine reine Nebenleistung, die den Vertrag nicht zu einem Dienstvertrag oder einem typengemischten Vertrag macht.[412]

Gegenbeispiel: Umfasst ein Vertrag neben der Unterstellung, Fütterung und Pflege des Pferdes auch den Beritt, die Dressurausbildung und Gewähr einer artgerechten Bewegung sowie die Ausbildung der Reiterin, handelt es sich um einen gemischten Vertrag, der seinem Inhalt nach über einen (bloßen) Einstellvertrag und auch über einen „klassischen" Pferdepensionsvertrag hinaus geht, weil er auch – und zwar **schwerpunktmäßig** – die **Ausbildung von Pferd und Reiter** zum Gegenstand hat, und sich deshalb im Schwerpunkt als **Dienstvertrag** darstellt.[413]

Nach **§ 612 Abs. 1** gilt eine Vergütung als stillschweigend vereinbart, wenn die Dienstleistung den Umständen nach nur gegen eine **Vergütung zu erwarten** ist. Nur dann, wenn ein Entgelt weder vereinbart ist noch gemäß § 612 als vereinbart gilt, kann ein Auftrag gemäß § 662 vorliegen. **205**

Typische selbstständige Dienstverträge sind die Anstellungsverträge von Geschäftsführern einer GmbH oder Vorständen einer Aktiengesellschaft.[414] **206**

Hinweis: *In diesen Fällen muss streng unterschieden werden zwischen dem Anstellungsvertrag als Dienstvertrag und der Bestellung zum Geschäftsführer oder Vorstand als körperschaftlicher Akt. So kann die Bestellung zum Geschäftsführer einer GmbH gemäß § 38 Abs. 1 GmbHG jederzeit widerrufen werden, nicht aber der Anstellungsvertrag. Dieser bleibt auch bei einem Widerruf der Bestellung wirksam, bis er ordnungsgemäß nach § 621 oder außerordentlich nach § 626 gekündigt worden ist.*

B. Vertragspflichten

I. Pflichten des Dienstverpflichteten

Hauptleistungspflicht des Dienstverpflichteten ist die Erbringung der versprochenen Dienste. Gemäß **§ 613 S. 1** sind die Dienste **im Zweifel persönlich** zu erbringen. Eine höchstpersönliche Verpflichtung besteht insbesondere bei Dienstleistungen, die eine besondere Qualifikation erfordern. Die persönliche Verpflichtung zur Leistung der Dienste schließt nicht aus, dass Hilfspersonen zur Erfüllung herangezogen werden können. **207**

Beispiel: Beim Vertragsschluss mit einem Einzelanwalt darf dieser anwaltliche Tätigkeiten nicht übertragen. Hilfstätigkeiten dürfen aber auf Rechtsanwalts- und Notarfachangestellte (ReNo) übertragen werden.

Bei dem Vertragsschluss mit einer Sozietät sind alle Anwälte berechtigt und verpflichtet. Zu den ärztlichen Dienstleistungen (für die § 630 b auf § 613 verweist) vgl. unten Rn. 224.

Die Bindung der Dienstleistung an die Person des Verpflichteten hat zur Folge, dass die Dienstleistungspflicht mit dem **Tod des Dienstverpflichteten** erlischt und nicht auf die Erben übergeht.[415] **208**

Nebenleistungspflichten können insbesondere Aufklärungs- und Verschwiegenheitspflichten sein. Letztere sind bei anwaltlichen Dienstleistungen und beim Behandlungsvertrag sogar strafrechtlich sanktioniert (§ 203 Abs. 1 Nr. 1 und Nr. 3 StGB). **209**

---

412 BGH NJW 2012, 1431.

413 BGH RÜ 2017, 273, 274.

414 Palandt/Weidenkaff Einf v 611 Rn. 16.

415 Palandt/Weidenkaff § 613 Rn. 2.

II. Pflichten des Dienstberechtigten

210 Hauptleistungspflicht des Dienstberechtigten ist die **Leistung der Vergütung**. Haben die Parteien die Höhe der Vergütung vertraglich nicht festgelegt, ist sie nach **§ 612 Abs. 2** zu bestimmen.

Aus dem Inhalt des jeweiligen Vertrags können sich auch **Nebenleistungspflichten** des Dienstberechtigten ergeben. Umfassende Nebenleistungspflichten wie beispielsweise die Fürsorgepflicht des Arbeitgebers bestehen jedoch bei freien Dienstverträgen regelmäßig nicht.

C. Pflichtverletzungen

211 Bei Pflichtverletzungen des Dienstberechtigten oder des Dienstverpflichteten können sich Schadensersatzansprüche aus den §§ 280 ff. ergeben. Hat vertragswidriges Verhalten zu einer Kündigung geführt, kann ein Schadensersatzanspruch aus § 628 Abs. 2 bestehen. Dieser ist im Verhältnis zu den §§ 280 ff. eine Spezialregelung.[416]

I. Verursachung der Kündigung durch vertragswidriges Verhalten

212 Veranlasst der Dienstberechtigte oder der Dienstverpflichtete durch vertragswidriges Verhalten die Kündigung des anderen Teils, ist er gemäß **§ 628 Abs. 2** zum Ersatz des durch die Beendigung des Dienstverhältnisses entstandenen Schadens verpflichtet.

Schadensersatz gemäß § 628 Abs. 2

I. Voraussetzungen

1. Dienstvertrag
2. Vertragswidriges Verhalten des Dienstverpflichteten oder Dienstberechtigten, das eine außerordentliche Kündigung gemäß § 626 rechtfertigen würde
3. Vertretenmüssen
4. Kündigung veranlasst

II. Rechtsfolge

Ersatz des durch die Beendigung des Vertrags entstandenen Schadens

1. Dienstvertrag

213 Der Anspruch aus § 628 Abs. 2 setzt zunächst einen wirksamen Dienstvertrag voraus.

Vor Inkrafttreten der Schuldrechtsreform (2002) wurde § 628 Abs. 2 analog auf alle Dauerschuldverhältnisse angewandt. Nach heutigem Recht führt das Auflösungsverschulden bei anderen Schuldverhältnissen als dem Dienstvertrag zu einem Schadensersatzanspruch aus § 280 Abs. 1.

416 MünchKomm/Henssler § 628 Rn. 50.

2. Vertragswidriges Verhalten

Das vertragswidrige Verhalten muss das Gewicht eines **wichtigen Grundes** i.S.d. § 626 haben.[417] Ein Anspruch aus § 628 Abs. 2 kann sich deshalb nur dann ergeben, wenn auch eine fristlose **Kündigung gemäß § 626 gerechtfertigt gewesen** wäre. **214**

3. Vertretenmüssen

Das Vertretenmüssen ist in § 628 Abs. 2 **nicht als Voraussetzung genannt**. Da die Vorschrift aber einen Spezialfall des § 280 regelt, setzt auch hier die Haftung eine vom Anspruchsgegner zu vertretende (**§§ 276, 278**) rechtswidrige Pflichtverletzung voraus.[418] **215**

4. Kündigung veranlasst

Das vertragswidrige Verhalten muss die Kündigung verursacht haben. Dabei spielt es keine Rolle, ob eine **außerordentliche oder eine ordentliche Kündigung** erfolgt ist. Der Kündigungsberechtigte soll nicht gezwungen sein, eine außerordentliche Kündigung auszusprechen. Die Kündigung muss dann aber innerhalb der Frist des § 626 Abs. 2 ausgesprochen worden sein.[419] **216**

Der Anspruch aus **§ 628 Abs. 2** ist **entsprechend** anwendbar, **wenn** ein **Aufhebungsvertrag** geschlossen wurde.[420]

5. Rechtsfolge

Der vertragswidrig Handelnde ist zum Ersatz des durch die Kündigung entstandenen Schadens verpflichtet. Der Anspruch ist zeitlich begrenzt. Es werden nur die Schäden ersetzt, die bis zu dem Zeitpunkt eingetreten sind, in dem der Dienstvertrag hätte ordentlich gekündigt werden können.[421] **217**

Klausurhinweis: *Geht es auch um den Ersatz von* ***Schäden, die vor der Kündigung*** *eingetreten sind, werden die §§ 280 ff. nicht durch § 628 Abs. 2 verdrängt. In diesen Fällen sind neben § 628 Abs. 2 (der nur für den Zeitraum ab der Kündigung greift) auch Ansprüche wegen Unmöglichkeit (§ 283) oder Verzug (§ 286) zu prüfen, die dann den restlichen Zeitraum abdecken können.*[422]

II. Sonstige Pflichtverletzungen

Die Leistung des Dienstverpflichteten kann unmöglich werden. Ist die Dienstleistung nur zu einem bestimmten Zeitpunkt möglich, tritt **Unmöglichkeit durch Zeitablauf** ein. **218**

Beispiel: Der Auftritt einer Band zur Geburtstagsfeier ist nur an dem für die Feier vorgesehenem Zeitpunkt möglich.

---

417 Palandt/Weidenkaff § 628 Rn. 6.

418 MünchKomm/Henssler § 628 Rn. 64.

419 BAG NJW 2002, 1593.

420 So die h.M., vgl. m.w.N. MünchKomm/Henssler § 628 Rn. 70.

421 Palandt/Weidenkaff § 628 Rn. 8.

422 Vgl. BGH RÜ 2013, 209, 212.

Bei **Leistungsverzögerungen** können Ansprüche aus §§ 280 Abs. 1 u. 3, 281 und §§ 280 Abs. 1 u. 2, 286 bestehen.

Beispiel: A beauftragt den Rechtsanwalt R mit der Durchsetzung eines Zahlungsanspruchs. Wird R nicht tätig, kann A nach einer erfolglosen Fristsetzung gemäß §§ 280 Abs. 1 u. 3, 281 die Mehrkosten für einen anderen Anwalt ersetzt verlangen. Daneben kann ein Anspruch auf Ersatz eines Verzögerungsschadens (z.B. entgangene Zinsen) aus §§ 280 Abs. 1 u. 2, 286 bestehen.

219 Eine **Schlechtleistung** wird einen Anspruch aus §§ 280 Abs. 1 u. 3, 281 nur ganz ausnahmsweise begründen können. Der Dienstverpflichtete schuldet nur das Tätigwerden, es besteht daher bei Dienstverträgen **kein Nacherfüllungsanspruch**. Mangelhafte Dienstleistungen können deshalb in aller Regel nur einen Anspruch aus § 280 Abs. 1 begründen. Auch ein Minderungsrecht des Dienstberechtigten besteht nicht.

D. Beendigung des (freien) Dienstverhältnisses

Es kommen insbesondere die folgenden Beendigungstatbestände in Betracht.

220

- Da Dienste gemäß § 613 S. 1 persönlich zu erbringen sind, endet das Dienstverhältnis mit dem **Tod des Dienstverpflichteten**.
- Gemäß § 620 Abs. 1 endet das Dienstverhältnis mit **Ablauf der vereinbarten Zeit**.

  Für Arbeitsverträge, die auf bestimmte Zeit abgeschlossen werden, gilt das Teilzeit- und Befristungsgesetz, § 620 Abs. 3.
- Die **ordentliche Kündigung** des Dienstverhältnisses, das kein Arbeitsverhältnis i.S.d. § 622 ist, regelt § 621.
- Gemäß § 626 Abs. 1 ist eine **außerordentliche Kündigung** aus wichtigem Grund möglich, wenn Tatsachen vorliegen, aufgrund derer dem Kündigenden die Fortsetzung des Dienstverhältnisses bis zum Ablauf der Kündigungsfrist oder bis zum vereinbarten Ende des Dienstverhältnisses nicht zumutbar ist. Es ist eine Interessenabwägung unter Berücksichtigung der Umstände des Einzelfalls erforderlich. Regelmäßig wird nur eine schwere Verletzung der Vertragspflichten eine Kündigung gemäß § 626 Abs. 1 rechtfertigen.

  Klausurhinweis: *Examensrelevant ist die außerordentliche Kündigung gemäß § 626 Abs. 1 vor allem im Arbeitsrecht (vgl. AS-Skript Arbeitsrecht [2019], Rn. 479 ff.).*
- **Dienste höherer Art**, die aufgrund besonderen Vertrauens übertragen werden, können gemäß **§ 627 Abs. 1** jederzeit von beiden Parteien **ohne besonderen Grund fristlos gekündigt** werden. Dienste höherer Art können solche sein, die besondere Fachkenntnis, Kunstfertigkeit oder wissenschaftliche Bildung voraussetzen oder die den persönlichen Lebensbereich betreffen. Dazu zählen insbesondere die Tätigkeiten freier Berufe wie die eines Arztes, Rechtsanwalts, Steuerberaters oder Wirtschaftsprüfers.

  Es ist indes nicht Voraussetzung der Qualifizierung einer geschuldeten Dienstleistung als Dienst höherer Art, dass der Dienstverpflichtete oder die von ihm zur Ausführung herangezogenen Personen eine staatlich geregelte Ausbildung absolviert haben oder der Schweigepflicht unterliegen. Entscheidend ist vielmehr die Art der angebotenen Dienste. Deshalb kann auch etwa ein **Vertrag über eine Therapie zur Gewichtsabnahme** als Vertrag über Dienste höherer Art nach § 627 Abs. 1 gekündigt werden.[423]

2. Abschnitt: Behandlungsvertrag

Der Behandlungsvertrag[424] ist eine Sonderform des Dienstvertrags. Die besonderen Regelungen der §§ 630 a–h werden gemäß § 630 b durch die Vorschriften des freien Dienstverhältnisses ergänzt. 221

Da es sich beim Behandlungsvertrag um eine Sonderform des Dienstvertrags handelt, ist auch dieser von einem Werkvertrag abzugrenzen. Der Behandelnde schuldet nur die medizinische Tätigkeit und nicht wie der Werkunternehmer die Herstellung eines Erfolgs.

Beispiel: Die zahnärztliche Behandlung unterfällt dem Behandlungsvertrag, die technische Herstellung einer Zahnprothese ist nach Werkvertragsrecht zu beurteilen.[425]

A. Hauptleistungspflichten

Gemäß § 630 a Abs. 1 verpflichtet sich im Behandlungsvertrag der Behandelnde zu einer **medizinischen Behandlung**. Der Patient verpflichtet sich zur Zahlung einer **Vergütung**, soweit nicht ein Dritter zur Zahlung verpflichtet ist. 222

- Eine **medizinische Behandlung** ist nicht nur die ärztliche Tätigkeit, sondern auch die medizinische Tätigkeit von Hebammen, Heilpraktikern, Physiotherapeuten, Masseuren und ähnlichen Berufen. 223

  Hinweis: *Verträge über die Behandlung von Tieren sind dagegen regelmäßig Dienstverträge i.S.v. § 611 und keine Behandlungsverträge gemäß § 630 a, da die Informationspflichten der §§ 630 c ff. auf die Behandlung von Menschen ausgerichtet sind.*[426]

  Die Behandlung hat gemäß § 630 a Abs. 2 nach den zum Zeitpunkt der Behandlung bestehenden **allgemein anerkannten medizinischen Standards** zu erfolgen, soweit nicht etwas anderes vereinbart ist. Für Ärzte sind diese Standards regelmäßig in Leitlinien enthalten, die von wissenschaftlichen Fachgesellschaften vorgegeben werden.[427] Darüber hinaus gibt es Facharztstandards, die für das jeweilige Fachgebiet maßgeblich sind. Die ausdrückliche Zulassung abweichender Vereinbarungen soll die Anwendung alternativer Behandlungsmethoden ermöglichen.

- **Behandelnder** ist derjenige, der die medizinische Behandlung zusagt. Gemäß den §§ 630 b, 613 ist der Behandelnde **im Zweifel persönlich verpflichtet**. Dies gilt vor allem für Chefarztbehandlungen gegen besondere Vergütung (Wahlarztvertrag). 224

  Der Vertrag ist regelmäßig so auszulegen, dass Hilfstätigkeiten, wie beispielsweise das Anlegen eines Verbands, auf medizinisches Personal als Erfüllungsgehilfen

---

423 BGH RÜ 2017, 88, 89.

424 Dazu eingehend Lüdde RÜ 2013, 294 ff.

425 Lüdde RÜ 2013, 294, 295.

426 Looschelders § 31 Rn. 1.

427 BT-Drs. 17/10488 S. 19.

(§ 278) übertragen werden kann. Behandelnder kann **auch eine juristische Person** sein, beispielsweise eine Krankenhaus-GmbH. Da diese nicht selbst handlungsfähig ist, wird dann die gesamte Behandlung durch die angestellten Ärzte und das medizinische Personal als Erfüllungsgehilfen wahrgenommen.

225 ■ Zur Gewährung der vereinbarten **Vergütung** ist gemäß § 630 a Abs. 1 zunächst der Patient verpflichtet. Dies ist auch der Regelfall, wenn der Patient privat versichert ist.

Bei Kassenpatienten hat der behandelnde Arzt einen Vergütungsanspruch gegen die **Kassenärztliche Vereinigung**, die als **Dritter** i.S.d. § 630 a Abs. 1 zur Zahlung verpflichtet ist.

B. Weitere Vertragspflichten des Behandelnden

I. Einwilligungseinholung

226 Nach **§ 630 d Abs. 1 S. 1** ist der Behandelnde grundsätzlich verpflichtet, vor Durchführung einer medizinischen Maßnahme, insbesondere eines Eingriffs in den Körper oder die Gesundheit, die **Einwilligung des Patienten** einzuholen. **Im Zeitpunkt der Durchführung der Maßnahme** muss die Einwilligung noch bestehen. Sie darf nicht gemäß § 630 d Abs. 3 widerrufen worden sein. Primär ist die Einwilligung des Patienten einzuholen. Ist dieser nicht einwilligungsfähig, ist zunächst zu prüfen, ob eine **Patientenverfügung** die Maßnahme gestattet oder untersagt.

Ist dies nicht der Fall, ist die **Einwilligung eines hierzu Berechtigten** einzuholen gemäß § 630 d Abs. 1 S. 2. Berechtigt sind gesetzliche (Eltern, Vormund, Pfleger, Betreuer) oder rechtsgeschäftliche Vertreter.

227 Eine **Ausnahme** von dem Einwilligungserfordernis enthält § 630 d Abs. 1 S. 3. **Unaufschiebbare Maßnahmen** dürfen ohne Einwilligung durchgeführt werden, wenn sie dem mutmaßlichen Willen entsprechen.

Gemäß § 630 d Abs. 2 ist die Einwilligung nur wirksam, wenn vor ihrer Erteilung eine **Aufklärung gemäß § 630 e Abs. 1–4** erfolgt ist.

Die für die Wirksamkeit der Einwilligung erforderliche Aufklärung wird als Eingriffs-, Risiko- oder **Selbstbestimmungsaufklärung** bezeichnet. Sie ist von der Informationspflicht gemäß § 630 c Abs. 2 zu unterscheiden. Letztere ist die sog. therapeutische Aufklärung oder **Sicherungsaufklärung**. Anders als die Verletzung der Aufklärungspflichten aus § 630 e Abs. 1 bis 4 wirkt sich die Verletzung der Informationspflichten aus § 630 c Abs. 2 nicht auf die Wirksamkeit der Einwilligung aus.

Zum Umfang der Aufklärung enthält § 630 e Abs. 1 S. 2 eine nicht abschließende („insbesondere“) Aufzählung. Gemäß § 630 e Abs. 1 S. 3 ist auf **Alternativen zur Maßnahme** hinzuweisen.

Die **Aufklärungsperson** muss gemäß § 630 e Abs. 2 S. 1 Nr. 1 entweder der Behandelnde oder ein zur Durchführung der Maßnahme Ausgebildeter sein.

Die Aufklärung kann gemäß § 630 e Abs. 3 ausnahmsweise **entbehrlich** sein, insbesondere bei unaufschiebbaren Maßnahmen und beim Verzicht auf die Aufklärung.

II. Informationspflichten

§ 630 c Abs. 2 S. 1 regelt die sog. therapeutische oder Sicherungsaufklärung. Der Patient soll damit über alle Umstände informiert werden, die er für sein eigenes therapiegerechtes Verhalten und zur **Vermeidung einer Selbstgefährdung** kennen muss. **228**

Gemäß **§ 630 c Abs. 2 S. 2** muss der Behandelnde auf Nachfrage oder zur Abwendung gesundheitlicher Gefahren auf einen **Behandlungsfehler** hinweisen. Zum Schutz des Behandelnden dürfen diese Informationen gemäß § 630 c Abs. 2 S. 3 in einem Straf- oder Bußgeldverfahren nur mit Zustimmung des Behandelnden verwendet werden.

III. Dokumentationspflicht und Einsichtnahmerecht

Die Dokumentationspflicht aus **§ 630 f** und die Pflicht zur Gewährung von Einsichtnahme in Patientenakten gemäß **§ 630 g** sind Leistungspflichten des Behandelnden, die einklagbar und schadensersatzbewehrt sind. Zweck der Regelungen ist neben der Förderung einer sachgerechten Therapie die **Beweissicherung**. **229**

Ein Anspruch auf **Akteneinsicht** kann sich auch aus **§ 810** ergeben. Dieser Anspruch wird durch das Einsichtnahmerecht aus § 630 g nicht ausgeschlossen.

IV. Mitwirkungsobliegenheit gemäß § 630 c Abs. 1

Das **Zusammenwirken** gemäß § 630 c Abs. 1 ist keine Leistungspflicht i.S.d. § 241 Abs. 1 und damit nicht einklagbar. Es besteht allerdings eine beiderseitige Obliegenheit, sodass ein Verstoß zur Anspruchsminderung führen kann. **230**

Beispiel: Verstößt der Patient gegen die gemäß § 630 c Abs. 1 bestehende Obliegenheit, die für die Behandlung bedeutsamen Umstände offen zu legen und dem Behandelnden ein zutreffendes Bild von seiner Person und seiner körperlichen Verfassung zu geben, kann dies bei einem Schadensersatzanspruch des Patienten als **Mitverschulden gemäß § 254** anspruchsmindernd zu berücksichtigen sein.

C. Haftung und Beweislast (§ 630 h)

Verletzt der Behandelnde seine vertraglichen Pflichten, haftet er gemäß **§ 280 Abs. 1**. Bei einem Eingriff in den Körper oder die Gesundheit, der nicht von einer Einwilligung gedeckt ist, können darüber hinaus Schadensersatzansprüche aus **§ 823 Abs. 1** und **§ 823 Abs. 2 BGB i.V.m. §§ 223 ff. StGB** bestehen. **231**

Werden die Anspruchsvoraussetzungen bestritten, **trägt** grundsätzlich der **Anspruchsteller die Beweislast**. Eine Ausnahme dazu ergibt sich aus § 280 Abs. 1 S. 2. Bei dem vertraglichen Schadensersatzanspruch wird das Vertretenmüssen vermutet, der Behandelnde haftet nicht, wenn er darlegt und beweist, dass er die Pflichtverletzung nicht zu vertreten hat.

§ 630 h enthält weitere Vermutungen, die dem Patienten die Durchsetzung seiner Schadensersatzansprüche erleichtern. Gemäß § 292 S. 1 ZPO kann der Behandelnde eine Vermutung durch den Beweis des Gegenteils widerlegen. **232**

Nach **§ 630 h Abs. 1** wird ein Behandlungsfehler bei Realisierung eines **voll beherrschbaren, allgemeinen Behandlungsrisikos** vermutet. Hierzu zählen Gefahren, die der

Behandelnde objektiv voll ausschließen kann und muss, etwa das Fehlen medizinisch-technischer Geräte oder die Nichtbeachtung hygienischer Standards.

Auch die **Eingriffsaufklärung** und die anschließende **Einwilligung** hat der Behandelnde gemäß **§ 630 h Abs. 2 S. 1** zu beweisen. Allerdings ist es dem Behandelnden im Fall mangelhafter Aufklärung gestattet, zu behaupten (und im Bestreitensfall zu beweisen), dass der Patient auch bei ordnungsgemäßer Aufklärung eingewilligt hätte (hypothetische Einwilligung), vgl. § 630 h Abs. 2 S. 2.

Ein Verstoß gegen die **Dokumentations- und Aufbewahrungspflicht** hat gemäß **§ 630 h Abs. 3** zur Folge, dass vermutet wird, dass eine vom Behandelnden behauptete wesentliche medizinische Maßnahme nicht stattgefunden hat.

Fehlt es dem Behandelnden an der nach dem Maßstab des § 630 a Abs. 2 erforderlichen **Befähigung**, so wird gemäß **§ 630 h Abs. 4** vermutet, dass dieses Fehlen (als Verletzung der Pflicht aus § 630 a Abs. 2) für die Verletzung des Patienten ursächlich war. Die Norm stellt vor allem – unabhängig vom formalen Dürfen – auf rein tatsächlich nicht hinreichend fachlich qualifizierte Berufsanfänger ab.

233 Die **Ursächlichkeit eines Behandlungsfehlers** für eine Verletzung wird gemäß **§ 630 h Abs. 5 S. 1 BGB** ebenfalls vermutet, wenn ein grober Behandlungsfehler vorliegt, der eine solche Verletzung grundsätzlich herbeiführen kann.

Klausurhinweis: *Die Regelung führt bei der Prüfung eines Anspruchs aus § 280 Abs. 1 dazu, dass die Kausalität zwischen der Pflichtverletzung und dem eingetretenen Schaden vermutet wird. Bei der Prüfung eines Anspruchs aus § 823 Abs. 1 wird gemäß § 630 h Abs. 5 S. 1 die Kausalität zwischen dem Behandlungsfehler und der eingetretenen Rechtsgutverletzung (Körper, Gesundheit, Leben) vermutet.*

Ein Behandlungsfehler ist dann grob, wenn er aus objektiver Sicht nicht mehr verständlich erscheint, weil er gegen gesicherte und bewährte Erfahrungen verstößt und daher schlechterdings nicht unterlaufen darf.[428] Hierunter fallen etwa grobe Diagnosefehler, grob fehlerhaftes Unterlassen der Sicherungsaufklärung und grobe Befunderhebungsfehler (d.h. besonders unverständlicher Verzicht auf den Befund).

Dem gleichgestellt ist gemäß **§ 630 h Abs. 5 S. 2 BGB** das Unterlassen **einer medizinisch gebotenen Befunderhebung**, wenn der Befund wahrscheinlich Anlass zu weiteren Maßnahmen gegeben hätte und wenn das Unterlassen dieser Maßnahmen dann grob fehlerhaft gewesen wäre (d.h. nur „normal-unverständlicher" Verzicht auf den Befund, aber dadurch grob fehlerhaftes Unterlassen einer Maßnahme).

428 Vgl. Looschelders § 31 Rn. 21.

7. Teil: Pauschalreisevertrag

Durch den Pauschalreisevertrag wird der Reiseveranstalter verpflichtet, dem Reisenden eine „**Gesamtheit von Reiseleistungen**" zu erbringen, § 651 a. Der Reisende ist gemäß § 651 a Abs. 1 S. 2 verpflichtet, den vereinbarten Reisepreis zu zahlen.

Das private Reisevertragsrecht ist durch das „Dritte Gesetz zur Änderung reiserechtlicher Vorschriften",[429] das **zum 01.07.2018** in Kraft tritt getreten ist, **wesentlich neugestaltet** worden.[430] Es dient der Umsetzung der PauschalreiseRL 2015/2302 vom 25.11.2015, deren Ziel es ist, die Rechte von Reisenden an die Entwicklung des Marktes anzupassen. Dabei soll insbesondere dem Umstand Rechnung getragen werden, dass das Internet als Mittel zum Angebot von Reiseleistungen erheblich an Bedeutung gewonnen hat.[431]

1. Abschnitt: Beteiligte Personen beim Reisevertrag

Im Regelfall ist zwischen vier Beteiligten zu unterscheiden: 234

- zwischen dem **Reiseveranstalter** und dem **Reisenden** kommt der Pauschalreisevertrag, § 651 a Abs. 1 zustande,
- zwischen dem Reisenden und dem **Reisebüro**, das den Reisenden bei der Auswahl der in Betracht kommenden Reisen berät, kommt ein Geschäftsbesorgungsvertrag, § 675 (sog. Reisevermittlungsvertrag) zustande,
- die einzelnen **Leistungserbringer** (Leistungsträger), d.h. die Unternehmen und Personen, welche die Einzelleistungen (z.B. Unterkunft, Transport) aus der Gesamtheit der Reise unmittelbar erbringen, schließen jeweils einen Vertrag mit dem Reiseveranstalter. Diese sind als Verträge zugunsten Dritter (des Reisenden) i.S.d. § 328 anzusehen.

Übersicht über die vertraglichen Beziehungen bei einer Reise

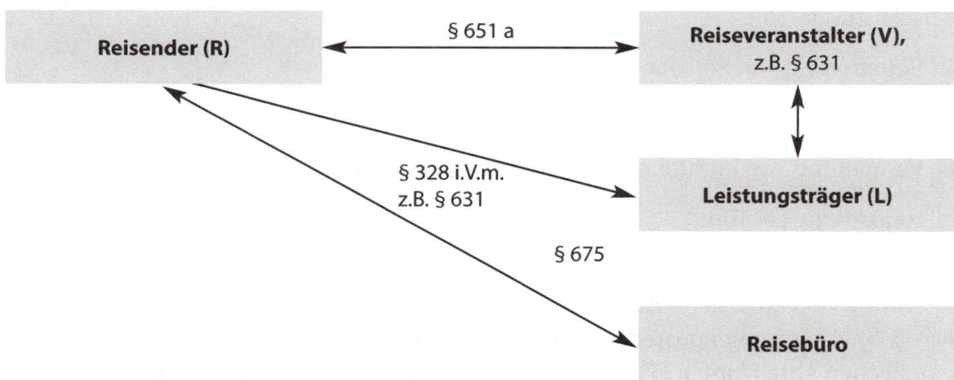

429 BGBl. I 2017, S. 2394 ff.

430 Dazu Pechstein RÜ 2017, 703 ff.; Mäsch JuS 2017, 360.

431 BT-Drs. 18/10822, S. 48.

A. Reiseveranstalter

235 Reiseveranstalter ist jeder, der eine **Gesamtheit von Reiseleistungen als eigene Leistung anbietet** (vgl. § 651 a Abs. 2), der also nach dem Inhalt des Vertrags Schuldner des Reisenden für die einzelnen Reiseleistungen sein soll, die zu einer erfolgreichen Durchführung der Reise erbracht werden müssen.

Gemäß § 651 a Abs. 1 S. 1 wird der Unternehmer (Reiseveranstalter) verpflichtet, dem Reisenden eine Pauschalreise zu verschaffen. Durch die neue Formulierung **„zu verschaffen"** (statt wie bis zum 30.06.2018 „zu erbringen") wird verdeutlicht, dass den Reiseveranstalter eine eigene Verantwortung für die zu erbringenden Reiseleistungen trifft. Hierdurch wird von der bloßen **Vermittlung** einer Pauschalreise oder einzelner Reiseleistungen **abgegrenzt**. Die bloße Vermittlung von Reiseleistungen unterfällt (weiterhin) nicht den Vorschriften des Reiserechts, sondern es gelten die allgemeinen Vorschriften, vgl. **§ 651 b**.

Da § 651 a mit dem Begriff des Reiseveranstalters **nur Unternehmer** i.S.d. § 14 BGB erfasst, werden – anders als nach bis 30.06.2018 geltendem Recht – nichtgewerbliche Veranstalter ausgenommen. Gemäß § 651 a Abs. 5 Nr. 1 werden zudem solche Unternehmer nicht erfasst, die Reisen nur gelegentlich, nicht zur Gewinnerzielung und nur einem begrenzten Personenkreis anbieten.

Die Vorschrift des **§ 651 a Abs. 2 S. 1** stellt klar, dass eine Pauschalreise eine Gesamtheit von mindestens **zwei** verschiedenen Arten von Reiseleistungen für den Zweck derselben Reise darstellt. Mehrere Leistungen aus einem Bereich („rail & fly") genügen deshalb nicht.

Die bisherige Rspr. des BGH[432] zur analogen Anwendbarkeit des Reiserechts auf veranstaltermäßig betriebene Einzelleistungen (z.B. Ferienhaus) wurde nicht in das neue Gesetz übernommen und ist daher nicht mehr vertretbar.

Eine **Legaldefinition** der „Reiseleistungen" findet sich in **§ 651 a Abs. 3**. Danach sind Reiseleistungen die

- Beförderung von Personen
- Beherbergung
- Vermietung von Kraftfahrzeugen und Krafträdern sowie jede
- touristische Leistung.

Allerdings liegt nach § 651 a Abs. 4 keine Pauschalreise vor, wenn nur eine Art von Reiseleistung gemäß § 651 a Abs. 3 S.1 Nr. 1-3 mit touristischen Leistungen i.S.d. § 651 a Abs. 3 Nr. 4 zusammengestellt wird und die touristischen Leistungen entweder keinen erheblichen Anteil (unter 25%) am Gesamtwert der Zusammenstellung haben oder erst nach Beginn der Erbringung einer der anderen Reiseleistungen ausgewählt und vereinbart werden. Weitere **Ausnahmen** enthält § 651 a V (z.B. Tagesreisen und bestimmte Geschäftsreisen)

432 BGH RÜ 2013, 75, 76.

Für **verbundene Online-Buchungsverfahren** enthält **§ 651 c** eine Sonderregelung, die vor allem sog. „Click-Through-Buchungen" betrifft, also Buchungen, die Reisende nacheinander z.B. auf miteinander verbundenen Webseiten tätigen. Gemäß § 651 c Abs. 1 wird ein Unternehmer, der mittels eines solchen Online-Buchungsverfahrens mit dem Reisenden einen Vertrag über eine Reiseleistung geschlossen oder ihm auf diese Weise einen solchen Vertrag vermittelt hat, unter bestimmten Voraussetzungen als Reiseveranstalter eingeordnet. Das ist der Fall, wenn der Unternehmer

- dem Reisenden für den Zweck derselben Reise mindestens einen Vertrag über eine andere Art von Reiseleistung vermittelt, indem er den Zugriff auf das Online-Buchungsverfahren eines anderen Unternehmers ermöglicht,
- und den Namen, die Zahlungsdaten sowie die E-Mail-Adresse des Reisenden an den anderen Unternehmer übermittelt,
- und der weitere Vertrag spätestens 24 Stunden nach der Bestätigung des Vertragsschlusses über die erste Reiseleistung geschlossen wird.

Keine Reiseveranstalter sind:

- Das **Reisebüro**, das den Reisenden bei der Auswahl der in Betracht kommenden Reiseveranstalter berät, ihm deren Reiseprospekte aushändigt und den Vertragsschluss mit dem Reiseveranstalter vermittelt. 236

  Das Reisebüro wird für den Reiseveranstalter – nicht für den Reisenden – tätig und nimmt das mündliche oder schriftliche Angebot des Kunden entgegen (**Empfangsbote bzw. Empfangsvertreter gemäß § 164 Abs. 3**), sodass das Angebot mit dem Inhalt wirksam wird, wie es der Reisende gegenüber dem Reisebüro abgegeben hat.

  Das Reisebüro handelt als Vermittler, **Handelsvertreter** (§§ 84 ff. HGB) bzw. Handelsmakler (§ 93 HGB).[433]

  Die Annahme des Angebots durch den Reiseveranstalter erfolgt im Regelfall mit einer **schriftlichen Reisebestätigung**, die direkt an den Reisenden gesendet wird.

  Das Reisebüro ist **Erfüllungsgehilfe** des Reiseveranstalters, § 278 S. 1 Var. 2.

  Zwischen dem Reisenden und dem Reisebüro kommt ein **Geschäftsbesorgungsvertrag** i.S.d. § 675 (sog. Reisevermittlungsvertrag) zustande. Aufgrund dieses Vertrags kann eine Haftung des Reisebüros gegenüber dem Reisenden aus § 280 Abs. 1 wegen fehlerhafter Beratung und Vermittlung neben die Haftung des Reiseveranstalters für Fehler des Reisebüros treten.[434] 237

  Allerdings ist zu beachten, dass das **Reisebüro** u.U. nicht lediglich als „Vermittler", sondern als „Reiseveranstalter" tätig geworden sein kann, was sich letztlich aus der **Sicht des Reisenden** beurteilt. So kann das Reisebüro etwa dann **als Reiseveranstalter** einzuordnen sein, wenn es **einzelne Reiseleistungen kombiniert**.[435]

433 BGH NJW 2003, 743.

434 So die h.M., vgl. Palandt/Sprau Einf v § 651 a Rn. 3 m.w.N.

435 BGH NJW 2006, 3137.

238 ■ Die einzelnen **Leistungserbringer**, d.h. die Unternehmen und Personen, welche die Einzelleistungen aus der Gesamtheit der Reise unmittelbar tatsächlich erbringen (vgl. § 651 b Abs. 1).

Kennzeichnend für den Leistungserbringer (Leistungsträger) ist, dass er in die Organisation des Reiseveranstalters nicht eingegliedert ist und keinen arbeitsvertraglichen Weisungen unterliegt. Es ist daher eine gewisse rechtliche und **wirtschaftliche Selbstständigkeit** erforderlich.

Beispiele für Leistungsträger: Beförderungsunternehmen, Hoteliers, Fremdenführer, Segelschulen.

B. Reisender

239 Reisender i.S.d. §§ 651 a ff. ist grundsätzlich der **Vertragspartner des Reiseveranstalters**, also derjenige, der mit dem Reiseveranstalter im eigenen Namen für sich und/oder für andere einen Vertrag über eine Gesamtheit von Reiseleistungen abschließt. Reisender kann daher auch derjenige sein, der als Vertragspartner eine Reise für Dritte bucht, ohne selbst eine der gebuchten Reiseleistungen in Anspruch zu nehmen.[436] Reisender kann sowohl ein Verbraucher als **auch** ein **Unternehmer** sein.

Bei der Buchung einer Reise für **mehrere Reiseteilnehmer** ist zu differenzieren:

240 ■ bei **Gruppenreisenden** kann davon ausgegangen werden, dass der Buchende nicht alleiniger Vertragspartner des Reiseveranstalters wird, sondern die anderen Reisenden beim Vertragsschluss nach § 164 Abs. 1 u. 3 vertritt.[437] Dies hat für den Buchenden den Vorteil, dass er nicht für alle vertraglichen Pflichten sämtlicher Mitreisender einstehen muss.

241 ■ Handelt es sich hingegen um **Ehepartner, Kinder oder sonstige Angehörige** des Buchenden, wird der Buchende grundsätzlich alleiniger Vertragspartner. Dann richten sich die Rechte der mitreisenden Familienmitglieder nach den Vorschriften über den Vertrag zugunsten Dritter (§§ 328 ff.).[438] Der Grund für die Annahme eines einheitlichen Reisevertrags liegt darin, dass zwischen den Teilnehmern der Reise eine **Interessen- und Wirtschaftsgemeinschaft** besteht und dies für den Reiseveranstalter aufgrund der Namensidentität oder der sonstigen Umstände ersichtlich ist.[439] Im Übrigen wollen die Familienmitglieder auch nicht aus dem Vertrag verpflichtet sein.

C. Leistungserbringer

242 Die Leistungserbringer (Leistungsträger) sind aufgrund vertraglicher Abreden für den Reiseveranstalter tätig, damit dieser seine Verpflichtungen gegenüber dem Reisenden erfüllen kann. Sie sind daher **Erfüllungsgehilfen des Reiseveranstalters**, für die er gemäß **§ 278 S. 1 Var. 2** mit der Möglichkeit der Haftungsbeschränkung nach § 651 p Abs. 2 haftet. Ein völliger Haftungsausschluss ist nach § 651 y S. 1 unwirksam.

---

436 BGH NJW 2002, 2238, 2239.

437 Looschelders § 36 Rn. 15.

438 Looschelders § 36 Rn. 16.

439 Looschelders § 36 Rn. 16.

Sie sind **nicht Verrichtungsgehilfen** i.S.d. **§ 831**, da sie im Verhältnis zum Reiseveranstalter nicht weisungsgebunden sind.

Der Vertrag zwischen dem Veranstalter und dem Leistungsträger ist in der Regel als **echter Vertrag zugunsten des Reisenden** (§ 328) auszulegen, sodass der Reisende gegen den Leistungsträger einen eigenen Erfüllungsanspruch auf die Einzelleistung hat.[440] Bedeutung hat dies insbesondere bei der Insolvenz des Reiseveranstalters.

Beispiel: Da der Reiseveranstalter an die Fluggesellschaft nicht gezahlt hat und insolvent ist, weigert sich diese, den Reisenden zurückzubefördern.

Der Vertrag zwischen dem Reiseveranstalter und der Fluggesellschaft ist als echter Vertrag zugunsten Dritter, für den die Besonderheiten des Luftbeförderungsrechts gelten, anzusehen. Damit hat der Reisende gegen die Fluggesellschaft einen Anspruch auf Beförderung. Dieser scheitert auch nicht an § 334, demzufolge der Vertragspartner dem Dritten die Einwendungen entgegenhalten kann, die er gegenüber seinem Vertragspartner hat. Diese Vorschrift ist nämlich konkludent abbedungen.[441]

2. Abschnitt: Zustandekommen und Pflichten aus dem Reisevertrag

A. Zustandekommen

Der Reisende und der Reiseveranstalter müssen sich darüber einigen, dass der Reiseveranstalter eine Mehrheit von Reiseleistungen erbringen soll. Für den Abschluss des Reisevertrags gelten die **allgemeinen Regeln der §§ 145 ff.** Kataloge oder Reiseprospekte des Reiseveranstalters stellen regelmäßig lediglich eine invitatio ad offerendum dar.[442] Dies hat zur Folge, dass das Angebot in der Regel in der Buchung der Reise durch den Reisenden liegt. Die Annahme durch den Reiseveranstalter erfolgt dann unmittelbar durch das Buchungsprogramm oder spätestens durch die Reisebestätigung.[443] **243**

Gemäß § 651 d Abs. 3 S. 1 muss dem Reisenden bei oder unverzüglich (§ 121 Abs. 1 S. 1) nach Vertragsschluss eine **Reisebestätigung** zur Verfügung gestellt werden. Inhalt und Form der Reisebestätigung richten sich nach Art. 250 § 6 EGBGB. Erfolgt keine Reisebestätigung, so führt dies nicht zur Unwirksamkeit des Vertrags, sondern stellt eine Pflichtverletzung i.S.d. §§ 280 ff. dar.[444] **244**

Wird der Reisevertrag zwischen einem Verbraucher und dem Reiseunternehmen (Reiseveranstalter) über das Internet oder als Außergeschäftsraumvertrag (§ 312 b) abgeschlossen, wird die Frage virulent, ob die **Verbraucherschutzvorschriften** in den **§§ 312 ff.** Anwendung finden.[445] **245**

Gemäß § 312 Abs. 7 S. 1 wird die Anwendbarkeit dieser Vorschriften für Verträge über Reiseleistungen nach § 651 a und § 651 c stark eingeschränkt, sodass etwa das in **§ 312 g** statuierte Widerrufsrecht des Verbrauchers **keine Anwendung** findet, wenn der Reisevertrag

440 St.Rspr. vgl. Palandt/Sprau § 651 a Rn. 10 m.w.N.
441 BGH NJW 1985, 1457.
442 BeckOK/Geib § 651 a Rn. 26.
443 Looschelders Rn. 729.
444 Jauernig/Teichmann § 651 a Rn. 10.
445 Vgl. dazu ausführlich AS-Skript Schuldrecht AT 2 (2018), Rn. 177 ff.

- im Fernabsatz (§ 312 c) abgeschlossen werden oder
- außerhalb von Geschäftsräumen geschlossen werden, wenn die mündlichen Verhandlungen, auf denen der Vertragsschluss beruht, auf vorhergehende Bestellung des Verbrauchers geführt worden sind.

Von dieser Ausnahmeregelung bleibt jedoch die Anwendbarkeit der Vorschriften für den elektronischen Geschäftsverkehr (§§ 312 i und j) unberührt. Außerdem gelten die in § 312 VII aufgeführten Verbraucherschutzvorschriften auch dann, wenn der Reisende kein Verbraucher ist.

B. Pflichten aus dem Reisevertrag

I. Pflichten des Reiseveranstalters

246 Die Hauptleistungspflicht des Reiseveranstalters ist die **mangelfreie Erbringung der Reiseleistung**. Außerdem zählen auch die Informations- und Nachweispflichten nach Art. 250-252 EGBGB zu den Hauptleistungspflichten des Reiseveranstalters.[446]

Die bisher in der BGB-Info-V enthaltenen **Informations- und Nachweispflichten** wurden mit Wirkung zum 01.07.2018 in **Art. 250–252 EGBGB** überführt. Dabei wurden die vorvertraglichen Informationspflichten ausgeweitet, vgl. § 651 d BGB i.V.m. Art. 250 EGBGB. Insbesondere hat der Reiseveranstalter den Reisenden nunmehr mittels eines **standardisierten Formblattes** über die Rechte zu informieren, die ihm bei Buchung der angebotenen Pauschalreise aufgrund der Richtlinie zustehen (vgl. Anlage 11 zu Art. 250 § 2 Abs. 1 EGBGB).

Als wichtigste **Nebenpflichten** treffen den Reiseveranstalter die Schutz- und Obhutspflichten gegenüber dem Reisenden (§ 241 Abs. 2).

II. Pflichten des Reisenden

247 Der Reisende muss den **Reisepreis zahlen** (§ 651 a Abs. 1 S. 2). Fehlt eine Fälligkeitsabrede, so ist diese Vertragslücke durch entsprechende Anwendung der Werkvertragsregeln zu schließen. Danach wird die Vergütung – in Ausnahme zu § 271 Abs. 1 Var. 1 – erst nach Beendigung der Reise fällig, §§ 641 Abs. 1, 646 entsprechend.

In der Praxis wird jedoch in den AGB **regelmäßig eine Vorleistungspflicht** des Reisenden vereinbart. Solche Vorleistungsklauseln sind grundsätzlich wirksam. Sie verstoßen weder gegen § 309 Nr. 2 noch gegen § 307. Der Reisende wird durch §§ 651 t, 651 r davor geschützt, den Reisepreis bei Insolvenz des Reiseveranstalters zu verlieren.

Den Reisenden trifft die Obliegenheit, sich einzelne **Reisedokumente**, die nach der Information des Reiseveranstalters erforderlich sind, **selbst zu beschaffen**. Darüber hinaus treffen den Reisenden vertragliche **Nebenpflichten**, vor allem die Schutzpflichten nach **§ 241 Abs. 2**.

---

446 Looschelders § 36 Rn. 20.

III. Einseitige Änderungen durch den Reiseveranstalter

In **§ 651 f Abs. 1** ist geregelt, unter welchen Voraussetzungen eine **einseitige Erhöhung des Reisepreises** durch den Reiseveranstalter erfolgen kann. Außerdem stellt **§ 651 f Abs. 2** klar, dass **andere einseitige Änderungen** (d.h. solche, die nicht den Reisepreis betreffen) durch den Reiseveranstalter nur möglich sind, wenn ein entsprechender Änderungsvorbehalt vertraglich vorgesehen und die Änderung unerheblich ist. Nach **§ 651 f Abs. 4** hat der Reisende künftig bei einer vorbehaltenen Preiserhöhung das Recht auf eine **Preissenkung**, wenn sich die relevanten Umstände zu seinen Gunsten ändern. 248

Demgegenüber betrifft die Regelung des **§ 651g erhebliche** Vertragsänderungen, die der Reiseveranstalter im Gegensatz zu den o.g. Änderungen gemäß § 651 f Abs. 1 u. 2 **nicht einseitig** vornehmen kann. Gemäß § 651 g Abs. 1 kann der Reiseveranstalter ab einer (dann „erheblichen") **Preiserhöhung von 8%** (bisher nur 5%, vgl. § 651 a Abs. 5 S. 2 a.F.) eine entsprechende Preiserhöhung anbieten und verlangen, dass der Reisende innerhalb einer angemessenen Frist entweder das Angebot annimmt oder seinen Rücktritt erklärt. Diese Regelung gilt gemäß § 651 g Abs. 1 S. 3 unter den dort genannten Voraussetzungen entsprechend für andere Vertragsänderungen als Preiserhöhungen.

3. Abschnitt: Rechte vor Reisebeginn

Da die Reisen i.S.d. §§ 651 a ff. regelmäßig längere Zeit vor ihrem Beginn gebucht werden, tritt nicht selten der Fall ein, dass sich in der Zeit zwischen dem Vertragsschluss und dem Reisebeginn die **Umstände ändern**, die für den Entschluss des Reisenden bedeutsam waren. Daher enthält das Reisevertragsrecht **spezielle Regelungen**, nach denen der Reisende sich **einseitig vom Vertrag lösen** kann. 249

A. Vertragsübertragung

Gemäß **§ 651 e Abs. 1 S. 1** kann der Reisende innerhalb einer angemessenen Frist vor Reisebeginn auf einem dauerhaften Datenträger erklären, dass statt seiner ein Dritter in die Rechte und Pflichten aus dem Pauschalreisevertrag eintritt. Die Erklärung, die – anders als nach dem bis zum 30.06.2018 geltenden Recht in der **Form des dauerhaften Datenträgers** (§ 126 b S. 2) erfolgen muss – gilt gemäß § 651 e Abs. 1 S. 2 jedenfalls als rechtzeitig, wenn sie dem Reiseveranstalter nicht später als sieben Tage vor Reisebeginn zugeht. 250

Ein besonderer Grund oder das Einverständnis des Reiseveranstalters sind für die Vertragsübertragung nicht erforderlich. Die Rechte des Reiseveranstalters werden hinreichend dadurch gewahrt, dass ihm gemäß § 651 e Abs. 2 ein **Widerspruchsrecht** zusteht.

Rechtsfolge der Vertragsübertragung ist

- ein **Parteiwechsel**, d.h. dass der Dritte durch **Vertragsübernahme** in die gesamte Rechtsstellung des Reisenden eintritt und daher alle Gewährleistungs- und Gestaltungsrechte erhält;

- gemäß **§ 651 e Abs. 3**, dass der Dritte und der „Reisende" dem Reiseveranstalter als **Gesamtschuldner** für den Reisepreis und die ggf. entstandenen Mehrkosten haften.

B. Rücktrittsrechte

251 Gemäß **§ 651 h Abs. 1** kann der Reisende **ohne Angabe eines Grundes** vor Reisebeginn **jederzeit** zurücktreten, wodurch der Reiseveranstalter den Anspruch auf den Reisepreis verliert, jedoch eine angemessene Entschädigung verlangen kann. Für die Bestimmung der Höhe der Entschädigung besteht die Möglichkeit der vertraglich vereinbarten abstrakten oder konkreten Berechnungsmethode, vgl. § 651 h Abs. 2.

Allerdings bestimmt **§ 651 h Abs. 3**, dass der Reiseveranstalter bei einem Rücktritt des Reisenden abweichend von Absatz 1 keine Entschädigung verlangen kann, wenn am Bestimmungsort oder in dessen unmittelbarer Nähe **unvermeidbare, außergewöhnliche Umstände** auftreten, welche die Durchführung der Pauschalreise oder die Beförderung von Personen an den Bestimmungsort erheblich beeinträchtigen. Der **§ 651 h Abs. 3 S. 2** definiert den **Begriff der unvermeidbaren und außergewöhnlichen Umstände** als solche, die nicht der Kontrolle der Partei unterliegen, die sich hierauf beruft, und sich ihre Folgen auch dann nicht hätten vermeiden lassen, wenn alle zumutbaren Vorkehrungen getroffen worden wären.

Hinweis: *Der Begriff der unvermeidbaren, außergewöhnlichen Umstände tritt an die Stelle des bis zum 30.06.2018 in § 651 j Abs. 1 a.F. vorgesehenen Begriffs der „höheren Gewalt".*

Nach **§ 651 h Abs. 4** hat auch der **Reiseveranstalter** ein **Rücktrittsrecht** vor Beginn der Reise. Dieses Recht ist jedoch auf bestimmte in der Vorschrift näher beschriebene Gründe beschränkt.

C. Verhältnis zum allgemeinen Leistungsstörungsrecht

252 In welchem Verhältnis das allgemeine Leistungsstörungsrecht zu den Gewährleistungsregeln der **§§ 651 i ff.** steht, wenn die Reise überhaupt nicht angetreten wird, ist umstritten.

- Zum Teil wird befürwortet, dass die reisevertraglichen Gewährleistungsregeln als spezielle Normen die allgemeinen Regeln der Leistungsstörung **erst ab Reiseantritt verdrängen.**[447] Dafür wird angeführt, dass das Vorliegen eines Reisemangels begrifflich voraussetzt, dass überhaupt eine Reiseleistung erbracht worden ist. Falle bereits die erste Leistung aus, so liege kein Reisemangel, sondern Unmöglichkeit wegen Zeitablaufs vor, sodass nur die §§ 275 ff. anwendbar seien.

253
- Nach ganz h.M.[448] sind bereits **ab Vertragsschluss die §§ 651 i ff. spezieller und verdrängen die allgemeinen Vorschriften**. Nur so können Rechtssicherheit und Rechtsklarheit geschaffen werden. Für diese Auffassung spricht ferner, dass zufällige Ergebnisse hinsichtlich des Zeitpunkts der Leistungsstörung vermieden werden. Somit sind die allgemeinen Regeln, wenn ein Mangel der Reise vorliegt, schon ab Vertragsschluss nicht anwendbar.

447 Früher: Oetker/Maultzsch § 9 Rn. 44 ff.

448 Vgl. Palandt/Sprau § 651 i ff. Rn. 2 m.w.N.

4. Abschnitt: Mängelgewährleistung

Grundschema zur Gewährleistung
I. Wirksamer **Reisevertrag**, § 651 a
II. **Reisemangel**, § 651 i
III. Zusätzliche Voraussetzungen je nach dem, ob ▪ Abhilfe, § 651 k ▪ Kündigung, § 651 l ▪ Minderung, § 651m ▪ Schadensersatz, § 651 n ▪ Aufwendungsersatz, § 284 i.V.m. § 651 i Abs. 3 Nr. 7
IV. Durchsetzbarkeit, §§ 214, **651 j**

254

A. Reisemangel

Der Reiseveranstalter hat dem Reisenden gemäß § 651 i Abs. 1 die Pauschalreise frei von Reisemängeln zu verschaffen. Die Pauschalreise ist nach **§ 651 i Abs. 2** nicht frei von Reisemängeln, wenn 255

- sie nicht die **vereinbarte Beschaffenheit** hat (§ 651 i Abs. 2 S. 1) und soweit die Beschaffenheit nicht vereinbart ist, wenn
- sie sich nicht für den **nach dem Vertrag vorausgesetzten Nutzen** eignet (§ 651 i Abs. 2 S. 2 Nr. 1), ansonsten wenn
- sie sich nicht für den **gewöhnlichen Nutzen** eignet und keine Beschaffenheit aufweist, die bei Pauschalreisen der gleichen Art **üblich** ist und die der Reisende nach der Art der Pauschalreise erwarten kann (§ 651 i Abs. 2 S. 2 Nr. 1).
- Ein Reisemangel liegt gemäß § 651 i Abs. 2 S. 3 auch vor, wenn der Reiseveranstalter Reiseleistungen **nicht** oder mit **unangemessener Verspätung** verschafft.

Der konkrete Inhalt und der Umfang der geschuldeten Reiseleistung ergeben sich vor allem aus den Vereinbarungen der Parteien, dabei haben die Informationen des Reiseveranstalters im Internet sowie in Katalogen und Prospekten große Bedeutung.[449]

Allerdings begründet nicht jede Unannehmlichkeit während der Reise einen Mangel. Abzugrenzen sind Reisemängel i.S.d. § 651 i Abs. 2 insbesondere von 256

- der **bloßen Verwirklichung des allgemeinen Lebensrisikos**

  Beispiele: Steinwurf eines Eingeborenen bei Trekking-Tour; Raubüberfall bei Landgang.

449 Looschelders § 36 Rn. 29.

257 ■ **Unannehmlichkeiten**, die im Rahmen des Massentourismus hingenommen werden müssen.

Beispiele: Servieren eines halbgefrorenen Sandwiches; Plastikstühle in einem preiswerten Hotel; Essen im 50 m entfernten Nachbarhotel.[450]

Legendär und lesenswert ist die Entscheidung des AG Mönchengladbach.[451] Leitsatz der NJW-Redaktion: „Die Unterbringung in einem mit zwei Einzelbetten statt eines Doppelbetts ausgestatteten Ferienhotelzimmer und ein aufgrund dieses Umstands unharmonischer Intimverkehr während der Dauer des Urlaubs stellen nicht ohne weiteres einen zur Herabsetzung des Reisepreises berechtigenden Mangel dar." Denn – so das Gericht wörtlich – „dem Gericht sind mehrere allgemein bekannte und übliche Variationen der Ausführung des Beischlafs bekannt, die auf einem einzelnen Bett ausgeübt werden können, und zwar durchaus zur Zufriedenheit aller Beteiligten."

Bei der Abgrenzung, ob ein Mangel oder eine bloße Unannehmlichkeit vorliegt, sind die **Umstände des Einzelfalls** und dabei vor allem die Art der Reise (Trekkingtour oder Luxuskreuzfahrt), die Ortsüblichkeit und der Reisepreis maßgeblich.

Beispiel: Eine **Flugzeitänderung** von einer Stunde ist rechtlich eine bloße Unannehmlichkeit. Wird der Flug hingegen um 10 Stunden vorverlegt und dadurch die Nachtruhe des letzten Tages beeinträchtigt, so liegt ein Reisemangel vor.[452]

B. Gewährleistungsrechte des Reisenden

Ist die Reise mangelhaft, kann der Reisende

- zunächst **Abhilfe** in vier verschiedenen Ausprägungen verlangen, **§ 651 k**,
- aus der **Minderung** des Reisepreises Rechte herleiten, **§ 651 m**,
- **kündigen, § 651 l**,
- **Schadensersatz**, **§ 651 n Abs. 1**, und
- **Ersatz vergeblicher Aufwendungen** gemäß **§ 284** i.V.m. **§ 651 i Abs. 3 Nr. 7** verlangen.[453]

I. Abhilfe, Selbstabhilfe und Aufwendungsersatz

Nach den **§§ 651 i Abs. 3 Nr. 1, 651 k Abs. 1 S. 1** kann der Reisende **Abhilfe** verlangen, die der Reiseveranstalter gemäß § 651 k Abs. 1 S. 2 nur verweigern kann, wenn

- sie unmöglich ist (Nr. 1) oder
- unter Berücksichtigung des Ausmaßes und des Werts der betroffenen Reiseleistung mit unverhältnismäßigen Kosten verbunden ist (Nr. 2).

Dem Abhilfeverlangen kann durch die **Beseitigung** des Mangels **oder** durch die Erbringung einer **gleichwertigen** und zumutbaren **Ersatzleistung** entsprochen werden. Der richtige **Adressat** ist in erster Linie der Reiseveranstalter sowie seine Vertreter, also vor

450 Vgl. dazu die ADAC-Tabelle zur Preisminderung bei Reisemängeln.
451 AG Mönchengladbach NJW 1995, 884.
452 Staudinger/Krüger NJW 2012, 2853.
453 Zu den Gewährleistungsrechten Pechstein RÜ 2018, 565 ff.

allem die örtliche Reiseleitung, die zur Entgegennahme eines Abhilfeverlangens kurzfristig präsent, zumindest aber erreichbar sein muss.[454]

Außerdem hat der Reisende gemäß **§§ 651 i Abs. 3 Nr. 2, 651 k Abs. 2** nach erfolgloser Fristsetzung zur Abhilfe ein

- **Selbstabhilferecht** und kann
- **Ersatz der erforderlichen Aufwendungen** verlangen.

Bei der Bemessung der **angemessenen Frist** sind die beiderseitigen Interessen zu berücksichtigen, insbesondere die Aktualität und Intensität der Störung sowie die Dauer der Reise und die Zumutbarkeit des Abwartens. Je schwerer die Mängel wiegen, desto kürzere Abhilfefristen sind anzusetzen. Wird eine unangemessen kurze Frist gesetzt, so läuft eine angemessene Frist.

Die Fristsetzung zur Abhilfe ist gemäß § 651 k Abs. 2 S. 2 entbehrlich, wenn die Abhilfe vom Reiseveranstalter verweigert wird oder wenn sofortige Abhilfe notwendig ist.

Beispiel: Benutzung eines Taxis, wenn der Transferbus nicht rechtzeitig erscheint.

Erforderlich sind dabei alle **Aufwendungen**, die der Reisende nach sorgfältiger, die Umstände des Falles berücksichtigender Prüfung für **angemessen halten durfte**. Jedoch sind dabei die Anforderungen an das Beurteilungsvermögen des Reisenden nicht zu überspannen.

Eine nicht unwesentliche Neuerung gegenüber der bis zum 30.06.2018 geltenden Rechtslage ist, dass in dem Fall, dass der Reiseveranstalter gemäß **§ 651 k Abs. 1 S. 2** die Abhilfe verweigern kann und der Reisemangel einen erheblichen Teil der Reiseleistungen betrifft, der Reiseveranstalter gemäß **§§ 651 i Abs. 3 Nr. 3, 651 k Abs. 3** Abhilfe durch angemessene **andere Reiseleistungen** (Ersatzleistungen) anzubieten hat. Dabei handelt es sich um einen modifizierten Nacherfüllungsanspruch des Reisenden.[455]

Haben die Ersatzleistungen zur Folge, dass die Pauschalreise im Vergleich zur ursprünglich geschuldeten nicht von mindestens gleichwertiger Beschaffenheit ist, hat der Reiseveranstalter gemäß **§ 651 k Abs. 3 S. 2** dem Reisenden eine angemessene **Herabsetzung des Reisepreises** zu gewähren, wobei sich die Angemessenheit nach § 651 m Abs. 1 S. 2 richtet. Wenn die Ersatzleistungen nicht vergleichbar sind oder die angebotene Herabsetzung des Reisepreises nicht angemessen ist, kann der Reisende gemäß § 651 k Abs. 3 S. 3 die Ersatzleistungen berechtigterweise ablehnen. Gemäß § 651 k Abs. 3 S. 4 sind in diesem Fall die Regeln über die Kündigung gemäß § 651 l Abs. 2 u. 3 n.F. anzuwenden.

Der Reiseveranstalter hat gemäß **§§ 651 i Abs. 3 Nr. 4, 651 k Abs. 4**, wenn der Vertrag die Rückbeförderung umfasst und diese aufgrund unvermeidbarer, außergewöhnlicher Umstände nicht möglich ist, die **Kosten für eine notwendige Beherbergung für höchstens drei Nächte** in einer möglichst gleichwertigen Unterkunft zu tragen.

---

454 BeckOK/Geib § 651 k Rn. 5.

455 BT-Drs. 18/10822, S. 80.

Schließlich regelt **§ 651 k Abs. 5** Fälle, in denen sich der Reiseveranstalter auf die Begrenzung des Zeitraums von höchstens drei Nächten gemäß Abs. 4 nicht berufen kann (z.B. wenn der Reisende eine Person mit eingeschränkter Mobilität ist oder besonderer medizinischer Betreuung bedarf, Schwangere oder unbegleiteter Minderjähriger ist, vgl. § 651 k Abs. 5 Nr. 2).

Liegt keine Fallgestaltung des **§ 651 k Abs. 5** vor und nimmt der Reisende infolge einer vom Reiseveranstalter zu vertretenden Nichtbeförderung mehr als drei Übernachtungen in Anspruch, unterfallen diese Kosten nicht § 651 k Abs. 4, sondern es kommt ein Schadensersatzanspruch des Reisenden gemäß §§ 651 i Abs. 3 Nr. 7, 651 n in Betracht.[456]

258 ***Klausurhinweis:*** *Da der Gesetzgeber dem Reisenden die einzelnen Rechte wegen Mängeln kumulativ gewährt, kann neben dem Aufwendungsersatzanspruch unter den Voraussetzungen des § 651 n Abs. 1 auch Schadensersatz verlangt werden. Allerdings besteht wegen des gleichen Mangels (natürlich) nur eine einmalige Zahlungspflicht. Sind in einer Klausur bestimmte Ansprüche nicht ausdrücklich von der Bearbeitung ausgeschlossen, so sind aber alle in Betracht kommenden Anspruchsgrundlagen zu prüfen.*

II. Minderung

259 Nach **§§ 651 i Abs. 3 Nr. 6, 651 m Abs. 1 S. 1** mindert sich der Reisepreis für die Dauer des Reisemangels. Für die Berechnung gilt § 651 m Abs. 1 S. 2 u. 3.

Hinweis: *Wie bereits nach der bis zum 30.06.2018 geltender Rechtslage ist die Minderung - abweichend vom Kauf- und Werkvertragsrecht (vgl. dort § 441 bzw. § 638) -* ***nicht*** *als* ***Gestaltungsrecht*** *normiert worden, sodass – ebenso wie im Mietrecht (vgl. § 536 Abs. 1) – eine Erklärung zum Eintritt der Minderung des Reisepreises nicht erforderlich ist.*

Für den – in der Praxis die Regel darstellenden – Fall, dass der Reisende mehr als den geminderten Preis bezahlt hat, ergibt sich aus **§ 651 m Abs. 2 S. 1, S. 2** i.V.m. **§ 346 Abs. 1** ein **Erstattungsanspruch**.

260 Bei der **Preisminderung** ist die Bezugsgröße regelmäßig der Gesamtpreis der Pauschalreise. Dieser wird grundsätzlich **anteilig pro Reisetag**, an dem ein Mangel bestand („für die Dauer des Reisemangels"), gemindert.

Allerdings kann bei **besonderer Schwere eines Mangels** (etwa ein Beinaheabsturz während des Rückfluges) auch ein einzelnes Ereignis eine Minderung rechtfertigen, die sich nicht auf den anteiligen Reisepreis für die Dauer des Ereignisses beschränkt.[457]

Um bei der Bemessung der Minderung eine Gleichbehandlung zu ermöglichen und ein praktikables Hilfsmittel zu schaffen, hat das LG Frankfurt die typischen Reisemängel in einer Tabelle zusammengefasst und ihnen bestimmte Rahmenprozentsätze zugeordnet (sog. **Frankfurter Tabelle**).[458]

---

456 BT-Drs. 10/822, S. 81.

457 BGH NJW 2008, 2775, 2776.

458 LG Frankfurt NJW 1985, 113 mit Erläuterungen von Tempel NJW 1985, 97; Ergänzungen zu den Erläuterungen: Tempel NJW 1994, 1639.

Die Minderung entfällt gemäß **§ 651 o Abs. 2**, wenn der Reiseveranstalter infolge einer **schuldhaft unterlassenen Anzeige des Reisemangels** gemäß § 651 o Abs. 1 nicht Abhilfe schaffen konnte, vgl. **§ 651 o Abs. 2 Nr. 1.**

Die Anzeige hat gegenüber dem Reiseveranstalter zu erfolgen. Außerdem ist **Adressat** jeder, den der **Reiseveranstalter** zu seinem Empfangsberechtigten bestimmt hat oder bei dem der Reisende nach Rechtscheingrundsätzen davon ausgehen durfte, dass dieser als Vertreter oder Empfangsbote des Reiseveranstalters anzusehen ist.[459] Bei der örtlichen Reiseleitung darf der Reisende ohne weiteres davon ausgehen, dass diese gerade auch dafür da ist, Mangelanzeigen für den Reiseveranstalter entgegenzunehmen. Hingegen ist eine Anzeige bei der Hotelrezeption nicht ausreichend.[460]

Eine **Fristsetzung** ist – im Gegensatz zum Abhilfeverlangen – **nicht erforderlich**. In dem Abhilfeverlangen nach § 651 k Abs. 1 ist die Mangelanzeige aber als minus enthalten.[461]

Soweit die Mängelanzeige erforderlich war, ist die Minderung nur bei einem **schuldhaften Unterlassen der Mängelanzeige** ausgeschlossen. Ein Verschulden liegt nicht vor, wenn eine für die Mängelanzeige zuständige Empfangsperson fehlt oder die Anzeige aus einem in der Person des Reisenden liegenden Grund (z.B. Krankheit) nicht erfolgen kann.[462] Gleiches gilt für den Fall, dass der Reiseveranstalter den ihm obliegenden Hinweis auf die Anzeigepflicht (Art. 250 § 6 Abs. 2 Nr. 5 EGBGB) unterlassen hat.[463]

Zu beachten ist schließlich, dass nur soweit der Reiseveranstalter **„infolge"** einer schuldhaften Unterlassung der Anzeige nach § 651 o Abs. 1 nicht Abhilfe schaffen konnte, die Rechtswirkungen nach § 651 o Abs. 2 eintreten. Daraus folgt, dass das Unterbleiben der Mangelanzeige unschädlich ist, wenn es nicht dazu geführt hätte, dass eine solche Meldung den Schaden verhindert oder verringert hätte.[464] An der demnach erforderlichen Kausalität fehlt es etwa dann, wenn dem Reiseveranstalter keine Abhilfe möglich war oder er von vornherein zur Abhilfe nicht bereit war.[465]

Fall 6: Viva la Revolución

R bucht beim Reiseveranstalter V eine 14-tägige Erholungsreise nach Kuba. Am zehnten Tage begannen die „organisierten Angestellten" einen rechtmäßigen Streik. Die Betreuung der Gäste ist notdürftig: Mittags gibt es nur einen Gang, der verspätet serviert wird. Zum Abendessen ist lediglich ein kaltes Büfett angerichtet. Die Zimmer werden nicht gereinigt, die Betten nicht gemacht usw. Daran ändert auch die sofortige Mängelanzeige des R bei der örtlichen Reiseleitung in Havanna nichts. Er will deshalb wegen der Urlaubsbeeinträchtigung an den letzten vier Reisetagen einen Teil des bereits vollständig an V gezahlten Reisepreises zurückhaben. Steht R der geltend gemachte Anspruch zu?

---

459 BeckOK/Geib§ 651o Rn. 8.
460 Palandt/Sprau § 651 o Rn. 21 m.w.N.
461 BeckOK/Geib § 651o Rn. 9.
462 Vgl. BeckOK/Geib § 651o Rn. 11.
463 BeckOK/Geib § 651o Rn.12.
464 Palandt/Sprau § 651 o Rn. 4.
465 Looschelders § 36 Rn. 35.

261 R könnte gegen V einen Anspruch auf Rückzahlung eines Teils des Reisepreises wegen Minderung gemäß **§§ 651 m Abs. 2, 346 Abs. 1** haben.

I. Da zwischen den Parteien ein wirksamer Pauschalreisevertrag (§ 651 a) bestand und die Reise infolge der unzulänglichen Hotelbetreuung gemäß § 651 i Abs. 2 mangelhaft war, liegt ein **Minderungsgrund** vor. Der Streik wirkt sich unmittelbar auf die Reiseleistung aus und zählt daher nicht zum allgemeinen Lebensrisiko des R.

II. R schuldet kraft Gesetzes nur den geminderten Reisepreis. Er kann den zu viel gezahlten Betrag zurückverlangen, es sei denn, die Minderung ist gemäß § 651 o Abs. 2 ausgeschlossen.

1. Das **Ausmaß der Minderung** bestimmt sich nach § 651 m. Der Reisepreis ist gemäß § 651 m Abs. 1 S. 2 in dem Verhältnis herabzusetzen, in dem zur Zeit des Vertragsschlusses der Wert der Gesamtreise ohne Mängel zu ihrem tatsächlichen Wert gestanden haben würde. Bei der Ermittlung des tatsächlichen Wertes sind insbesondere Art, Intensität und Dauer des Mangels zu berücksichtigen.[466]

   Danach ist es hier gerechtfertigt, von den Gesamtkosten der letzten **vier Tage** die Hälfte abzuziehen.

2. Der Minderungsanspruch ist nicht gemäß **§ 651 o Abs. 2** ausgeschlossen, weil R die Mängel sofort angezeigt hat.

3. Der Reisende kann gemäß **§ 651 m Abs. 2**, wenn er bereits vor der Reise den vollen Reisepreis bezahlt hatte, den aufgrund der Minderung zuviel gezahlten Betrag nach **§ 346 Abs. 1** zurückverlangen.

R hat gegen V einen Anspruch auf Rückzahlung des zuviel gezahlten Betrages gemäß §§ 651 m Abs. 2, 346 Abs. 1.

III. Schadensersatz und Ersatz vergeblicher Aufwendungen

262 Der Reisende kann, wenn die Reise mangelhaft ist, unter den weiteren Voraussetzungen des **§ 651 n** Schadensersatz verlangen. Während der Anspruch gemäß § 651 n Abs. 1 auf den Ersatz von Vermögensschäden gerichtet ist, erfasst der Anspruch aus § 651 n Abs. 2 Nichtvermögensschäden.

1. Schadensersatz gemäß § 651 n Abs. 1

a) Anspruchsvoraussetzungen

Neben dem Vorliegen eines wirksamen Reisevertrags muss die Reise einen **Mangel** i.S.d. **§ 651 i Abs. 2** haben. Auf die Erheblichkeit der Beeinträchtigung kommt es – im Gegensatz zu § 651 n Abs. 2 – nicht an.

---

466 Palandt/Sprau § 651 m Rn. 4.

Erforderlich ist ferner ein **Verschulden** des Reiseveranstalters. Das wird – wie bei § 280 Abs. 1 S. 2 – **widerlegbar vermutet**. Die Exkulpationsmöglichkeiten sind jedoch beschränkt. Der Reiseveranstalter kann sich gemäß § 651 n Abs. 1 Hs. 2 nur entlasten, wenn

- der Reisemangel vom Reisenden verschuldet ist (Nr. 1) oder
- von einem Dritten verschuldet ist, der weder Leistungsträger ist noch in anderer Weise an der Erbringung der von dem Pauschalreisevertrag umfassten Reiseleistungen beteiligt ist, und für den Reiseveranstalter nicht vorhersehbar oder nicht vermeidbar war (Nr. 2) oder
- der Reisemangel durch unvermeidbare, außergewöhnliche Umstände verursacht wurde (Nr. 3).

***Hinweis:** Das neue Recht behält zwar die schon bis zum 30.06.2018 in § 651 f Abs. 1 a.F. normierte Systematik eines verschuldensabhängigen Anspruchs mit Beweislastumkehr („es sei denn") bei. Durch die beschränkten Exkulpationsmöglichkeiten trifft den Reiseveranstalter aber faktisch eine Art Garantiehaftung.*

Nach § 651 n Abs. 1 HS. 2 Nr. 2 kommt eine Exkulpation von vornherein dann nicht in Betracht, wenn der Reiseveranstalter sich ein etwaiges Verschulden seines Erfüllungsgehilfen nach § 278 zurechnen lassen muss, weil es sich dann nicht um außenstehende Dritte handelt. **Erfüllungsgehilfen** des Reiseveranstalters sind alle Personen, derer er sich bei der Reisevorbereitung, bei Vertragsschluss, Reiseantritt und bei der Erbringung der Reiseleistungen bedient.

Beispiele: Zu den Erfüllungsgehilfen zählen insbesondere der **Reiseleiter**, das **Reisebüro** und die einzelnen **Leistungsträger**. Auch das Personal der Leistungsträger gehört als Erfüllungsgehilfe der Erfüllungsgehilfen zum relevanten Personenkreis.

Ob der Reiseveranstalter einen **Streik** von Personen, die zur Durchführung der Reise eingeschaltet sind, zu vertreten hat, muss differenzierend beurteilt werden. Ein **Verschulden des Reiseveranstalters selbst** kann darin bestehen, dass er die mögliche rechtzeitige Information des Reisenden über den Streik versäumt hat, die diesen eventuell zum Nichtantritt der Reise veranlasst hätte, oder dass er zumutbare, zu beschaffende Ersatzlösungen nicht anbietet.

Beim **Streik der Erfüllungsgehilfen** wird in der Lit. danach differenziert, ob es sich um einen rechtmäßigen oder rechtswidrigen Streik handelt. Nur im Falle eines rechtswidrigen Streiks der Erfüllungsgehilfen liegt ein Verschulden dieser Personen vor und der Reiseveranstalter hat dafür nach § 278 einzustehen.

Der Anspruch ist nach § 651 o Abs. 2 Nr. 2 ausgeschlossen, wenn der Reiseveranstalter infolge einer **schuldhaft unterlassenen Anzeige des Reisemangels** gemäß § 651 o Abs. 1 nicht Abhilfe schaffen konnte, vgl. **§ 651 o Abs. 2 Nr. 1.**

b) Rechtsfolgen

Der Schadensersatzanspruch des Reisenden gemäß § 651 n Abs. 1 umfasst an sich auch den **mangelbedingten Minderwert** der Reise. Da dieser Anspruch aber nicht neben der (automatischen) Minderung geltend gemacht werden kann, ist die eigentliche Bedeutung des Anspruches in dem Ersatz von **Folgeschäden** zu sehen.

Hinweis: *Mit der Neuregelung zum 01.07.2018 wurde der bisherige Begriff des „Schadensersatzes wegen Nichterfüllung" durch den Begriff des „Schadensersatzes" ersetzt, der – wie im Mietrecht (vgl. § 536 a Abs. 1) – entsprechend der bisherigen Rechtslage sowohl Mangel- als auch Mangelfolgeschäden erfasst.*[467]

Zu beachten ist somit, dass anders als im Kauf- und Werkrecht (vgl. §§ 437 Nr. 3 bzw. 634 Nr. 4 i.V.m. §§ 280 ff. BGB) keine Differenzierung zwischen Schadensersatz „statt" und „neben" der Leistung erfolgt.

Als Schäden kommen dabei sowohl **Eigentums- und Körperschäden** als auch reine **Vermögensschäden** in Betracht. Dazu zählen etwa:

- Behandlungskosten wegen einer erlittenen Körperverletzung,
- Kosten für die Reparatur beschädigter Kleidung,
- Schmerzensgeld wegen eines Unfalls im Hotel (ein Anspruch aus § 651 n Abs. 1 i.V.m. § 253 Abs. 2 kann neben einen Anspruch aus § 651 n Abs. 2 bestehen).

2. Schadensersatz wegen nutzlos aufgewendeter Urlaubszeit

a) Anspruchsvoraussetzungen

Der Anspruch aus **§ 651 n Abs. 2** gewährt dem Reisenden – als Ausnahme von § 253 Abs. 2 – den Ersatz eines **immateriellen Schadens**, nämlich wegen nutzlos aufgewendeter Urlaubszeit. Über die Voraussetzungen des § 651 n Abs. 1 hinaus ist als zusätzliches haftungsbegründendes Merkmal die Vereitelung der Reise oder eine erhebliche Beeinträchtigung der Reise erforderlich.

- Eine **Vereitelung** der Reise liegt vor, wenn die Reise gar nicht angetreten werden kann oder gleich zu Anfang abgebrochen werden muss.[468]

  Beispiele: Der Reiseveranstalter macht eine ungenaue Haltestellenangabe, sodass der Reisende dadurch vom Busfahrer übersehen wird;[469] Nichtdurchführbarkeit des Fluges, weil dem Reisenden zu Unrecht untersagt wird, medizinische Hilfsmittel, auf die er angewiesen ist, auf dem Flug mitzunehmen.[470]

- Ob eine **erhebliche Beeinträchtigung** vorliegt, wird überwiegend in quantitativer Hinsicht ermittelt und soll dann vorliegen, wenn die jeweiligen Reisemängel zu einer Minderung von 50% berechtigen.[471] Kann die Reise in einen mangelbehafteten und in einen mangelfreien Teil aufgespalten werden, reicht es aus, wenn die Erheblichkeitsschwelle beim mangelbehafteten Teil erreicht wird.

  Beispiel: Muss ein Urlaubstag allein für den Umzug in eine Ersatzunterkunft beansprucht werden, so ist dieser Urlaubstag „verdorben", und begründet einen Anspruch aus § 651 n Abs. 2, auch wenn ansonsten keine erheblichen Mängel vorliegen.

---

467 BT-Drs. 18/10822, S. 83

468 BeckOK/Geib § 651n Rn. 17.

469 MünchKomm/Tonner § 651 f Rn. 48.

470 AG Köln NJW-RR 2013, 1464, 1465.

471 Vgl. Jauernig/Teichmann § 651 f Rn. 8.

Die **nutzlose Verwendung** von Urlaubszeit ist **kein zusätzliches anspruchsbegründendes Merkmal**, da mit der Vereitelung der Reise zugleich der haftungsausfüllende Tatbestand der vertanen Urlaubszeit feststeht.[472] Deshalb ist es unerheblich, wie der Reisende die für die Reise vorgesehene Zeit verbracht hat, also ob ein Berufstätiger nach Abbruch der Reise seine Berufstätigkeit sofort wieder aufnimmt, sofort krank wird oder ob er bei einem anderen Reiseveranstalter eine Ersatzreise unternimmt.[473]

Der Anspruch ist nach § 651 o Abs. 2 Nr. 2 ausgeschlossen, wenn der Reiseveranstalter infolge einer **schuldhaft unterlassenen Anzeige des Reisemangels** gemäß § 651 o Abs. 1 nicht Abhilfe schaffen konnte, vgl. **§ 651 o Abs. 2 Nr. 1.**

b) Rechtsfolgen

Als Rechtsfolge des Anspruchs aus § 651 n Abs. 2 kann der Reisende eine **angemessene Entschädigung in Geld** verlangen.

Die Berechnung des Schadensersatzanspruchs muss sich als **Bemessungsgrundlage** am Reisepreis und nicht etwa am Einkommen des Reisenden orientieren.[474] Demnach ist bei einem völlig „verdorbenen" Urlaub der volle Reisepreis als Entschädigung zu leisten.

Wenn die Reise nicht für die gesamte Dauer beeinträchtigt wurde, ist der **auf den einzelnen Tag entfallende Reisepreis vom Gesamtreisepreis** einschließlich der Beförderungskosten zu berechnen und sodann mit der Zahl der beeinträchtigten Tage zu multiplizieren. Dabei ist auch der Grad der Beeinträchtigung maßgebend.[475]

3. Ersatz vergeblicher Aufwendungen

Voraussetzung des Anspruchs aus § 284 i.V.m. § 651 i Abs. 3 Nr. 7 ist zunächst das Vorliegen der **Voraussetzungen** eines **Schadenersatzanspruchs** gemäß **§ 651 n Abs. 1** (arg. e. „anstelle" i.S.d § 284 BGB).

Zudem müssen vergebliche Aufwendungen des Reisenden **im Vertrauen auf den Erhalt der Reiseleistung** vorliegen, die der Reisende **billigerweise** machen durfte.

Beispiele: Aufwendungen für eine Selbsthilfe, z.B. Kosten für die Suche einer anderen Unterkunft, Taxikosten oder Telefonkosten, Kreditkartengebühren und Impfkosten, die aufgrund der vorzeitigen Beendigung der Reise nutzlos werden

Schließlich muss der Zweck der Aufwendungen **auch ohne die Pflichtverletzung** erreicht worden sein, was jedoch zu vermuten ist (arg. e. „es sei denn" i.S.d. § 284 ltz. Hs.).

Auch der Ersatz vergeblicher Aufwendungen (arg.e.: „anstelle" des Schadensersatzes statt der Leistung i.S.d § 284 BGB) ist ausgeschlossen, soweit der Reiseveranstalter infolge einer schuldhaft unterlassenen **Anzeige des Reisemangels** gemäß **§ 651 o Abs. 1** nicht Abhilfe schaffen konnte, vgl. § 651 o Abs. 2 Nr. 2.

---

472 So grundlegend BGH NJW 2005, 1047, 1048.

473 BeckOK/Geib § 651n Rn. 20.

474 BeckOK/Geib § 651n Rn. 23.

475 Looschelders § 36 Rn. 54.

Um ein Auseinanderfallen der Verjährung des Schadensersatzanspruchs gemäß § 651 n und des Anspruchs auf Ersatz vergeblicher Aufwendungen gemäß § 284 zu verhindern, findet die **Verjährungsregelung des § 651 j** auch auf diesen Anspruch des § 284 BGB Anwendung.

4. Verhältnis zu deliktischen Schadensersatzansprüchen

263 Entsteht dem Reisenden infolge des Reisemangels ein Schaden an seinen Rechtsgütern, so haftet der Reiseveranstalter sowohl nach **§ 651 n als auch gemäß § 823**. Der deliktische Anspruch steht also neben dem Gewährleistungsanspruch.

Hinweis: *Der Anspruch aus § 823 besteht auch dann, wenn die Geltendmachung des Schadensersatzanspruchs aus § 651 n gemäß § 651 j verjährt ist oder eine Haftungsbeschränkung gemäß § 651 p eingreift.*

Hat ein Leistungserbringer (Leistungsträger) die Rechtsgüter des Reisenden verletzt, haftet der Reiseveranstalter **nicht** gemäß **§ 831** für das Verhalten des Leistungsträgers, weil dieser nicht Verrichtungsgehilfe ist; es fehlt an der dafür erforderlichen Weisungsabhängigkeit.[476]

Doch kann der Reiseveranstalter unmittelbar aus § 823 Abs. 1 wegen **Verletzung einer Verkehrssicherungspflicht** haften, die ihn bei der Vorbereitung und Durchführung der von ihm veranstalteten Reisen trifft. Die Pflicht bezieht sich auf die Auswahl und Kontrolle der Leistungsträger und die Beschaffenheit der Vertragshotels. Die rechtlich gebotene Verkehrssicherung umfasst die Sicherheitsvorkehrungen, die ein verständiger, umsichtiger, vorsichtiger und gewissenhafter Reiseveranstalter für ausreichend halten darf, um die Reisenden vor Schäden zu bewahren, und die ihm den Umständen nach zumutbar sind.[477]

264 Die bisherige Rspr. des BGH hat den **Kreis der deliktischen Verkehrssicherungspflichten** des Reiseveranstalters, bei deren Verletzung er gemäß § 823 Abs. 1 haftet, **weit gezogen**. Ausgangspunkt dieser Rspr. war das **„Balkonsturz-Urteil"**.[478] Hiernach ist der Reiseveranstalter verpflichtet, alle sicherheitsrelevanten Teile der Hotelanlage durch einen sachkundigen und **pflichtbewussten Beauftragten überprüfen zu lassen**. Insoweit genügt nach Ansicht des BGH eine solche Kontrolle zu Beginn jeder neuen Saison lediglich den Mindestanforderungen.

Das **„Wasserrutschen-Urteil"**[479] wurde in der Lit. als weitere Ausdehnung der deliktischen Verkehrssicherungspflichten durch den BGH verstanden,[480] da nach dieser Entscheidung der Reiseveranstalter selbst für eine Anlage (hier: Wasserrutsche) haften sollte, die er weder im Reiseprospekt erwähnt noch für deren Vorhandensein er vertraglich einzustehen hatte. Die deliktische Haftung des Reiseveranstalters stützte sich allein darauf, dass sich die Wasserrutsche innerhalb der Hotelanlage befand, obwohl eine vertragliche Haftung schon deshalb nicht in Betracht kommen konnte, weil der Reiseveranstalter eine solche Wasserrutsche gar nicht vertraglich schuldete.

476 St.Rspr., vgl. etwa BGH NJW 2007, 2549, 2550.

477 BGH RÜ 2007, 521.

478 BGH, Urteil vom 25.02.1988 – VII ZR 348/86, NJW 1988, 1380.

479 BGH NJW 2006, 3268.

480 Vgl. Tonner NJW 2007, 2738, 2740 m.w.N.

Im „**Glasschiebetür-Urteil**"[481] folgerte der BGH eine deliktische Verkehrssicherungspflicht, für die Splitterfreiheit einer innerhalb eines Appartements vorhandenen Glasschiebetür zu sorgen, aus der vertraglichen Beschreibung im Reiseprospekt, dass die Anlage „kindergerecht" sei.[482]

Andere Entscheidungen des BGH zeigen jedoch, dass die Verkehrssicherungspflichten des Reiseveranstalters gleichwohl nicht uferlos sind. Das verdeutlicht etwa das **Animateur-Urteil**. **265**

Hintergrund: Ein Kind wurde durch einen Schuhwurf bei einem Animationsprogramm am Kopf getroffen, nachdem die Animateurin dem Kind die Frage gestellt hatte, „Wetten, dass es Deiner Mutter nicht gelingt, in zwei Minuten 60 Schuhe einzusammeln?" Daraufhin begannen die Teilnehmer, Schuhe auf die Bühne zu werfen. Der BGH lehnte eine deliktische Verkehrssicherungspflicht des Reiseveranstalters ab.[483]

Denn hiernach ist ein Reiseveranstalter, der einen Clubbetreiber sorgfältig ausgewählt hat, nicht verpflichtet, sich von diesem die geplanten Animationsspiele zur Genehmigung vorlegen zu lassen. Er muss sich auch nicht jedes neue Spiel bei der ersten Durchführung ansehen. Vielmehr ist **ausreichend, aber auch erforderlich**, dass er **stichprobenartig** das Animationsprogramm **überprüft**. Anlass einzuschreiten hat der Reiseveranstalter daher nur, wenn bei diesen Stichprobenkontrollen die Gefährlichkeit des Spiels erkannt wird oder zumindest erkennbar ist.[484]

Fall 7: All Inclusive: Ausritt mit Austritt

A buchte beim Reiseveranstalter „Kellersman Reisen" (V) eine zweiwöchige Pauschalreise mit Flug und All-Inclusive-Aufenthalt im „Club Carpesol" auf der Insel Ibiza. In dem Reiseprospekt des V, in dem der Club beschrieben ist, werden dem Reisenden umfangreiche Sportmöglichkeiten angeboten, die vor Ort gegen Entgelt gebucht werden können. So wird etwa auch auf einen Reitstall mit zehn Pferden auf dem Clubgelände sowie auf Reitkurse und Reitausflüge hingewiesen.

Am zweiten Tag des Clubaufenthalts nahm A an einem zweistündigen Ausritt teil, den er beim „Club" gebucht und bezahlt hatte. Als das Pferd plötzlich nervös wurde, stieg A ab. Jedoch sprang das Pferd in diesem Moment in die Luft, versetzte dem A dabei einen Tritt und verletzte ihn dadurch schwer. Das Pferd hatte zuvor schon andere Reitkunden verletzt. Noch auf Ibiza wurde A im Krankenhaus operativ versorgt und nach drei Tagen nach Osnabrück zurücktransportiert, wo er weitere zwei Wochen im Krankenhaus verbleiben musste.

Unmittelbar nach seiner Rückkehr verlangt A von V Ersatz seiner Behandlungskosten, Entschädigung für vertane Urlaubszeit sowie ein angemessenes Schmerzensgeld. V wendet ein, dass der Reitausflug nicht Gegenstand des Pauschalreisevertrags gewesen sei.

481 BGH NJW 2006, 2918.

482 Insoweit wurde dem BGH in der Literatur eine Verquickung vertraglicher und deliktischer Gesichtspunkte vorgeworfen, vgl. Tonner NJW 2007, 2738, 2740.

483 BGH RÜ 2007, 521; Tonner NJW 2007, 2738, 2739.

484 Vgl. BGH RÜ 2007, 521; mit dieser die Verkehrssicherungspflichten des Reiseveranstalters einschränkenden Entscheidung kommt der BGH auch der Judikatur der instanzgerichtlichen Rspr. entgegen, die häufig deliktische Verkehrssicherungspflichten des Reiseveranstalters verneinte, vgl. die zahlreichen Nachweise bei Tonner NJW 2007, 2738, 2740 in Fn. 13, 15, 17 und 18.

A. A könnte gegen V einen Anspruch auf Schadensersatz aus **§ 651 n Abs. 1** haben.

I. Zwischen A und V ist ein **Reisevertrag** i.S.d. **§ 651 a** zustande gekommen. Fraglich ist, ob der Reitausflug Gegenstand des Pauschalreisevertrags war. Das ist aus der Sicht eines durchschnittlichen Reiseinteressenten zu beurteilen.[485] Da die Reitausflüge im Katalog beworben wurden, entstand der Eindruck, dass V als Veranstalter die Möglichkeit bietet, sich gegen ein weiteres Entgelt in diesen Sportarten zu betätigen. Das legt für den Reiseinteressenten nahe, dass die genannten Sportarten trotz gesonderter Buchung dem **Organisations- und Veranstaltungsbereich des V** unterfallen.

Mithin ist der Reitausflug Gegenstand des Reisevertrags geworden.

266 II. Außerdem müsste ein **Reisemangel** i.S.d. **§ 651 i Abs. 2** vorliegen. Das dem A für den Reitausflug zur Verfügung gestellte Pferd war für den Ausritt nicht geeignet, weil es nervös wurde. Deshalb war die reisevertragliche Leistung des V mangelhaft.

III. Der Anspruch aus § 651 n Abs. 1 begründet eine **Haftung für vermutetes Verschulden**. Fraglich ist, ob V den Entlastungsbeweis führen kann. Eine Exkulpation käme nach § 651 n Abs. 1 Hs. 2 Nr. 2 von vornherein dann nicht in Betracht, wenn V ein etwaiges Verschulden des **Reitstallbetreibers** gem. § 278 BGB als Erfüllungsgehilfe zugerechnet wird, weil dann der Reitstallbetreiber **kein außenstehender Dritter** sein kann.

Der Betreiber des Reitstalls hätte die **fehlende Eignung und Zuverlässigkeit** des Pferdes **erkennen können**. Es hatten sich nämlich bereits zuvor Reitunfälle ereignet, die auf das Verhalten des Pferdes zurückzuführen waren.

Für das fahrlässige Verhalten des Betreibers des Reitstalls als von ihm eingeschalteten Leistungserbringer ist V gemäß **§ 278 S. 1** verantwortlich. Der Betreiber ist als Erfüllungsgehilfe des V tätig geworden, sodass sich V dessen Verschulden zurechnen lassen muss. V kann sich demnach nicht exkulpieren.

IV. Gemäß **§ 651 o Abs. 1** hat der Reisende einen Reisemangel unverzüglich dem Reiseveranstalter anzuzeigen. Soweit der Reiseveranstalter infolge einer schuldhaften Unterlassung der **Mängelanzeige** nicht Abhilfe schaffen konnte, ist der Reisende gem. § 651 o Abs. 2 Nr. 2 nicht berechtigt, nach § 651 n BGB Schadensersatz zu verlangen.

Hier war aber eine Abhilfe nach Eintritt der Verletzungen bei A nicht möglich oder jedenfalls sinnlos, sodass der Anspruch nicht nach § 651 o ausgeschlossen ist.

V. Der **Umfang des Anspruchs** aus § 651 n Abs. 1 erfasst alle Schäden einschließlich der Mangelfolgeschäden.

Der gesamte, dem A infolge der Gesundheits- und Körperverletzung entstandene Vermögensschaden, insbesondere dessen **Heilbehandlungskosten**, sind ihm zu ersetzen.

485 Vgl. BGH RÜ 2016, 414, 415.

Da eine Körper- und Gesundheitsverletzung vorliegt, ist außerdem gemäß **§ 253 Abs. 2 Schmerzensgeld** zu leisten.

VI. Der Anspruch ist zudem **durchsetzbar**, denn er verjährt gemäß **§ 651 j** erst in zwei Jahren, wobei die Frist mit dem vertraglich vorgesehenen Reiseende zu laufen beginnt. Die Frist ist vorliegend noch nicht abgelaufen.

B. Außerdem könnte A gegen V einen Anspruch auf angemessene **Entschädigung für vertane Urlaubszeit** gemäß **§ 651 n Abs. 2** haben.

I. Dazu muss über die Voraussetzungen des § 651 n Abs. 1 hinaus, eine Vereitelung oder erhebliche Beeinträchtigung der Reise vorliegen. Die **Reise des A** ist **vereitelt** worden, da er sogleich zu Beginn die Reise abbrechen und mit schweren Verletzungen wieder nach Hause zurücktransportiert werden musste.

II. Dass **Urlaubszeit nutzlos aufgewendet** worden ist, steht mit der Vereitelung der Reise zugleich fest.

III. Hinsichtlich der **Höhe des Anspruchs** kommt es nicht auf das Arbeitseinkommen des Reisenden an. Zentrale Kriterien sind der Reisepreis sowie das Ausmaß der Beeinträchtigung. Vorliegend sind vor allem die schwere und der Zeitpunkt der Verletzungen maßgebend.

A hat gegen V einen Anspruch auf angemessene Entschädigung für vertane Urlaubszeit gemäß § 651 n Abs. 2.

C. A könnte gegen V ferner ein deliktischer Anspruch auf Schadensersatz aus den **§§ 823 ff.** zustehen.

I. Ein Anspruch aus **§ 831** scheidet aus. Der Betreiber des Reitstalls ist als Leistungs- **267**
erbringer nämlich nicht Verrichtungsgehilfe des Reiseveranstalters, weil es an der dafür erforderlichen Abhängigkeit und **Weisungsgebundenheit fehlt**.

II. V könnte aber nach **§ 823 Abs. 1** ersatzpflichtig sein. **268**

1. Dann müssten die Voraussetzungen vorliegen.

a) A ist an seinem **Körper** bzw. seiner **Gesundheit verletzt** worden.

b) Die Rechtsgutverletzung müsste durch ein dem **V zurechenbares Verhalten erfolgt sein**.

Da ein aktives Tun des V nicht zur Rechtsgutverletzung geführt hat, kommt **269**
vorliegend eine **Verletzung einer Verkehrssicherungspflicht** als Anknüpfungspunkt für ein Unterlassen des V in Betracht.

aa) Indem der Reiseveranstalter eine fremde Reiseleistung als eigene anbietet, eröffnet er im Rahmen seiner Gewerbeausübung eine **Gefahrenquelle für Dritte**. Das verpflichtet ihn, die Sicherungsvorkehrungen zu treffen, die erforderlich und ihm zumutbar sind, um einen Kunden vor Schäden zu bewahren, die bei der Vorbereitung und Durchführung der von ihm veranstalteten Reise entstehen können.[486]

486 BGH BGHZ 103, 298, 305.

bb) Dabei erstreckt sich die Überwachungsverpflichtung auch auf die Sicherheit der Einrichtung eines Leistungserbringers vor Ort, die durch Buchung bei dem Leistungsträger genutzt werden kann, wenn der Veranstalter durch die **Gestaltung seines Prospekts** bei dem Reisekunden den Eindruck erweckt hat, dass er für die Qualität auch dieser Einrichtung sorgen werde. Dieser Verkehrssicherungspflicht ist V vorliegend nicht nachgekommen.

Somit beruht die Körper- bzw. die Gesundheitsverletzung des A auf einem zurechenbaren Verhalten des V.

c) **Rechtswidrigkeit** und **Verschulden** sind gegeben.

270 d) V ist folglich nach § 823 Abs. 1 verpflichtet, dem A den infolge der Körper- und Gesundheitsverletzung entstandenen **Vermögensschaden** zu ersetzen sowie ein **angemessenes Schmerzensgeld** (§ 253 Abs. 2) zu zahlen.

Einen **Ersatz für nutzlos aufgewendete Urlaubszeit** erhält der A allerdings gemäß § 823 Abs. 1 **nicht**, da dies außerhalb des Schutzzwecks der Norm liegt. Im Bereich der unerlaubten Handlung wird der vereitelte Urlaub nämlich nicht als ersatzfähiger Vermögenswert angesehen.[487] § 651 n Abs. 2 gilt – anders als § 253 Abs. 2 – nur für den vertraglichen Schadensersatzanspruch.

2. Der Anspruch ist **weder erloschen** noch gehemmt. Er verjährt gemäß **§ 195.** Die Frist ist vorliegend noch nicht abgelaufen.

Mithin ergibt sich ein Anspruch des A gegen V auf Ersatz der Vermögensschäden sowie auf Zahlung eines angemessenen Schmerzensgelds auch aus § 823 Abs. 1.

IV. Kündigung

Schließlich kann der Reisende wegen eines Mangels i.S.d. § 651 i Abs. 2 unter den Voraussetzungen des **§ 651 l** den Pauschalreisevertrag kündigen.

1. Kündigungsgrund

271 Der Mangel gemäß § 651 i Abs. 2 muss zu einer **erheblichen Beeinträchtigung** der Reise geführt haben, § 651 l Abs. 1 S. 1. Ein Mangel allein reicht für die Kündigung also nicht aus.

Die **Erheblichkeit** der Beeinträchtigung beurteilt sich nach einer **Gesamtwürdigung** der konkreten Ausgestaltung der Reise sowie nach Art und Dauer der Beeinträchtigung aus der Sicht eines normalen Durchschnittsreisenden. Zum Teil wird die Erheblichkeit bejaht, wenn sich eine Minderung von 50% ergibt, zum Teil wird sie bereits bei einer geringeren Minderung angenommen.[488]

487 OLG Düsseldorf NJW-RR 1996, 820.

488 Palandt/Sprau § 651 l Rn. 3 m.w.N.

Beispiel: Die Verkürzung einer Wochenreise um einen Tag reicht nicht aus.[489]

Kündigungsvoraussetzung ist ferner gemäß § 651 l Abs. 1 S. 2 Hs. 1 grundsätzlich das erfolglose **Setzen einer angemessenen Frist zur Abhilfe**, welche jedoch gemäß § 651 l Abs. 1 S. 2 Hs. 2 i.V.m. § 651 k Abs. 2 S. 2 entbehrlich ist, wenn der Reiseveranstalter die Abhilfe verweigert oder sofortige Abhilfe notwendig ist.

2. Kündigungserklärung

Die Kündigungserklärung kann formlos und deshalb sowohl ausdrücklich als **auch konkludent** erfolgen, z.B. durch die Rückreise noch am Ankunftstag oder das Verlangen nach einem Rückflug.[490] **272**

3. Rechtsfolgen der Kündigung

Abweichend vom bis zum 30.06.2018 geltenden Recht besteht gemäß **§ 651l Abs. 2 S. 1 Hs. 1** nach der Kündigung der **Anspruch des Reiseveranstalters** hinsichtlich der erbrachten und gemäß Absatz 3 noch zu erbringenden Reiseleistungen fort. Der Reisende kann jedoch seinerseits eine Preisminderung, Schadensersatz oder Ersatz vergeblicher Aufwendungen geltend machen, vgl. § 651 l Abs. 2 S. 1 Hs. 2 i.V.m. § 651 i Abs. 3 Nr. 6 u. 7. Hinsichtlich nicht zu erbringender Reiseleistungen hingegen entfällt der Anspruch des Reiseveranstalters auf den vereinbarten Reisepreis, insoweit bereits erbrachte Zahlungen sind dem Reisenden zu erstatten, § 651 l Abs. 2 S. 2. **273**

Außerdem schreibt **§ 651 l Abs. 3 S. 1** vor, dass der Reiseveranstalter verpflichtet ist, die infolge der Aufhebung des Vertrages notwendigen Maßnahmen zu treffen, insbesondere, falls der Vertrag die **Rückbeförderung** umfasste, unverzüglich für die Rückbeförderung zu sorgen. Die Mehrkosten für die Rückbeförderung fallen gemäß Satz 2 dem Reiseveranstalter zur Last.

Hinweis: *Anders als bis zum 30.06.2018 in § 651c Abs. 4 S. 2 a.F. werden von § 651 l Abs. 3 S. 2 „andere Mehrkosten" nicht erfasst – diese können jedoch nach § 651 n ersatzfähig sein.*[491]

V. Verhältnis der Mängelansprüche zueinander

Der Schadensersatzanspruch kann neben dem Aufwendungsersatzanspruch, der Minderung und der Kündigung geltend gemacht werden, § 651 n Abs. 1. **274**

Vom Zeitpunkt einer wirksamen Kündigung an kann keine Minderung mehr geltend gemacht werden, weil mit der Kündigung der Vergütungsanspruch erlischt.

C. Verjährung der Mängelansprüche

Die Ansprüche des Reisenden gemäß § 651 i Abs. 3 verjähren nach § 651 j S. 1 in **zwei Jahren**, wobei die Frist gemäß § 651 j S. 2 mit dem vertraglich vorgesehenen Reiseende zu laufen beginnt. Dies gilt auch dann, wenn die Reise nicht angetreten oder vorzeitig beendet wird. **275**

489 Palandt/Sprau § 651 l Rn. 3.
490 BeckOK/Geib § 651l Rn. 8.
491 BT-Drs. 18/10822, S. 83.

Hinweis: *Zu beachten ist, dass die bisher in § 651 g Abs. 1 a.F. neben der Verjährung vorgesehene einmonatige* ***Ausschlussfrist entfallen*** *ist.*

5. Abschnitt: Weitere Regelungsgegenstände

Die **§§ 651 r bis 651 t** regeln die Verpflichtung des Reiseveranstalters zur **Insolvenzsicherung** des Reiseveranstalters.

In **§ 651 w** wird die neue Kategorie der **verbundenen Reiseleistungen** geregelt, die Situationen erfassen soll, in denen zwar keine Pauschalreise zustande kommt, aber dennoch ein verbindendes Element zwischen den gebuchten Reiseleistungen besteht, das es rechtfertigt, dem Vermittler Informationspflichten aufzuerlegen (§ 651 w Abs. 2). Darüber hinaus ist er unter den Voraussetzungen des § 651 w Abs. 3 auch zur Insolvenzsicherung verpflichtet.

In dem Fall, dass der Vermittler verbundener Reiseleistungen diese Verpflichtungen nicht erfüllt, kann der Reisende Rechte in Anspruch nehmen, die sonst nur für Pauschalreisen gelten, vgl. **§ 651 w Abs. 4.**

Zudem wird eine Informationspflicht geregelt, die weitere **beteiligte Unternehmer** gegenüber dem Vermittler verbundener Reiseleistungen zu erfüllen haben (§ 651 w Abs. 5).

276 Nach **§ 651 u** ist der Vertrag über einen **Auslandsschulaufenthal**t mit Unterbringung in einer Gastfamilie grundsätzlich als Pauschalreisevertrag einzuordnen ist. Zudem werden in § 651 u Abs. 2–4 die §§ 651 a ff. ergänzende Regelungen für einen solchen Vertrag getroffen.

277 Gemäß **§ 651 y S. 1** können die Parteien zwar zugunsten des Reisenden, aber keine von den §§ 651 a ff. **zuungunsten** des Reisenden abweichenden Vereinbarungen treffen (halbzwingendes Recht). Eine hiergegen verstoßende Vereinbarung, die auch in einem **Umgehungsgeschäft** liegen kann, ist gemäß § 134 nichtig.[492] Die Wirksamkeit des Restvertrages beurteilt sich nach § 139.

Beispiel: R landet in einem Hotel, das erheblich von einem Streik betroffen ist. V bucht den R kurz nach Streikbeginn in ein anderes Hotel um, das angeblich weniger vom Streik betroffen sein soll. Dafür unterschreibt R folgende Erklärung: „Ich erkläre mich mit der Umbuchung einverstanden und werde gegen V keine weiteren Regressansprüche stellen." Es zeigt sich, dass die Zustände in dem neuen Hotel keineswegs anders sind als in der vorher bewohnten Unterkunft. Ist der Minderungsanspruch des R aufgrund der unterschriebenen Erklärung ausgeschlossen?

Verzichtserklärungen wie die vorliegende verstoßen gegen § 651 y S. 1 und sind daher gemäß § 134 unwirksam.[493] **§ 651 y** verbietet sämtliche Vereinbarungen, die zum Nachteil des Reisenden von den §§ 651 ff. abweichen, also auch alle Verzichtserklärungen – unabhängig davon, ob sie sich auf bereits bestehende oder zukünftige Ansprüche beziehen. Selbst Verzichtserklärungen, die der Reisende gegen eine Abfindung abgibt, sind nichtig.[494]

Ferner statuiert **§ 651 p** eine **zulässige Haftungsbeschränkung** für Schäden, die nicht schuldhaft herbeigeführt worden und keine Körperschäden sind.

492 Palandt/Sprau § 651 y Rn. 1.

493 OLG Düsseldorf NJW-RR 1992, 245.

494 OLG Düsseldorf NJW-RR 1992, 245.

8. Teil: Maklervertrag

Der Maklervertrag hat in Bezug auf die Vermittlung von Wohnungen, Immobilien, Versicherungen und Darlehen eine **große praktische Bedeutung**. Das BGB enthält in den **§§ 652 bis 656** Regelungen über den Maklervertrag, den es altdeutsch als „Mäklervertrag" bezeichnet. Mit dem Maklervertrag verpflichtet sich der **Auftraggeber** gemäß § 652 Abs. 1 S. 1 für den Nachweis der Gelegenheit zum Abschluss eines Vertrags (**Nachweismakler**) oder für die Vermittlung eines Vertrags (**Vermittlungsmakler**) an den Makler ein Entgelt zu zahlen. 278

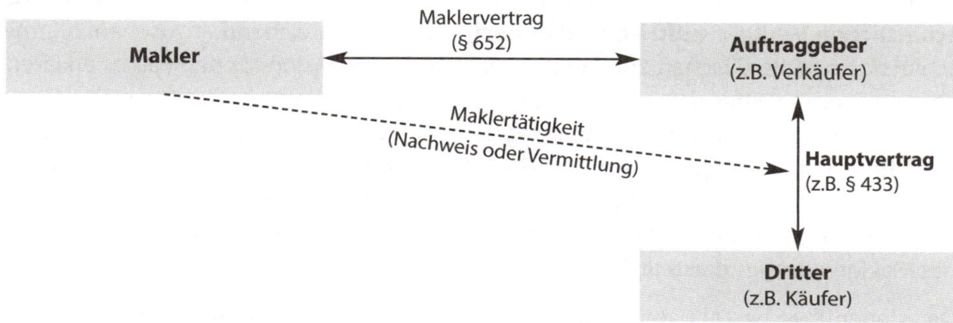

Außerhalb des BGB bestehen für die **Arbeits-**[495] **und Wohnungsvermittlung** besondere gesetzliche Regeln. Bei der Arbeitsvermittlung sind die §§ 292, 296 ff. SGB III vorrangig zu berücksichtigen, für die Wohnungsvermittlung enthält das Wohnungsvermittlungsgesetz (WoVermittG) Sondervorschriften. Im Übrigen gelten auch für diese Bereiche die §§ 652 ff.

Neben der Mietpreisbremse (vgl. Rn. 86) ist mit dem Gesetz zur Dämpfung des Mietanstiegs auf angespannten Wohnungsmärkten und zur **Stärkung des Bestellerprinzips bei der Wohnungsvermittlung** (MietNovG)[496] seit dem 01.06.2015 die Position der (potenziellen) Mieter auch in Bezug auf die Wohnungsvermittlung verbessert worden (dazu Rn. 281, 286).

Sonderbestimmungen gelten auch für den **Handelsmakler nach §§ 93–104 HGB**. Der Handelsmakler ist im Gegensatz zum Makler i.S.d. §§ 652 ff. BGB unparteiischer Dritter; daher ist im Zweifel jede Partei des von ihm zustande gebrachten Vertrags zur Zahlung der Hälfte der Vergütung verpflichtet.

1. Abschnitt: Zustandekommen

Für das Zustandekommen des Maklervertrags gelten die allgemeinen Regeln der Rechtsgeschäftslehre. Die Parteien müssen sich darüber einigen, dass der Auftraggeber zur Zahlung einer Provision verpflichtet ist, falls der Hauptvertrag zustande kommt. Fehlt eine Vergütungsvereinbarung, gilt gemäß **§ 653 Abs. 1** ein Maklerlohn als still- 279

495 Vgl. zur Arbeitsvermittlung Dehner NJW 2002, 3747, 3749.

496 BGBl. I 2015, 610 (Nr. 16 v. 27.04.2015).

schweigend vereinbart, wenn die Leistung den Umständen nach nur gegen eine Vergütung zu erwarten ist.

280 Maklerverträge werden regelmäßig ausdrücklich geschlossen. Ein **konkludenter** Vertragsschluss kommt nur dann in Betracht, wenn das Verhalten der Parteien den **eindeutigen Willen** erkennen lässt, dass der eine Teil für den anderen zur Vermittlung von Verträgen eingeschaltet werden soll.[497] Somit ist es Sache des Maklers, etwaige Unsicherheiten aufseiten des anderen Teils zu beseitigen, was in der Regel ein ausdrückliches Provisionsverlangen voraussetzen wird.[498]

Wendet sich ein Interessent an einen Makler, der **mit Angeboten werbend im geschäftlichen Verkehr auftritt**, ist dies noch nicht als ausreichend anzusehen, hiermit schlüssig seine Bereitschaft zur Zahlung einer Maklerprovision für den Fall zu erklären, dass ein Vertrag über das angebotene Objekt zustande kommt. Der Interessent darf nämlich, soweit ihm nichts Gegenteiliges bekannt ist, davon ausgehen, dass der Makler das Objekt von der Gegenseite an die Hand bekommen hat und deshalb mit der angetragenen Leistung (z.B. Weitergabe von Informationen) eine Leistung für diese erbringt, diese Leistung somit kein schlüssiges Angebot an den Interessenten zum Abschluss eines Maklervertrages darstellt.[499]

Demgegenüber besteht die Verpflichtung zur Zahlung der Provision gemäß § 652 Abs. 1, wenn der Interessent **in Kenntnis** eines eindeutigen und ausdrücklichen, an ihn gerichteten Provisionsverlangens des Maklers die **Maklerdienste in Anspruch nimmt.**[500]

Anders verhält es sich jedoch, wenn der angesprochene Interessent vor Inanspruchnahme der Maklerdienste ausdrücklich erklärt, keine Maklerprovision zahlen zu wollen. In diesem Fall begründet der Umstand, dass er die Dienste des Maklers dennoch in Anspruch nimmt, keine Provisionspflicht, insbesondere setzt er sich mit diesem tatsächlichen Verhalten auch nicht in Widerspruch (§ 242) zu einer ablehnenden Erklärung.[501]

281 Das Zustandekommen des Maklervertrages hängt grundsätzlich nicht von der Einhaltung einer bestimmten **Form** ab.

Verpflichtet sich der Auftraggeber jedoch bereits im Maklervertrag, ein bestimmtes, vom Makler zu vermittelndes Grundstück zu erwerben oder ein Grundstück an einen vom Makler zu vermittelnden Interessenten zu veräußern, erfordert der **Schutzzweck des § 311 b Abs. 1** die analoge Anwendung der Vorschrift und damit die notarielle Beurkundung des Maklervertrags.[502]

Ferner ist zu beachten, dass der Makler – seit der Mietrechtsnovellierung zum **01.06. 2015** – gemäß **§ 2 Abs. 1 S. 2 WoVermittG** für die Vermittlung einer Wohnung vom Mieter nur noch eine Provision verlangen kann, wenn der Vermittlungsvertrag der **Textform** (§ 126 b) genügt. Dazu bedarf es eines dauerhaften Datenträgers.

Beispiele: Die Erklärungen hinsichtlich des Maklervertrags können auf Papier, Computerfax oder per E-Mail abgegeben werden.[503]

497 Palandt/Sprau § 652 Rn. 3.
498 Fischer NJW 2007, 3107.
499 BGH NJW 2005, 3779, 3780; Fischer NJW 2007, 3107, 3108.
500 BGH NJW-RR 2007, 400.
501 BGH NJW 2002, 817.
502 BeckOK/Kotzian-Marggraf § 652 Rn. 20.
503 Vgl. zur Textform AS-Skript BGB AT 2 (2019), Rn. 182.

2. Abschnitt: Pflichten und Pflichtverletzungen

Mit dem wirksamen **Abschluss des Maklervertrags** entstehen grundsätzlich **noch keine Hauptleistungspflichten**. **282**

- Der **Makler** ist nämlich **nicht zum Tätigwerden verpflichtet**.
- Der **Auftraggeber** muss ferner die Provision erst und nur dann zahlen, wenn er den Hauptvertrag abgeschlossen hat. Er ist zudem nicht daran gehindert, eine ihm vom Makler nachgewiesene Gelegenheit zum Vertragsschluss abzulehnen, er ist also **in seiner Entschließungs- und Abschlussfreiheit nicht beschränkt**. Der Auftraggeber darf sich grundsätzlich auch selbst um den Abschluss des Vertrags bemühen und auch andere Makler beauftragen.[504]
- Nur wenn der Auftraggeber dem Makler einen **Alleinauftrag** erteilt, ist der Makler **verpflichtet**, für den Auftraggeber **tätig zu werden**.[505] Der Auftraggeber verzichtet dann für die Laufzeit des Vertrags auf sein Recht, gleichzeitig noch andere Makler zu beauftragen, sowie auf seine Berechtigung zum jederzeitigen Widerruf.[506] **283**

A. Hauptpflicht des Auftraggebers

Die Hauptpflicht des Auftraggebers besteht in der Zahlung der vereinbarten Provision, soweit die Voraussetzungen des Anspruchs aus § 652 Abs. 1 vorliegen.

284

Anspruch aus § 652 Abs. 1
I. Wirksamer Maklervertrag
II. Makler hat Leistung erbracht (Nachweis oder Vermittlung)
III. Hauptvertrag wirksam abgeschlossen (bei nachträglichem Entfallen des Hauptvertrags bleibt der Provisionsanspruch regelmäßig bestehen)
VI. Hauptvertrag stimmt mit beabsichtigtem Vertrag im Wesentlichen überein (Kongruenz)
V. Maklerleistung für Hauptvertragsabschluss mitursächlich
VI. Auftraggeber hat von Tätigkeit des Maklers Kenntnis gehabt
VII. Anspruch nicht gemäß § 654 (analog) ausgeschlossen

I. Wirksamer Maklervertrag

Die Parteien müssen einen wirksamen Maklervertrag abgeschlossen haben. Dabei sind insbesondere die **Formvorschriften** für bestimmte Maklerverträge zu beachten (vgl. dazu Rn. 281). **285**

504 Palandt/Sprau § 652 Rn. 13 ff. und 19 ff.
505 Palandt/Sprau § 652 Rn. 78.
506 Palandt/Sprau § 652 Rn. 75 f.

286 Außerdem kann im Bereich der **Wohnungsvermittlung** – seit der Mietrechtsnovellierung zum 01.06.2015 – der Makler für die Vermittlung oder den Nachweis der Gelegenheit zum Abschluss von Mietverträgen über Wohnräume kein Entgelt mehr fordern, sich versprechen lassen oder annehmen, es sei denn, der Wohnungsvermittler holt ausschließlich wegen des Vermittlungsvertrags mit dem Wohnungssuchenden vom Vermieter oder von einem anderen Berechtigten den Auftrag ein, die Wohnung anzubieten, vgl. **§ 2 Abs. 1 a WoVermittG**.

Im Gegensatz zur Mietpreisbremse ist diese Regelung weder regional auf Gebiete angespannter Wohnungsmärkte begrenzt noch zeitlich befristet.

Der Mieter muss also die Maklervergütung nur noch dann tragen, wenn der Makler ausschließlich auf Initiative des Mieters tätig geworden ist. Die angebotene Wohnung darf nicht bereits davor dem Makler (etwa vom Vermieter) an die Hand gegeben worden sein. Dieses **faktische Verbot der Geltendmachung der Provision beim Mieter** wird durch **§ 2 Abs. 5 WoVermittG** abgesichert. Damit soll sowohl die direkte als auch eine indirekte Belastung des Mieters verhindert werden.[507] Entsprechende Maklerverträge zulasten des Mieters sind unwirksam.

II. Erbringung der Maklerleistung

287 Erforderlich ist der **Nachweis** der Gelegenheit zum Abschluss eines Vertrags oder die **Vermittlung** eines Vertrags oder beides. Die Grenzen zwischen Nachweis und Vermittlung sind fließend. Eine andere als die Nachweis- oder Vermittlungstätigkeit, mag sie auch nützlich sein und den Vertragsschluss gefördert haben, begründet keinen Provisionsanspruch aus § 652.[508]

1. Vermittlungstätigkeit

288 Eine Vermittlungstätigkeit als provisionsbegründender Tatbestand erfordert die **bewusste und aktive Einwirkung** des Maklers auf den zukünftigen Hauptvertragspartner seines Auftraggebers mit dem Ziel der Herbeiführung des Hauptvertrages.[509]

Beispiele: Erstellung eines Vertragsentwurfs, Beratung der Parteien oder Durchführung eines Besichtigungstermins.

Nicht erforderlich ist demgegenüber, dass der Makler beim Vertragsschluss selbst mitwirkt[510] oder dass der Dritte dem Kunden vorher unbekannt gewesen ist.[511]

2. Nachweistätigkeit

289 Ein Nachweis der Gelegenheit zum Abschluss eines Vertrages liegt vor, wenn der Kunde des Maklers durch dessen Mitteilung **in die Lage versetzt** wird, **in konkrete Verhandlungen über** den von ihm angestrebten **Hauptvertrag einzutreten**.[512]

507 Gramlich § 2 WoVermittG Rn. 6.

508 Palandt/Sprau § 652 Rn. 24.

509 BeckOK/Kotzian-Marggraf § 652 Rn. 26.

510 BGH WM 1974, 257.

511 BGH DB 1984, 980.

512 BGHZ 161, 349, 355; Fischer NJW 2007, 3107, 3109.

Diese Nachweistätigkeit setzt eine so präzise Mitteilung des **Gegenstands und** des möglichen **Vertragspartners des Hauptvertrages** durch den Makler voraus, dass der Kunde von sich aus die Vertragsverhandlungen über den angestrebten Hauptvertrag mit dem Dritten aufnehmen kann.[513]

Inhaltlich erfordert der Nachweis i.S.d. § 652 Abs. 1 S. 1 jedenfalls beim Immobilienkauf oder der Immobilienanmietung grundsätzlich nicht nur das zur Kenntnisbringen des konkreten Grundstücks, sondern auch des **Namens und der Anschrift** des möglichen Verkäufers oder Vermieters.[514] **290**

Ein ausreichender Nachweis kann aber **ausnahmsweise** auch dann vorliegen, wenn der Makler den Namen des Vertragspartners (noch) nicht mitgeteilt hat. Die **Namhaftmachung** ist nämlich **gemäß § 242 entbehrlich**, wenn bei der Mitteilung der Angaben zum Objekt keine weiteren Nachforschungen zur Feststellung des Interessenten erforderlich sind, etwa weil der Verkäufer oder Vermieter unter der angegebenen Grundstücksadresse erreichbar ist.[515]

Die Nichtnennung des Eigentümers kann den Provisionsanspruch ferner dann nicht zu Fall bringen, wenn es dem Maklerkunden vorerst nicht auf dessen Person ankam, weil er sich zunächst einmal über die Geeignetheit des Grundstücks schlüssig werden wollte.[516] Denn mit der Benennung der erforderlichen Daten zum Objekt ist bereits die wesentliche (geldwerte) Maklerleistung erbracht und es muss verhindert werden, dass ein zahlungsunwilliger Maklerkunde den Eigentümer „am Makler vorbei" ermittelt.[517]

III. Abschluss des Hauptvertrags

Der Provisionsanspruch entsteht mit dem wirksamen Abschluss des Hauptvertrags, wobei der Abschluss des schuldrechtlichen Vertrags ausschlaggebend ist. **291**

Umstände, die einen wirksamen **Abschluss** des Hauptvertrags **verhindern** oder ihn als **von Anfang an unwirksam** erscheinen lassen, sodass der Hauptvertrag also an einer anfänglichen Unvollkommenheit leidet, schließen den Provisionsanspruch aus. Dies ist insbesondere gegeben bei:[518]

- Formnichtigkeit, **§ 125** (Beachte: Bei nachträglicher Heilung des Formmangels, z.B. gemäß § 311 b Abs. 1 S. 2, entsteht jedoch der Provisionsanspruch!); Gesetzeswidrigkeit, **§ 134**, oder Sittenwidrigkeit, **§ 138 Abs. 1**, und anfänglicher Unmöglichkeit, § 275 Abs. 1.[519]
- Bei der Vereinbarung einer **Bedingung** ist zu unterscheiden: Handelt es sich um eine aufschiebende Bedingung, entsteht der Provisionsanspruch erst mit Bedingungseintritt (§ 652 Abs. 1 S. 2). Vereinbaren die Parteien eine auflösende Bedingung, entsteht dagegen der Provisionsanspruch sofort.[520]

---

513 BGH BGHZ 161, 349, 355.
514 Palandt/Sprau § 652 Rn. 25.
515 Vgl. BeckOK/Kotzian-Marggraf § 652 Rn. 25.
516 BGH RÜ 2006, 469.
517 BGH NJW 2006, 3062, 3063, RÜ 2006, 469.
518 Vgl. Palandt/Sprau § 652 Rn. 34 ff.
519 Dehner NJW 2002, 3747 f.
520 Jauernig/Mansel § 652 Rn. 23 f.

- Die **Anfechtung** des Hauptvertrags, etwa wegen arglistiger Täuschung wirkt gemäß § 142 Abs. 1 zurück. Sie beseitigt auch den Provisionsanspruch des Maklers.[521]

292 Der Provisionsanspruch **bleibt** jedoch dann **bestehen**, wenn der wirksam zustande gekommene Hauptvertrag **nachträglich rückabgewickelt** wird.[522]

Der einmal entstandene Provisionsanspruch besteht somit insbesondere fort bei nachträglichen Leistungshindernissen gemäß **§ 275 Abs. 1–3**, **Kündigung** des Hauptvertrags, **Aufhebungsvereinbarung** (es sei denn, die Parteien haben die Aufhebung wegen eines bestehenden Anfechtungsgrundes vereinbart[523]) oder beim Rücktritt gemäß § 313 Abs. 3 S. 1.[524]

293 Auch bei einem **vertraglich vereinbarten Rücktrittsrecht** bleibt der Provisionsanspruch grundsätzlich bestehen. Eine Ausnahme gilt dann, wenn das Rücktrittsrecht zeitlich befristet und von keiner weiteren Voraussetzungen abhängig ist, da dieser Fall mit dem einer aufschiebenden Bedingung vergleichbar (§ 652 Abs. 1 S. 2) ist. Dann entsteht der Anspruch erst, wenn die für den Rücktritt vereinbarte Frist abgelaufen ist, ohne dass dieser ausgeübt wurde.[525]

294 Der Provisionsanspruch bleibt grundsätzlich bestehen, wenn der **Rücktritt** vom Hauptvertrag **nach dem Gewährleistungsrecht** (z.B. §§ 437 Nr. 2, 323) erfolgt. Davon wird allerdings eine Ausnahme gemacht, wenn der Käufer arglistig getäuscht wurde.

Fall 8: Makeln mit Mängeln

Mit notariell beurkundetem Vertrag vom 06.10. kauft K von V dessen Hausgrundstück zum Preis von 90.000 €. Der Vertrag kommt durch Nachweis der Maklerin B zustande, an die K eine Provision in Höhe von 3.000 € zahlt. Später stellt sich heraus, dass das erworbene Wohnhaus verborgene Mängel aufweist. Dadurch ist die Statik des Hauses so unzureichend, dass Einsturzgefahr besteht. Diesen Mangel hatte V arglistig verschwiegen. Daraufhin erklärt K im Mai des Folgejahres wirksam den Rücktritt vom Kaufvertrag. K verlangt nunmehr von B die Rückzahlung der Maklerprovision. Zu Recht?

K könnte gegen B einen Anspruch auf Rückzahlung der Maklerprovision aus **§ 812 Abs. 1 S. 2 Alt. 1** wegen nachträglichem Wegfall des Rechtsgrunds haben.

I. B hat einen Vermögensvorteil i.H.v. 3.000 € erlangt.

II. Diesen Vermögensvorteil müsste K geleistet haben. Leistung ist die gewollte und zweckgerichtete Mehrung fremden Vermögens. K hat zum Zweck der Erfüllung einer vermeintlichen Provisionsverpflichtung aus dem Maklervertrag an B geleistet.

---

521 Palandt/Sprau § 652 Rn. 36.
522 BGH RÜ 2010, 81, 83.
523 BGH NJW 1986, 1165, 1166.
524 MünchKomm/Roth § 652 Rn. 171.
525 Palandt/Sprau § 652 Rn. 40.

III. Diese Leistung erfolgte ohne Rechtsgrund, wenn der **Provisionsanspruch** der B aus § 652 Abs. 1 S. 1 **nachträglich weggefallen** ist.

1. Zwischen K und B bestand ein **wirksamer Maklervertrag**.

2. Die B müsste eine **Maklertätigkeit** erbracht haben. Vorliegend hat die B einen **Nachweis** der Gelegenheit zum Abschluss eines Kaufvertrags erbracht.

3. Der Provisionsanspruch aus § 652 Abs. 1 S. 1 setzt weiterhin voraus, dass der **Hauptvertrag**, hier also der Kaufvertrag zwischen K und V, **wirksam** zustande gekommen ist.

   a) Da die Anfechtung eines Vertrags gemäß § 142 Abs. 1 zurückwirkt, ist der Hauptvertrag nicht wirksam zustande gekommen, wenn er angefochten wird. Hier bestand zwar ein Anfechtungsgrund gemäß § 123 Abs. 1, da V die Mängel arglistig verschwiegen hat. K hat jedoch **nicht** gemäß § 143 Abs. 1 die **Anfechtung erklärt**.

   b) B hat wegen der arglistig verschwiegenen Mängel aber den **Rücktritt** gemäß §§ 437 Nr. 2, 323 erklärt. Anders als die Anfechtung wirkt der Rücktritt indes nicht ex tunc. Er ändert deshalb nichts daran, dass der Hauptvertrag zunächst wirksam zustande gekommen ist und **lässt den Anspruch auf die Maklerprovision grundsätzlich unberührt**.

   Der Rücktritt vom Hauptvertrag lässt den Anspruch auf die Maklerprovision jedoch **ausnahmsweise** dann (nachträglich) entfallen, **wenn im Zeitpunkt der Rücktrittserklärung auch eine Anfechtung möglich gewesen** wäre. Denn aus der Sicht des Maklers ist es dann rein zufällig, ob der Käufer die Anfechtung oder den Rücktritt erklärt.[526] Statt zurückzutreten hätte K auch die Anfechtung gemäß §§ 123 Abs. 1, 143 Abs. 1 erklären können. Da die Täuschung im Oktober erfolgte, war nämlich im Zeitpunkt der Rücktrittserklärung (Mai des Folgejahres) die Anfechtungsfrist des § 124 von einem Jahr noch nicht abgelaufen.

   Der von K erklärte Rücktritt hat demnach auch den Anspruch auf die Maklerprovision entfallen lassen.

K kann von B die Rückzahlung der Provision gemäß §§ 812 Abs. 1 S. 2 Alt. 1 verlangen.

IV. Kongruenz

Zwischen dem nach dem Maklervertrag beabsichtigten und dem abgeschlossenen Hauptvertrag ist eine **inhaltliche Identität** erforderlich, d.h. es muss der mit dem Maklervertrag verfolgte wirtschaftliche Zweck mit Abschluss des Hauptvertrags erreicht werden.[527] Ein wichtiges Indiz für einen gleichwertigen Inhalt ist die **Austauschbarkeit der Objekte**. **295**

526 BGH NJW 2001, 966, 967.
527 BGH NJW 2005, 753; Dehner NJW 2000, 1986, 1990.

Beispiel: Statt einer zunächst gewünschten Eigentumswohnung wird schließlich ein Haus erworben.[528]

Zudem muss die **persönliche Identität** gewahrt sein, d.h. der Hauptvertrag muss zwischen dem Auftraggeber und dem Dritten zustande gekommen sein, es sei denn, der Auftraggeber will, dass eine andere Person an seiner Stelle den Vertrag abschließt.[529]

V. Ursächlichkeit

296 Die Tätigkeit des Maklers muss für den Abschluss des Hauptvertrags **mitursächlich** geworden sein. Es ist also unschädlich, wenn andere vom Makler nicht veranlasste Umstände auch zum Vertragsschluss beigetragen haben.[530] Der Beitrag des Maklers muss aber wesentlich gewesen sein, der **Abschluss des Hauptvertrages** muss sich deshalb **als Arbeitserfolg der Maklerleistung** erweisen.[531]

Da **Mitursächlichkeit genügt**, kann der Auftraggeber grundsätzlich auch mehreren Maklern gegenüber provisionspflichtig werden.[532]

VI. Kenntnis von der Maklertätigkeit

297 Der Auftraggeber muss spätestens bei Abschluss des Hauptvertrags Kenntnis von der Maklertätigkeit gehabt haben, damit er die Provisionsforderung bei den Vertragsverhandlungen berücksichtigen kann. [533]

Beispiel: Der Zugang eines Objektangebots vor dem Abschluss eines entsprechenden Hauptvertrags ist regelmäßig ein Indiz für die rechtzeitige Kenntniserlangung.[534]

VII. Kein Ausschluss gemäß § 654

298 Gemäß § 654 ist der Anspruch bei einer **vertragswidrigen Doppeltätigkeit** ausgeschlossen. § 654 wird **analog** angewendet, wenn der Makler seine vertraglichen Pflichten vorsätzlich oder grob fahrlässig in schwerwiegender Weise verletzt und dadurch den Interessen seines Auftraggebers in wesentlicher Weise zuwider handelt.[535]

B. Pflichtverletzungen des Maklers

299 Da für den Makler grundsätzlich keine Verpflichtung zum Tätigwerden besteht, er also nicht zur Leistung verpflichtet ist, kommen Ansprüche wegen Nichterfüllung der Leistungsverpflichtung (Unmöglichkeit, Verzug) nicht in Betracht.

Für den Makler bestehen jedoch, wie für jeden Vertragspartner, in zumutbarem Maße gemäß § 241 Abs. 2 **nicht leistungsbezogene Nebenpflichten** (insbesondere die Pflicht zur umfassenden und wahrheitsgemäßen Information über alle für den Ent-

528 MünchKomm/Roth § 652 Rn. 149.
529 Dehner NJW 1997, 18, 19 ff.
530 Palandt/Sprau § 652 Rn. 47.
531 BeckOK/Kotzian-Marggraf § 652 Rn. 42.
532 MünchKomm/Roth § 652 Rn. 178.
533 Waibel/Reichstädter Jura 2002, 649, 652.
534 Palandt/Sprau § 652 Rn. 52.
535 Jauernig/Mansel § 654 Rn. 1.

schluss des Auftraggebers wesentlichen Punkte), deren Verletzung Schadensersatzansprüche aus **§§ 280 Abs. 1, 241 Abs. 2** auslöst.[536]

Bei befristeten Maklerverträgen können darüber hinaus Pflichtverletzungen des Maklers einen **wichtigen Grund** für die außerordentliche Kündigung **gemäß § 314 Abs. 1** darstellen.[537]

C. Pflichtverletzungen des Auftraggebers

In dem Fall, dass der Auftraggeber, der zur Zahlung der Provision verpflichtet ist, nicht leistet, kann der Makler unter den Voraussetzungen der **§§ 280 Abs. 1 u. 2, 286** den Verzögerungsschaden ersetzt verlangen. **300**

Darüber hinaus bestehen auch für den Auftraggeber gemäß § 241 Abs. 2 nicht leistungsbezogene Nebenpflichten (insbesondere Sorgfaltspflichten, Pflicht zur Wahrung der Vertraulichkeit, im Rahmen des Zumutbaren auch Aufklärungspflichten), deren Verletzung Ansprüche aus **§§ 280 Abs. 1, 241 Abs. 2** auslöst. Der Makler ist dann so zu stellen, wie er ohne die Pflichtverletzung stünde.[538] Die entgangene Provision ist gemäß § 252 S. 1 allerdings nur ersatzfähig, wenn er die Möglichkeit einer anderen provisionspflichtigen Veräußerung des Vertragsobjekts nachweisen kann.[539]

3. Abschnitt: Beendigung des Maklervertrags

Soweit die Parteien keine abweichende Abrede getroffen haben, ist die Laufzeit des Maklervertrags unbefristet. Der **unbefristete Maklervertrag** kann vom Auftraggeber bis zum Abschluss des Hauptvertrags jederzeit gekündigt werden.[540] Die **Kündigung des Auftraggebers** wird – in Anlehnung an die Regelung des § 671 Abs. 1 – auch Widerruf genannt. **301**

Hat der Makler während der Vertragsdauer seine Leistung bereits erbracht, so kann sich der Auftraggeber der Provisionspflicht (selbstverständlich) nicht durch Kündigung entziehen, wenn er den Nachweis nach Vertragsende ausnutzt.[541]

Ob auch der **Makler** einen unbefristeten Maklervertrag jederzeit kündigen kann, wird nicht einheitlich beurteilt.

- Teilweise wird angenommen, dass eine Kündigung des Maklers nur unter den Voraussetzungen des **§ 626** zulässig ist. Demnach müsste ein wichtiger Grund für die Kündigung bestehen.[542]
- Nach anderer Ansicht kann auch der Makler **ohne wichtigen Grund** jederzeit kündigen.[543] Für diese Auffassung spricht die fehlende Tätigkeitverpflichtung des Maklers.

---

536 Looschelders § 37Rn. 9.
537 Palandt/Sprau § 652 Rn. 18, 12.
538 Palandt/Sprau § 652 Rn. 21.
539 Palandt/Sprau § 652 Rn. 21 m.w.N.
540 BGH NJW 1969, 1626; Palandt/Sprau § 652 Rn. 12.
541 Palandt/Sprau § 652 Rn. 12 a.E.
542 Jauernig/Mansel § 652 Rn. 7.
543 Palandt/Sprau § 652 Rn. 12; MünchKomm/Roth § 652 Rn. 87.

Ein **befristeter Maklervertrag** kann sowohl vom Auftraggeber als auch vom Makler vorzeitig nur bei Vorliegen eines wichtigen Grundes durch Kündigung gemäß **§ 314** beendet werden.[544]

Im Übrigen kommen als Beendigungsgründe der **Abschluss eines Aufhebungsvertrags** und **nach § 673 S. 1 analog der Tod des Maklers** (es sei denn, der Vertragspartner war eine Maklergesellschaft) in Betracht (bei Tod des Auftraggebers können seine Erben kündigen).[545]

4. Abschnitt: Besondere Maklerverträge

Das BGB enthält in den **§§ 655 a bis 656** die allgemeinen Bestimmungen der §§ 652 ff. ergänzenden **Spezialvorschriften** für besondere Formen des Maklervertrags.

A. Vermittlung von Verbraucherdarlehensverträgen

302 Nach der Bestimmung des **§ 655 a Abs. 1** liegt ein **Darlehensvermittlungsvertrag** vor, wenn ein Unternehmer (§ 14) einem Verbraucher (§ 13) gegen Entgelt einen Verbraucherdarlehensvertrag i.S.d. § 491 Abs. 1 vermittelt oder ihm die Gelegenheit zum Abschluss eines solchen Vertrags nachweist. Die §§ 655 a ff. erfassen mithin sowohl den Nachweis- als auch den Vermittlungsmakler.

303 **§ 655 b Abs. 1** regelt die **Formerfordernisse** für den Darlehensvermittlungsvertrag. Gemäß § 655 b Abs. 1 S. 1 ist Schriftform erforderlich. Die Regelungen der Sätze 2 und 3 tragen ferner dem Umstand Rechnung, dass gemäß § 126 Abs. 3 die Schriftform auch durch die elektronische Form (§ 126 a) ersetzt werden kann, bei der keine Vertragsurkunde in Papierform existiert. Deshalb wurde in § 655 b Abs. 1 S. 3 das Erfordernis der Mitteilung des Vertragsinhalts in **Textform** (§ 126 b) aufgenommen.

Außerdem ordnet **§ 655 b Abs. 2** – als Spezialregelung zu § 125 S. 1 – als Folge des Verstoßes gegen die Erfordernisse des § 655 b Abs. 1 S. 1 u. 2 bzw. gegen Pflichten aus Art. 247 EGBGB die **Nichtigkeit des Vertrags** an.

304 Durch **§ 655 c S. 1** werden zudem für den Darlehensvermittlungsvertrag die **Voraussetzungen des § 652 Abs. 1** für die Verpflichtung zur Zahlung der Provision **verschärft**. Voraussetzungen für die Entstehung des Provisionsanspruchs sind hiernach:

- Formgerechter Abschluss des Verbraucherdarlehensvertrags gemäß §§ 491 Abs. 1, 492 infolge der Vermittlung oder des Nachweises des Unternehmers.
- Leistung des Darlehens an den Verbraucher (**Auszahlung**) aufgrund des vermittelten oder nachgewiesenen Verbraucherdarlehensvertrags. Insoweit ist also Ursächlichkeit der Vermittlung bzw. des Nachweises erforderlich.
- Rechtliche **Unmöglichkeit des Widerrufs** des Darlehensvertrags durch den Verbraucher gemäß § 495 Abs. 1 i.V.m. § 355. Demnach entsteht der Provisionsanspruch des Maklers grundsätzlich erst nach Ablauf der zweiwöchigen Widerrufsfrist.

---

544 Palandt/Sprau § 652 Rn. 12, 76; Palandt/Grüneberg § 314 Rn. 2.

545 Palandt/Sprau § 652 Rn. 12.

Klausurhinweis: *Zahlt der Verbraucher zunächst die Vergütung und erklärt er danach (fristgerecht) den Widerruf des Verbraucherdarlehens, besteht gegen den Makler ein Rückzahlungsanspruch aus § 812 Abs. 1 S. 1 Alt. 1.*[546]

§ 655 c S. 2 regelt den Fall der **Umschuldung** und hat den Zweck, das sog. Umschuldungskarussell zurückzudrängen.[547] Der Verbraucher soll damit also vor wirtschaftlich sinnlosen Darlehen zur Umschuldung bereits bestehender Darlehen geschützt werden.[548]

Ferner statuiert **§ 655 d S. 1** ein **gesetzliches Verbot** für Leistungen, die mit der Vermittlung des Verbraucherdarlehensvertrags oder dem Nachweis der Gelegenheit zum Abschluss eines solchen Vertrags zusammenhängen, neben der Vergütung gemäß § 655 c S. 1 ein zusätzliches Entgelt zu vereinbaren. Solche **Nebenentgelte** i.S.d. § 655 d S. 1 sind insbesondere Bearbeitungspauschalen oder Schreibgebühren. Rechtsfolge eines Verstoßes gegen das Verbot des § 655 d S. 1 ist die **Teilnichtigkeit des Vertrags gemäß § 134**. Die Regelung des § 139 ist nicht anwendbar.[549] **305**

Gemäß § 655 d S. 2 kann jedoch die Erstattung entstandener, erforderlicher Auslagen – **nicht pauschaliert** und nicht im Voraus – vereinbart werden. Dieser Anspruch darf die Höhe oder die Höchstbeträge, die der Darlehensvermittler dem Verbraucher gemäß Art. 247 § 13 Abs. 2 S. 1 Nr. 4 des EGBGB mitgeteilt hat, aber nicht übersteigen. Unter § 655 d S. 2 fallen z.B. nicht Kosten für Fahrten zum Kunden.[550]

§ 655 e Abs. 1 enthält in Satz 1 ein **Abbedingungs-** und in Satz 2 ein **Umgehungsverbot**. **306**

Die besonderen Regelungen der §§ 655 a ff. erklärt **§ 655 e Abs. 2** auch für den Fall für anwendbar, dass der Darlehensvermittlungsvertrag zwischen einem Unternehmer und einem **Existenzgründer i.S.d. § 515** abgeschlossen wird. Hierdurch wird der Anwendungsbereich dieser Vorschriften gegenüber § 655 a S. 1 erweitert, da nach § 513 auch solche natürlichen Personen erfasst werden, die sich ein Darlehen bis zu 75.000 € für die **Aufnahme einer gewerblichen oder selbstständigen beruflichen Tätigkeit** gewähren lassen, mithin also nicht unter die Begriffsbestimmung des Verbrauchers in §§ 655 a S. 1, 13 fallen.

B. Ehemaklervertrag

§ 656 betrifft den besonderen Fall, dass der Maklervertrag auf eine **Heiratsvermittlung** abzielt. Das Versprechen des Ehemaklerlohns begründet dann **nach § 656 Abs. 1 keine Verbindlichkeit**, sondern **nur eine Naturalobligation**. Das bedeutet, dass der Ehemakler keinen durchsetzbaren Provisionsanspruch erhält, aber eine Provision, die er bereits erhalten hat, nicht wieder herausgeben muss, § 656 Abs. 1 S. 2, soweit das Rückzah- **307**

546 Looschelders § 37 Rn. 13.
547 Palandt/Sprau § 655 c Rn. 3.
548 Looschelders § 37 Rn. 14.
549 Palandt/Ellenberger § 139 Rn. 18.
550 Palandt/Sprau § 655 d Rn. 1.

lungsverlangen nur darauf gestützt werden kann, dass ein Vergütungsanspruch nicht bestand.[551]

308 In der Praxis haben jedoch zunehmend die sog. **Partnervermittlungsverträge**, die (zunächst) auf die Begründung **außerehelicher Partnerschaften** gerichtet sind, den Ehemaklervertrag verdrängt. In der Regel handelt es sich hierbei um Verträge, die auf eine erfolgsunabhängige Tätigkeit gerichtet sind und für die grundsätzlich die Regelungen über den Dienstvertrag gemäß **§§ 611 ff.** gelten. Daneben findet **§ 656 analoge Anwendung.**[552]

Allerdings ist § 656 nicht (analog) anwendbar bei Verträgen über die Begründung einer Mitgliedschaft in Freizeitclubs ohne Verpflichtung zur Partnerschaftsanbahnung oder Verträgen über Partnerschaftsberatung.[553]

551 Vgl. Waibel/Reichstädter Jura 2002, 649, 655.

552 Looschelders § 37 Rn. 16.

553 Waibel/Reichstädter Jura 2002, 649, 655; Palandt/Sprau § 656 Rn. 1a.

9. Teil: Die Bürgschaft und ihre Stellung im Kreditsicherungsrecht

Um die Bürgschaft, ein in beiden Examina gerne geprüftes Thema, zu durchdringen, müssen **309**
*gewisse **Eckpfeiler im Kreditsicherungsrecht** bekannt sein. Jedes Sicherungsmittel hat zwar seine Besonderheiten. Zunächst müssen Sie sich aber die Grundlagen der jeweiligen Sicherheit erarbeiten, und dies können Sie am besten tun, indem Sie die jeweiligen Sicherheiten miteinander vergleichen und vernetzen. Sie werden Gemeinsamkeiten und Gegensätze erkennen und feststellen, dass es mit den Sicherheiten wie mit Fremdsprachen ist: Je mehr man bereits kennt, umso leichter fällt das Erlernen jeder weiteren.*

*Diese **Grundlagen, Gemeinsamkeiten und Gegensätze** werden zunächst dargestellt, sodann folgen die spezifischen Ausführungen zur Bürgschaft. Die einzelnen Kreditsicherungsmittel sowie die mit ihnen verwandten Institute stellen wir entsprechend ihrer **systematischen Stellung** in folgenden Skripten dar:*

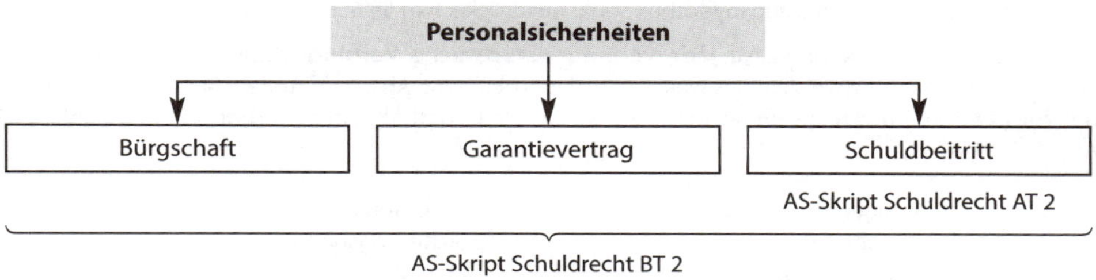

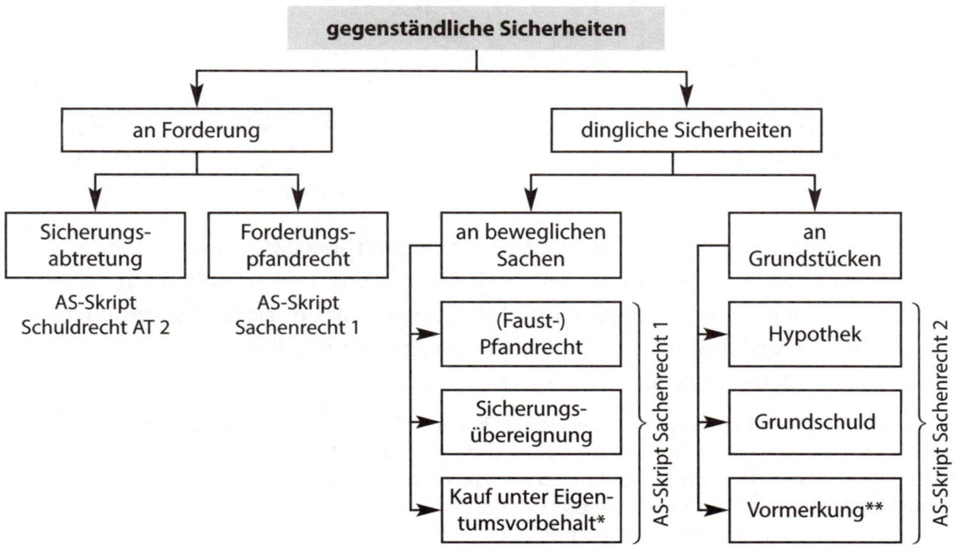

*Der Eigentumsvorbehalt ist eine Sicherheit im weiteren Sinn. Zwar lässt sich der Verkäufer für seinen Anspruch aus § 433 Abs. 2 keine zusätzliche Sicherheit gewähren, aber er bewahrt sich das Eigentum an der verkauften Sache selbst als Sicherheit.

** Die Vormerkung ist keine Sicherheit, die für den Gläubiger wirtschaftlich an die Stelle des ausgefallenen Anspruchs tritt. Sie sichert vielmehr unmittelbar den bedrohten Anspruch rechtlich ab, indem sie seinen Untergang durch Unmöglichkeit gemäß § 275 Abs. 1 verhindert.

1. Abschnitt: Eckpfeiler des Kreditsicherungsrechts

310 Der Gläubiger einer Forderung will einen „Plan B" für den Fall zu haben, dass sein primärer Schuldner (**Hauptschuldner**) die Forderung trotz Fälligkeit und Durchsetzbarkeit nicht erfüllen kann (**Sicherungsfall**). Der Gläubiger will seine Forderung mit einer oder mehreren **Sicherheiten besichern**.

Dieses Interesse des Gläubigers besteht prinzipiell hinsichtlich jeder Forderung. In der Praxis und im Examen werden aber am häufigsten **Zahlungsforderungen** besichert. Unter diesen nimmt wiederum die Forderung des Darlehensgebers gegen den Darlehensnehmer aus **§ 488 Abs. 1 S. 2** auf Rückzahlung der Darlehensvaluta (gegebenenfalls zuzüglich vereinbarter Zinsen)[554] die Spitzenposition jedenfalls im Examen ein.

Die Bezeichnung „Kreditsicherung" erfasst streng genommen nur die Forderung aus § 488 Abs. 1 S. 2 und ist daher zu eng. Behalten Sie im Hinterkopf, dass Ihnen im Examen auch die Besicherung **anderer Zahlungsforderungen** begegnen kann. Z.B. ist die Besicherung der Werklohnforderung aus § 631 Abs. 1 Var. 2 mit einer Sicherungshypothek sogar ausdrücklich in §§ 650 e, 650 f) geregelt.

Manche Sicherheiten können **für jede vermögensrechtliche Verbindlichkeit** bestellt werden, so etwa die Bürgschaft ausweislich des weiten Wortlauts des § 765 Abs. 1.[555] Andere Sicherheiten können **nur für Zahlungsforderungen** bestellt werden, z.B. die Hypothek und die Grundschuld, vgl. §§ 1113 Abs. 1, 1191 Abs. 1.[556]

311 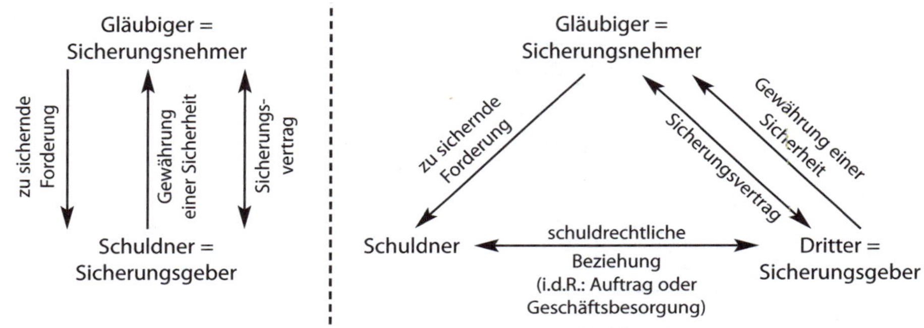

Die Besicherung geschieht in der Regel durch **Rechtsgeschäft** zwischen demjenigen, der die Sicherheit zur Verfügung stellt (**Sicherungsgeber**) und demjenigen, zu dessen Gunsten die Sicherheit im Sicherungsfall Wirkung entfalten soll (**Sicherungsnehmer**). Die folgenden Ausführungen, insbesondere zur Entstehung (**Ersterwerb**, s. sogleich E.) einer Sicherheit, beziehen sich auf diese rechtsgeschäftliche Besicherung.

Einige akzessorische Sicherheiten (s. sogleich D.) können aber auch **kraft Gesetzes** entstehen, insbesondere die Pfandrechte des Vermieters (§§ 562 ff.),[557] des Werkunternehmers (§ 647)[558] und des Gastwirts (§ 704). Klausurklassiker ist bei Ihnen die Frage, ob sie auch an Sachen entstehen, die nicht dem Schuldner gehören.[559] Kaum klausurrelevant ist die Entstehung einer Sicherheit **kraft Hoheitsakts**, wie etwa die Eintragung einer Zwangshypothek gemäß § 867 ZPO.[560]

---

554 S.o. Rn. 7 zum Darlehensvertrag.

555 Vgl. Palandt/Sprau § 765 Rn. 17.

556 Vgl. Palandt/Herrler § 1113 Rn. 15.

557 Näher Rn. 145.

558 Näher AS-Skript Schuldrecht BT 1 (2019), Rn. 298 ff.

559 Hierzu hinsichtlich des Werkunternehmerpfandrechts AS-Skript Schuldrecht BT 1 (2019), Rn. 300 ff.

560 Näher AS-Skript ZPO (2018), Rn. 483, 491.

A. Sicherungsvertrag/Sicherungsabrede

Der Besicherung kann ein formfreier (Umkehrschluss aus § 125) **Verpflichtungsvertrag** (**Sicherungsvertrag oder Sicherungsabrede**) vorausgehen, der aufgrund der **Vertragsfreiheit** (§ 311 Abs. 1, Art. 2 Abs. 1 GG) zulässig ist. Er ist nicht gesetzlich ausgestaltet, aber vom Gesetzgeber anerkannt, vgl. § 1192 Abs. 1a. 312

Dem Sicherungsvertrag kommt je nach Sicherheit (näher C. und D.) unterschiedliche **Relevanz** zu:

- **Gegenständliche Sicherheiten** (vgl. Skizze Rn. 309) werden mittels **Verfügung über das Eigentum bzw. die Inhaberschaft** an dem sichernden Gegenstand bestellt (Ersterwerb, vgl. E.). Der Sicherungsnehmer hat aus dem Sicherungsvertrag einen **Anspruch auf diese Verfügung** gegen den Sicherungsgeber. 313
  - Bei **gegenständlich-abstrakten Sicherheit** (z.B. Sicherungsabtretung und -übereignung, Grundschuld) spielt der Sicherungsvertrag die weitestgehende Rolle.[561] Er **verknüpft die gesicherte Forderung mit der Sicherheit**. Ist er nichtig, so fehlt der Anspruch auf Bestellung der Sicherheit und daher der **Rechtsgrund für die Sicherheit**; sie kann also nach §§ 812 ff. kondiziert werden. Und ist die Forderung erfüllt (**Fortfall des Sicherungszwecks**), so hat der Sicherungsgeber gegen den Sicherungsnehmer aus dem Sicherungsvertrag einen **Anspruch auf Rückübertragung bzw. Erlöschenlassen** der Sicherheit.
  - Bei **gegenständlich-akzessorischen Sicherheiten** (z.B. Hypothek, Faustpfandrecht) muss die **Verknüpfung der Forderung mit der Sicherheit** hingegen nicht im Sicherungsvertrag geregelt werden, weil sie **ohnehin kraft Gesetzes** besteht. Bei Erfüllung der gesicherten Forderung etwa fällt die Sicherheit **ipso iure** an den Sicherungsgeber zurück (§ 1163 Abs. 1 S. 2) bzw. sie erlischt (§ 1252).
- **Persönliche Sicherheiten** (vgl. Skizze Rn. 309) entstehen hingegen **nicht durch Verfügung** über einen Gegenstand, sondern aufgrund eines Verpflichtungsvertrags (z.B. Bürgschaftsvertrag, §§ 765 ff.). Aber auch bei ihnen findet sich in aller Regel das für einen Sicherungsvertrag übliche Regelungsprogramm, entweder in einem **gesonderten Sicherungsvertrag oder** in einem einzigen **einheitlichen Verpflichtungsvertrag** – je nach zeitlichem Ablauf und Vorlieben der Parteien.

Aus dem Sicherungsvertrag ergibt sich übrigens grundsätzlich kein Anspruch des Sicherungsnehmers auf späteren **Austausch der Sicherheit** gegen eine ihm genehmere.[562]

Während der Sicherungsnehmer in aller Regel zugleich auch der Gläubiger der gesicherten Forderung ist, kann der **Sicherungsgeber** entweder der **Schuldner** der gesicherten Forderung **selbst** oder aber ein **Dritter** sein.[563] 314

Als **Dritte** kommen **z.B.** in Betracht die Bank, die die Mietverpflichtungen ihres Kunden aus § 535 Abs. 2 mit einer Bankbürgschaft absichert, oder die vermögende Tante, die die Darlehensverpflichtungen ihres studierenden Neffen aus § 488 Abs. 1 S. 2 mit einer Grundschuld an ihrem Grundstück absichert.

---

561 Er wird daher bei diesen Sicherheiten ausführlicher dargestellt in AS-Skript Schuldrecht AT 2 (2018), Rn. 420 ff., AS-Skript Sachenrecht 1 (2018), Rn. 319 ff., AS-Skript Sachenrecht 2 (2019), Rn. 364 ff.

562 BGH RÜ 2018, 6.

563 Ein Beispiel für die Identitäten der beteiligten Personen und ihre Veränderungen im Fallverlauf liefert BGH RÜ 2014, 688.

B. Rechtsverhältnisse und Ansprüche im 3-Personen-Verhältnis

315 Wenn ein Dritter als Sicherungsgeber auftritt, dann besteht **zwischen dem Dritten und dem Schuldner** in aller Regel eine (vom Sicherungsvertrag zwischen Drittem und Gläubiger zu unterscheidende) **schuldrechtliche Beziehung**, vgl. Skizze in Rn. 309). Das kann ein Auftrag (z.B. bei der besichernden Tante; in Abgrenzung zur reinen Gefälligkeit) oder eine Geschäftsbesorgung (z.B. bei einer Bankbürgschaft) sein. Sprechen der Dritte und der Sicherungsgeber sich nicht ab, so ist an eine Geschäftsführung ohne Auftrag zu denken.

316 Der Schlüssel für das Lösen von Kreditsicherungsfällen im **3-Personen-Verhältnis** ist, dass man sich der **Interessenlage** der Beteiligten bewusst ist. Von ihr lässt sich in vielerlei Hinsicht auf die korrekte rechtliche Lösung schließen. Es gilt dann nur noch, diese **bei den akzessorischen Sicherheiten im Gesetz zu finden bzw. bei den abstrakten Sicherheiten in den Sicherungsvertrag mittels Auslegung hineinzulesen**.

- Der **Gläubiger alias Sicherungsnehmer** strebt seine Befriedigung in Höhe der gesicherten Forderung an. Ihm ist in der Regel egal, ob der Schuldner als solcher, der Schuldner als Sicherungsgeber oder der Dritte als Sicherungsgeber erfüllt. Nach seiner Befriedigung hat der Gläubiger daher keinen Bedarf mehr an der Sicherheit.

- Der **Sicherungsgeber** hofft zunächst, dass der Schuldner die gesicherte Forderung erfüllen und daher der Sicherungsfall nicht eintreten wird. Nimmt aber der Sicherungsnehmer alias Gläubiger den Sicherungsgeber in Anspruch, so will der Sicherungsgeber seinen Verlust minimieren:

  - Der Sicherungsgeber wird daher versuchen, **Regress beim Schuldner** zu nehmen. Mit diesem hat er in der Regel (konkludent) vereinbart, dass die Sicherheit zwar dem Sicherungsnehmer zur Verfügung stehen soll, dass aber im Ergebnis der Schuldner für seine Schuld selbst geradestehen soll. Der **Sicherungsgeber haftet** mit seiner Sicherheit also regelmäßig **nachrangig**. Es liegt kein Fall der Gesamtschuld, die Gleichstufigkeit erfordert, vor, sodass der Regress gegen den Schuldner nicht über § 426 Abs. 1 u. 2 läuft.[564]

    Vielmehr hat der Sicherungsgeber erstens **aus der schuldrechtlichen Beziehung** zum Schuldner einen Anspruch (insbesondere aus § 670). Zweitens bestimmt das Gesetz hinsichtlich der **akzessorischen Sicherheiten**, dass die gesicherte Forderung vom Sicherungsnehmer **ipso iure** auf den Sicherungsgeber übergeht (z.B. § 774 Abs. 1 und § 1143 Abs. 1). Bei einer **abstrakten Sicherheit** hat der Sicherungsgeber gegen den befriedigten Sicherungsnehmer **aus dem Sicherungsvertrag** einen Anspruch auf Rückübertragung der Sicherheit. Der Sicherungsgeber kann also aus der gesicherten Forderung gegen den Schuldner vorgehen.

  - Oft ist beim Schuldner aber nichts mehr zu holen, wenn der Sicherungsfall eingetreten ist. Bestehen noch weitere Sicherheiten, so wird der Sicherungsgeber daher versuchen, **Regress bei den anderen Sicherungsgebern** zu nehmen. Teilweise nimmt der Gesetzgeber eine Gleichstufigkeit unter den Sicherungsgebern an und

564 Näher zur Gesamtschuld AS-Skript Schuldrecht AT 2 (2018), Rn. 474 ff., insb. Rn. 482 ff. zur Gleichstufigkeit.

bestimmt daher die Anwendung des § 426 Abs. 1 u. 2, z.B. gemäß § 774 Abs. 2 im Fall zweier Bürgschaften. Das Aufeinandertreffen von einerseits Hypothek oder Grundschuld und andererseits Bürgschaft ist hingegen gesetzlich nicht geregelt. Unter dem Schlagwort **Wettlauf** (bzw. Stillstand) **der Sicherungsgeber** wird diskutiert, ob Gleichstufigkeit vorliegt.[565]

C. Gegenständliche und persönliche Sicherheiten

317

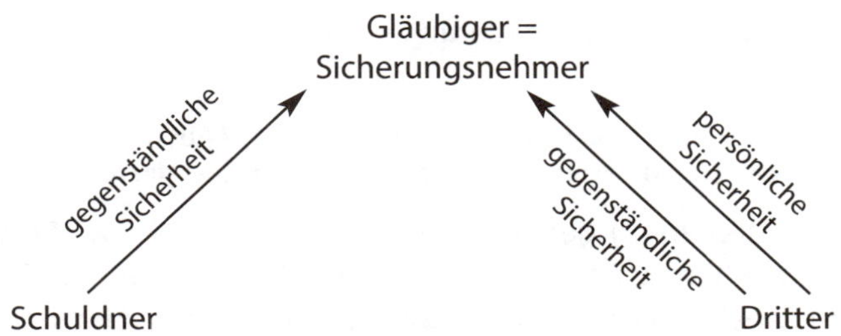

Als Sicherheit kann ein **Gegenstand** übertragen werden. Der Begriff des Gegenstands ist weiter als der Begriff der **Sache**. Gegenstand ist alles, was Objekt von Rechten sein kann, also neben körperlichen Sachen u.a. auch unkörperliche Forderungen.[566] Soweit eine Sache die Sicherheit ist, wird auch von einer **dinglichen Sicherheit** gesprochen.

Im Sicherungsfall wird der Gegenstand verwertet, gleich zu welchem Vermögen er gehört. Sicherungsgeber kann daher der **Schuldner oder ein Dritter** sein.

Beispiele: die Sicherungsabtretung einer Forderung, die Sicherungsübereignung einer beweglichen Sache sowie die Verpfändung einer Forderung (per Forderungspfandrecht), einer beweglichen Sache (per Faustpfandrecht) oder eines Grundstücks (per Grundpfandrecht: Hypothek oder Grundschuld).

Der Sicherungsgeber kann **sich selbst persönlich**, d.h. sein gesamtes Vermögen (bis zu einem Höchstbetrag oder vollständig) als Sicherheit zur Verfügung stellen. Dann sind **Schuldner und Dritter** stets **personenverschieden**, denn der Schuldner haftet dem Gläubiger bereits aus der zu sichernden Forderung mit seinem gesamten Vermögen. Die persönliche Besicherung ist daher nur sinnvoll, wenn sie dem Gläubiger zu einer weiteren haftenden Vermögensmasse neben der des Schuldners verhilft. 318

Beispiele: Bürgschaft, Schuldbeitritt, Garantie.

D. Akzessorische und abstrakte Sicherheiten

319

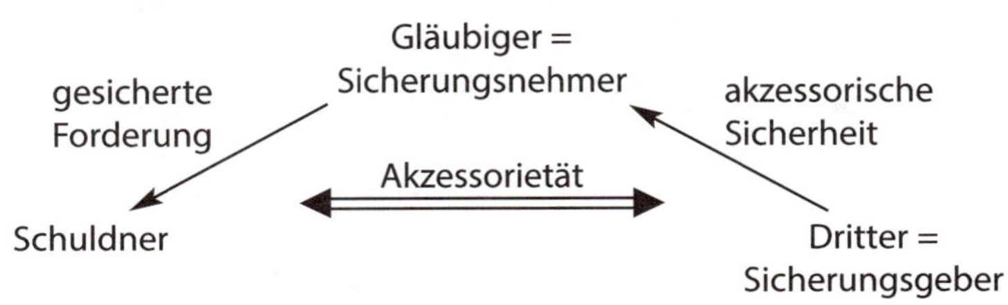

565 Vgl. zum Wettlauf/Stillstand der Sicherungsgeber AS-Skript Sachenrecht 2 (2019), Rn. 325 ff. u. 432 ff, sowie in diesem Skript knapp Rn. 435.

566 Vgl. Palandt/Ellenberger Überbl v § 90 Rn. 2.

Akzessorische Sicherheiten teilen kraft Gesetzes das Schicksal der Forderung.

- Sie **entstehen** nur, sobald und soweit auch die Forderung entsteht (vgl. für die Bürgschaft §§ 765 Abs. 1, 767 Abs. 1 S. 1).
- Bei **Abtretung** der Forderung geht auch die Sicherheit auf den Zessionar über, vgl. allgemein § 401. Eine isolierte Übertragung ist in aller Regel nicht möglich.

  Klausurrelevante **Ausnahme**: forderungsentkleidete Hypothek, § 1138 Var. 1.[567]
- Die Sicherheit **erlischt**, sobald und soweit die Forderung durch Zahlung des Schuldners erlischt. **Einreden** gegen die Forderung wirken auch gegen die Sicherheit (vgl. für die Bürgschaft §§ 767, 768).

  Gegen Bürgschaft und Hypothek besteht gemäß § 770 (i.V.m. § 1137 Abs. 1 S. 1 Var. 1) weitergehend sogar dann eine Einrede, wenn die Hauptforderung zwar besteht, aber **gestaltbar** ist.
- Zahlt hingegen der Sicherungsgeber an den Gläubiger, so **geht die Forderung auf ihn über** (vgl. für die Bürgschaft § 774 Abs. 1 S. 1 u. für die Hypothek § 1143). Nach §§ 412, 401 wird dabei die **akzessorische Sicherheit mitgerissen**.

Akzessorische Sicherheiten (vgl. § 401): Bürgschaft, Faustpfandrecht, Hypothek, Vormerkung (als Sicherungsmittel eigener Art; § 401 wird übrigens nach h.M. auf die Vormerkung analog angewendet).

320 Sie müssen also die Entstehungsvoraussetzungen, die Einwendungen und die Einreden **zweigleisig prüfen**, bezogen sowohl auf die zu sichernde Forderung als auch auf die akzessorische Sicherheit. Die akzessorische Sicherheit ist nur frei von Fehlern, wenn **sowohl sie selbst als auch die gesicherte Forderung** an keinem Mangel leiden.[568]

So ist **z.B.** der Anspruch aus § 1210 Abs. 1 S. 1 **nicht entstanden**, wenn die Bestellung des Faustpfandrechts nach §§ 1204 ff. und/oder der der gesicherten Forderung zu Grunde liegende Vertrag (z.B. ein Darlehen) gemäß § 142 Abs. 1 nichtig ist. Der Anspruch aus der Hypothek ist gemäß § 1147 Abs. 1 **erloschen**, soweit er selbst und/oder die gesicherte Forderung gemäß § 362 Abs. 1 erfüllt wurde. Der Anspruch aus der Bürgschaft gemäß § 765 Abs. 1 ist **nicht durchsetzbar**, wenn er selbst und/oder die gesicherte Forderung verjährt ist – Achtung, bzgl. der gegenständlich-akzessorischen Sicherheiten durchbricht § 216 Abs. 1 hinsichtlich der Verjährung die Akzessorietät.[569]

Neben den zweigleisig zu prüfenden Einreden sind **für bestimmte Sicherheiten spezielle Einreden** normiert, die nur für diese (und nicht für die Forderung) gelten.

Beispiele: Einrede der Vorausklage gegen die Bürgschaft (§ 771, beachte § 773 Abs. 1 Nr. 1 und § 349 HGB); Zurückbehaltungsrecht gegen die Hypothek aus § 1144.

321

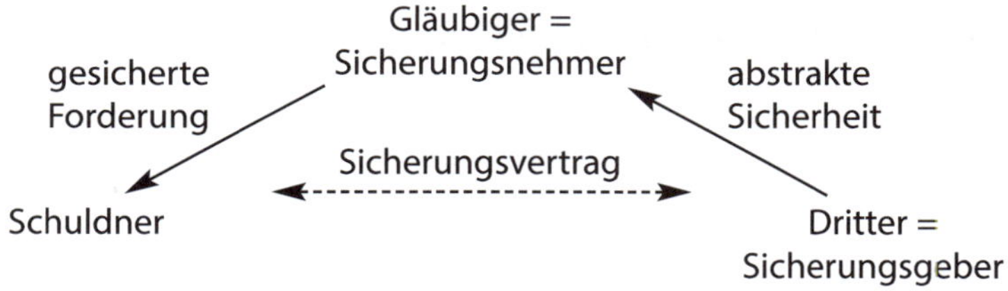

567 Näher AS-Skript Sachenrecht 2 (2019), Rn. 97 ff. u. 105 ff. Rn. 274 ff., 300 ff.

568 Vgl. zur Zweigleisigkeit der Prüfung akzessorischer Sicherheiten auch AS-Aufbauschemata Zivilrecht/ZPO (2019), S. 339 f.

569 Vgl. auch Palandt/Ellenberger § 216 Rn. 2 ff.; dort heißt es, die Norm gelte auch für die abstrakten Sicherheiten, wobei sich das bereits aus eben der Abstraktheit dieser Sicherheiten ergibt.

Abstrakte (auch: **fiduziarische**) **Sicherheiten sind von Gesetzes wegen nicht mit der zu sichernden Forderung verwoben.** Sie können ohne Forderung entstehen und bleiben nach Untergang der Forderung bestehen. Sie wechseln nicht ipso iure ihren Inhaber, wenn die Forderung den Inhaber wechselt. Die Parteien können sie zwar mittels Vereinbarung von Bedingungen i.S.d. § 158 an die Forderung knüpfen. Das verstößt nicht gegen das Abstraktionsprinzip, muss aber ausdrücklich vereinbart werden.[570]

Abstrakte Sicherheiten: Garantievertrag, Sicherungsübereignung, Grundschuld – wobei die Sicherungsgrundschuld nach § 1192 Abs. 1 a hinsichtlich bestimmter Einreden quasi-akzessorisch ist.[571]

Allerdings folgt aus dem **Sicherungsvertrag** regelmäßig ein **Anspruch auf Herstellung derjenigen Rechtslage, die** bei einer vergleichbaren akzessorischen Sicherheit bereits **kraft Gesetzes entstehen würde.** 322

Beispiel:[572] Zahlt der Schuldner an den Gläubiger, so erwirbt der Eigentümer des Grundstücks (vorbehaltlich § 1164 Abs. 1 S. 1) die sichernde Hypothek gemäß § 1163 Abs. 1 S. 2. Eine Sicherungsgrundschuld geht hingegen nicht auf den Eigentümer über (§ 1163 ist nicht gemäß § 1192 Abs. 1 auf die Sicherungsgrundschuld anwendbar). Der Sicherungsgeber (i.d.R. alias Eigentümer) hat aber gegen den Sicherungsnehmer alias Gläubiger einen Anspruch auf Rückübertragung der Sicherungsgrundschuld aus dem Sicherungsvertrag. Soweit dieser nicht ausdrücklich vereinbart ist, ist er im Wege ergänzender Vertragsauslegung aufgrund der Interessenlage (s. B.) in den Sicherungsvertrag hineinzulesen.

E. Entstehung (Ersterwerb) und Übertragung (Zweiterwerb) einer Sicherheit

323

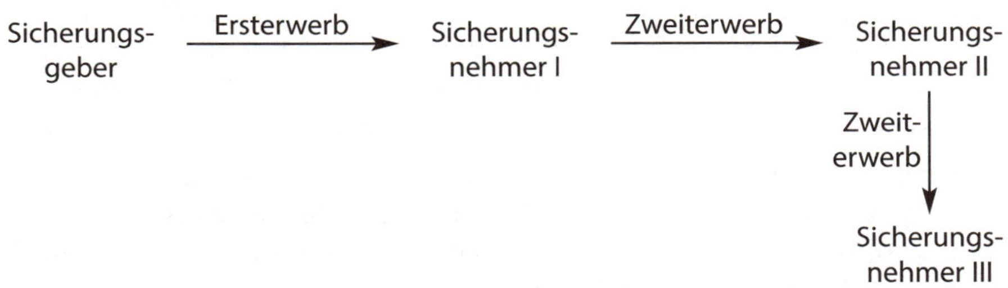

Die Erschaffung einer Sicherheit „aus dem Nichts" bezeichnet man als **Entstehung** oder **Ersterwerb**. Die **Übertragung** einer bestehenden Sicherheit bezeichnet man als **Zweiterwerb**, wobei beliebig viele Übertragungen nacheinander geschehen können. Wer diese Unterscheidung nicht kennt und konsequent vornimmt, begeht elementare Fehler, weil für beide Erwerbsformen **verschiedene Voraussetzungen** gelten.

Hinweis: *Die Ihnen seit Beginn des Studiums bekannten* ***§§ 929 ff.*** *und* ***§§ 873, 925*** *regeln* ***nur den Zweiterwerb*** *(derivativer Erwerb) des Eigentums. Sein Ersterwerb (originärer Erwerb) vollzieht sich kraft Gesetzes (§§ 937–984) oder kraft Hoheitsakts. Ebenso regeln* ***§§ 398 ff. nur den Zweiterwerb*** *einer aus anderem Grund entstandenen Forderung.*

570 Allgemein AS-Skript BGB AT 1 (2018), Rn. 28, und zur Sicherungsübereignung AS-Skript Sachenrecht 1 (2018), Rn. 312.

571 Näher zu § 1192 Abs. 1 a AS-Skript Sachenrecht 2 (2019), Rn. 459 ff.

572 Näher AS-Skript Sachenrecht 2 (2019), Rn. 389 u. 419.

	Ersterwerb	Zweiterwerb
Faustpfandrecht (dinglich/akzessorisch)	§§ 1204 ff.	§§ 1250 Abs. 1 S. 1, 401
Sicherungsübereignung (dinglich/abstrakt)	---	§§ 929 S. 1, 930
Eigentumsvorbehalt/ Anwartschaftsrecht (dinglich/„akzessorisch")	§§ 929 ff., 158 Abs. 1	§§ 929 ff. (h.M.)
Forderungspfandrecht (dinglich/akzessorisch)	§§ 1274 Abs. 1 S. 1, 398	§§ 1273 Abs. 2 S. 1, 1250 Abs. 1 S. 1, 401
Sicherungsabtretung (gegenständlich/abstrakt)	---	§ 398
Hypothek (dinglich/akzessorisch)	§§ 873, 1113 ff.	§§ 401, 1153 Abs. 1 (beachte § 1154 für Abtretung der Forderung)
Grundschuld (dinglich/abstrakt)	§§ 873, 1192 Abs. 1, 1113 ff.	§§ 398, 1154, 1192 Abs. 1
Bürgschaft (persönlich/akzessorisch)	§ 765	§ 401
Vormerkung (akzessorisch)	§§ 883, 885	§ 401 analog

324 Der **Ersterwerb** der gegenständlichen Sicherheiten geschieht wie ausgeführt durch eine **Verfügung**, und zwar in Form einer **Belastung des Gegenstands**. Die **Berechtigung** für diese Verfügung liegt daher prinzipiell beim **Inhaber des Gegenstands**, bei Sachen also bei ihrem **Eigentümer.**[573]

Soweit beim Ersterwerb die **Berechtigung des Verfügenden fehlt**, kann dies mittels des **Rechtsscheinträgers** und der **Normen** geschehen, die **zum besicherten Gegenstand „gehören"**.

Beispiele: Das Faustpfandrecht an beweglichen Sachen kann aufgrund des Rechtsscheins des Besitzes, von welchem auf das Eigentum geschlossen werden kann, vom Nichteigentümer ersterworben werden (§§ 1207, 932 ff.). Hypothek und Grundschuld können aufgrund des Rechtsscheins der Eintragung einer Person als Eigentümer, von welcher auf das Eigentum geschlossen werden kann, vom Nichteigentümer ersterworben werden (§ 892).

325 Die Entscheidungsmacht über eine einmal entstandene Sicherheit steht hingegen prinzipiell ihrem Inhaber zu. Soweit daher der **Zweiterwerb** durch **Verfügung** in Form der **Übertragung der Sicherheit** geschieht (namentlich bei den abstrakten Sicherheiten), liegt die **Berechtigung** prinzipiell beim **Inhaber der Sicherheit**.

Beispiel: Der Grundschuldinhaber (nicht: der Eigentümer des Grundstücks) ist berechtigt, seine Grundschuld zu übertragen.

573 Vgl. allgemein zur Prüfung einer Verfügung und zur Berechtigung AS-Skript BGB AT 1 (2018) Rn. 23.

Fehlt beim Zweiterwerb die Berechtigung, so gilt:

- **Ohne Norm**, die eine Überwindung der fehlenden Inhaberschaft der Sicherheit anordnet, ist er der Zweiterwerb vom Nichtberechtigten (natürlich) nicht möglich.

  Beispiel: Bürgschaft.

- Wenn eine solche **Norm existiert**, ist zu unterscheiden:
  - Ist **ein anderer Inhaber der Sicherheit**, so kann diese nach der Norm vom Nichtinhaber erworben werden.

    Beispiel: Grundschuld über § 892, Anwartschaftsrecht an beweglicher Sache über §§ 932 ff. analog

  - **Existiert die Sicherheit überhaupt nicht**, so können nur solche Sicherheiten, für die ein **Publizitätsträger** besteht, nach der Norm erworben werden

    Beispiel: Grundschuld über § 892 aufgrund ihrer Eintragung im Grundbuch, nicht aber das nicht verbriefte Anwartschaftsrecht an beweglichen Sachen oder an einem Grundstück

2. Abschnitt: Anspruch gegen den Bürgen aus § 765 Abs. 1

Im Examen wird das Bürgschaftsrecht sehr oft **inzident** im Rahmen des Anspruchs des Gläubigers gegen den Bürgen aus dem Bürgschaftsvertrag (§ 765 Abs. 1) abgeprüft. Daneben bestehen in der Regel folgende weitere schuldrechtliche Beziehungen: 326

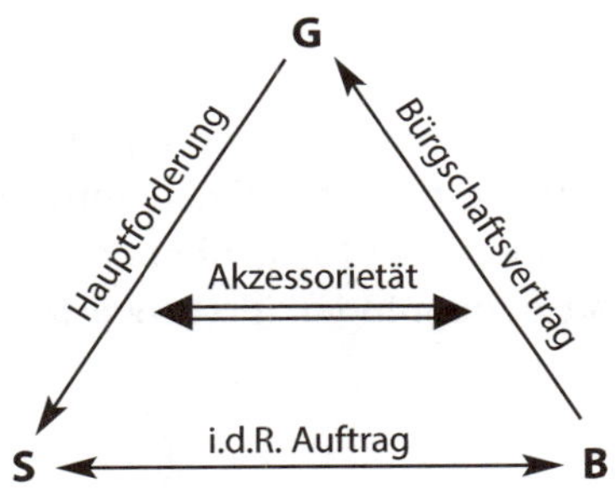

- zu sichernde Forderung des G gegen S (Hauptforderung), die sich oft aus einem (vertraglichen oder gesetzlichen) Schuldverhältnis ergibt;
- Rechtsverhältnis B – S, im Regelfall Auftrag;
- Bürgschaftsvertrag, aus dem B gegenüber G verpflichtet ist, soweit die Hauptforderung entstanden, nicht erloschen und durchsetzbar ist (Akzessorietät);

***Klausurhinweis: Ordnen** Sie Ihre Gedanken nach dem bewährten **Entstanden-Erloschen-Durchsetzbar-Denkschema**. Bei der **Formulierung ihres Gutachtens** sollten Sie es aber sparsam verwenden und stattdessen Schwerpunkte setzen, damit es nicht anfängerhaft wirkt.[574] Als Besonderheit der Bürgschaft als **akzessorisches Sicherungsmittel** müssen Sie dabei **zweigleisig** prüfen: Der Anspruch gegen den Bürgen ist nur dann entstanden/nicht erloschen/durchsetzbar, wenn sowohl die Hauptforderung als auch der Anspruch im Übrigen selbst entstanden/nicht erloschen/durchsetzbar ist.*

574 Näher zu den Vorteilen und Gefahren dieses Denkschemas AS-Skript BGB AT 1 (2018), Rn. 15 ff.

Zweigleisige Prüfung des Anspruchs aus § 765 aufgrund der Akzessorietät
I. Entstehung
1. Wirksame Einigung zwischen Gläubiger und Bürge über die Bürgschaft selbst
2. Entstehung der Hauptforderung Gläubigers gegen Schuldner (**Akzessorietät**)
II. Erlöschen
1. Erlöschen der Bürgschaft selbst: § 776 S. 1, § 777, Schuldrecht AT (insbesondere §§ 362 ff., 418 Abs. 1 S. 1)
2. Erlöschen der Hauptforderung (**Akzessorietät**), z.B. durch Gestaltung
III. Durchsetzbarkeit
1. Einrede gegen Bürgschaft selbst, insbesondere § 771
2. Einreden gegen die Hauptforderung (§ 768) und Gestaltbarkeit (§ 770) der Hauptforderung (**Akzessorietät**)

A. Entstehung durch Begründung der Bürgschaft (Ersterwerb)

327 **Insbesondere** folgende Entstehungsgründe und -hemmnisse kommen in Betracht:

I. Einigung

328 Die Bürgschaft ist ein, wenn auch nur einseitig den Bürgen verpflichtender, **Verpflichtungsvertrag**. Eine einseitige Erklärung des Bürgen genügt also nicht. Vielmehr müssen sich die Parteien, also Bürge und Gläubiger, nach Maßgabe der §§ 104 ff. über den von § 765 vorgesehenen Inhalt **einigen**, um eine Bürgschaft zu begründen (**Ersterwerb**).

1. Inhalt der Einigung

329 Mit dem Bürgschaftsvertrag verpflichtet sich gemäß § 765 Abs. 1 der Bürge gegenüber dem Gläubiger des Schuldners (Hauptschuldner), für die Erfüllung der Verbindlichkeit des Hauptschuldners (Hauptschuld) einzustehen. Es muss – nach einer Auslegung gemäß §§ 133, 157 aus Sicht des objektiven Empfängers – ein **Verbürgungswille** deutlich werden. Ferner muss die **Hauptschuld**, für die die Bürgschaft übernommen wird, nach Gläubiger, Schuldner, Schuldgrund und -höhe bestimmt werden oder wenigstens **bestimmbar** (vgl. § 765 Abs. 2 Var. 1) sein.

2. Abgrenzung: Bürgschaft, Schuldbeitritt oder Garantie

330 Ebenfalls im Rahmen der Auslegung ist die Bürgschaft von anderen Sicherungsinstituten **abzugrenzen**, insbesondere dem **Schuldbeitritt** und dem **Garantievertrag**.[575]

---

575 Vgl. zur Abgrenzung Bürgschaft/Schuldbeitritt/Garantievertrag (auch von weiteren Rechtsinstituten) MünchKomm/Habersack vor § 765 Rn. 10 ff.; Palandt/Sprau Einf v § 765 Rn. 15 ff.

Klausurhinweis: *In der Prüfung müssen Sie – wie immer – den* ***Umfang*** *ihrer Ausführungen zur Auslegung* ***vom Einzelfall abhängig*** *machen. Ist im Sachverhalt knapp und ausdrücklich von einer „Bürgschaft" des (vielleicht sogar rechtskundigen) „Bürgen" die Rede, so wäre es verfehlt, lang und breit zu prüfen, ob nicht vielleicht doch ein Schuldbeitritt vorliegt. Heißt es hingegen vage, der Sicherungsgeber wolle für die Hauptschuld „aufkommen", „geradestehen" o.ä., so wird eine ausführliche Auslegung erwartet.*

Der ***Standort*** *dieser Auslegung in Ihrem Gutachten ist ein Stück weit Geschmackssache: Insbesondere in akademisch geprägten Gutachten ist (wohl) die Auslegung* ***bereits im Rahmen der Einigung*** *üblicher. Ein Praktiker wird sich diese Mühe hingegen* ***erst dann*** *machen,* ***wenn die Auslegung für das Ergebnis unmittelbar relevant*** *ist. Das ist nicht bereits bei der Einigung der Fall, denn wegen der Vertragsfreiheit (Art. 2 Abs. 1 GG, § 311 Abs. 1) ist zunächst irrelevant, wie man das abgeschlossene Geschäft bezeichnet. In Klausuren wird eine auslegungsbedürftige Einigung häufig mit Formproblemen zu § 766 kombiniert, sodass oft (spätestens) dort die Auslegung erfolgen muss, um zu klären, ob die Norm anwendbar ist.*

Die Abgrenzung erfolgt maßgeblich danach, wie **schutzbedürftig** der Sicherungsgeber ist. Wegen der besonders weiten und strengen Akzessorietät und wegen des Formerfordernisses des § 766 verleiht die **Bürgschaft den stärksten Schutz**. **331**

Ein wichtiger Aspekt dabei ist, in welchem Umfang **der Sicherungsgeber ein eigenes Interesse an dem Geschäft zwischen Gläubiger und Hauptschuldner hat**. Je eher dies der Fall ist, umso eher ist es gerechtfertigt, ihm besonderen Schutz zu versagen und ihn stattdessen wie den Schuldner einer originär eigenen Verbindlichkeit zu behandeln.

Wenn die Auslegung, welcher Vertragstyp vorliegt, zu keinem eindeutigen Ergebnis führt, **ist im Zweifel eine Bürgschaft anzunehmen**.[576] Auch wenn Sicherungsgeber und Sicherungsnehmer aufgrund ihrer Vertragsfreiheit ihr Verhältnis (im Rahmen der §§ 134, 138, 242) nach Belieben ausgestalten können, ist doch die Bürgschaft das **einzige gesetzlich ausdrücklich vorgesehene persönliche Sicherungsmittel**. Anderenfalls würde insbesondere die Schutzvorschrift des § 766 unterlaufen.

576 BGH NJW 1986, 580; OLG Hamm, NJW 1993, 2625; Palandt/Grüneberg Überbl v § 414 Rn. 4.

Persönliche Sicherung von Forderungen

Bürgschaft, § 765	**Schuldbeitritt, §§ 311 Abs. 1, 241 Abs. 1**	**Garantie, §§ 311 Abs. 1, 241 Abs. 1**
▪ Einigung, Inhalt: § 765 ▪ Form: § 766 ▪ Hauptforderung: § 767	▪ Einigung, dass Beitretender Schuldner wird ▪ grds. formfrei ▪ Hauptforderung	▪ Einigung über Einstandspflicht für das Eintreten eines bestimmten Erfolgs ▪ formfrei ▪ keine Hauptforderung erforderlich
Streng akzessorisch ▪ § 767 ▪ § 768 ▪ Erweiterung durch § 770	Akzessorisch nur bei Enstehung; danach weitgehende Verselbstständigung, § 425 (Ausn.: §§ 422–424)	Keinerlei Akzessorietät
Subsidiäre Nebenverpflichtung ▪ § 771 ▪ § 772	Selbstständige Verpflichtung	Selbstständige Verpflichtung
Fremdnützig	Eigenes Interesse	Eigenes Interesse

332 ▪ Der **Bürge** will aushilfsweise eine **fremde Schuld** begleichen, er will die Hauptforderung des Gläubigers gegen den Schuldner, so wie sie im Zeitpunkt der Geltendmachung der Bürgschaft besteht, erfüllen. Seine Haftung ist **nur abgeleitet** von der Haftung des Hauptschuldners. Der Bürge kann sich gemäß §§ 767, 768, 770 auf Veränderung und Mängel der Hauptforderung ab Verbürgung bis zu seiner Inanspruchnahme berufen. Die Entstehung, der Fortbestand und der Umfang der Bürgschaft sind daher **vollständig** von der Hauptschuld abhängig – **Akzessorietät**.

Die Bürgschaftserklärung bedarf der **Form** des § 766, näher Rn. 336.

333 ▪ Derjenige, der der **Schuld beitritt**, begründet eine **eigene Verbindlichkeit** gegenüber dem Gläubiger. Er haftet **gleichstufig** und steht daher gemäß § 421 neben dem ursprünglichen Schuldner als Gesamtschuldner. Der vertragliche Schuldbeitritt ist gesetzlich nicht geregelt.

Es gibt aber Fälle, in denen jemand **kraft Gesetzes** einer Schuld beitritt, § 2382, §§ 25, 28, 130 HGB.

In ihrer **Entstehung** ist diese Verbindlichkeit – wie die Bürgschaft – **abhängig** von der ursprünglichen Verbindlichkeit, denn es kann denklogisch nur der Beitritt zu einer tatsächlich bestehenden Schuld geschehen. Hinsichtlich ihres **Untergangs** und ihrer **Durchsetzbarkeit** gelten nach ganz h.M. – im Unterschied zur Bürgschaft – die Regelungen der Gesamtschuld aus **§§ 422 ff.:**[577]

577 Vgl. zu den §§ 422 ff. auch AS-Skript Schuldrecht AT 2 (2018), Rn. 486 ff.

- Gemäß § 425 Abs. 1 wirken Tatsachen **grundsätzlich** nur für und gegen den jeweiligen Gesamtschuldner, in dessen Person sie eintreten (**einzelwirkende Tatsachen**, Beispiele nennt § 425 Abs. 2).
- Nur die in § 422–424 genannten Tatsachen wirken für und gegen alle Gesamtschuldner, also quasi akzessorisch (**gesamtwirkende Tatsachen**).

Nach **a.A.** sollen auf den Schuldbeitritt diejenigen **Regelungen der Bürgschaft analog** angewendet werden, die Ausdruck der Akzessorietät sind. Konkret wären also nicht die §§ 422 ff., sondern die §§ 767, 768, 770 auf den Schuldbeitritt analog anzuwenden.[578] Gegen diesen Ansatz spricht, dass angesichts der §§ 422 ff. bereits keine Regelungslücke besteht.

Der Schuldbeitritt ist **grundsätzlich formfrei**, insbesondere wird nicht § 766 analog herangezogen. Der **Schuldbeitritt eines Verbrauchers zu einem Darlehensvertrag** ist allerdings **analog § 492 Abs. 1 formbedürftig.**[579]

An die Einordnung als Schuldbeitritt sind höhere Anforderungen als an eine Bürgschaft zu stellen, weil der Beitretende nicht durch ein Formerfordernis und nur durch eine partielle Akzessorietät geschützt wird. Erforderlich ist, dass der Beitretende ein **wirtschaftliches oder rechtliches Eigeninteresse** an der Erfüllung der Hauptforderung hat.[580] Denn nur dann wird er eine für den Gläubiger zwar attraktive, für ihn selbst aber gefährlichere Sicherheit bestellen wollen.

- Mit dem **Garantievertrag** wird die Verpflichtung begründet, verschuldensunabhängig für den Eintritt eines künftigen Erfolgs einzustehen oder das Risiko einer künftigen Gefahr zu übernehmen. Es wird eine vom Bestand und Umfang einer anderen Forderung **völlig unabhängige, selbstständige eigene Verbindlichkeit** begründet. Im Unterschied zur Bürgschaft ist die Garantie also gänzlich **nicht akzessorisch**. **334**

  Obwohl der Garantievertrag zu einer sehr weitreichenden Haftung des Garanten führt, bedarf er **keiner Form**. § 766 ist nach h.M. auch nicht analog anwendbar.[581]

  An die Einordnung als Garantievertrag sind sehr hohe Anforderungen zu stellen, weil der Garant weder durch ein Formerfordernis noch durch irgendeine Akzessorietät geschützt wird. Erforderlich ist, dass der Garant ein **starkes wirtschaftliches Eigeninteresse** an der Erfüllung der (womöglich nicht einmal bestehenden) Hauptforderung hat.[582] Nur dann wird er eine für den Gläubiger zwar sehr attraktive, für ihn selbst aber sehr gefährliche Sicherheit bestellen wollen.

II. Wirksamkeit der Einigung

Die Einigung nach § 765 ist unwirksam, soweit **Nichtigkeitsgründe** (insbesondere des BGB AT) erfüllt sind. Es folgt eine nicht abschließende Aufzählung derjenigen Nichtigkeitsgründe, die typischerweise im Examen zusammen mit der Bürgschaft auftauchen. **335**

578 Vgl. MünchKomm/Habersack vor § 765 Rn. 15.
579 S. Rn. 24.
580 Palandt/Sprau Einf v § 765 Rn. 17.
581 MünchKomm/Habersack vor § 765 Rn. 19; Looschelders § 50 Rn. 12.
582 Palandt/Sprau Einf v § 765 Rn. 17.

1. Formvorschrift des § 766

336 § 766 stellt gewisse Formvoraussetzungen auf, deren Nichtbeachtung gemäß **§ 125 S. 1** (i.V.m. § 139 grundsätzlich) zur **(Gesamt-)Nichtigkeit** des Bürgschaftsvertrags führt.[583]

§ 492, der nach seinem Wortlaut eine Formvorschrift für das Verbraucherdarlehen enthält, wird auf die Bürgschaft **nicht analog** angewendet.[584]

a) Formerfordernis des § 766 S. 1 u. 2

337 Das **Bürgschaftsversprechen** des Bürgen – also nur die **Willenserklärung des Bürgen** und nicht der Vertrag insgesamt – muss grundsätzlich **schriftlich** abgegeben werden, §§ 766 S. 1, 126 Abs. 1. Typischerweise tauchen im Examen folgende Probleme auf:

- Normzweck ist, den Bürgen zu warnen und ihm das übernommene Risiko vor Augen zu führen. Daher müssen sich aus der Urkunde die **wesentlichen Bestandteile** (essentialia negotii) der Bürgschaft entnehmen lassen, d.h. der Verbürgungswille, die zu sichernde Hauptforderung sowie Gläubiger und Hauptschuldner.[585]

  Das Schriftformerfordernis ist auch dann gewahrt, wenn ein oder mehrere Bestandteile des Vertrags zwar **unklar oder mehrdeutig formuliert**, die Zweifel aber im Wege der **Auslegung gemäß §§ 133, 157** zu beseitigen sind. Es gelten die allgemeinen Grundsätze der für alle schriftlichen Erklärungen geltenden **Andeutungstheorie**: Es dürfen und müssen auch außerhalb der Urkunde liegende Umstände herangezogen werden, sofern sich für den Verbürgungswillen des Erklärenden irgendein Anhaltspunkt in der Urkunde findet.[586]

  Auch die Grundsätze der **falsa demonstratio** sind anwendbar.[587] Es ist also nicht der niedergeschriebene, sondern der wirkliche (nicht einmal angedeutete) Wille der Parteien maßgeblich, soweit die Parteien diesen Willen gemeinsam hatten.

  Beispiel: B erklärt schriftlich, für „die Mietschuld" des S zu bürgen. G steckt die Urkunde ein und nickt. Tatsächlich wollten B und G aber eine Bürgschaft für die Kaufpreisschuld des S vereinbaren.– B hat sich gegenüber G wirksam (nur) für die Kaufpreisschuld verbürgt. Die Falschbezeichnung ist B und G gemeinsam unterlaufen und daher unbeachtlich (falsa demonstratio non nocet).

338
- Eine mittels **Telefax** übermittelte Bürgschaftserklärung wahrt – wie jede andere Erklärung auch – die gesetzliche Schriftform nicht, weil der Erklärende die Verfügungsmacht über die Originalurkunde behält, während der Adressat nur eine Fernkopie der Erklärung erhält. Die Schriftform ist nur gewahrt, wenn der Adressat die tatsächliche Verfügungsgewalt über die Urkunde erlangt, denn nur dann ist ihm die Erklärung i.S.d. § 130 Abs. 1 S. 1 „zugegangen".[588]

  Noch weniger wahrt eine **unsignierte E-Mail** die Schriftform, weil hier bereits keine Urkunde i.S.d. § 126 Abs. 1 vorliegt, die dem Adressaten zugehen könnte.

---

583 Näher zu den §§ 125 ff, 139 AS-Skript BGB AT 2 (2019) Rn. 151 ff., 393 ff.

584 S. Rn. 28.

585 BGH NJW 1996, 1467; MünchKomm/Habersack § 766 Rn. 8 ff.; Palandt/Sprau § 766 Rn. 3.

586 BGH NJW 2000, 1569; vgl. allg. zur Andeutungstheorie AS-Skript BGB AT 2 (2019), Rn. 207.

587 BGH NJW 2000, 1569; vgl. allg. zur falsa demonstratio AS-Skript BGB AT 2 (2019), Rn. 208 ff.

588 Vgl. BGH NJW-RR 1997, 684.

Hinweis: *Ein Fax und eine E-Mail wahren die* ***Textform*** *des § 126 b. Jedoch steht diese* ***im Rang unter der gesetzlichen Schriftform*** *und kann diese daher nicht ersetzen (Umkehrschluss aus § 126 Abs. 3 u. 4). Ferner wahren sie allerdings gemäß § 127 Abs. 2 S. 1 die gewillkürte Schriftform.*

Grundsätzlich kann die Schriftform gemäß § 126 Abs. 3 durch die **elektronische Form**, also insbesondere durch eine **qualifiziert signierte E-Mail**, ersetzt werden. Für die Bürgschaftserklärung ist dies gemäß § 766 S. 2 jedoch **nicht zulässig**.

- Der Schriftform bedarf es nach **§ 350 HGB** nicht, wenn der Bürge nach §§ 1 ff. HGB **339**
  ein **Kaufmann** ist und die Übernahme der Bürgschaft (zumindest) für ihn ein **Handelsgeschäft** i.S.d. §§ 343, 344 HGB darstellt.[589]

  Hinweis*: Beachten Sie, dass sowohl das Vorliegen eines* ***Handelsgewerbes*** *als auch eines* ***Handelsgeschäfts*** *ausweislich §§ 1 Abs. 2, 344 HGB* ***vermutet*** *werden.*

- Es kann – wie bei anderen Formvorschriften auch – ausnahmsweise gegen **Treu und Glauben** (§ 242) verstoßen, wenn der Bürge sich auf den Formmangel beruft. Er **340**
  muss sich dann so behandeln lassen, als habe er sich formwirksam verbürgt. Allerdings bezweckt § 766 vornehmlich nicht die Dokumentation der Bürgschaft, sondern die **Warnung** des Bürgen zu seinem **Schutz**. Dieser Einwand greift daher nur in **extremen Ausnahmefällen**, in denen die Unwirksamkeit des Rechtsgeschäfts für den Sicherungsnehmer zu **schlechthin untragbaren Härten** führen würde.[590]

b) Heilung nach § 766 S. 3

Der Mangel der Form wird gemäß § 766 S. 3 geheilt, soweit der Bürge die **Hauptver- 341**
bindlichkeit erfüllt.

Fall 9: Zahlungszusage

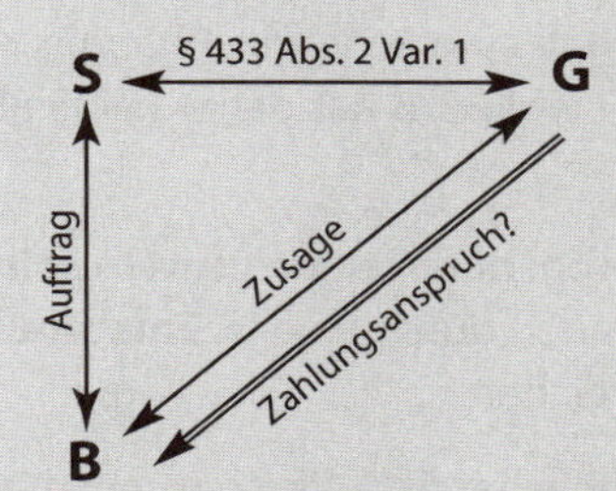

S schuldet seiner Nachbarin G aus einem privaten Pkw-Kaufvertrag 7.500 €. S bittet um Zahlungsaufschub. G willigt unter der Bedingung ein, dass S Sicherheit leistet. B, die vermögende Ehefrau des S, teilt G per qualifiziert signierter E-Mail mit, dass sie für die Kaufpreisschuld des S aus dem Kaufvertrag i.H.v. bis zu 7.500 € einstehen werde. G fordert daraufhin von S den Kaufpreis zunächst nicht ein. Als S später endgültig nicht zahlen kann, nimmt G die B in Anspruch. Zu Recht?

G könnte gegen B einen Zahlungsanspruch aus einer im Rahmen der Vertragsfreiheit **342**
(§ 311 Abs. 1 BGB, Art. 2 Abs. 1 GG) geschlossenen **vertraglichen Abrede** haben.

I. G und B müssen sich nach Maßgabe der §§ 145 ff. **geeinigt** haben. B hat G **angeboten, für die Schuld des S einzustehen**. G hat daraufhin den Kaufpreis von S nicht gefordert und hierdurch konkludent die **Annahme** erklärt. Das Geschäft war für G aus-

589 Näher zur Kaufmannseigenschaft und zum Handelsgeschäfts AS-Skript Handelsrecht (2019), Rn. 5 ff. und 240 ff.

590 BGH NJW-RR 1991, 757; näher zu § 242 in diesem Zusammenhang AS-Skript BGB AT 2 (2019) Rn. 198 ff.

schließlich von Vorteil, sodass der Zugang der Annahmeerklärung bei B gemäß § 151 S. 1 Var. 1 nach der Verkehrssitte nicht erforderlich war. G und B haben sich geeinigt.

Klausurhinweis: *Sie sehen, dass die Einigung (I.) sich zwanglos prüfen und bejahen lässt, ohne auf die Rechtsnatur des Vertrags einzugehen. Es ist daher gut vertretbar und praxisnah, diese erst bei der Formfrage (II.) vorzunehmen, weil es erst dort auf sie ankommt.*

343 II. Die Einigung ist aber **gemäß § 125 S. 1 unwirksam**, wenn zumindest eine der beiden Erklärungen nicht der **gesetzlich vorgeschriebenen Form** genügt. Ein Formerfordernis für die Erklärung der G besteht nicht. Ob die **Erklärung der B** per qualifiziert signierter E-Mail gegen ein Formerfordernis verstößt, hängt davon ab, **welche Rechtsnatur** das von B und G vereinbarte Geschäft hat.

Die **Garantie** ist als atypischer, gesetzlich nicht geregelter Vertrag **formlos** wirksam. Gleiches gilt – abgesehen von der hier nicht gegebenen Ausnahme des Beitritts eines Verbrauchers zu einem Darlehen – für den **Schuldbeitritt**. Für die **Bürgschaftserklärung** ist hingegen grundsätzlich gemäß §§ 766 S. 1, 126 die **Schriftform** erforderlich. In Ausnahme zu § 126 Abs. 3 war es der B gemäß § 766 S. 2 nicht möglich, diese Schriftform mit ihrer (der elektronischen Form i.S.d. § 126 a genügenden) qualifiziert signierten E-Mail zu ersetzen. Auch ist sie keine Kauffrau i.S.d. §§ 1 ff. HGB, sodass die Formerleichterung des § 350 HGB nicht greift. Folglich ist die **Erklärung der B unwirksam, wenn** es sich um eine **Bürgschaftserklärung** handelt.

Aus dem **Wortlaut** „einstehen" lässt sich die Rechtsnatur des Geschäfts **nicht eindeutig** bestimmen. Sie ist daher durch **Auslegung** gemäß §§ 133, 157 aus Sicht des objektiven Empfängers unter Berücksichtigung aller Umstände zu ermitteln.

1. Es könnte eine **Garantieerklärung** vorliegen. Dazu muss der Wille der B darauf gerichtet gewesen sein, **gänzlich abstrakt, also unabhängig vom Bestand der Hauptforderung** für die Schuld des S einstehen zu wollen. B erklärte jedoch, dass sie „für die Schuld" des S „einstehen" werde. Sie gab zu erkennen, abhängig von der Schuld des S, also nur akzessorisch haften zu wollen. B hat daher keine abstrakte Garantieerklärung abgegeben.

344 2. Die gewollte akzessorische Haftung konnte B sowohl durch einen **(nur) in seiner Entstehung akzessorischen Schuldbeitritt** als auch durch eine **in Entstehung und Fortbestand akzessorische Bürgschaft** erreichen.

Der Gesetzgeber hat nur die Bürgschaft als persönliches Schuldsicherungsmittel ausdrücklich geregelt und die Bürgschaftserklärung dem Schriftformerfordernis gemäß § 766 S. 1 unterworfen, um den selbstlos handelnden Sicherungsgeber zu warnen und zu schützen. Zudem ist der **Bürge** durch die nur bei der Bürgschaft bestehende vollständige Akzessorietät **besonders geschützt**. Der **Schuldbeitritt** kann daher **nur dann** von B **gewollt** sein, **wenn besondere Umstände** zu dem Schluss führen, dass B als Sicherungsgeberin eine nach Maßgabe der §§ 422 bis 425 nur teilweise akzessorische Sicherheit bestellen wollte.

Ein **gewichtiges**, aber nicht zwingendes **Indiz** liegt vor, wenn der Sicherungsgeber eben nicht selbstlos handelt, sondern an der Tilgung der zu sichernden Forderung ein **eigenes wirtschaftliches oder rechtliches Interesse** hat. Denn dann kann der Sicherungsgeber einen Grund dafür haben, eine dem Gläubiger vorteilhaftere und ihm nachteilige Sicherheit zu wählen, etwa um hinsichtlich der Hauptschuld bessere Konditionen herauszuhandeln. Wenn die Auslegung zu keinem eindeutigen Ergebnis führt, ist zum Schutz des Sicherungsgebers **im Zweifel eine Bürgschaft** anzunehmen.

Ein eigenes wirtschaftliches oder rechtliches Interesse an der Besicherung der G hatte B nicht. Das **bloße persönliche und verwandtschaftliche Interesse** der B daran, dass ihr Ehemann zunächst nicht an G zahlen muss, genügt nicht, um zweifelsfrei davon auszugehen, dass B auf den Schutz einer strengen Akzessorietät verzichten wollte. Die Erklärung der B war daher auf eine Bürgschaft gerichtet.

Diese Erklärung der B wahrt nicht die von §§ 766 S. 1, 126 vorgesehene Form. B hat zudem nicht an G gezahlt, sodass der Formverstoß auch **nicht** nach § 766 S. 3 **geheilt** wurde. Die Erklärung der B ist also gemäß § 125 S. 1 nichtig. Er erscheint auch **nicht ausnahmsweise treuwidrig** nach § 242, dass B sich hierauf beruft.

Die als Bürgschaft zu qualifizierende Abrede zwischen B und G ist mangels formwirksamer Erklärung der B nichtig. G hat daher aus ihr (i.V.m. § 765) keinen Anspruch gegen B.

---

c) Blankobürgschaft

Examensklassiker ist die Kombination des stellvertretungsrechtlichen Problems der **Blanketterklärung**[591] mit dem Erfordernis des § 766 im Fall der **Blankobürgschaft**. 345

Fall 10: Warenbeschaffungsnot

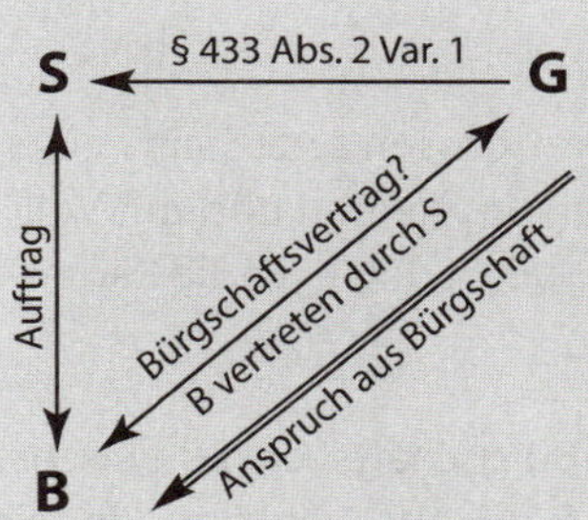

Kaufmann S ist in Schwierigkeiten, weil er sich Waren beschaffen muss, ohne das erforderliche Geld zu haben. Er bittet seinen Freund B um die Übernahme einer Bürgschaft. B unterschreibt folgende Erklärung: „Ich verbürge mich für Warenschulden des S bis zu 1.500 €." B erklärt dem S, er könne ja den Namen des Gläubigers einsetzen, sobald er wisse, von wem er die Waren beziehe. S händigt die Erklärung unverändert dem Lieferanten G für eine Lieferung von Kartenspielen im Wert von 1.500 € aus. Nach der Insolvenz des S nimmt G den B in Anspruch. Zu Recht?

G kann den B in Anspruch nehmen, soweit er gegen ihn einen Anspruch aus einem Bürgschaftsvertrag gemäß § 765 Abs. 1 hat. Ein solcher erfordert grundsätzlich eine **Einigung** zwischen B als Bürgen und G als Sicherungsnehmer. B und G persönlich haben sich aber nicht geeinigt. 346

591 Allgemein zur Blanketterklärung AS-Skript BGB AT 1 (2018), Rn. 99 f.

I. Bereits als B dem S die unvollständige Bürgschaftserklärung übergab, könnten **B und S einen echten Bürgschaftsvertrag zugunsten des G** gemäß §§ 765, 328 Abs. 1 abgeschlossen haben. Eine solche Vereinbarung ist **zulässig**, insbesondere wirkt die Bürgschaft als einseitig den B verpflichtender Vertrag nur zugunsten, nicht aber zulasten des G. Allerdings muss auch bei einer solchen Bürgschaft die Einigung alle **vertragswesentlichen Bestandteile** (essentialia negotii) enthalten bzw. diese müssen bei einer künftigen Forderung i.S.d. § 765 Abs. 2 Var. 1 durch Auslegung bestimmbar sein.[592] Anderenfalls fehlt der zwingend erforderliche **Rechtsbindungswille**.

Die Erklärung des B nennt den Hauptschuldner S und die Höhe der Bürgschaftssumme. Es war bei Abgabe der Erklärung aber überhaupt nicht absehbar, auf welche konkreten Hauptforderungen sich die Bürgschaft beziehen und insbesondere wer deren Gläubiger sein werde. Daher haben B und S sich nicht zugunsten des G geeinigt.

II. Als S dem G die unvollständige Bürgschaftserklärung aushändigte, könnte ein **Bürgschaftsvertrag zwischen B, vertreten durch S, und G** zustande gekommen sein. Nunmehr war klar, dass die Bürgschaft zugunsten des G erfolgen und sich auf die Kaufpreisforderung aus dem Verkauf der Kartenspiele gemäß § 433 Abs. 2 Var. 1 beziehen sollte. Die essentialia negotii lagen vor.

Zweifelhaft ist jedoch bereits, ob S den B **wirksam** gemäß § 164 Abs. 1 u. 3 **vertreten** hat (dazu sogleich die Abwandlungen).

Jedenfalls aber ist die Festlegung des Gläubigers und der Hauptforderung **nur mündlich** erfolgt und sie werden in der Urkunde nicht einmal angedeutet, sodass das Schriftformerfordernis der §§ 766 S. 1, 126 nicht gewahrt ist. Ausnahmen greifen nicht, insbesondere ist zwar S, nicht aber B Kaufmann, sodass § 350 HGB nicht gilt. Die Erklärung des S für B ist daher gemäß § 125 S. 1 nichtig.

Daher hat G gegen B keinen Anspruch aus § 765 Abs. 1.

1. Abwandlung:

S übergibt G nicht die (unvollständige) Erklärung des B. Stattdessen setzt S ein neues Schriftstück auf, das er G gibt. In diesem heißt es, S erkläre im Namen und mit Vollmacht des B, dass B sich gegenüber G bis zu einem Betrag von 1.500 € für die Kartenspiellieferung des G an S verbürge.

347 Als S dem G das neue Schriftstück aushändigte, könnte ein Bürgschaftsvertrag zwischen B und G zustande gekommen und damit ein Anspruch aus § 765 Abs. 1 entstanden sein.

I. S und G haben sich über sämtliche essentialia negotii der Bürgschaft **geeinigt**. Die Bürgschaftserklärung des S genügt dem **Schriftformerfordernis** des § 766 S. 1

348 II. Diese Einigung wirkt aber nur für und gegen B, wenn S den B bei der Einigung wirksam gemäß § 164 Abs. 1 u. 3 **vertreten** hat. S hat eine eigene Willenserklärung ausdrücklich im Namen des B abgegeben. B hatte dem S auch rechtsgeschäftlich Vertretungsmacht in Form einer **Innenvollmacht** i.S.d. § 167 Abs. 1 Var. 1 erteilt.

592 Zum Bürgschaftsvertrag zugunsten Dritter MünchKomm/Habersack § 765 Rn. 11.

Nach dem eindeutigen **Wortlaut** des § 167 Abs. 2 konnte diese **Vollmacht formlos** erteilt werden, sodass die mündlich erteilte Vollmacht wirksam ist. Demzufolge hätte S den B wirksam vertreten.[593]

Hierdurch würde aber der **Sinn und Zweck des § 766 S. 1, den Bürgen zu warnen und zu schützen, ausgehöhlt und konterkariert**. Es ist dem Sicherungsgeber nur in Schriftform möglich, sich für eine bestimmte oder zumindest bestimmbare Schuld zu verbürgen. Dann soll er nicht **mündlich** eine Vollmacht darüber erteilen können, ihn zum Bürgen für eine **noch nicht einmal bestimmbare Schuld** zu bestellen.[594] Die Vollmacht ist daher gemäß § 125 S. 1 unwirksam.

S handelte daher ohne Vertretungsmacht. Ob die nach §§ 177 Abs. 1, 182 Abs. 1, 184 grundsätzlich formlos mögliche Genehmigung auch im Fall einer entgegen § 167 Abs. 2 ausnahmsweise formbedürftigen Vollmacht formlos erklärt werden kann,[595] kann dahinstehen, denn B hat nicht genehmigt.

Zwischen B und G ist kein Bürgschaftsvertrag zustande gekommen. G hat daher gegen B keinen Anspruch aus § 765 Abs. 1.

Hinweis: *§ 167 Abs. 2 gilt nach h.M. ferner nicht für die Bevollmächtigung zu* ***unter § 311b Abs. 1 fallenden Geschäften****.[596] Für den* ***Verbraucherdarlehensvertrag*** *ist ausdrücklich in § 492 Abs. 4 bestimmt, dass die Vollmacht, soweit es sich nicht um eine Prozessvollmacht oder eine notariell beurkundete Vollmacht handelt, § 492 Abs. 1 u. 2 genügen muss.[597]*

2. Abwandlung:

S hat die unvollständige Bürgschaftserklärung des B um den Namen des G und die zu sichernde Verbindlichkeit aus dem Kartenspielverkauf ergänzt. Die nachträgliche Ergänzung ist nicht als solche zu erkennen. S gibt diese Urkunde dem G.

Als S dem G die ergänzte Urkunde aushändigte, könnte ein Bürgschaftsvertrag zwi- **349**
schen B und G zustande gekommen und damit ein Anspruch aus § 765 Abs. 1 entstanden sein. Dazu müssen aber das Handeln des S, namentlich das **Vervollständigen einer fremden Blankoerklärung**, und insgesamt die Einigung für und gegen B wirken.

I. Eine Zurechnung über **§ 164 Abs. 1 u. 3 direkt** scheitert daran, dass S keine eigene Willenserklärung abgegeben hat und daher nicht Stellvertreter war. Die Norm ist zwar analog auf den Boten anzuwenden, S hat jedoch nicht lediglich eine fremde Willenserklärung überbracht und ist daher kein Bote. **§ 164 Abs. 1 u. 3** ist aber **analog** auf denjenigen anzuwenden, der eine fremde Erklärung vervollständigt.[598]

II. Analog §§ 164 Abs. 1, 167 f. muss daher eine wirksame **Ausfüllungsermächtigung** zugunsten des S vorliegen. B hat den S zwar zur Ausfüllung ermächtigt, jedoch nur

593 So die frühere st.Rspr., zuletzt angedeutet von BGH NJW 1992, 1448.
594 So grundlegend für die Ausfüllungsermächtigung (Abwandlung 2), BGH NJW 1996, 1467; vgl. Looschelders § 50 Rn. 24.
595 Die h.M. hält die Genehmigung für formbedürftig, vgl. AS-Skript BGB AT 1 (2018), Rn. 425.
596 Vgl. AS-Skript BGB AT 1 (2018), Rn. 330 und zur weiteren Kasuistik Palandt/Ellenberger § 167 Rn. 2.
597 Vgl. oben Rn. 33.
598 Vgl. AS-Skript BGB AT 1 (2018), Rn. 102.

mündlich. Auch die auf eine Bürgschaft bezogene Ausfüllungsermächtigung muss aber trotz § 167 Abs. 2 mit Blick auf den Sinn und Zweck des § 766 S. 1 **schriftlich** erfolgen.[599] Die Ausfüllungsermächtigung ist daher gemäß § 125 S. 1 unwirksam.

350 III. B könnte aber aufgrund eines **Rechtsscheins** so zu behandeln sein als habe er S wirksam ermächtigt. § 172 Abs. 2 erfordert, dass G die Urkunde zu Gesicht bekommen hat, bevor sie verändert wird (arg. ex Abs. 1 „vorlegt"'), was hier aber nicht geschehen ist. Jedoch ist derjenige, der **sogleich eine veränderte Urkunde vorgelegt** bekommt, mindestens ebenso schutzwürdig wie derjenige, der zunächst die vom Geschäftsherrn gewollte Fassung sieht. Die Interessenlage ist also vergleichbar, sodass die planwidrige Regelungslücke durch eine **analoge Anwendung des § 172 Abs. 2** zu schließen ist, ergänzt durch die **allgemeinen ungeschriebenen Voraussetzungen der Rechtsscheinshaftung**.[600]

Durch Ergänzung der Urkunde ist der objektive Eindruck einer vollständigen Erklärung, also ein **Rechtsschein** entstanden. Diese hat B auch **zurechenbar gesetzt**, als er die unvollständig ausgefüllte, aber bereits unterschriebene Blankoerklärung aus der Hand gab. Schließlich war nicht zu erkennen, dass die Urkunde im Nachhinein vervollständigt wurde, sodass G auch **schutzwürdig** ist.

Mithin ist B so zu behandeln, als hätte er S zur Ausfüllung ermächtigt. Die Einigung wirkt analog § 164 Abs. 1 u. 3 für und gegen B. G hat gegen B einen Anspruch aus § 765 Abs. 1.

---

2. Sittenwidrigkeit der Bürgschaft nach § 138

351 Eine Nichtigkeit der Bürgschaft wegen des spezielleren **§ 138 Abs. 2** (**Wucher**) scheitert daran, dass die Bürgschaft kein **Austauschvertrag** ist und daher ein Missverhältnis zwischen Leistung und Gegenleistung nicht bestimmt werden kann.[601]

352 Die Bürgschaft kann aber nach **§ 138 Abs. 1** sittenwidrig und daher nichtig sein. Folgende Voraussetzungen haben sich im Laufe jahrzehntelanger Rspr. herausgebildet.

599 BGH NJW 1996, 1467; vgl. auch Looschelders Rn. 953.

600 Grundlegend zur Blankettausfüllung BGH NJW 1963, 1971; vgl. allgemein zu den Voraussetzungen AS-Skript BGB AT 1 (2018) Rn. 355 am Beispiel der Duldungsvollmacht.

601 MünchKomm/Habersack § 765 Rn. 16 m.w.N.; vgl. allgemein zu § 138 AS-Skript BGB AT 2 (2019) Rn. 124 ff.

Sittenwidrigkeit der Bürgschaft, § 138 Abs. 1

I. Objektiver Tatbestand

1. Sittenverstoß grundsätzlich gegeben bei:

a) Krasser finanzieller Überforderung des Bürgen und (!)

b) Weiterer Umstände, z.B.

- Beeinträchtigung der Entscheidungsfreiheit des Bürgen oder
- Besondere persönliche Nähe zwischen Hauptschuldner und Bürgen

2. Ausnahmsweise trotzdem kein Sittenverstoß bei:

- Eigenem wirtschaftlichem Interesse des Bürgen an der Bürgschaft oder
- Gefahr von Vermögensverlagerungen vom Schuldner auf den Bürgen

II. Subjektiver Tatbestand

Kenntnis des Gläubigers der Umstände oder „bewusstes Sichverschließen"

a) Krasse finanzielle Überforderung des Bürgen

Nach folgenden **Grundsätzen** wird die krasse finanzielle Überforderung bestimmt: 353

- Eine krasse finanzielle Überforderung liegt i.d.R. vor, wenn ein **krasses Missverhältnis** zwischen der **Haftungsverpflichtung** und der wirtschaftlichen **Leistungsfähigkeit** des Bürgen besteht.
  - Eine solches Missverhältnis ist anzunehmen, wenn der Bürge voraussichtlich nicht einmal die ihm drohende **Zinslast** (geschweige denn die Begleichung der Hauptforderung) aus seinem pfändbaren Einkommen und/oder seinem Vermögen **dauerhaft tragen kann.**[602] Soweit die Bürgschaft auf eine unter der Hauptforderung liegende Haftungshöhe begrenzt ist (**Höchstbetragsbürgschaft**, vgl. Fall 12, Rn. 423 f.),[603] ist für die Berechnung nur diese Haftungshöhe heranzuziehen.[604]
  - Diese Bewertung ist anhand des Sachverhalts vorzunehmen, wie er sich bei Vereinbarung der Bürgschaft darstellt. Es ist also eine **Prognose ex ante** (und nicht etwa eine ex-post-Betrachtung) vorzunehmen. Für diese Prognose gilt insbesondere,
    - dass auf die **gesamte vertraglich festgelegte Laufzeit** des gesicherten Schuldverhältnisses (Darlehen o.a.) abzustellen ist – es genügt also, wenn die Überforderung voraussichtlich irgendwann während der Laufzeit eintreten wird[605] und

602 BGH RÜ 2009, 545, 546 f.

603 Zur Höchstbetragsbürgschaft Palandt/Sprau, Einf v § 765 Rn. 7.

604 BGH NJW 2013, 1534.

605 BGH RÜ 2002, 103.

- dass bei der Bewertung **unbeweglichen Vermögens** des Bürgen die zum Zeitpunkt des Vertragsschlusses bestehenden **dinglichen Belastungen**[606] grundsätzlich **wertmindernd** zu berücksichtigen sind.[607] Aus dem formalen Eigentum soll keine Leistungsfähigkeit abgeleitet werden, die bei wirtschaftlicher Betrachtung nicht besteht.[608]

- Eine krasse finanzielle Überforderung scheidet hingegen aus, wenn der Bürge **zwar einkommensschwach** ist, er die gesamte Bürgschaftsschuld aber – wiederum aufgrund einer **Prognose** – durch **Verwertung seines Vermögens** wird tilgen können.
  - Dem Bürgen ist somit sogar zuzumuten, seinen **einzigen werthaltigen Vermögensgegenstand** zur Befriedigung des Gläubigers einzusetzen. Das gilt sogar dann, wenn es sich hierbei um einen für die Lebensführung des Bürgen zentral wichtigen Gegenstand wie etwa sein selbst genutztes Eigenheim handelt.[609]
  - Eine im relevanten Zeitraum **zu erwartende** (aber naturgemäß nicht sichere) **Erbschaft** ist nur zulasten des Bürgen zu berücksichtigen, wenn im Bürgschaftsvertrag bestimmt ist, dass die Verpflichtung des Bürgen nur im Erbfall entsteht.[610]

354 Teilweise wird vertreten, dass ein persönlicher Sicherungsgeber nie so weitgehend finanziell überfordert sein könne, dass dies sittenwidrig sein könne. Die Möglichkeit der **Restschuldbefreiung** nach §§ 286 ff. InsO bewahre den Sicherungsgeber davor, derart stark und lange unter den Folgen seiner Erklärung zu leiden, dass dies gegen das Anstandsgefühl aller billig und gerecht Denkenden verstoßen könne.[611] Vorherrschend wird aber davon ausgegangen, dass die Möglichkeit einer Restschuldbefreiung die Sittenwidrigkeit nicht ausschließe.[612] Dafür spricht, dass die §§ 286 ff. InsO dem Insolventen einen Neustart ermöglichen, nicht aber die Banken vor der Rechtsfolge des § 138 bewahren sollen.[613]

b) Zusätzlich weitere, die Sittenwidrigkeit begründende Umstände

355 Der **Grundsatz der Vertragsfreiheit** erlaubt es jedem, sich auch weit über seine finanziellen Verhältnisse hinaus zu verschulden. Alleine eine krasse Überforderung des Bürgen vermag deshalb den objektiven Vorwurf der Sittenwidrigkeit nicht zu begründen.

Hinweis: *Auch für den Bürgen gilt im Grundsatz „**pacta sunt servanda**", und selbst der Volksmund weiß: „**Wer bürgt, wird gewürgt**."*

Es müssen daher **weitere Umstände** gegeben sein, aus denen sich ergibt, dass die Bürgschaft gegen das Anstandsgefühl aller billig und gerecht Denkenden verstößt. Es haben sich **in der Rechtsprechung zwei Fallgruppen** herausgebildet, in welchen regelmäßig von der Sittenwidrigkeit auszugehen ist.[614]

Hinweis: *Im **Einzelfall** – und nur diesen prüfen Sie in der üblichen Gutachtenklausur – kann trotz dieser weiteren Umstände die Sittenwidrigkeit zu verneinen sein (dazu sogleich c]).*

---

606 Insbesondere Hypotheken und Grundschulden. Die examensrelevanten dinglichen Belastungen werden dargestellt in AS-Skript Sachenrecht 2 (2019), vgl. dort die Aufzählung in Rn. 228.

607 BGH (11. Senat), RÜ 2002, 387, in Abkehr von der Rspr. des bislang zuständigen 9. Senats, z.B. BGH RÜ 1996, 307.

608 Nobbe/Kirchhof BKR 2001, 1, 9 f.

609 BGH NJW 2002, 2633.

610 BGH NJW 1997, 1003; BGH NJW 1999, 58.

611 Krüger MDR 2002, 856; Aden NJW 1999, 3763 f.

612 BGH RÜ 2009, 545; Looschelders § 50 Rn. 29; Palandt/Ellenberger § 138 Rn. 37.

613 BGH RÜ 2009, 545, 549; Krüger, NJW 2009, 3408.

614 Vgl. BGH NJW 2005, 973, 975; BGH NJW 2005, 971, 972; vgl. Palandt/Ellenberger § 138 Rn. 38 u. 38 f.

aa) Beeinträchtigung der Entscheidungsfreiheit des Bürgen

Die Verpflichtung des finanziell überforderten Bürgen ist sittenwidrig, wenn er durch weitere Umstände in seiner **Entscheidungsfreiheit erheblich beeinträchtigt** wird.[615] **356**

- Der Sicherungsnehmer **bagatellisiert** und **verharmlost** die Tragweite der Haftung.

  Beispiel: Der Sicherungsnehmer erklärt: „Hier, bitte unterschreiben Sie mal. Sie gehen dabei keine große Verpflichtung ein; ich brauche das für die Akten."[616] oder „Es handelt sich um eine ‚reine Formsache'[617] ‚ohne Risiko'".[618]

  Derartige **Angaben eines Dritten** werden dem Sicherungsnehmer nur zugerechnet, wenn sie seine Beschäftigten sind oder zumindest in seinem Auftrag handeln.[619]

- Der Sicherungsnehmer **verschweigt** ungewöhnliche und schwerwiegende, dem geschäftsunerfahrenen Bürgen erkennbar unbekannte **Haftungsrisiken**.[620]

- Der Sicherungsnehmer **überrumpelt** den unvorbereiteten Bürgen mit dem Verlangen der Haftungsübernahme.[621]

- Der Sicherungsnehmer versetzt den Bürgen in eine **Zwangslage**.

  Beispiel:[622] Ein Arbeitnehmer wird veranlasst, aus **Sorge um seinen Arbeitsplatz** für einen Kredit seines Arbeitgebers eine ihn finanziell krass überfordernde Bürgschaft einzugehen.

  Beispiel:[623] **Nach teilweiser Auszahlung** des Darlehens fordert die Bank die Bürgin auf, sie solle für die Verbindlichkeiten ihres Ehemannes und des von diesem gegründeten Unternehmens einstehen, sonst könne die **Kreditzusage rückgängig** gemacht werden.

  Gegenbeispiel:[624] Hat die Bank dagegen **von Anfang an** erklärt, dass der Kredit von einer Bürgschaft abhängt, hält sich der Druck im Rahmen der berechtigten Wahrnehmung eigener Interessen.

bb) Besonderes persönliches Näheverhältnis zwischen Hauptschuldner und Bürgen

Bei einer **emotionalen Bindung** des Bürgen an den Hauptschuldner ist regelmäßig von einer **schwächeren Verhandlungsposition** des Bürgen und daher von seiner besonderen Schutzwürdigkeit auszugehen. **357**

Steht der Hauptschuldner zum Bürgen **familienrechtlich** in einem **besonderen persönlichen Näheverhältnisses**, so wird widerleglich (§ 292 ZPO) **vermutet**, dass die Bürgschaftserklärung aus emotionaler Verbundenheit (und nicht aufgrund einer autonomen Entscheidung) abgegeben wurde.[625] Zu diesen sog. **Nahbereichspersonen ge-** **358**

---

615 BGH NJW 1994, 1278, 1279.
616 BGH NJW 1994, 1341, 1343.
617 BGH NJW 1999, 135, für den Schuldbeitritt.
618 OLG Brandenburg, RÜ 2014, 749, 751.
619 OLG Brandenburg, RÜ 2014, 749, 751.
620 BGH NJW 1994, 1278; BGH NJW 2002, 2634, 2635.
621 BGH NJW 1997, 1980.
622 Nach BGH RÜ 2004, 13.
623 Nach BGH NJW 1996, 513, 514.
624 Nach BGH NJW 1997, 1005.
625 BGH NJW 2005, 971, 972; BGH NJW 2005, 973, 975.

hören: [626]der Ehegatte oder Lebenspartner i.S.d. § 1 Abs. 1 LPartG, der Verlobte oder nichteheliche Lebensgefährte, die Eltern, die Geschwister (jedenfalls wenn sie noch nicht volljährig sind) und die Kinder (jedenfalls wenn sie noch nicht volljährig sind).

Bei **anderen Personen** greift die Vermutung nicht. Es müssen dann **konkrete Anhaltspunkte** vorliegen, aus denen sich positiv ergibt, dass eine emotionale Bindung besteht.

359 ***Hinweis:*** *Die dargestellten Grundsätze über die Sittenwidrigkeit der Haftung aufgrund krasser finanzieller Überforderung naher Familienangehöriger* ***gelten*** *nicht nur für die Bürgschaft, sondern* ***auch*** *für die Mithaftung aus* ***Schuldbeitritt****.[627] Auf die* ***Sicherungsgrundschuld*** *sind sie hingegen* ***nicht anwendbar****.[628] Denn zum einen unterliegt der Grundstückseigentümer nur einer dinglich beschränkten Haftung mit dem Grundstück (vgl. §§ 1147, 1192 Abs. 1). Zum anderen zeigt der Einsatz des Grundstücks als Sicherheit stets, dass der Sicherungsgeber über Vermögen verfügt, während dies beim Bürgen eben nicht feststeht.*

c) Widerlegung des Sittenwidrigkeitsvorwurfs

360 Der Sittenwidrigkeitsvorwurf kann insbesondere trotz emotionaler Verbundenheit **ausnahmsweise widerlegt** sein. Auch hier haben sich zwei **Fallgruppen** herausgebildet.

aa) Eigenes Interesse des Bürgen an der Kreditaufnahme

361 Ein eigenes Interesse des finanziell krass überforderten Bürgen (oder erst recht: des Schuldbeitretenden) an der Kreditaufnahme kann ein Handeln allein aus emotionaler Verbundenheit voll ausgleichen. Insoweit ist erforderlich, dass der Bürge (oder Schuldbeitretende) aus der Kreditgewährung **unmittelbar ins Gewicht fallende geldwerte Vorteile** zieht.[629] Erlangt er solche unmittelbaren geldwerten Vorteile, besteht nämlich bei **wirtschaftlicher Betrachtung** kein wesentlicher Unterschied zu den Fällen, in denen die beiden Nahbereichspersonen hauptvertragliche Mitdarlehensnehmer sind.[630]

Beispiele: Bürgschaft (oder Schuldbeitritt) des Kommanditisten für seine KG,[631] des Gesellschafters für seine GmbH[632] oder des Ehegatten für die gemeinsamen Lebenshaltungskosten, die der andere Ehegatte zunächst alleine getragen hatte.[633]

362 Hat der Bürge (oder Schuldbeitretende) nur **in Höhe eines Teils** der gesicherten Forderung ein **eigenes Interesse an der Kreditaufnahme**, so ist **grundsätzlich** gemäß § 139 trotzdem die **gesamte Bürgschaft** (bzw. der gesamte Schuldbeitritt) **nichtig**.

Allerdings ist gemäß § 139 das Rechtsgeschäft **teilweise aufrechtzuerhalten**, wenn die Vertragsschließenden bei Kenntnis des Nichtigkeitsgrundes anstelle der unwirksamen Regelung **eine andere, auf das zulässige Maß beschränkte Regelung vereinbart hätten** und sich der Vertragsinhalt in eindeutig abgrenzbarer Weise in den nichtigen

626 Vgl. insgesamt zu den Nahbereichspersonen m.w.N. Palandt/Ellenberger § 138 Rn. 38.

627 BGH NJW 2002, 2705, 2706; OLG Brandenburg, RÜ 2007, 505.

628 BGH NJW 2002, 2633; a.A. Wagner AcP 205 (2005), 715.

629 BGH RÜ 2001, 100.

630 Vgl. dazu BGH NJW 2002, 744; BGH NJW 2002, 2705.

631 BGH NJW 2002, 2634.

632 BGH NJW 2002, 956.

633 Siehe näher die nächste Randnummer.

Teil und den von der Nichtigkeit nicht berührten Rest **aufteilen lässt.**[634] Die Frage der **eindeutigen Abgrenzbarkeit** richtet sich danach, ob eine Aufteilung möglich ist, ohne dem Gläubiger durch eine unbillige geltungserhaltende Reduktion das Risiko der Nichtigkeit der Absicherung einseitig abzunehmen.

Beispiel:[635] Eine Ehefrau verbürgt sich (bzw. erklärt den Schuldbeitritt) für einen ihrem Ehemann gewährten Kredit, der zum Teil der Umschuldung eines Betriebsmittelkredits ihres Ehemanns, zum anderen der Ablösung solcher Schulden des Ehemannes dient, welche dieser für die private Lebensführung des Ehepaares aufgenommen hatte. –
Die Bürgschaft (bzw. der Schuldbeitritt) ist hinsichtlich der Umschuldung gemäß § 138 Abs. 1 nichtig, hinsichtlich der Ablösung gemäß § 139 hingegen wirksam. Die Sicherheit kann alleine aufgrund der objektiven Umstände ohne wertende Betrachtung aufgeteilt werden. Die Ehefrau hätte ebenso gut zwei getrennte Sicherheiten gewähren können, von denen dann nur die eine nichtig wäre.

Gegenbeispiel: Ein Ehemann mit einem pfändbaren monatlichen Einkommen von 700 Euro verbürgt sich für die Darlehensschuld seiner Ehefrau. Alleine die Darlehenszinsen betragen monatlich 1.000 €.–
Die Bürgschaft ist vollständig gemäß § 138 Abs. 1 nichtig. Sie ist nicht etwa gemäß § 139 geltungserhaltend zu reduzieren und in Höhe des gerade noch zulässigen Betrags (700 €/1.000 € = 70% der ursprünglichen Summe) aufrechtzuerhalten. Sonst könnte der Gläubiger stets eine viel zu hohe Sicherheit ansetzen und müsste nur befürchten, dass diese auf das gerade noch zulässige Maß gestutzt wird.

bb) Gefahr von Vermögensverlagerungen auf den Bürgen

Der Gläubiger hat regelmäßig ein schützenswertes Interesse daran, eine mit der Bürgschaft finanziell überforderte Person in die Haftung für eine Verbindlichkeit des Hauptschuldners mittels einer Bürgschaft einzubinden, wenn die konkrete **Gefahr von Vermögensverlagerungen** vom Hauptschuldner auf den Bürgen besteht. Sähe man in diesem Fall die Bürgschaft als unwirksam an, dann könnte der solvente Hauptschuldner jederzeit sein Vermögen auf den Bürgen übertragen und so dem Gläubiger entziehen. **363**

Klassisches Beispiel aus der Rspr.:[636] Bürgschaft des einen, vermögenslosen Ehegatten für den anderen, vermögenden Ehegatten.

Entfällt die Gefahr der Vermögensverlagerung, so kommen nach den Regeln der **Störung der Geschäftsgrundlage** gemäß § 313 Abs. 1 eine Anpassung des Bürgschaftsvertrags oder unter den zusätzlichen Voraussetzungen des § 313 Abs. 3 ein Rücktritt vom Bürgschaftsvertrag in Betracht.[637] Haben die Parteien sogar eine entsprechende **auflösende Bedingung** (§ 158 Abs. 2) vereinbart, ist diese vorrangig maßgeblich.[638]

Fortsetzung des Beispiels: Die Scheidung der Ehe kann der Bürgschaft die Geschäftsgrundlage entziehen bzw. als auflösende Bedingung für die Bürgschaft vereinbart werden.

d) Der subjektive Tatbestand des § 138 Abs. 1

Der Gläubiger muss die objektiven, die Sittenwidrigkeit der Bürgschaft begründenden Umstände **kennen und ausnutzen** oder er muss sich zumindest den sich insoweit aufdrängenden Umständen **bewusst verschließen**. Letzteres ist der Fall, wenn der Gläubi- **364**

634 Vgl. zu § 139 BGB AS-Skript BGB AT 2 (2019), Rn. 393 ff.

635 Nach BGH RÜ 2001, 100.

636 BGH NJW 2000, 362; BGH NJW 2000, 1182, 1185.

637 BGH NJW 1997, 1003, 1004.

638 Erman/Hermann § 765 Rn. 15.

ger sich **aufdrängenden Zweifeln** hinsichtlich der objektiven Sittenwidrigkeit **nicht nachgeht** und es unterlässt, entsprechende Erkundigungen einzuholen.[639]

3. Anfechtung wegen Irrtums über die Zahlungsfähigkeit und Kreditwürdigkeit einer Person, §§ 142 Abs. 1, 119 Abs. 2 Var. 1

365 Der Bürgschaftsvertrag ist unwirksam, soweit **(mindestens) eine der beiden Vertragserklärungen** gemäß § 142 Abs. 1 aufgrund einer Anfechtung **nichtig** ist. Hier können sämtliche Problemstellungen des Anfechtungsrechts nach dem BGB AT auftauchen.[640]

Es bietet sich für den Aufgabensteller **zum Beispiel** an, die Sittenwidrigkeit der Bürgschaft wegen Beeinträchtigung der Entscheidungsfreiheit des Bürgen mit der Anfechtung nach § 123 zu kombinieren.

366 Ein bürgschaftstypischer Klassiker ist die Frage, ob ein **Irrtum über die Zahlungsfähigkeit und Kreditwürdigkeit** einer Person zur Anfechtung berechtigt. Diese Faktoren gehören zu den **Eigenschaften** einer Person i.S.d. § 119 Abs. 2 Var. 1. Insbesondere für Kreditgeschäfte sind diese Eigenschaften des bzw. der Schuldner in aller Regel auch **verkehrswesentlich**.[641] Es ist danach zu differenzieren, **wer bezüglich wem irrt**:

- Der **Gläubiger alias Sicherungsnehmer** kann seine **Darlehenserklärung** gegenüber dem Hauptschuldner bzw. seine **Bürgschaftserklärung** gegenüber dem Bürgen anfechten, wenn er über **deren jeweilige Solvenz** irrt und wenn er seine Erklärung bei Kenntnis der wahren Umstände nicht abgegeben hätte (§ 119 Abs. 1 a.E.).

  Ist das **Darlehen** aufgrund Anfechtung nichtig, so muss der Gläubiger es nicht mehr valutieren bzw. er kann nach Valutierung die Valuta (nicht aber eventuell vereinbarte Zinsen) sofort und vollständig vom Hauptschuldner gemäß § 812 Abs. 1 S. 1 Var. 1 (h.M.) bzw. S. 2 Var. 1 herausverlangen. Tatsächlich gezogene Habenzinsen und auch ersparte Schuldzinsen muss der Hauptschuldner allerdings als erlangte Nutzungen herausgeben (§ 818 Abs. 1).[642]

  Die Beseitigung einer **Bürgschaft** erscheint für den Gläubiger auf den ersten Blick nicht sinnvoll, schließlich bringt sie ihm ausweislich des § 765 nur Vorteile. Allerdings führt ihr Erhalt dazu, dass ein Anspruch des Gläubigers auf Bereitstellung einer Sicherheit (etwa aus einem Sicherungsvertrag oder aus § 843 Abs. 2 S. 2 i.V.m. §§ 232 Abs. 2, 239) gemäß § 362 Abs. 1 erlischt. Ficht der Gläubiger in diesem Fall seine Bürgschaftserklärung an, so lebt sein Anspruch wieder auf und er kann (erneute) Bereitstellung einer (diesmal werthaltigen) Sicherheit verlangen.

- Die **Solvenz des Hauptschuldners** ist zwar **für den Bürgen** gleichfalls von großer Wichtigkeit, denn je geringer sie ist, umso höher das Risiko seiner Inanspruchnahme. Gleichwohl kann der Bürge seine **Bürgschaftserklärung** wegen eines solchen Irrtums **nicht anfechten**.[643] Sinn und Zweck der Bürgschaft ist gerade, dass der Bürge dem Gläubiger das Ausfallrisiko des Hauptschuldners abnimmt. Dieser Zweck würde konterkariert, wenn der Bürge seine Erklärung, mit der er eben dieses Risiko übernommen hat, ausgerechnet wegen seiner Realisierung anfechten könnte.

---

639 Vgl. BGH NJW 2002, 744, 745.

640 Ausführlich zur Anfechtung nach BGB AT AS-Skript BGB AT 2 (2019), Rn. 212 ff.

641 Palandt/Ellenberger § 119 Rn. 26.

642 Vgl. AS-Skript Schuldrecht BT 3 (2019), Rn. 139 u. 142.

643 MünchKomm/Armbrüster § 119 Rn. 135.

4. Anpassung oder Rücktritt nach § 313

Da der **Bürge** im Verhältnis zum Gläubiger grundsätzlich alleine das **Risiko des Ausfalls des Schuldners trägt**, kommen Vertragsanpassung oder Rücktritt wegen Störung der Geschäftsgrundlage nach § 313 **nicht** in Betracht, wenn der Schuldner, gleichgültig aus welchen Gründen, nicht leistungsfähig ist.[644] **367**

Es können **lediglich Umstände**, die **außerhalb des Bürgschaftsrisikos,** also der Zahlungsunfähigkeit des Hauptschuldners, liegen, Geschäftsgrundlage sein, z.B. die Erwartung, dass das Arbeitsverhältnis zwischen Bürgen und Hauptschuldner weiter bestehen wird.[645] In diesen Fällen kann die Bürgschaft angepasst (§ 313 Abs. 1, ggf. i.V.m. Abs. 2) oder von ihr zurückgetreten (§ 313 Abs. 3 S. 1) werden.[646]

5. Unwirksamkeit einer Globalbürgschaft nach §§ 305 ff.

Kreditinstitute streben oft Globalbürgschaften an. Diese besichern **alle gegenwärtigen** und **zukünftigen Forderungen** gegen den Schuldner des Kreditinstituts aus einer bestimmten Geschäftsbeziehung. **368**

Solche Vereinbarungen verstoßen zwar nicht gegen das **Bestimmtheitserfordernis**, weil § 765 Abs. 2 Var. 1 auch die Verbürgung für künftige Forderungen zulässt und die jeweilige Haftung des Bürgen bestimmbar ist.[647] Werden sie aber in **AGB** getroffen, so kann sich ihre Unwirksamkeit insbesondere aus § 305 c Abs. 1 und aus § 307 ergeben.[648]

Fall 11: Transparente Global- und Höchstbürgschaften

Der G war Geschäftsführer der B-GmbH (B), deren alleinige Gesellschafterin seine Ehefrau S war. S hat ihre Konten beim Kreditinstitut K überzogen und benötigt eine Sicherheit für K, um K zu besänftigen. Vertreten durch G übernahm die B durch Ausfüllen eines entsprechenden Formulars der K gegenüber selbiger eine Bürgschaft „zur Sicherung aller bestehenden und künftigen Ansprüche" der K „aus der Geschäftsverbindung" mit S. Zu dieser Zeit unterhielt S bei K drei Girokonten, die einen Sollsaldo von insgesamt 200.000 € aufwiesen. Später duldete K eine Kontoüberziehung zu einem Sollsaldo von 270.000 €. Nachdem S ihrer Verpflichtung, die Konten bis zum Jahresende auszugleichen, nicht nachgekommen war, kündigte K die Kreditvereinbarung und nahm die B auf Rückzahlung von 270.000 € in Anspruch. Zu Recht?

K könnte gegen B gemäß § 765 Abs. 1 einen **Anspruch auf Zahlung** von 270.000 € aus einer Bürgschaft haben. **369**

A. K und B, vertreten durch G gemäß § 164 Abs. 1 u. 3, § 35 Abs. 1 S. 1 GmbHG, haben sich zwar dem Grunde nach über den Abschluss eines Bürgschaftsvertrags **geeinigt**. Zweifelhaft ist aber, ob auch eine Einigung über **die zu sichernden Forderungen**

---

644 Palandt/Sprau § 765 Rn. 11.

645 Palandt/Grüneberg § 313 Rn. 47, mit weiteren Beispielen.

646 Vgl. ausführlich zur Prüfung des § 313 AS-Skript Schuldrecht AT 2 (2018), Rn. 124 ff.

647 BGH NJW 1995, 2553; Erman/Herrmann S. 765 Rn. 3; Looschelders § 50 Rn. 31.

648 Siehe ausführlich zu den allgemeinen Grundsätzen einer AGB-Prüfung AS-Skript BGB AT 2 (2019), Rn. 408 ff.

getroffen wurde. Die Forderungen sind aufgrund der Erklärung der B bezüglich „aller bestehenden und künftigen Ansprüche" zwar hinreichend bestimmbar, vgl. § 765 Abs. 2 Var. 1. Die Erklärung der B beruht aber auf einer **AGB i.S.d. § 305 Abs. 1** der K, welche wirksam in den Bürgschaftsvertrag **einbezogen** worden sein müsste.

I. Anhaltspunkte, die gegen das Vorliegen der **allgemeinen Einbeziehungsvoraussetzungen** des **§ 305 Abs. 2** sprechen, sind nicht ersichtlich.

370 II. Die Klausel ist jedoch **nicht Vertragsbestandteil** geworden, wenn sie **überraschende Klausel** i.S.d. **§ 305 c Abs. 1** (vgl. die amtliche Überschrift) ist. Nach dessen Wortlaut ist die Klausel überraschend, wenn sie so ungewöhnlich ist, dass der Vertragspartner (hier: B) mit ihr nicht zu rechnen braucht. Das ist **im Allgemeinen** dann anzunehmen, wenn **zwischen ihrem Inhalt und den Erwartungen** des Vertragspartners eine **deutliche Diskrepanz** besteht, sodass der Vertragspartner auf sie nach Lage der Umstände vernünftigerweise nicht gefasst zu sein braucht. Dass die Klausel unüblich ist, reicht nicht aus. Vielmehr muss ihr ein **Überrumpelungs- oder Übertölpelungseffekt** innewohnen.[649]

Speziell für den Bürgen ist regelmäßig eine Bürgschaft überraschend, die lediglich **aus Anlass eines bestimmten Geschäfts** zwischen Hauptschuldner und Gläubiger – etwa zur Finanzierung eines bestimmten Gegenstandes – übernommen wird, die sich aber **gleichwohl auf alle bestehenden und künftigen Verbindlichkeiten** aus der Geschäftsverbindung **erstreckt.**[650] So liegt der Fall hier jedoch nicht. Vielmehr hat B sich hinsichtlich der drei Girokonten verbürgt, um eben diese zu sichern. Anlass und Bezugspunkt der Bürgschaft decken sich also.

Es sprechen auch keine weiteren Umstände für eine Überrumpelung, sodass die Klausel trotz § 305 c Abs. 1 Bestandteil der Bürgschaft geworden ist. B und K haben sich also auf eine Besicherung aller bestehenden und künftigen Ansprüche der K gegen S geeinigt.

371 B. Die schriftliche Bürgschaftserklärung der B ist **nicht** gemäß § 125 S. 1 **formnichtig**.

Hinweis: *In Ausnahme zu §§ 766 S. 1, 126 hätte B sich als Handelsgesellschaft (§ 13 Abs. 3 GmbHG, § 6 Abs. 1 HGB) gemäß § 350 HGB* ***sogar formlos*** *verbürgen können.*

372 C. Die Absicherung aller bestehenden und zukünftigen Ansprüche (Globalbürgschaft) könnte **inhaltlich** gegen § 307 verstoßen und daher nach Maßgabe des § 306 unwirksam sein.

I. Die Klausel weicht von § 767 Abs. 1 S. 3 ab, sodass gemäß § 307 Abs. 3 S. 1 die **Inhaltskontrolle eröffnet** ist.

II. Die Klausel könnte weitergehend nicht nur am Rande, sondern zentral vom **wesentlichen Grundgedanken** des § 767 Abs. 1 S. 3 abweichen und daher eine **unangemessene Benachteiligung** i.S.d. § 307 Abs. 1 S. 1, Abs. 2 Nr. 1 darstellen.

Hinweis: *Näher zu § 767 noch Rn. 384.*

649 MünchKomm/Basedow § 305 c Rn. 6 ff. u. 12.

650 Palandt/Grüneberg § 305 c Rn. 11; Palandt/Sprau § 765 Rn. 20.

1. Grundsätzlich hängt die Bürgschaft zwar gemäß **§ 767 Abs. 1 S. 1** vom **jeweiligen Bestand der Hauptverbindlichkeit ab**. Gemäß **§ 767 Abs. 1 S. 3** ist allerdings eine nachträgliche Erweiterung der Bürgschaft durch ein Verhalten der Hauptschuldnerin ohne Beteiligung des Bürgen nicht möglich **(Verbot der Fremddisposition)**. Dies soll **eine vom Bürgen nicht zu beeinflussende Haftungsausweitung verhindern**. Dieses gesetzliche Leitbild wird aber unterlaufen, soweit der Bürge für durch den Hauptschuldner begründete Hauptschulden einstehen muss, deren Art und Umfang er im Zeitpunkt der Übernahme der Bürgschaft nicht übersehen konnte. **373**

   Die vorliegende Bürgschaft der B deckt Forderungen der K gegen S, die **S auch ohne oder gegen den Willen der B** durch (weitere) Kontoüberziehung **erhöhen kann**. Die Alleingesellschafterin (hier: S) kann die Handlungen der Gesellschaft (hier: B) steuern, dagegen gilt dies umgekehrt gerade nicht.[651]

   Hinweis: *Dass es* ***tatsächlich*** *zu einer solchen* ***Kontoüberziehung*** *gekommen ist, ist für die abstrakte Bewertung der Klausel nach § 307* ***irrelevant****. Es lässt sich aber mittelbar ergänzend darauf hinweisen, dass die tatsächliche (irrelevante) Überziehung zeigt, dass S (worauf es ankommt) die Möglichkeit der Überziehung hatte.*

2. Die Benachteiligung der Handelsgesellschaft B (§§ 13 Abs. 3 GmbHG, § 6 Abs. 1 HGB) könnte aber gleichwohl angemessen sein, weil im Handelsrecht der Grundsatz[652] gilt, dass **Handelsgesellschaften und Kaufleute generell weniger schutzwürdig** sind als andere Privatrechtssubjekte. Jedoch sind **auch geschäftserfahrene Bürgen schützenswert**, sofern sie **nicht in der Lage sind, die Entschließung des Hauptschuldners zu steuern.**[653] Wie ausgeführt konnte B die Kontoüberziehung durch S nicht beeinflussen, sodass B ebenso zu schützen ist wie ein nicht-kaufmännischer Bürge. **374**

Damit verstößt die Klausel gegen den wesentlichen Grundgedanken des § 767 Abs. 1 S. 3 und benachteiligt B i.S.d. § 307 Abs. 1 S. 1, Abs. 2 Nr. 1 unangemessen.

III. Ferner könnte das **Transparenzgebot** des **§ 307 Abs. 1 S. 2** verletzt sein. Die Klausel muss hiernach **klar und verständlich** sein. Es soll gewährleistet sein, dass der Bürge bei Vertragsschluss über die Art und den Umfang der Haftung im Zeitpunkt der Fälligkeit unterrichtet ist, um sein **Haftungsrisiko abschätzen** zu können. Es war B nicht möglich, im Zeitpunkt des Vertragsschlusses abzusehen, wie hoch die gesicherten Forderungen und somit ihre Verbindlichkeit aus § 765 Abs. 1 einmal sein würden. Das Transparenzgebot ist mithin ebenfalls verletzt. **375**

Hinweis: *Die Anforderungen des (hier verletzten)* ***Transparenzgebots bei AGB-Bürgschaften*** *sind als* ***höher*** *als diejenigen des (hier gewahrten)* ***Bestimmbarkeitsgebots****, das für alle Bürgschaften gilt.*[654]

651 So die (wenig überraschende Feststellung im zugrundeliegenden Fall des BGH RÜ 2002, 543, 544.

652 Siehe zu den Grundsätzen des Handelsrechts AS-Skript Handelsrecht (2019), Rn. 1.

653 BGH RÜ 2002, 543, 544.

654 Vgl. Palandt/Sprau § 765 einerseits Rn. 18 und andererseits Rn. 20.

376 IV. **Rechtsfolge** der beiden Verletzungen ist zunächst nicht etwa eine gemäß § 139 mögliche Gesamtnichtigkeit, sondern nach dem spezielleren **§ 306 Abs. 1** die **Teilnichtigkeit** nur der in Rede stehenden Klausel zum Umfang der Bürgschaft. Der **Umfang der Bürgschaft** ist daher gemäß **§ 306 Abs. 2** den **gesetzlichen Vorschriften** zu entnehmen.

Gesetzlich ist aber nur die Höchstgrenze des § 767 Abs. 1 S. 3 normiert. Eine positive Festlegung des Umfangs **findet sich im Gesetz nicht**, sie steht vielmehr zur **Disposition der Parteien** im Rahmen ihrer Vertragsfreiheit.

Das bedeutet aber nicht, dass die Höhe der Bürgschaft 0 € beträgt, denn das käme einer Gesamtnichtigkeit gleich. Vielmehr ist die Bürgschaft **ergänzend auszulegen**. Die verständige Würdigung der Parteiinteressen ergibt regelmäßig, dass die Parteien **redlicherweise** nur eine solche Bürgschaftshöhe vereinbart hätten, die der bei Vertragsschluss erkennbaren Höhe der zu sichernden Forderung entspricht. Die Bürgschaft ist demnach in derjenigen Forderungshöhe wirksam, die den **konkreten Anlass** für die Verbürgung gebildet hat.[655]

Den konkreten Anlass der Bürgschaft der B hat die Kontoüberziehung der S i.H.v. 200.000 € gebildet. Die Überziehung um weitere 70.000 € war bei Vereinbarung der Bürgschaft hingegen noch nicht absehbar. Die in Rede stehende Klausel ist demnach **i.H.v. 200.000 € wirksam** und im Übrigen wegen Verstoß gegen § 307 Abs. 1 S. 1, Abs. 2 Nr. 1 sowie gegen § 307 Abs. 1 S. 2 unwirksam.

K hat gegen B gemäß § 765 Abs. 1 einen Anspruch auf Zahlung von 200.000 €.

Hinweis: *Das Ergebnis wirkt so, als habe entgegen § 306 Abs. 2 eine* ***geltungserhaltende Reduktion*** *stattgefunden. Das ist aber* ***nicht der Fall****. Die Reduktion auf das „Gerade-noch-Zulässige" ist dem Umstand geschuldet, dass* ***§ 767 Abs. 1 S. 3 nur eine Höchstgrenze enthält.*** *Beträge darunter sind im Rahmen der Vertragsfreiheit frei verhandelbar, und ausweislich § 307 Abs. 3 S. 1 soll* ***in die Vertragsfreiheit durch die Inhaltskontrolle nicht eingegriffen werden****, soweit der Gesetzgeber selbst nicht eingegriffen hat.*

III. Bestehen der Hauptschuld

377 Wegen der (auch) **anfänglichen Akzessorietät** der Bürgschaft zur gesicherten Forderung entsteht die Bürgschaft nur soweit, wie die Hauptforderung besteht.

Hinweis: *Gleiches gilt für den ebenfalls anfänglich-akzessorischen* ***Schuldbeitritt****. Die rein abstrakte* ***Garantie*** *entsteht demgegenüber unabhängig von der Hauptschuld.*

Folgende **Szenarien** sind denkbar und zu unterscheiden:

378 ■ Besteht bei Abschluss des Bürgschaftsvertrags **überhaupt keine Hauptschuld**, so entsteht kein Anspruch gegen den Bürgen aus § 765 Abs. 1. Ist die **Hauptschuld ge-**

---

655 Sog. Anlassrechtsprechung: BGH RÜ 2002, 543; BGH RÜ 2003, 400.

ringer als die vereinbarte Bürgschaftssumme, so entsteht die Bürgschaft auch nur in dieser geringeren Höhe. Der Forderungsstand zu einer früheren Zeit ist irrelevant.

Klausurhinweis: *Sie prüfen also im Gutachten an dieser Stelle hinsichtlich der* ***Hauptforderung*** *das* ***Entstehen*** *einschließlich der* ***rechtshindernden Einwendungen****. Ferner prüfen Sie, ob zeitlich* ***vor Abschluss des Bürgschaftsvertrags rechtsvernichtende Einwendungen*** *gegriffen haben. Hingegen prüfen Sie spätere rechtsvernichtende Einwendungen sowie sämtliche rechtshemmenden Einreden an späterer Stelle.*

- Falls es sich bei der Hauptschuld um eine **bestimmbare künftige oder aufschiebend bedingte Forderung** handelt (vgl. § 765 Abs. 2), so wird die Bürgschaft erst wirksam, wenn die künftige Forderung entsteht bzw. sobald die aufschiebende Bedingung eintritt (vgl. § 158 Abs. 1). **379**

- Ist die zu sichernde Hauptschuld nicht entstanden, so kann die Bürgschaft nicht zur Sicherung einer **anderen Verbindlichkeit** genutzt werden. Vielmehr muss ein neuer, auf die andere Verbindlichkeit bezogener Bürgschaftsvertrag geschlossen werden. **380**

Hinweis: *Es ist grundsätzlich nicht möglich, bei* ***akzessorischen Sicherheiten*** *die gesicherte Forderung auszutauschen (siehe aber für die Hypothek § 1180). Bei* ***abstrakten Sicherheiten*** *kann dies hingegen durch Änderung des Sicherungsvertrags geschehen.*

Insbesondere kann anstatt der Forderung aus § 488 Abs. 1 S. 2 ein **Anspruch aus Bereicherungsrecht** entstehen, wenn der Darlehensvertrag nichtig ist und der Darlehensgeber trotzdem das Darlehen valutiert. **Grundsätzlich** gilt für diesen Anspruch, dass die Bürgschaft ihn **nicht sichert**. Allerdings kann **im Einzelfall eine Auslegung** der Bürgschaft ergeben, dass sie auch diesen Anspruch sichern soll.[656]

Hinweis: *Bei der* ***Hypothek*** *wird teilweise angenommen, dass die Parteien regelmäßig (konkludent) auch den Bereicherungsanspruch absichern wollen und dass dies (trotz § 1180 Abs. 1) Grundbucheintragung möglich sei.*[657]

- **Bei Abtretung der Hauptforderung geht die Bürgschaft gemäß § 401 Abs. 1 auf den Zessionar über.** **381**

Gleiches gilt gemäß §§ 412, 401 Abs. 1 für den **gesetzlichen Forderungsübergang**.

Anders ist es aber, wenn der Zedent und der Zessionar[658] oder bereits bei Abschluss des Bürgschaftsvertrags der Gläubiger alias Sicherungsnehmer und der Bürge[659] vereinbart haben, dass die **Abtretung nicht zum Übergang der Bürgschaft führen soll**. Eine solche **Vereinbarung hat absolute Wirkung** gegenüber jedermann und bedingt den **disponiblen § 401 Abs. 1** ab. Folge ist, dass nur die Forderung auf den Zessionar übergeht, nicht aber die Bürgschaft. Da die Bürgschaft nicht forderungsentkleidet beim Zedenten verbleiben kann, geht sie analog § 1250 Abs. 2 unter.[660]

---

656 OLG Frankfurt, NJW 1980, 2201.
657 Näher AS-Skript Sachenrecht 2 (2019), Rn. 245.
658 RG, RGZ 85, 363.
659 BGH NJW 1991, 1869.
660 Palandt/Grüneberg § 401 Rn. 3.

Hinweis: *Auch hinsichtlich der* ***Hypothek*** *kann zwar* ***§ 401 Abs. 1 abbedungen*** *werden.* ***Nicht abdingbar*** *ist jedoch der insofern inhaltsgleiche* ***§ 1153 Abs. 1 u. 2,***[661] *sodass es in dieser Hinsicht nicht zu einem gewillkürten Auseinanderfallen von Hypothek und Forderung kommen kann. Gleichwohl kann eine forderungsentkleidete Hypothek in bestimmten Fällen des Erwerbs nach § 1138 Var. 1 entstehen.*[662]

B. Erlöschen des Anspruchs aus dem Bürgschaftsvertrag

382 **Insbesondere** folgende Erlöschensgründe kommen in Betracht:

I. Erlöschen und Erhöhung der Bürgschaftsforderung

383 Wegen der **Akzessorietät** der Bürgschaft zur gesicherten Forderung **erlischt** die Bürgschaft soweit, wie die Hauptforderung erlischt, § 767 Abs. 1 S. 1. Ein **Teilerlöschen** der gesicherten Forderung führt dementsprechend zu einem Teilerlöschen der Bürgschaft.

Klausurhinweis: *Sie prüfen also im Gutachten an dieser Stelle* ***hinsichtlich der Hauptforderung****, ob zeitlich* ***nach Abschluss des Bürgschaftsvertrags rechtsvernichtende Einwendungen*** *die Hauptforderung ganz oder teilweise wieder zu Fall gebracht haben. Hierzu zählen auch* ***auflösende Bedingungen*** *i.S.d. § 158 Abs. 2 – während Sie aufschiebende Bedingungen (§ 158 Abs. 1) wie ausgeführt beim Entstehen der Hauptforderung und somit beim Entstehen der Bürgschaft prüfen. Ferner prüfen Sie hier auch* ***ausgeübte Gestaltungsrechte****, während das bloße Bestehen eines Gestaltungsrechts erst im Rahmen der rechtshemmenden Einrede der Gestaltbarkeit analog § 770 – dazu C. II. 2.– relevant wird.*

Der ***Schuldbeitritt*** *ist nach seiner Entstehung gemäß § 425 Abs. 1 grundsätzlich nicht akzessorisch und bleibt daher bei Erlöschen der Hauptforderung bestehen. Er erlischt allerdings gemäß §§ 422, 423 i.V.m. mit den §§ 362 ff., soweit die Hauptforderung durch Erfüllung oder aufgrund eines Erfüllungssurrogats erlischt. Die rein abstrakte* ***Garantie*** *bleibt in aller Regel unabhängig von der Hauptschuld bestehen.*

384 Hinsichtlich einer **Erhöhung** der Hauptforderung nach Abschluss des Bürgschaftsvertrags ist – nach der dispositiven gesetzlichen Regelung des **§ 767** – zu differenzieren:[663]

- Mit einer Erhöhung der Hauptforderung **kraft Gesetzes** muss der Bürge rechnen. Daher haftet er gemäß § 767 Abs. 1 S. 2 für Ansprüche des Gläubigers gegen den Hauptschuldner aus **Verschulden oder Verzug**, insbesondere aus §§ 280 ff., 288.
- Geschieht die Erhöhung durch **Rechtsgeschäft des Hauptschuldners** (insbesondere mit dem Gläubiger), so erhöht sich die Bürgschaft gemäß § 767 Abs. 1 S. 3 hingegen nicht. Ansonsten läge letztlich ein unzulässiges Rechtsgeschäft zulasten eines Dritten – des Bürgen – vor.

Hinweis: *In* ***Fall 12*** *wollte K diese* ***Regelung zur Entwicklung der bestellten Bürgschaft*** *abbedingen. Der Schuss ging nach hinten los; wegen der strengen Rechtsfolge der §§ 307, 306 war bereits fraglich, ob die* ***Bürgschaft überhaupt wirksam bestellt*** *wurde.*

661 Vgl. AS-Skript Sachenrecht 2 (2019), Rn. 270.

662 Näher zur forderungsentkleideten Hypothek AS-Skript Sachenrecht 2 (2019), Rn. 274 ff. u. 300 ff.

663 Vgl. Looschelders § 50 Rn. 37.

- Gleichwohl haftet der Bürge gemäß § 767 Abs. 2 für die Kosten, die dem Gläubiger aufgrund einer **Kündigung** oder **Rechtsverfolgung** entstehen.

II. Bürgschaft auf Zeit

Wenn die Bürgschaft auf bestimmte Zeit vereinbart ist, also ein Endtermin für die Bürgschaft bestimmt ist, so **erlischt** diese gemäß § 777 Abs. 1 S. 1 Hs. 1 **grundsätzlich beim Eintritt des Endtermins**. **385**

Jedoch **besteht** die Haftung gemäß § 777 Abs. 1 S. 1 Hs. 2 **fort**, wenn der Gläubiger **unverzüglich** (§ 121 Abs. 1) die Forderung beim Hauptschuldner **einzuziehen versucht** und (erst) nach Erfolglosigkeit unverzüglich **dem Bürgen anzeigt**, dass er nun ihn in Anspruch nimmt. Eine unverzügliche Klageerhebung ist nicht erforderlich.[664] Ist allerdings die **Einrede der Vorausklage ausgeschlossen** (dazu C. I. Rn. 404), so muss gemäß § 777 Abs. 1 S. 2 unverzüglich nach Zeitablauf (ohne Vorgehen gegen den Hauptschuldner) die Anzeige beim Bürgen geschehen.

Der **Umfang** der Bürgschaft wird in beiden Fällen nach § 777 Abs. 2 **beschränkt**.

Hinweis: *§ 777 enthält eine Sonderregelung zugunsten des Gläubigers. Nach der* ***Grundregel der §§ 163, 158 Abs. 2*** *würde der Bürge mit Zeitablauf ohne Ausnahme frei werden.*[665]

III. Aufgabe einer anderen Sicherheit

Der **Bürge wird** gemäß § 776 S. 1 **frei**, wenn der Sicherungsnehmer eine andere akzessorische Sicherheit aufgibt. Würde nämlich der Bürge den Gläubiger befriedigen, so würden gemäß § 774 Abs. 1 S. 1 die gesicherte Forderung und **gemäß §§ 412, 401 sämtliche akzessorische Sicherheiten auf ihn übergehen**. Der Bürge soll **vor dem Verlust dieses Vorteils geschützt** werden. Gemäß § 776 S. 2 gilt das sogar für solche Sicherheiten, die erst nach Übernahme der Bürgschaft entstanden sind, deren späterer Übergang auf den Bürgen für selbigen also zunächst nicht gewiss war. **386**

Die Norm findet **analoge Anwendung** auf solche **abstrakten Sicherheiten**, zu deren Übertragung der Sicherungsnehmer aufgrund einer (sich aus dem Rechtsgedanken des § 774 Abs. 1 S. 1 konkludent ergebenden und daher regelmäßig in den Sicherungs- bzw. Bürgschaftsvertrag hineinzulesenden) Abrede mit dem Bürgen verpflichtet war.[666] Ein solcher Rückübertragungsanspruch wird insbesondere hinsichtlich der Grundschuld, dem Sicherungseigentum, der zur Sicherheit abgetretenen Forderung und dem Eigentumsvorbehalt bejaht.[667] **387**

Hinweis: *Aus dem Sicherungsvertrag ergibt sich wie dargestellt in der Regel ein* ***Anspruch auf Herstellung der Rechtslage****, die bei einer akzessorischen Sicherheit ipso iure eintritt.*

---

664 BGH NJW 1983, 750.
665 Vgl. Palandt/Sprau § 777 Rn. 2.
666 BGH RÜ 2013, 479.
667 Palandt/Sprau § 774 Rn. 9.

388 **Aufgabe** ist jede gewollte Handlung, durch die der Gläubiger alias Sicherungsnehmer auf eine Verwertungsmöglichkeit der Sicherheit verzichtet oder bewusst – also vorsätzlich (!) – deren wirtschaftlichen Wert beseitigt.[668]

Beispiele:[669] Verzicht, Rückübertragung, Überlassung an Dritte; auch der bloße Rücktritt im Rang der Sicherheit zugunsten anderer Gläubiger, denen die Sicherheit ebenfalls dient.[670]

Wurde die Sicherheit einmal aufgegeben, ändert daran auch eine spätere Neubegründung oder ihr Rückerwerb nichts.[671] Eine **Heilung der Aufgabe** und somit eine Beseitigung der Rechtsfolge des § 776 ist also **nicht möglich**.

389 § 776 enthält kein zwingendes Recht, sondern ist grundsätzlich – im Rahmen der §§ 134, 138, 242 – **abdingbar**. Eine **Klausel** in den AGB, in denen der Bürge auf den Schutz des § 776 generell verzichtet, **verstößt jedoch regelmäßig gegen § 307 Abs. 1**.[672]

Hinweis: *Auf andere Fälle der Kreditsicherung, wie **Schuldbeitritt**, **Garantievertrag** oder das **Faustpfandrecht** ist § 776 nicht (auch nicht entsprechend) anwendbar.*[673]

IV. Wechsel des Hauptschuldners

390 Die Bürgschaft erlischt gemäß § 418 Abs. 1 S. 1 grundsätzlich bei einem Wechsel des Hauptschuldners durch **befreiende Schuldübernahme**. Gleiches gilt analog im Fall der kompletten **Vertragsübernahme**.[674] Der Bürge soll nicht für einen Hauptschuldner haften, den er sich **nicht selbst ausgesucht** hat.

391 Gemäß § 418 Abs. 1 S. 3 (analog) erlischt die Bürgschaft hingegen **nicht, wenn der Bürge** in die Schuld- bzw. Vertragsübernahme **einwilligt** und dadurch den neuen Hauptschuldner billigt. Eine solche Einwilligung kann **auch konkludent** geschehen.

Beispiel für eine konkludente Einwilligung:[675] X ist alleiniger Geschäftsführer der A-GmbH (A), der B-GmbH (B) und der C-GmbH (C). S hat einen Anspruch gegen A, für den B sich verbürgt hat. C, vertreten durch X, übernimmt die Schuld bzw. den Vertrag von A. –
Die ausdrückliche Übernahmeerklärung des X für C enthält eine konkludente Einwilligung i.S.d. § 418 Abs. 1 S. 3 des X für B. X könnte zwar durchaus für C die Übernahme vereinbaren und für B die Einwilligung in selbige verweigern. Das muss X dann aber S ausdrücklich mitteilen. Anderenfalls darf S aus objektiver Empfängersicht davon ausgehen, dass X an der Übernahme für alle von ihm vertretenen Gesellschaften so mitwirkt, dass aus der Übernahme für S keine Nachteile (hier aus § 418 Abs. 1 S. 1) entstehen.

V. Kündigung des Bürgschaftsvertrags

392 Ein gesetzliches Kündigungsrecht **sehen die §§ 765 ff.** für den Bürgschaftsvertrag **nicht vor**. Ein Kündigungsrecht kann sich aber im Einzelfall ergeben[676]

---

668 BGH RÜ 2013, 479, 480, Rn. 14.
669 Vgl. Palandt/Sprau, § 776 Rn. 4
670 Vgl. zum Rang von Sicherheiten an Grundstücken §§ 879 f. sowie AS-Skript Sachenrecht 2 (2019), Rn. 527 ff.
671 BGH RÜ 2013, 479.
672 BGH NJW 2000, 1566.
673 Palandt/Sprau § 776 Rn. 3.
674 Palandt/Grüneberg, § 418 Rn. 1; vgl. zur Abgrenzung von Schuld-, Erfüllungs- und Vertragsübernahme AS-Skript Schuldrecht AT 2 (2018), Rn. 431 ff.
675 Nach BGH RÜ 2015, 630; im Originalfall ging es nicht um eine Bürgschaft, sondern um eine Sicherungsgrundschuld, vgl. hierzu die Modifikation des § 418 Abs. 1 S. 1 durch § 418 Abs. 1 S. 2 analog.
676 Vgl. zum Folgenden Palandt/Sprau § 765 Rn. 16; BGH NJW-RR 1993, 944.

- aus **vertraglicher Vereinbarung** zwischen Bürgen und Sicherungsnehmer oder
- aus **§ 314** und/oder **§ 242**, wobei ein wichtiger Grund und/oder eine Treuwidrigkeit z.B. vorliegen kann, wenn
  - bei einer unbefristeten Bürgschaft ein **gewisser Zeitraum abgelaufen** ist, wobei dann eine angemessene Kündigungsfrist anzusetzen ist,
  - der Bürge **Gesellschafter der Hauptschuldner-Gesellschaft** ist und aus dieser ausscheidet oder
  - die **Vermögensverhältnisse** des Hauptschuldners sich **nach Abschluss** der Bürgschaft **stark verschlechtern**.

    Hinweis: Anfänglich *schlechte Vermögensverhältnisse des Hauptschuldners geben* ***hingegen*** *ebenso wenig einen Kündigungsgrund, wie sie – siehe oben – ein Anfechtungs- oder ein Rücktrittsrecht begründen. Denn dieses Risiko übernimmt der Bürge.*

Rechtsfolge ist die Unwirksamkeit der Bürgschaft ex nunc. Sie ist daher der Höhe nach **393**
auf die **Höhe der Verbindlichkeit im Zeitpunkt der Kündigung** beschränkt.[677] Sie geht also nicht etwa, wie bei einem Rücktritt, vollständig und mit Wirkung ex tunc unter.

VI. Widerruf zwecks Verbraucherschutzes, § 355 Abs. 1

Will der Bürge seine **Bürgschaftserklärung nach § 355 Abs. 1 widerrufen,**[678] so stel- **394**
len sich insbesondere die folgenden **bürgschaftstypischen Probleme**.

Hinweis: *Das* ***Verbraucherschutzrecht****, welches sich inhaltlich bei Weitem nicht auf das Widerrufsrecht beschränkt,*[679] *wurde* ***umfangreich zum 13.06.2014 und zum 01.01. 2002 geändert****. Das ist als* ***Hintergrundwissen*** *erforderlich, um die folgenden Argumente nebst den Belegen dazu in den Fußnoten zeitlich korrekt einordnen zu können.*

1. Entgeltliche Leistung, §§ 312 Abs. 1, 310 Abs. 3

Voraussetzung aller Widerrufsrechte ist gemäß § 312 Abs. 1, dass ein **Verbraucherver- 395**
trag i.S.d. § 310 Abs. 3 vorliegt, der eine **entgeltliche Leistung des Unternehmers** zum Gegenstand hat. Eine entgeltliche Leistung ist gegeben, soweit die Gegenseite des Unternehmers – also der Verbraucher – sich zu einer Gegenleistung verpflichtet hat.[680]

- Verbürgt sich ein Verbraucher gegenüber einem Unternehmer, so leistet zwar der Verbraucher an den Unternehmer die Bürgschaft als Sicherheit. Es handelt sich aber nicht um eine Gegenleistung für eine Leistung des Unternehmers, denn die **Bürgschaft ist ein einseitig den Bürgen verpflichtender Vertrag.** Daher liegt nach dem **Wortlaut** der Norm keine entgeltliche Leistung des Unternehmers vor. Teilweise wird vertreten, dass daher die §§ 312 ff. nicht auf die Bürgschaft anzuwenden seien.[681]

---

677 Palandt/Sprau § 765 Rn. 16.

678 Vgl. ausführlich zu § 495 Rn. 37 sowie zu §§ 312 ff. u. 355 ff. BGB AS-Skript Schuldrecht AT 2 (2018), Rn. 167 ff. u. 233 ff.

679 Eine Übersicht, wo welche Regelungsbereiche dargestellt sind, finden Sie in AS-Skript Schuldrecht AT 2 (2018), Rn. 150.

680 Vgl. allgemein zu diesen Begriffen AS-Skript Schuldrecht AT 2 (2018), Rn. 168.

681 von Loewenich NJW 2014, 1409, 1411 und von Loewenich WM 2016, 2011.

- Gleichwohl hält die **h.M.**[682] – basierend auf Grundsatzentscheidungen des **EuGH** und ihm folgend unter Aufgabe seiner bisherigen Rechtsprechung des **BGH**[683] die Bürgschaft für einen entgeltlichen Verbrauchervertrag i.S.d. § 312 Abs. 1. Der **Sinn und Zweck** der zu Grunde liegenden EU-Richtlinie, den **Verbraucher umfassend zu schützen**, könne sonst nicht erreicht werden. Wenn der Verbraucher, der vom Unternehmer eine Gegenleistung erhalte, geschützt werde, dann müsse **erst recht** der Verbraucher-Bürge, der nichts erhalte, geschützt werden.

- Manche halten die h.M. für eine zu weit gehende Auslegung, kommen aber mit **inhaltlich ähnlichen Erwägungen** über eine **analoge Anwendung** (zumindest der §§ 312 b, 312 g) zum selben Ergebnis (zumindest hinsichtlich des Widerrufsrechts bei einer Außergeschäftsraum-Bürgschaft).[684]

***Hinweis:** Dementsprechend wird man den **Schuldbeitritt** und wohl auch die **Garantie** eines Verbrauchers ebenfalls als entgeltliche Verbrauchverträge ansehen müssen.*[685]

2. Außergeschäftsraumvertrag, § 312 b

396 Es besteht Einigkeit, dass auch ein Bürgschaftsvertrag ein Außergeschäftsraumvertrag sein kann, wenn der Bürge sich bei seinem Abschluss in einer der in § 312 b Abs. 1 S. 1 genannten Situationen befunden hat. Zweifelhaft ist aber, ob das auch dann gilt, wenn die **gesicherte Forderung nicht aus einem Verbrauchervertrag** stammt.

- Laut EuGH muss nicht nur der **Bürge** sich **als Verbraucher** verbürgen, sondern der **Hauptschuldner** muss auch die Hauptschuld **als Verbraucher** begründet haben.[686] Dem hatte sich der damals für das Bürgschaftsrecht zuständige 9. Senat des BGH angeschlossen.[687] Für diese Sichtweise lässt sich u.a. anführen, dass die Bürgschaft aufgrund der **Akzessorietät** das Schicksal der Hauptschuld auch hinsichtlich der Frage teilen muss, ob sie als Verbrauchervertrag einzuordnen ist.

- Der derzeit zuständige 11. Senat des BGH hält hingegen für alleine maßgeblich, ob der **Bürge** sich **als Verbraucher** verbürgt hat. Der Charakter der **Hauptschuld spiele keine Rolle.**[688] Hierfür spricht, dass der **Verbraucher-Bürge**, der sich in einer von § 312 b Abs. 1 S. 1 beschriebenen Situation befindet, unabhängig davon **schutzwürdig** ist, welchen Charakter die von ihm besicherte Hauptschuld hat. Die EU-Richtlinie gebietet diesen hohen Schutz des Bürgen zwar nicht, sie verbietet ihn aber auch nicht. Sie stellt nur einen **Mindeststandard** auf, von dem das nationale Recht zugunsten des Verbrauchers abweichen darf. Ferner soll die für die Gegenansicht angeführte **Akzessorietät**, wie auch § 767 Abs. 1 S. 3 zeigt, **den Bürgen nur schützen und nicht etwa belasten**. Dementsprechend hat zwar der Bürge analog § 770 die Möglichkeit, sich mit der Einrede der Gestaltbarkeit auf ein Widerrufsrecht des

682 Palandt/Grüneberg, § 312 Rn. 5; Schürnbrand WM 2014, 1157; Hoffmann ZIP 2015, 1365.

683 EuGH RÜ 1998, 221, und BGH RÜ 1998, 457; beide Urteile bezogen auf die bis zum 31.12.2001 geltenden Regelungen.

684 Schinkels WM 2017, 113; MünchKomm/Wendehorst § 312 Rn. 29.

685 Vgl. allgemein MünchKomm/Wendehorst § 312 Rn. 29; für den Schuldbeitritt BGH RÜ 2007, 462 (Rn. 27), allerdings für die bis zum 12.06.2014 geltende Fassung der §§ 312 ff.

686 EuGH RÜ 1998, 221, bezogen auf die bis zum 31.12.2001 geltenden Regelungen zum „Haustürgeschäft".

687 BGH RÜ 1998, 457, bezogen auf die bis zum 31.12.2001 geltenden Regelungen zum „Haustürgeschäft".

688 BGH RÜ 2006, 169; vgl. auch BGH RÜ 2007, 225; beide Urteile bezogen auf die bis zum 12.06.2014 geltenden Normen.

Hauptschuldners zu berufen,[689] daraus lässt sich aber nicht umgekehrt schließen, dass das originäre Widerrufsrecht des Bürgen nur dann besteht, wenn auch der Hauptschuldner ein solches hat. Schließlich spielt der Charakter der Hauptschuld **auch beim weniger schutzwürdigen Schuldbeitretenden**[690] keine Rolle.

Die Entscheidung des 11. Senats ist allerdings ergangen, bevor die zugrundeliegende EU-Richtlinie, die zum 13.06.2014 ins deutsche Recht übernommen wurde, geändert wurde. In ihrer neuen Fassung setzt die Richtlinie keinen Mindeststandard mehr, sondern sie ist **vollharmonisierend**, d.h. sie lässt auch zugunsten der Verbraucher nur ausdrücklich aufgenommene Abweichungen zu. Der BGH müsste daher, wenn er heute diesen Fall nochmal entscheiden müsste, die Frage (erneut) dem EuGH vorlegen.[691] In der **Prüfungssituation** wird man zu diesem Punkt von Ihnen nur Ausführungen verlangen können, wenn man Ihnen die Richtlinie im Wortlaut vorlegt.

3. Fernabsatzvertrag, § 312 c

Dem Bürgen kann nach h.M. **theoretisch ein Widerrufsrecht** aus § 312 c Abs. 1 zustehen, wobei es dazu **in der Praxis wohl kaum** kommen wird – anders aber vielleicht in einer (arg konstruierten) Klausur oder Prüfung: **397**

- Die seit dem 13.06.2014 geltende Definition des Fernabsatzvertrags § 312 c Abs. 1 verlangt – anders als die Vorgängerfassung in § 312 b Abs. 1 S. 1 a.F. – nicht, dass das Geschäft auf eine Warenlieferung oder eine Dienstleistung gerichtet sein muss. Auf den **Geschäftsinhalt** kommt es daher nach h.M. nicht mehr an, sodass insofern **auch die Bürgschaft und andere Sicherungsrechte** erfasst sind.[692]

- Auch ein mit **Fernkommunikationsmitteln** i.S.d. § 312 c Abs. 2 geschlossener Bürgschaftsvertrag kann wirksam sein. Zwar muss der Verbraucher-Bürge, für den § 350 HGB nicht gilt, seine Bürgschaftserklärung gemäß **§ 766 S. 1 BGB** grundsätzlich schriftlich abgeben. Es kann aber eine der in Rn. 337 ff. dargelegten **Ausnahmen zu diesem Formerfordernis** greifen.

  Beispiel: B verbürgt sich per E-Mail für eine Zahlungsforderung i.H.v. 10.000 €. Später nimmt der Gläubiger ihn i.H.v. 3.000 € in Anspruch. B zahlt. –
  Die Bürgschaftserklärung war zunächst gemäß § 125 S. 1 schwebend unwirksam. Gemäß § 766 S. 3 ist die Erklärung aber i.H.v. 3.000 € durch Heilung wirksam geworden.

- Jedoch wird der Bürge seine Erklärung kaum **im Rahmen eines für den Fernabsatz organisierten Vertriebs- und Dienstleistungssystems** abgeben,[693] und selbst wenn, dann wird er regelmäßig kein Verbraucher sein. Es lassen sich aber Sachverhalte konstruieren, welche zumindest Anlass zu näherer Prüfung geben.

  Im vorherigen **Beispiel** handelt B gewerblich im Internet. B will sich aus privater Verbundenheit für seinen Freund F verbürgen. Aus Bequemlichkeit gibt er seine Erklärung mit Hilfe der Software ab, mit der er ansonsten die Bestellungen seiner Kunden bestätigt. –
  B gibt die Erklärung zwar „mit" einem organisierten System ab. Die Abgabe muss aber „im Rahmen" des Systems geschehen, was angesichts des privaten Anlasses zweifelhaft ist.

---

689 Zu dieser Einrede noch näher unten Rn. 413 ff.

690 BGH RÜ 2007, 462, für die bis zum 12.06.2014 geltenden Normen.

691 Palandt/Grüneberg, § 312 Rn. 5; a.A. Schürnbrand WM 2014, 1157, 1161.

692 Palandt/Grüneberg, § 312 c Rn. 2; a.A. Schürnbrand WM 2014, 1157.

693 Looschelders § 50 Rn. 34.

4. Verbürgung für ein (Verbraucher-)Darlehen, § 495

398 Nach dem **Wortlaut** gewährt § 495 Abs. 1 für das Verbraucherdarlehen ein Widerrufsrecht. Es ist denkbar, ihm **analog für die Bürgschaft** ein selbiges zu entnehmen.

Die Formvorschrift des **§ 492** gilt **für die Bürgschaft nicht analog.**[694]

a) Kein Verbraucherdarlehen

399 Für die **Bürgschaftserklärung eines Verbrauchers** für ein Darlehen besteht nach h.M. jedenfalls dann **kein Widerrufsrecht** nach § 495 Abs. 1 analog, wenn das Darlehen **kein Verbraucherdarlehen** i.S.d. 491 Abs. 1 ist.[695] Das verstößt nicht gegen die EU-Richtlinie über den Verbraucherkredit, die hinsichtlich der Bürgschaft keine Regelungen trifft.[696]

Dafür wird angeführt, dass auch bei einem – wie von § 491 Abs. 2 S. 1 u. Abs. 3 S. 1 gefordert – entgeltlichen Darlehen die Bürgschaft im Verhältnis zum Sicherungsnehmer stets **unentgeltlich** sei.[697] Damit setzt man sich allerdings in **Widerspruch** zu der Annahme, dass die Bürgschaft **entgeltlich** i.S.d. § 312 Abs. 1 ist (s. Rn. 395).

Entscheidend ist vielmehr, dass der Verbraucher-Bürge nur aufgrund seiner Verbürgung für eine Darlehensschuld **nicht schutzwürdiger** ist als der Verbraucher-Bürge, der sich für eine andere Schuld verbürgt. Darin liegt der **zentrale Unterschied zum Widerrufsrecht beim Außergeschäftsraumvertrag**, bezüglich welchem – wie ausgeführt – dem Bürgen nach h.M. ein Widerrufsrecht eingeräumt wird. Während beim Außergeschäftsraumvertrag jeder Verbraucher vor einer Überrumpelung geschützt werden soll, bezweckt der § 495 nur den **Schutz des Darlehensnehmers**. Er soll den Kreditmarkt hinsichtlich Anbietern und Konditionen sondieren können. Hat der Darlehensnehmer seine Wahl getroffen, so kann der Bürge diese aber ohnehin nicht mehr beeinflussen.[698]

b) Verbraucherdarlehen

400 Man wird dem Bürgen wohl auch dann kein Widerrufsrecht aus § 495 Abs. 1 zusprechen müssen bzw. dürfen, wenn er sich **für ein Verbraucherdarlehen** verbürgt. Wenn es im Rahmen des § 312 b trotz der Akzessorietät nur auf die Rechtsnatur der Bürgschaft und nicht auch der gesicherten Forderung ankommt (s. Rn. 396), dann wird man dies auch hinsichtlich § 495 Abs. 1 so handhaben müssen.

Hinweis: *Der **Schuldbeitritt zu einem Verbraucherdarlehen** kann hingegen laut BGH **analog § 495 Abs. 1 widerrufen** werden.[699] Begründet wird das im Wesentlichen damit, dass es keinen Unterschied machen könne, ob sofort zwei Darlehensnehmer den Darlehensvertrag schließen oder ob ein Darlehensnehmer erst später hinzutritt. Im Ergebnis steht hinsichtlich §§ 491 ff. also der Bürge ausnahmsweise schlechter als der Schuldbeitretende!*

---

694 S. oben Rn. 336 und 28.

695 BGH NJW 1998, 1939; OLG Düsseldorf, WM 2007, 209; OLG Frankfurt/Main, ZGS 2007, 240.

696 EuGH NJW 2000, 1323.

697 Palandt/Weidenkaff § 491 Rn. 11.

698 OLG Düsseldorf, WM 2007, 209; OLG Frankfurt/Main, ZGS 2007, 240.

699 BGH NJW 2012, 166.

5. Herbeiführung des Bürgschaftsfalls durch den Gläubiger, § 242

Im Einzelfall kann die Inanspruchnahme des Bürgen **rechtsmissbräuchlich** sein und gemäß § 242 den Anspruch aus § 765 Abs. 1 erlöschen lassen. Hierunter fällt insbesondere die **treuwidrige Herbeiführung des Bürgschaftsfalls** durch den Sicherungsnehmer. **401**

Dieser **Rechtsgedanke** kommt für die Bedingung in **§ 162 Abs. 2** zum Ausdruck.

Führt der Sicherungsnehmer den Bürgschaftsfall durch Ausübung eines **Gestaltungsrechts** herbei, so muss diese **Ausübung ihrerseits rechtsmissbräuchlich** sein.[700]

C. Einreden des Bürgen gegen den Sicherungsnehmer

Insbesondere folgende Einreden kommen in Betracht: **402**

I. Originäre Einreden des Bürgen aus der Bürgschaft

Bürge und Sicherungsnehmer können **vertragliche Einreden** des Bürgen in den Bürgschaftsvertrag aufnehmen. **403**

Daneben sieht das **Gesetz** insbesondere die folgenden Einreden des Bürgen vor:

- Gemäß § 771 S. 1 muss der Gläubiger grundsätzlich zunächst die **Zwangsvollstreckung gegen den Hauptschuldner erfolglos** versucht haben, bevor er den Bürgen in Anspruch nimmt. Handelt es sich bei der gesicherten Forderung um eine Geldforderung, so ergeben sich aus § 772 Abs. 1 u. 2 die näheren Anforderungen an den Vollstreckungsversuch. Solange der Sicherungsnehmer die Vollstreckung nicht versucht hat, kann der Bürge die **Einrede der Vorausklage** erheben. Das gilt **nicht** **404**
  - in den Fällen des **§ 773**, insbesondere gemäß § 773 Abs. 1 Nr. 1, wenn der Bürge sich **selbstschuldnerisch** verbürgt und so auf die Einrede verzichtet hat, und
  - gemäß § 349 S. 1 HGB, wenn die Bürgschaft für den Bürgen ein **kaufmännisches Handelsgeschäft** ist.
- Die Einrede der **Verjährung** aus § 214 Abs. 1 kann der Bürge nach Ablauf der Verjährungsfrist für den Anspruch aus § 765 Abs. 1 erheben. Dauer und Beginn ergeben sich aus §§ 195, 199 Abs. 1 u. 4.[701] Zwei **Besonderheiten** sind zu beachten: **405**
  - **„Entstehen"** des Anspruchs i.S.d. § 199 Abs. 1 Nr. 1 ist sehr weit zu verstehen, gemeint ist die **Einklagbarkeit des Anspruchs.** Die Bürgschaftsforderung aus § 765 Abs. 1 muss also **auch fällig** i.S.d. § 271 Abs. 1 Var. 1 sein.[702]

    Bei **selbstschuldnerischen Bürgschaften** wird die Bürgschaftsforderung **bereits mit Fälligkeit der gesicherten Forderung** fällig. Der Sicherungsnehmer muss den Bürgen nicht zur Leistung auffordern oder die Anspruchshöhe belegen.[703]

---

700 OLG Brandenburg, RÜ 2014, 749, Rechtsmissbräuchlichkeit einer Kündigung im konkreten Fall verneint.

701 Näher zur Verjährung AS-Skript BGB AT 2 (2019) Rn. 527 ff.

702 Palandt/Ellenberger § 199 Rn. 3.

703 BGH RÜ 2011, 276.

Ohne Aufforderung und Erteilung dieser Belege gerät der Bürge allerdings gemäß § 286 Abs. 4 nicht in **Verzug**, wenn ihn kein sonstiges Verschulden hinsichtlich seiner Unkenntnis trifft.[704]

*Die Fälligkeit der Bürgschaftsforderung ist u.a. auch Voraussetzung, um mit ihr **aufzurechnen** oder um sie im Rahmen eines **Zurückbehaltungsrechts** einzuwenden.*

- Erhebt der Bürge die nicht nach § 773 ausgeschlossene **Einrede der Vorausklage**, so wird **gemäß § 771 S. 2 die Verjährung i.S.d. § 209 gehemmt**, bis der Gläubiger erfolglos die Vollstreckung beim Hauptschuldner versucht hat.

II. Vom Schuldner abgeleitete Einreden des Bürgen

406 **Einreden und Gestaltungsrechte des Hauptschuldners** gegen den Sicherungsnehmer kann diesem wegen der **Akzessorietät** auch der Bürge entgegenhalten.

***Klausurhinweis:** Sie prüfen also im gutachtlichen Aufbau an dieser Stelle, ob **rechtshemmende Einreden** die **Durchsetzbarkeit der Hauptforderung** für immer (peremptorisch) oder zeitweise (dilatorisch) verhindern. Ferner prüfen Sie, ob das Rechtsverhältnis, das der gesicherten Forderung zu Grunde liegt, **vom Hauptschuldner gestaltbar** ist.*

1. Einreden des Hauptschuldners, § 768

407 Gemäß § 768 Abs. 1 S. 1 kann der Bürge **die dem Hauptschuldner gegen die gesicherte Forderung zustehenden Einreden** geltend machen, mit Ausnahme der Einrede der beschränkten Erbenhaftung (§§ 768 Abs. 1 S. 2, 1975, 1990).

Beispiel: S schuldet G aus Warenkauf im Jahr 2016 15.000 €. Dafür hat sich B im Jahr 2019 selbstschuldnerisch verbürgt. Da S nicht zahlt, nimmt G den B im Jahr 2020 in Anspruch. B beruft sich gemäß § 214 Abs. 1 auf Verjährung. –
I. Eine **originäre Einrede der Verjährung der Bürgschaftsforderung** steht B nicht zu. Die Bürgschaft selbst wurde erst im Jahr 2019 vereinbart, sodass die dreijährige Verjährungsfrist nach §§ 195, 199 Abs. 1 im Jahr 2020 noch nicht abgelaufen ist.
II. Jedoch steht B über § 768 Abs. 1 S. 1 die von S **abgeleitete Einrede der Verjährung der Hauptschuld** zu. Diese wurde in 2016 begründet, sodass sie gemäß §§ 195, 199 Abs. 1 Ende 2019 verjährt ist.

Beispiel:[705] S hat sich gegenüber G in der Sicherungsabrede u.a. zur Beschaffung einer Vertragserfüllungsbürgschaft verpflichtet. B verbürgt sich. Die Sicherungsabrede ist gemäß §§ 307 Abs. 1, 306 Abs. 3 insgesamt unwirksam, weil sie S unangemessen mit den Bürgschaftsbeschaffungskosten belastet. –
S kann von G die Bürgschaft nach § 812 Abs. 1 S. 1 Var. 1 kondizieren; S könnte daher gegenüber G die Erbringung der Bürgschaft – wäre sie noch nicht geschehen – aufgrund der Bereicherungseinrede nach § 821 verweigern. Auf diese dauerhafte Einrede kann sich über § 768 Abs. 1 S. 1 auch B gegenüber G berufen, sodass G seinen Anspruch aus § 765 gegen B dauerhaft nicht durchsetzen kann.

Exkurs/Abwandlung:[706] Im vorgenannten Beispiel zahlt B trotz der Einrede aus §§ 768 S. 1, 821 an G. – B hat an G i.S.d. Bereicherungsrechts geleistet, daher kann B direkt von G nach § 813 Abs. 1 S. 1 kondizieren (Direktkondiktion). B ist also nicht auf den Regress bei S (insb. nach § 670) angewiesen.

---

704 BGH RÜ 2011, 276.
705 Nach BGH NJW 2016, 2802.
706 Nach BGH RÜ 2018, 85.

a) Verzicht des Bürgen

Ein vorheriger Verzicht des Bürgen auf die Wirkung des § 768 Abs. 1 S. 1 ist **individualvertraglich** in den Grenzen der §§ 134, 138, 242 **möglich**, wobei die Schriftform des § 766 S. 1 zu wahren ist. Ein **umfassender Verzicht in AGB** verstößt gegen den Grundgedanken der in § 768 Abs. 1 S. 1 verankerten Akzessorietät und ist daher gemäß § 307 Abs. 1 u. 2 **unwirksam**.[707] **Zulässig** ist aber im Einzelfall eine **AGB**, mit welcher der Bürge **nur auf einzelne Einreden** des Hauptschuldners oder nur vorläufig auf seine Einreden verzichtet, insbesondere im Fall der Bürgschaft auf erstes Anfordern.[708] **408**

b) Verzicht des Hauptschuldners, § 768 Abs. 2

Ein Verzicht des Hauptschuldners auf eine Einrede gegen die Hauptforderung **wirkt sich** gemäß § 768 Abs. 2 **nicht** auf die Rechte des Bürgen aus § 768 Abs. 1 S. 1 **aus**. Die Norm ist (wie § 767 Abs. 1 S. 3, s. Rn. 373) Ausdruck des **Verbots der Fremddisposition.** **409**

Nach der h.M.[709] ist der Begriff des Verzichts **weit zu verstehen**. Erfasst sind auch solche Verhaltensweisen des Hauptschuldners, die seine unter § 768 Abs. 1 S. 1 fallende **Einrede nicht beseitigen, aber ihre Geltendmachung für den Bürgen erschweren**. Insbesondere hinsichtlich der **Verjährungseinrede** ist dabei zu differenzieren. Es stellen **410**

- solche Handlungen einen den Bürgen nicht tangierenden **Verzicht** dar, die die Verjährungsfrist der Hauptforderung durch **Disposition des Hauptschuldners** verlängern oder neu beginnen lassen. Das ist z.B. der Fall, wenn der Hauptschuldner **411**
  - **sich rechtskräftig verurteilen lässt**, insbesondere durch Versäumnisurteil, und so die dreißigjährige Frist des § 197 Abs. 1 Nr. 3 in Kraft setzt oder
  - die Hauptforderung **anerkennt** und so gemäß § 212 Abs. 1 Nr. 1 den Neubeginn der Verjährung auslöst.[710]
- hingegen solche Handlungen **keinen Verzicht** dar, die **keine Disposition** des Hauptschuldners beinhalten, sondern **nur als Rechtsreflex** die Verlängerung der Verjährung zur Folge haben. Sie wirken also auch zu Lasten des Bürgen. **412**
  - Das gilt insbesondere für die Hemmung der Verjährung durch **Verhandlungen** gemäß §§ 203, 209. Diese Regelung soll **Rechtsstreitigkeiten vermeiden** und den Beteiligten ermöglichen, eine **gütliche Einigung ohne Zeitdruck** erzielen. Dieser **Zweck würde verfehlt**, wenn man Verhandlungen als Verzicht i.S.d. § 768 Abs. 2 ansieht. Denn dann **müsste der Gläubiger**, der mit dem Hauptschuldner kurz vor Verjährungsende verhandelt, gleichwohl **gegen den Hauptschuldner klagen**, um gemäß § 204 Abs. 1 S. 1 die Verjährung gegenüber dem Hauptschuldner so zu hemmen, dass diese Hemmung auch gegen den Bürgen wirkt.[711]

---

707 BGH RÜ 2009, 287.

708 Palandt/Sprau § 768 Rn. 8; zur Bürgschaft auf erstes Anfordern noch näher unten Rn. 438.

709 BGH MDR 2008, 94, Rn. 18; vgl. Palandt/Sprau § 768 Rn. 9, auch mit Nachweisen zur Gegenansicht.

710 BGH MDR 2008, 94, Rn. 18; BGH NJW 2016, 3158; vgl. Palandt/Sprau § 768 Rn. 9.

711 BGH RÜ 2009, 636, Rn. 22.

- Ebenso verhält es sich bei der Hemmung der Verjährung aufgrund eines zwischen Gläubiger und Hauptschuldner vereinbarten **vorübergehenden Leistungsverweigerungsrechts** i.S.d. § 205. Der rechtsgeschäftliche Parteiwille ist in der Regel nur auf die Begründung des Verweigerungsrechts gerichtet. Die Verlängerung der Verjährung gemäß § 205 ist nur eine gesetzlich angeordnete Nebenfolge.

  Beispiel:[712] S least bei G ein Auto. B verbürgt sich gegenüber G für die von S zu zahlenden Leasingraten. S und G haben vereinbart, dass S die Leasingraten vorübergehend zurückhalten darf, sobald und solange es zu einem Rechtsstreit über die Rückabwicklung zwischen dem Lieferanten des Autos und S (an den G seine Gewährleistungsrechte abgetreten hat)[713] kommt. –
  Gemäß §§ 205, 209 wird die Verjährung der Leasingraten gegenüber S gehemmt. Über § 768 Abs 1 S. 1 kann sich B zwar ebenfalls auf die Verjährung der Leasingraten berufen, allerdings wirkt die Hemmung auch gegen ihn. Ein Verzicht i.S.d. § 768 Abs. 2 liegt nicht vor.

2. Einrede der Gestaltbarkeit, § 770 (analog)

413 Der Bürge kann dem Gläubiger gemäß § 770 (analog) entgegenhalten, dass das **Rechtsverhältnis, das der Hauptschuld zu Grunde liegt, gestaltbar** ist. Die Akzessorietät verwandelt also **Gestaltungsrechte des Hauptschuldners** in **Einreden des Bürgen**. Die Ausübung des Gestaltungsrechts bleibt aber dem Hauptschuldner vorbehalten.

Klausurhinweis: *Sollte der Hauptschuldner das Gestaltungsrecht* ***bereits ausgeübt*** *haben, so ist dies bereits* ***im Rahmen des § 767 Abs. 1 S. 1*** *hinsichtlich der Frage zu erörtern, ob der* ***Anspruch aus § 765 Abs. 1 (teilweise) erloschen*** *ist. § 770 spielt dann keine Rolle.*

a) Erfasste Gestaltungsrechte

414 § 770 Abs. 1 gewährt dem Bürgen die **Einrede der Anfechtbarkeit**.

§ 770 Abs. 2 gewährt dem Bürgen die **Einrede der Aufrechenbarkeit**:

415 - Nach dem **Wortlaut** gilt das, solange und soweit **der Gläubiger** aufrechnen kann.

  Das Aufrechnungsrecht steht nicht immer beiden Beteiligten zu. Zum einen verlangt § 387 die **Fälligkeit** nur der Gegenforderung. Zum anderen stellen die §§ 390 ff. in der Regel nur einseitig wirkende **Aufrechnungsverbote** auf.[714]

  Ein Aufrechnungsrecht **beider Parteien** ist unstreitig **nicht erforderlich**.[715]

  Manche[716] gewähren dem Bürgen die Einrede aber **analog § 770 Abs. 2 bzw. Abs. 1** auch, wenn **nur der Hauptschuldner** aufrechnen kann. Die Norm sei Ausdruck der **den Bürgen schützenden Akzessorietät.** Gerade wenn der Hauptschuldner sich verteidigen könne, müsse dies auch für den Bürgen gelten. Dem wird neben dem eindeutigen Wortlaut entgegengehalten,[717] dass § 770 Abs. 2 **nicht die Akzessorietät, sondern nur die Subsidiarität der Bürgenhaftung schütze**. Der Gläubiger

---

712 Nach BGH NJW 2016, 397; vgl. zur leasingrechtlichen Einordnung Rn. 172.

713 Vgl. ausführlich zu den Gewährleistungsansprüchen beim Leasing Rn. 172 u. 177 ff.

714 Näher zur Aufrechnung AS-Skript Schuldrecht AT 2 (2018), Rn. 27 ff.

715 Klarstellend BGH RÜ 2003, 400.

716 MünchKomm/Habersack § 770 Rn. 10 (für die Lösung über § 770 Abs. 1 analog, m.w.N. auch zu den anderen Ansichten).

717 Erstmalig RG, RGZ 137, 34, 36; Staudinger/Horn § 770 Rn. 9; offengelassen von BGH NJW 1965, 627 (zur Parallelnorm des § 129 Abs. 3 HGB).

dürfe, wie § 771 S. 1 vorbehaltlich § 773 zeige, den Bürgen erst nach dem Hauptschuldner in Anspruch nehmen. Der Bürge solle den Gläubiger daher nur auf eine (gegenüber einer langwierigen Klage einfachere) Befriedigungsmöglichkeit beim Hauptschuldner verweisen können. Nach dieser Ansicht nennt § 770 Abs. 2 also das Aufrechnungsrecht nicht in seiner Funktion eines Verteidigungsrechts (des Hauptschuldners), sondern eines befriedigenden Erfüllungssurrogats (des Gläubigers).

Letztlich entbehrlich ist eine Streitentscheidung, wenn der Hauptschuldner ohnehin gegen den Gläubiger **aufgrund der gegenseitigen Forderungen ein Zurückbehaltungsrecht** hat, denn dieses kann der Bürge dem Gläubiger gemäß **§ 768 Abs. 1 S. 1** entgegenhalten.[718] Dabei besteht nicht bei jeder Aufrechnungslage zugleich ein Zurückbehaltungsrecht. § 320 gilt z.B. nur hinsichtlich synallagmatischer Forderungen, und (nur) das Zurückbehaltungsrecht aus § 273 kann gemäß §§ 273 Abs. 3 S. 1, 232 ff. durch Sicherheitsleistung abgewendet werden (vgl. § 320 Abs. 1 S. 3).

Hinweis: *Die h.M. wendet die **Parallelnorm des § 129 Abs. 3 HGB** hingegen gerade nicht an, wenn ihr Wortlaut (Aufrechnungsrecht des Gläubigers) erfüllt ist, sondern verlangt **im Gegenteil**, dass der Gesellschaft ein Aufrechnungsrecht zusteht.*[719]

- Es muss **sicher sein, dass der Gläubiger wird aufrechnen können**. Das Risiko, dass diese Aufrechnung scheitert, soll nämlich auch § 770 Abs. 2 dem Bürgen nicht nehmen. Insbesondere bei mehreren Sicherheiten kann es hieran fehlen. 416

Beispiel:[720] G hat gegen S einen Anspruch, für den sich B und C verbürgen. S hat gegen G einen Gegenanspruch. Sowohl G als auch S könnten aufrechnen. C zahlt die Hälfte der Summe an G. –
Die Einrede des B aus § 770 Abs. 2 erlischt hierdurch. Denn aufgrund der Zahlung erlischt die Hauptforderung nicht etwa nach § 362 Abs. 1 zur Hälfte, sondern sie geht gemäß § 774 Abs. 1 S. 1 – zu diesem sogleich näher im 3. Abschnitt – zur Hälfte auf C über. Daher kann S gemäß §§ 412, 406 gegenüber C aufrechnen. Sobald und soweit S aber gegenüber C aufrechnet, kann G nicht mehr gegenüber S aufrechnen. Es ist also nicht gewiss, dass G von S Befriedigung durch eine einfache Aufrechnung (anstatt einer langwierigen Klage) wird erreichen können.

Demgegenüber besteht Einigkeit, dass aufgrund der **Akzessorietät** dem Bürgen analog § 770 Abs. 1 ganz allgemein die **Einrede der Gestaltbarkeit** zusteht, wenn der Hauptschuldner **sonstige Gestaltungsrechte** (z.B. Rücktritt, Minderung, Widerruf i.S.d. § 355) gegen den Gläubiger innehat.[721] 417

b) Verzicht des Bürgen und des Hauptschuldners

Ein **Verzicht des Bürgen auf** den Schutz des **§ 770** ist (wie hinsichtlich § 768 Abs. 1 S. 1, s. Rn. 408) **individualvertraglich möglich**, aber regelmäßig nach § 307 Abs. 1 **unwirksam**, wenn er in **AGB** enthalten ist.[722] 418

Ein **Verzicht des Hauptschuldners auf seine Gestaltungsrechte** führt hingegen zum **Erlöschen der Einreden des Bürgen aus § 770**, denn dieser enthält gerade keine dem § 768 Abs. 2 entsprechende Regelung.[723]

---

718 Palandt/Sprau, § 770 Rn. 3.

719 Näher AS-Skript Gesellschaftsrecht (2018) Rn. 304; siehe auch normvergleichend Primaczenko JA 2007, 173.

720 Nach OLG Brandenburg, RÜ 2014, 749.

721 Palandt/Sprau § 770 Rn. 4.

722 Palandt/Sprau § 770 Rn. 1a.

723 MünchKomm/Habersack § 770 Rn. 5.

Beruht allerdings der Verzicht des Hauptschuldners auf einer **unerlaubten Handlung des Gläubigers**, so bleibt gemäß **§ 853** der Hauptschuldner und daher über **§ 768 Abs. 1. S. 1** auch der Bürge zur Leistungsverweigerung berechtigt.[724]

III. Nicht: Einwendungen/Gegenrechte gegen den Hauptschuldner

419 **Irrelevant** für die Durchsetzbarkeit des Anspruchs des Sicherungsnehmers aus § 765 Abs. 1 ist hingegen, ob der **Bürge Einwendungen oder Gegenrechte gegen den Hauptschuldner** hat, inklusive eines möglichen **Befreiungsanspruchs aus § 775**. Diese **schlagen nicht** auf das Verhältnis des Bürgen zum Sicherungsnehmer **durch**.

Klausurhinweis: *Obgleich die Bürgschaft in aller Regel über den Anspruch aus § 765 Abs. 1 oder über den Regress des Bürgen (s. 3. Abschnitt) geprüft wird, kann natürlich auch ein* ***Anspruch aus § 775 Prüfungsgegenstand*** *sein. Es ist dann insbesondere* ***inzident*** *zu prüfen, ob und in welcher Höhe der Bürge dem Sicherungsnehmer aus* ***§ 765 Abs. 1*** *haftet, denn die Befreiung von einem Anspruch kann nur so weit gehen, wie dieser Anspruch selbst geht. Sie landen also schnell wieder im gewohnten Fahrwasser.*

§ 775 modifiziert *übrigens* ***das zwischen Bürgen und Hauptschuldner bestehende Auftragsverhältnis*** *zum Nachteil des Bürgen. Der Bürge kann keinen Vorschuss verlangen (anders: § 669), er kann Befreiung nur in den in § 775 Abs. 1 a.E. aufgezählten Fällen verlangen (anders: §§ 670, 257) und er kann nicht jederzeit den Auftrag kündigen (anders: § 671).*

3. Abschnitt: Rückgriffsansprüche des Bürgen nach seiner Zahlung

420 Die Rückgriffsansprüche des Bürgen sind beliebtes Klausurthema, weil dies den Weg in die **(Inzident-)Prüfung der Rechtsbeziehungen sämtlicher Beteiligten** eröffnet. Allen Konstellationen ist gemein, dass der **Bürge den Gläubiger** hinsichtlich seiner Forderung aus § 765 Abs. 1 **„befriedigt"** i.S.d. § 774 Abs. 1 S. 1.

Dies kann durch **Erfüllung** (§ 362 Abs. 1) oder **Erfüllungssurrogate**[725] (§§ 362 Abs. 2, 378, 389, 397) erfolgen. Gemäß § 271 Abs. 2 kann der Bürge **im Zweifel erfüllen, bevor** der Anspruch aus § 765 Abs. 1 **fällig** wird. Nach Maßgabe des § 267 lösen auch **Leistungen eines Dritten** Erfüllungswirkung aus.[726]

A. Der Bürge als alleiniger Sicherungsgeber leistet

421 Wenn der Bürge den Anspruch des Sicherungsnehmers aus § 765 Abs. 1 erfüllt, dann erhält er **zwei Ansprüche gegen den Hauptschuldner**.

- Es entsteht ein **vertraglicher Aufwendungsersatzanspruch** gegen den Hauptschuldner aus dem Rechtsverhältnis zwischen Hauptschuldner und Bürgen, entweder kraft ausdrücklicher Vereinbarung oder aus §§ 662, 670. Besteht ein solches Rechtsverhältnis nicht, ergibt sich ein Anspruch oft aus §§ 677, 683 S. 1, 670 wegen Geschäftsführung ohne Auftrag. Diesem Anspruch kann der **Hauptschuldner nicht die Einreden entgegensetzen, die er gegen den Gläubiger hat**.

724 MünchKomm/Habersack § 770 Rn. 5.

725 Näher zur Erfüllung und den Erfüllungssurrogaten AS-Skript Schuldrecht AT 2 (2018), Rn. 1 ff.

726 MünchKomm/Habersack, § 774 Rn. 4.

- Außerdem geht gemäß § 774 Abs. 1 S. 1 **kraft Gesetzes die gesicherte Forderung des Gläubigers gegen den Hauptschuldner** auf den Bürgen über. Der gesetzliche Forderungsübergang hat
  - zwar den **Vorteil**, dass nach **§§ 412, 401 Abs. 1** weitere **akzessorische Sicherheiten** (Hypothek [zugleich: § 1153 Abs. 1], Faustpfandrecht [zugleich: § 1250 Abs. 1 S. 1] sowie Vormerkung [analog §§ 412, 401 Abs. 1]) auf den Bürgen übergehen,
  - aber nach **§§ 412, 404** den **Nachteil**, dass der Hauptschuldner seine **Einwendungen und Einreden** gegen den Gläubiger auch dem Bürgen entgegenhalten kann.

Nach h.M. handelt es sich um **zwei getrennte Ansprüche**, bezüglich derer der Bürge ein **Wahlrecht** hat.[727] **422**

Hinweis: *Eine ähnliche Häufung besteht beim Innenausgleich der* ***Gesamtschuldner****.[728] Der zahlende Gesamtschuldner hat gegen die übrigen Gesamtschuldner einen originären Ausgleichsanspruch aus Vertrag/GoA, einen originären Ausgleichsanspruch aus § 426 Abs. 1 und den übergegangenen Anspruch des Gläubigers gemäß § 426 Abs. 2; letzterer wegen §§ 412, 401 Abs. 1, 404 nebst akzessorischer Sicherheiten und Einwendungen/Einreden.*

Fall 12: Bürgenrückgriff

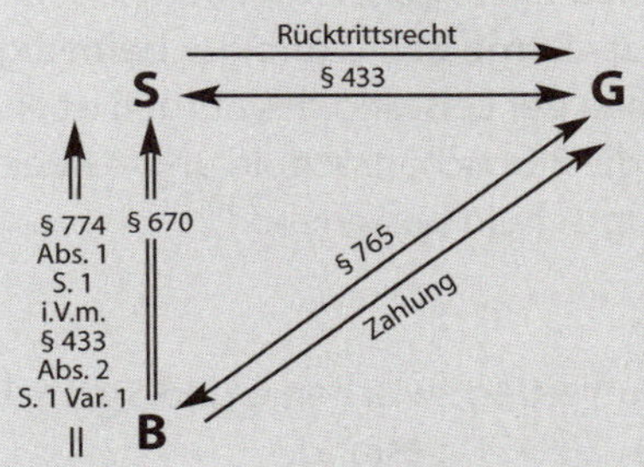

S schuldet dem G aus dem Kauf einer Maschine 115.000 €, die am 01.05. fällig sind. B, ein Freund des S, übernimmt auf dessen Bitte eine Bürgschaft. Am 15.05. zahlt B auf Verlangen des G sofort, weil er keinen anderen Ausweg sieht. Als B im Rückgriff von S Zahlung verlangt, macht S geltend, er sei wegen des Mangels der Maschine gegenüber G zur Verweigerung der Kaufpreiszahlung und nach vorgenommener erfolgloser Fristsetzung zur Nacherfüllung nun zum Rücktritt berechtigt. B hätte ihn vorher verständigen müssen. Kann B von S Zahlung verlangen?

A. B könnte gegen S einen Anspruch auf Aufwendungsersatz aus einem **Auftrag** gemäß §§ 662, 670 haben. **423**

I. Zwischen B und S ist mit beiderseitigem Rechtsbindungswillen ein **Auftrag** i.S.d. § 662 zustande gekommen. Angesichts des hohen Risikos, dass B einging, handelt es sich nicht nur um eine rechtlich unverbindliche Gefälligkeit.

II. Da B **zum Zwecke der Ausführung** dieses Auftrags zunächst eine Bürgschaft eingegangen ist und sodann 115.000 € **an G gezahlt** hat, steht ihm in dieser Höhe ein Aufwendungsersatzanspruch gemäß § 670 zu. Die Norm verlangt allerdings, dass B diese Zahlung **den Umständen nach für erforderlich halten** durfte. Abzustellen ist also auf die subjektive Sicht des B. **424**

727 Palandt/Sprau § 774 Rn. 4, m.w.N.

728 Ausführlich zur Gesamtschuld AS-Skript Schuldrecht AT 2 (2018), Rn. 474 ff., insb. Rn. 491 ff. zum Innenausgleich.

Hinweis: Vor Zahlung *besteht wegen § 775 grundsätzlich* ***kein Freistellungsanspruch*** *aus §§ 670, 257, vgl. Rn. 419.*

Die gesicherte Forderung war **fällig** i.S.d. § 271 Abs. 1 Var. 1, sodass die Zahlung insofern zur Vermeidung gerichtlicher Schritte aus Sicht des B geboten war. **Für** die subjektive Erforderlichkeit spricht ferner, dass B zwar objektiv dem G analog § 770 Abs. 1 die **Einrede der Gestaltbarkeit** des Kaufvertrags durch Rücktritt entgegenhalten konnte. Vom Vorliegen ihrer Voraussetzungen **wusste** B aber **nichts**, da S ihn **nicht informiert** hatte.

Gleichwohl spricht aber **gegen** die subjektive Erforderlichkeit, dass eine **Verpflichtung** des S **zur anlasslosen Mitteilung der Rücktrittsberechtigung gar nicht bestand**. B stand die **Einrede der Vorausklage** aus § 771 Abs. 1 zu, sodass S nicht damit rechnen musste, dass B ohne Rücksprache mit S bzw. ohne Verweis des G an S zahlt. Ohnehin steht diese Einrede dem Bürgen **stets und unabhängig von Mängeln** zu, sodass sie dem Bürgen daher bekannt sein muss.[729]

B hat folglich keinen Anspruch gegen G aus §§ 662, 670.

425 B. B könnte gegen S einen Zahlungsanspruch aus **übergegangenem Recht** gemäß §§ 774 Abs. 1 S. 1, 433 Abs. 2 Var. 1 haben.

Nach **§ 774 Abs. 1 S. 1** geht die Forderung des Gläubigers gegen den Hauptschuldner kraft Gesetzes auf den Bürgen über, soweit der Bürge den Gläubiger befriedigt, also auf den Anspruch aus § 765 Abs. 1 zahlt. Neben der Leistung des Bürgen ist also erforderlich, dass im Zeitpunkt der Befriedigung die Bürgschaftsschuld und – wegen der Akzessorietät nach § 767 Abs. 1 S. 1 – die Hauptschuld bestehen.[730]

I. B hat G in Höhe von 115.000 **befriedigt**.

II. Die **gesicherte Hauptforderung** aus dem Kaufvertrag zwischen G und S, gerichtet auf die Kaufpreiszahlung gemäß § 433 Abs. 2 Var. 1, bestand.

III. Die **Bürgschaftsforderung** des G gegen B aus § 765 Abs. 1 bestand.

IV. Jedoch kann S dem B gemäß **§§ 412, 404** alle Einreden entgegenhalten, die er auch G entgegenhalten konnte. Die Maschine war mangelhaft, sodass S dem G die **Mängeleinrede** aus § 320 (bzw. aus § 438 Abs. 4 S. 2)[731] entgegenhalten kann, bis der Mangel behoben ist. Die gleiche Einrede hat S über §§ 412, 404 gegen B.

B hat daher gegen S keinen Anspruch aus §§ 662, 670 und einen bis zur Mangelbehebung nicht durchsetzbaren Anspruch aus §§ 774 Abs. 1 S. 1, 433 Abs. 2 Var. 1.

---

729 Vgl. RGZ 59, 207, 209 ff.; Weitzel JuS 1981, 112, 116.

730 Palandt/Sprau § 774 Rn. 6 f.; vgl. BGH RÜ 2000, 233.

731 Die h.M. leitet die Mängeleinrede aus § 320 her, vgl. AS-Skript Schuldrecht AT 1 (2018) Rn. 181 u. 228. Vgl. zur Herleitung auch Palandt/Grüneberg § 320 Rn. 9 u. Palandt/Weidenkaff § 438 Rn. 19;

B. Ein Mitbürge leistet

Haben sich **für dieselbe gesicherte Forderung mehrere Personen** verbürgt, so entsteht eine **Mitbürgschaft i.S.d. § 769**. **426**

Hinweis: *Die Mitbürgschaft ist von Nach-, Ausfall- und Rückbürgschaft* ***abzugrenzen****.*[732]

Die Befriedigung des Gläubigers durch einen Mitbürgen hat folgende **Rechtsfolgen**:

- Die **Hauptforderung** des Gläubigers gegen den Hauptschuldner **geht** gemäß § 774 Abs. 1 S. 1 soweit **auf den zahlenden Mitbürgen über**, wie die Befriedigung reicht. **427**

  Beispiel:[733] S schuldet G 10.000 Euro. B1 und B2 haben sich je voll verbürgt. B1 zahlt an G 4.000 €. – B1 erwirbt die Forderung des G gegen S i.H.v. 4.000 €. B1 kann in dieser Höhe Regress bei S nehmen.

- Die **Bürgschaftsforderung** des Gläubigers gegen die Mitbürgen geht nicht etwa gemäß §§ 412, 401 Abs. 1 auf den zahlenden Mitbürgen in voller Höhe der Zahlung über. § 774 Abs. 2 bestimmt als lex specialis, dass die Mitbürgen untereinander nur nach § 426 Abs. 1 u. 2, also **wie Gesamtschuldner haften**. Abweichend vom in § 426 vorgesehenen Regelfall tritt die Haftung aber nicht erst ein, wenn ein Bürge an den Gläubiger mehr als den auf ihn im Innenverhältnis fallenden Anteil zahlt, sondern der zahlende Bürge kann von den Mitbürgen **ab dem ersten gezahlten Euro anteiligen Regress** nehmen. Denn aus der untereinander gleich-, aber im Verhältnis zum Hauptschuldner nachrangigen Haftung der Mitbürgen ergibt sich etwas „anderes" i.S.d. § 426 Abs. 1 S. 1.[734] Der zahlende Mitbürge hat daher gegen den/die anderen Mitbürgen folgende Ansprüche: **428**

  - eventuell gesondert vereinbarte **vertragliche Ansprüche**,
  - gemäß § 426 Abs. 1 S. 1 einen **originären anteiligen Ausgleichsanspruch**, dessen Höhe sich im Zweifel nach Kopfteilen bemisst

    B1 kann im **obigen Beispiel** ab dem ersten gezahlten Euro hälftigen Regress nehmen, also von B2 gemäß § 426 Abs. 1 S. 1 Zahlung von 2.000 € verlangen. (Im Normalfall der Gesamtschuld könnte B1 hingegen vollen Regress, aber erst ab einer Zahlung an G von mehr als 5.000 € verlangen.)

  - und aus der ursprünglich dem Gläubiger gegen die Mitbürgen zustehenden und nunmehr auf den zahlenden Mitbürgen gemäß § 426 Abs. 2 **anteilig übergegangenen Bürgschaftsforderung**.

    Im **obigen Beispiel** kann B1 somit von B2 auch gemäß §§ 426 Abs. 2, 765 Abs. 1 Zahlung von 2.000 € verlangen. B1 muss sich dabei allerdings gemäß §§ 412, 404 alle Einwendungen und Einreden entgegenhalten lassen, die B2 gegen G hatte, insbesondere aus den §§ 768, 770, 771. Andererseits bewirken §§ 412, 401 Abs. 1, dass weitere akzessorische Sicherheiten, die für die gesicherte Forderung bestehen, auf B1 i.H.v. 2.000 € übergehen.

Hinweis: *Zur Regresshöhe bei* ***Sicherheiten in unterschiedlicher Höhe*** *sogleich Rn. 436 f.*

---

732 Näher Rn. 439 ff.

733 Eine im Gutachtenstil formulierte, ausführlichere Lösung findet sich in AS-Skript Schuldrecht AT 2 (2018), Rn. 507 ff.

734 BGH NJW 2000, 1034, 1035.

C. Zusammentreffen von Bürgschaft und anderen Sicherheiten

429 Bestehen weitere **andere Sicherheiten** und befriedigt der Bürge den Gläubiger, so ist hinsichtlich der anderen Sicherheiten grundsätzlich wie folgt zu **differenzieren**:

- Der Bürge erhält mit der gesicherten Forderung gegen den Hauptschuldner gemäß §§ 774 Abs. 1 S. 1, 412, 401 Abs. 1 **ipso iure** auch die **akzessorischen Sicherheiten**.
- Die **abstrakten Sicherheiten** gehen hingegen nicht ipso iure auf den Bürgen über, der Wortlaut des § 401 Abs. 1 ist insofern eindeutig. Allerdings hat der befriedigte Gläubiger auch in diesem Fall kein schützenswertes Interesse mehr daran, die anderen Sicherheiten zu behalten. Eine nach §§ 133, 157, 242 treugemäß ergänzende Auslegung des Bürgschaftsvertrags ergibt daher in der Regel, dass der Bürge gegen den Gläubiger einen **Anspruch auf Übertragung** der anderen Sicherheiten hat.[735]

I. Bürgschaft und Schuldbeitritt

430 Ist die andere Sicherheit ein Schuldbeitritt, so ergeben sich Besonderheiten daraus, dass der Schuldbeitritt im **Außenverhältnis** zum Gläubiger keine gegenüber der Hauptschuld nachrangige Sicherheit ist, sondern vielmehr grundsätzlich zu einer **gleichstufigen, gesamtschuldnerischen Haftung** des Schuldners und des Schuldbeitretenden gemäß § 421 führt (vgl. Rn. 333). Kommt hinzu, dass der Bürge sich **nur zugunsten des Hauptschuldners** und nicht auch zugunsten des Schuldbeitretenden **verbürgt,** so hat er nach h.M. gegen diesen keinen Anspruch. Diese Konstellation entsteht insbesondere, wenn **der Schuldbeitritt der Bürgschaft nachfolgt**.

Fall 13: Solidarität ist keine Einbahnstraße

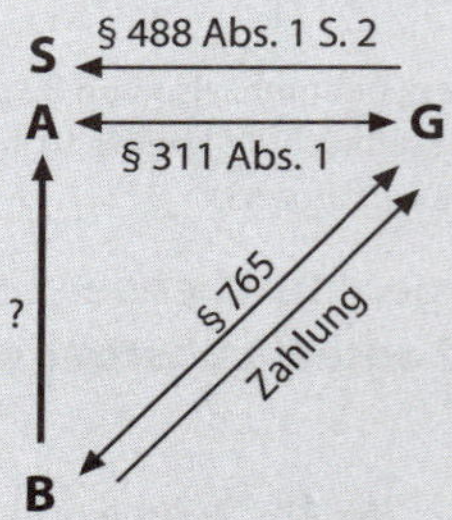

S will eine Boutique eröffnen. Die G-Bank (G) räumt dem S einen Kredit in Höhe von 50.000 € ein. B verbürgt sich selbstschuldnerisch. Der Geschäftsfreund des S, der A, tritt der Schuld des S später bei. S nimmt den Kredit in Anspruch und bezahlt die Lieferanten. Als S vermögenslos ist, zahlt B an G und verlangt von A Ausgleich. Zu Recht?

431 I. Ein **Vertrag** zwischen B und A als Anspruchsgrundlage besteht nicht.

II. Ferner hat B mit seiner Zahlung seine eigene Verbindlichkeit aus § 765 Abs. 1 objektiv erfüllt und auch subjektiv erfüllen wollen, sodass auch ein Anspruch aus der **Führung eines fremden Geschäfts** gemäß §§ 677, 683 S. 1, 670 nicht besteht.

432 III. Die **Forderung** des G gegen A **aus dem Schuldbeitritt** zum Darlehen (§ 311 Abs. 1 i.V.m. § 488 Abs. 1 S. 2) könnte **gemäß § 774 Abs. 1 S. 1 auf B übergegangen** sein.

735 Palandt/Sprau § 774 Rn. 9, m.w.N. zur Rspr. hinsichtlich der einzelnen abstrakten Sicherheiten.

Dazu müsste B sich aber (auch) **für die Schuld des A aus dem Schuldbeitritt verbürgt** haben. B hat sich aber (nur) für die Schuld des S aus § 488 Abs. 1 S. 2 verbürgt. Im Zeitpunkt seiner Verbürgung war noch gar nicht bekannt, dass es zu einem Schuldbeitritt des A kommen würde. Es ist zwar der Anspruch des G gegen S, nicht aber der Anspruch des G gegen A gemäß § 774 Abs. 1 S. 1 auf B übergegangen.[736]

Folglich führt alleine § 774 Abs. 1 S. 1 nicht zu einem Anspruch des B gegen A.

Hinweis: *Oft entsteht der* ***Anspruch des Gläubigers gegen alle Gesamtschuldner gleichzeitig*** *(vgl. z.B. § 427 und § 840 BGB). Wenn* ***sodann eine Bürgschaft*** *bestellt wird, ist ergebnisoffen auszulegen, hinsichtlich welcher Gesamtschuldner sie besteht; insofern kann der Bürge dann über § 774 Abs. 1 S. 1 Regress nehmen.*

IV. Mit dem Übergang der Forderung der G gegen S auf B gehen gemäß **§§ 412, 401 Abs. 1** auch die akzessorischen und daher gleichsam aus Sicht des Gläubigers nachrangigen Sicherheiten auf B über, die zuvor G innehatte. Der **Schuldbeitritt** ist aber **aus Sicht des Gläubigers nicht nachrangig**, er verleiht dem Gläubiger vielmehr einen mit der Hauptschuld gleichstufigen und daher gemäß § 421 auf die sofortige vollständige Befriedigung gerichteten Anspruch gegen den Beitretenden. Dementsprechend ist der Schuldbeitritt zwar in seiner Entstehung, aber angesichts § 425 **in seinem Bestand nicht akzessorisch**. **433**

V. Eine **analoge Anwendung der §§ 412, 401 Abs. 1** auf den Schuldbeitritt kommt in Betracht, denn der Regress im Fall der **Bürgschaft für einen von mehreren Gesamtschuldnern** (hier: nachträglich entstanden durch Schuldbeitritt) ist im Gesetz nicht (ausdrücklich) geregelt, es besteht also eine **Regelungslücke**. **434**

Die Ausgangs- und **Interessenlage** ist aber allenfalls **vergleichbar, wenn S von A Regress nehmen könnte, wenn S an G gezahlt hätte**. Denn nur wenn ein solcher Regressanspruchs des S gegen A bestünde, könnte er mit Zahlung des B an G auf B übergehen, sodass **nur dann B von A überhaupt Zahlung verlangen könnte**.

Zwischen S und A bestand eine Gesamtschuld aufgrund des Schuldbeitritts, sodass S von A (nur) dann gemäß § 426 Abs. 1 S. 1 sowie gemäß § 426 Abs. 2 i.V.m. § 488 Abs. 1 S. 2 hälftigen Regress nehmen kann, **„soweit nicht ein anderes bestimmt ist"** (§ 426 Abs. 1 S. 1). Der **Schuldbeitritt** ist aber **im Innenverhältnis zum Hauptschuldner eine bloße nachrangige Sicherheit**. Der Beitretende (hier: A) und der Hauptschuldner (hier: S) vereinbaren konkludent, dass der Beitretende im Falle seiner Inanspruchnahme beim Hauptschuldner kompletten Regress nehmen kann. Im Ergebnis soll alleine der Hauptschuldner einen Vermögensverlust erleiden.[737] Wenn hingegen der Hauptschuldner den Gläubiger befriedigt, soll er keinen Regress vom Beitretenden nehmen können. Folglich könnte S nach einer Zahlung an G keinen Regress bei A nehmen. Also kann auch kein Regressanspruch von S auf B übergehen.

Die Ausgangs- und Interessenlage beim Zusammentreffen von Bürgschaft und Schuldbeitritt ist also mit der in §§ 412, 401 geregelten Lage (Zusammentreffen von

---

736 Vgl. BGH NJW 1966, 1912; Palandt/Sprau § 774 Rn. 8.

737 BGH NJW 1966, 1912; Palandt/Sprau § 774 Rn. 8; a.A. Medicus/Petersen BR Rn. 944.

Bürgschaft und akzessorischer Sicherheit) nicht vergleichbar. B hat also auch aus dieser Überlegung heraus keinen Regressanspruch gegen A.

II. Bürgschaft und akzessorische dingliche Sicherheit

435 Ist eine Forderung durch eine Bürgschaft und eine akzessorische dingliche Sicherheit (**Faustpfandrecht** an beweglicher Sache, **Hypothek** an Grundstück) gesichert und fehlt eine Abrede bezüglich des Verhältnisses der Sicherungsrechte, so ergibt sich folgende gesetzliche Situation:

- **Zahlt der Bürge,** erhält er gemäß §§ 774 Abs. 1 S. 1, 412, 401 Abs. 1 mit der Forderung gegen den Hauptschuldner kraft Gesetzes auch die akzessorische dingliche Sicherheit.
- **Zahlt der Eigentümer** der verpfändeten Sache, so geht die Forderung auf ihn über – § 1143 Abs. 1 S. 1 bzw. § 1225 S. 2 – und gemäß § 412, 401 Abs. 1 geht auch die Bürgschaft auf ihn über.

Nach der gesetzlichen Regelung wird also der zuerst Zahlende im Ergebnis begünstigt, weil er beim anderen Sicherungsgeber **vollen Regress** nehmen könnte. Es droht der **Wettlauf der Sicherungsgeber**.

436 Es besteht nahezu Einigkeit, dass dieses Ergebnis zu **korrigieren** ist. Die wichtigsten Standpunkte lauten:

- Einige führen an, der **Bürge** sei **stets schadlos** zu stellen, weil er aufgrund seiner persönlichen Haftung schutzwürdiger als der dingliche Sicherungsgeber sei. Das zeige auch § 776, zu dem es im Recht der dinglichen Sicherheiten kein Pendant gebe.[738] Nach dieser Ansicht kann der zahlende Bürge beim Eigentümer vollen Regress nehmen, während umgekehrt dem zahlenden Eigentümer kein Regress zusteht.
- Der BGH kürzt hingegen den Regressanspruch des Erstzahlenden – unabhängig davon, ob dies der persönlich haftende Bürge oder Eigentümer als nur dinglich haftender Sicherungsgeber ist – in **entsprechender Anwendung des § 426**.[739] Die Höhe der Haftungsanteile bemisst sich dabei allerdings nicht nach Kopfanteilen, sondern nach dem **Verhältnis der abstrakten Höchstbeiträge der Sicherheiten** zueinander. Der Regress in eine **dingliche Sicherheit** richtet sich dabei nach **Art und Höhe** danach, was der Sicherungsnehmer hätte verlangen können.[740]

  Beispiel:[741] G hat gegen S eine Forderung aus einem Kontokorrent über aktuell 600.000 €. B verbürgt sich i.H.v. 200.000 €. E bestellt eine Hypothek i.H.v. 600.000 €. Die Forderung fällt i.H.v. 100.000 € aus, die übrigen 500.000 € kann S an G zurückzahlen. –
  B haftet für maximal 200.000 €, E für maximal 600.000 €. Der abstrakte Haftungshöchstbetrag liegt also bei 800.000 €. B trägt 25% des Haftungsrisikos und E 75%. Konkret trägt B also 25.000 € und E 75.000 € des Ausfalls.

---

738 Tiedtke BB 1984, 19, 20 m.w.N.

739 BGH NJW 1992, 3228.

740 Staudinger/Herresthal K Rn. 73.

741 Nach BGH RÜ 2009, 151, Entscheidung ergangen zur Grundschuld, siehe dazu AS-Skript Sachenrecht 2 (2019), Rn. 227.

1. Zahlt E an G, so schuldet B ihm von der gezahlten Summe ab dem ersten Euro – siehe Rn. 428 – 25%.
2. Soweit **B an G zahlt**, kann B von E Duldung der Zwangsvollstreckung (h.M., vgl. § 1147; nicht (!) Zahlung) verlangen. B stehen dann 75 % des Anteils am Versteigerungserlös zu, den G erhalten hätte. Der maximale Anteil des B beläuft sich allerdings auf 75.000 €. Soweit der Erlös hierfür nicht ausreicht, kann B von E keine weitere Zahlung verlangen, da E eine auf das Grundstück beschränkte dingliche Sicherheit gewährt hat.

Hinweis: *Diese Problematik wird* ***eher mit einer Hypothek (oder Grundschuld) als mit einem Faustpfandrecht*** *geprüft. Oft werden dann auch* ***spezifische Probleme der Hypothek bzw. der Grundschuld*** *abgeprüft. Eine ausführlichere Darstellung des Wettlaufs des Sicherungsgebers und des umgekehrten Falls bei der Grundschuld („Stillstand der Sicherungsgeber") finden Sie daher im AS-Skript Sachenrecht 2 (2019).*[742]

Die Berechnung erfolgt auch dann nach den **abstrakten Höchstbeiträgen**, wenn die **Sicherungsgeber Mitgesellschafter** zu unterschiedlichen Anteilen sind und ihre **Gesellschaft die Schuldnerin** ist, jedenfalls wenn die Sicherheiten nach dem Abschluss des Gesellschaftsvertrages bestellt werden. Von der Haftung im Außenverhältnis kann auf eine Haftung im Innenverhältnis geschlossen werden. Zudem geben die Gesellschafter ausdrücklich zu erkennen, dass **für die Besicherung eine andere Risikoverteilung als für die übrigen Angelegenheiten der Gesellschaft gewünscht** ist. 437

Beispiel:[743] An der S-GmbH halten A 80% und B 20%. Für eine Schuld der S bei G verbürgt A sich i.H.v. 300.000 € und B bestellt eine Hypothek i.H.v. 150.000 €. Soweit G von A oder B Zahlung verlangt, verteilt sich die Zahlungslast im Innenverhältnis zu 66,6% auf A und zu 33,3% auf B.

4. Abschnitt: Besondere Arten der Bürgschaft

A. Bürgschaft „auf erstes Anfordern"

Wer sich zur Zahlung auf erstes Anfordern verbürgt, **verzichtet** nicht nur auf die Einrede der Vorausklage, sondern **einstweilen** auch auf sonstige **Einreden und Einwendungen.** Der Bürge muss daher grundsätzlich sofort zahlen. Einwendungen sowie Einreden bleiben einem **auf § 812 gestützten Rückforderungsanspruch** vorbehalten.[744] 438

Hinweis: *Der Gläubiger kann also „erst schießen" und muss sich erst „später fragen" lassen, ob er das Recht dazu hatte. Ein Pendant hierzu stellt die* ***notarielle Unterwerfungserklärung*** *dar, die gemäß § 794 Abs. 1 Nr. 5 ZPO Vollstreckungstitel ist. Aus ihr kann der Gläubiger sofort vollstrecken und es ist dann Aufgabe des Schuldners (analog) § 767 ZPO gegen den titulierten Anspruch bzw. gegen die Unterwerfungserklärung selbst vorzugehen.*[745]

Ausnahmsweise kann der Bürge die Leistung gemäß **§ 242** verweigern, wenn die Einreden **offensichtlich begründet** sind. Sollen die **akzessorischen Einwendungen und Einreden endgültig abgeschnitten** werden, dann liegt trotz der Bezeichnung als Bürgschaft ein abstrakter **Garantievertrag** vor.[746]

742 AS-Skript Sachenrecht 2 (2019), Rn. 325 ff. zur Hypothek und Rn. 432 ff. zur Grundschuld.
743 Nach BGH RÜ 2017, 82 (für eine GmbH und mehrere Gesellschafter-Mitbürgen).
744 Ausführlich Palandt/Sprau Einf v § 765 Rn. 14 ff.
745 AS-Skript ZPO (2018), Rn. 388, 512 u. 520; Thomas/Putzo/Seiler, ZPO, § 794 Rn. 45 ff. u. 61, § 767 Rn. 8 a.
746 Lorenz JuS 1999, 1145, 1151; Palandt/Sprau Einf v § 765 Rn. 14 u.17.

B. Nachbürgschaft

439 Der Nachbürge verbürgt sich gegenüber dem Gläubiger dafür, dass der (**Haupt-)Bürge seine Verpflichtung** gegenüber dem Gläubiger aus § 765 Abs. 1 **erfüllt**. Während Mitbürgen gemäß § 769 gesamtschuldnerisch nebeneinander haften, soll der Nachbürge im Ergebnis nur dann haften, wenn der Hauptbürge ausfällt.

440 Die Nachbürgschaft ist **unmittelbar akzessorisch zur Hauptbürgschaft** und über diese zudem **mittelbar akzessorisch zur gesicherten Forderung.** Daraus folgt:

- **Befriedigt der Hauptbürge** den Gläubiger, so erlischt seine Verpflichtung gemäß § 362 Abs. 1 und zugleich gemäß § 767 Abs. 1 S. 1 die Verpflichtung des Nachbürgen.
- **Zahlt dagegen der Nachbürge**, so gehen nach § 774 Abs. 1 sowohl die Hauptforderung des Gläubigers gegen den Hauptschuldner als auch die Forderung des Gläubigers gegen den Bürgen aus § 765 Abs. 1 auf den Nachbürgen über.[747]

C. Rückbürgschaft

441 Der Rückbürge verbürgt sich dem Hauptbürgen gegenüber **für den künftigen Rückgriffsanspruch des Hauptbürgen gegen den Hauptschuldner** (§ 774 Abs. 1 bzw. § 670 o.Ä.). Wenn also der Hauptbürge an den Gläubiger gezahlt hat, kann er den Rückbürgen in Regress nehmen. Zuvor muss er natürlich vergeblich gegen den primär zum Regress Verpflichteten – den Hauptschuldner – vorgegangen sein (§ 771 S. 1), es sei denn, es greift eine Ausnahme des § 773.

442 Befriedigt der Hauptbürge den Gläubiger und sodann der Rückbürge den Hauptbürgen, so fragt sich, ob der **Rückbürge Ausgleich vom Schuldner** verlangen kann.

- Es wird vertreten, dass die Forderung des Hauptbürgen gegen den Schuldner nicht gemäß § 774 Abs. 1 S. 1 kraft Gesetzes auf den Rückbürgen übergehe, weil die Rückbürgschaft keine unmittelbare Beziehung zur Hauptforderung habe. Es sei daher eine **Abtretung** vom Hauptbürgen an den Rückbürgen **erforderlich**, auf welche der Rückbürge aus dem Rückbürgschaftsvertrag einen **Anspruch** habe.[748]

  Hinweis: *Die Ansicht behandelt die Rückbürgschaft wie eine* ***abstrakte Sicherheit****.*

- Es wird eingewandt, dass der Hauptbürge durch seine Zahlung an den Gläubiger gemäß § 774 Abs. 1 S. 1 quasi in die Gläubigerstellung eingerückt sei. Diesen „Gläubiger" i.S.d. § 774 Abs. 1 S. 1 habe nunmehr der Rückbürge befriedigt, sodass sowohl der Anspruch des Hauptbürgen gegen den Schuldner aus deren Innenverhältnis (z.B. aus § 670) als auch die vom Gläubiger auf den Hauptbürgen übergegangene Hauptforderung gegen den Schuldner auf den Rückbürgen **kraft Gesetzes übergehe.**[749]

---

747 Palandt/Sprau Einf v § 765 Rn. 9.

748 RG RGZ 146, 67, 70; Palandt/Sprau Einf v § 765 Rn. 10.

749 Vgl. MünchKomm/Habersack § 765 Rn. 122 m.w.N.

D. Ausfallbürgschaft

Die Inanspruchnahme des Ausfallbürgen setzt voraus, dass der Gläubiger trotz Zwangsvollstreckung beim Schuldner und infolge unverschuldeten Versagens sonstiger Sicherheiten (insbesondere „normaler" Bürgschaften) einen Ausfall gehabt hat. Der Ausfallbürge wird von seiner Haftung frei, wenn der Gläubiger den Ausfall durch Verletzung von Sorgfaltspflichten verschuldet hat. Im Gegensatz zum normalen Bürgen ist daher der Ausfallbürge auf die Einrede der Vorausklage (§ 771 S. 1) nicht angewiesen, da der **Ausfall des Schuldners zum anspruchsbegründenden Tatbestand gehört.**[750] **443**

Zahlt der Ausfallbürge, erwirbt er gemäß §§ 774 Abs. 1 S. 1, 412, 398 die Forderung des Gläubigers gegen den Hauptschuldner. Gemäß §§ 774 Abs. 1 S. 1, 412, 401 erwirbt er ferner weitere bestehende akzessorische Sicherheiten, z.B. auch den **Anspruch des Gläubigers gegen** einen weiteren, normalen Bürgen („**Regelbürge**"). **444**

Einen originären, **direkten Regressanspruch des Ausfallbürgen gegen den Regelbürgen** sieht das Gesetz hingegen nicht vor. Insbesondere folgt einer solcher nicht aus §§ 774 Abs. 2, 426 Abs. 1. Diese Normen gelten nur für gleichrangige Mitbürgen i.S.d. § 769, während der Ausfallbürge subsidiär nach dem Regelbürgen haftet. Diese Regelungslücke ist durch **analoge Anwendung des §§ 774 Abs. 2, 426 Abs. 1** zu schließen.[751] Anderenfalls würde die beabsichtigte Privilegierung des Ausfallbürgen ins Gegenteil verkehrt und der Ausfallbürge stünde schlechter als der Regelbürge.

750 Palandt/Sprau Einf v § 765 Rn. 11.

751 BGH RÜ 2012, 409.

445

Bürgschaft

Zustandekommen

- **Einigung** über den **Inhalt** des § 765
  - Bürge soll für bestimmbare Hauptforderung einstehen
  - Bei Sicherungszusage kann Bürgschaft, Schuldbeitritt oder Garantie vorliegen; Auslegung nach dem Grad der Abhängigkeit, im Zweifel Bürgschaft
- **Wirksamkeit** der Einigung: Allgemeine Regeln über Rechtsgeschäfte; Nichtigkeitsgründe:
  - §§ 125 S. 1, 766 S. 1; beachte § 766 S. 3, § 350 HGB, § 242 sowie Blankobürgschaft
  - § 138: Erhebliche finanzielle Überforderung des Bürgen und weitere Umstände
  - Anpassung/Rücktritt nach § 313
  - Verstoß einer Globalbürgschaft gegen §§ 307, 305c
- **Akzessorietät:** Die nach dem Inhalt der Einigung zu sichernde Forderung muss bestehen

Erlöschen

- **Erlöschen**, wenn
  - gesicherte Forderung erlischt, § 767 Abs. 1 S. 1 (Erhöhung nur nach § 767 Abs. 2 möglich)
  - Gläubiger Sicherung aufgibt, § 776,
  - zeitlich begrenzt, § 777,
  - Hauptschuld durch neuen Gläubiger übernommen wird, § 418 Abs. 1 S. 1,
  - Kündigung §§ 314, 242 oder
  - Widerruf, § 355 (Probleme: Entgeltlichkeit; Außergeschäftsraum; Fernabsatz; Verbr.darlehen)
  - Rechtsmissbrauch (§ 242), wenn Bürgschaftsfall sittenwidrig herbeigeführt

Einreden

- Eigene Einrede des **Bürgen**
  - aufgrund einer Vereinbarung mit dem Gläubiger
  - kraft Gesetzes insb. Einrede der Vorausklage, § 771 S. 1; nicht wenn Bürge Kaufmann ist, § 349 HGB; Ausschluss gemäß § 773
- Vom **Hauptschuldner** abgeleitete Einreden
  - Einrede gegen die gesicherte Forderung, § 768 Abs. 1
  - Einrede der Anfechtbarkeit, § 770 Abs. 1; analog Einrede der Gestaltbarkeit
  - Einrede der Aufrechenbarkeit, § 770 Abs. 2; nach h.M. nicht, wenn nur der Hauptschuldner aufrechnen kann (vs. § 129 Abs. 3 HGB); Gläubiger muss sicher aufrechnen können
  - Verzicht schadet nicht bei § 768 Abs. 1, aber bei § 770 (arg. § 768 Abs. 2)

Rückgriffsansprüche

- Bürge als alleiniger Sicherungsgeber zahlt: Aufwendungsersatzanspruch gegen den Schuldner aus Auftrag bzw. GoA (§ 670) und aus gemäß § 774 Abs. 1 S. 1 übergegangener Forderung
- Mitbürgen: §§ 774 Abs. 2, 426
- Bürge vs. Schuldbeitritt: Kein Regress, wenn Bürgschaft nur für den Hauptschuldner
- Bürge vs. Faustpfandrecht/Hypothek: Anspruchskürzung analog § 426, kein Wettlauf der SiG
- Bürge vs. Grundschuld: Anspruch aus § 426 analog, kein Stillstand der SiG

Besondere Arten

- Bürgschaft auf „erstes Anfordern"
- Nachbürgschaft
- Rückbürgschaft
- Ausfallbürgschaft

10. Teil: Materiell-rechtlicher Vergleich

1. Abschnitt: Voraussetzungen

Laut § 779 Abs. 1 Hs. 1 ist der Vergleich ein **Vertrag**, durch den der Streit oder die Ungewissheit über ein Rechtsverhältnis im Wege gegenseitigen Nachgebens beseitigt wird. 446

Hinweis: *Die folgende Darstellung konzentriert sich auf die Wirksamkeitsvoraussetzungen und Rechtsfolgen des* ***materiell-rechtlichen Vergleichs*** *(im Folgenden: „Vergleich" oder „Vergleichsvertrag") i.S.d. § 779. Von diesem abzugrenzen ist der* ***Prozessvergleich*** *i.S.d. §§ 160 Abs. 3 Nr. 1, 278 Abs. 6, 794 Abs. 1 Nr. 1 ZPO als Vollstreckungstitel.*[752]

A. Disponibles Rechtsverhältnis

Rechtsverhältnis ist jede rechtlich verdichtete und dadurch **rechtlich erhebliche Beziehung von Person zu Person oder von einer Person zu einer Sache**. 447

Hinweis: *Diese Definition entspricht derjenigen des Rechtsverhältnisses i.S.d. zivilprozessualen* ***Feststellungsklage*** *nach § 256 ZPO.*[753]

Außer Schuldverhältnissen sind auch dingliche Rechte, Gestaltungsrechte sowie bestimmte familien- und erbrechtliche Beziehungen erfasst. Erforderlich ist lediglich, dass der eine Teil **kraft des Rechtsverhältnisses auf die Entschließungsfreiheit** des anderen Teils **einwirken** kann.[754]

Das Rechtsverhältnis muss für die Vergleichsparteien **disponibel** sein.[755] 448

- Gänzlich **nicht disponibel** sind z.B.
  - **Statusverhältnisse** wie die Ehe oder die Abstammung,
  - einzelne Inhalte des Rechtsverhältnisses, die kraft **zwingender Vorschriften** auch nicht erstmalig durch Vertrag geregelt werden könnten

    Beispiele: § 312 k Abs. 1 S. 1, § 553 Abs. 3, § 13 BUrlG; vgl. auch § 50 AktG.
  - sowie das **Ingangsetzen eines Verwaltungsverfahrens von Amts wegen**. Dazu zählt insbesondere die **Abwendung eines Strafverfahrens**, soweit ein Anfangsverdacht i.S.d. §§ 152 Abs. 2, 160 Abs. 1 StPO zumindest auch hinsichtlich eines **Offizialdelikts** besteht, denn der Verletzte hat **nur bei Antragsdelikten** i.S.d. § 77 Abs. 1 StGB die Einleitung eines Strafverfahrens i**n der eigenen Hand**.[756]
- **Rechtskräftig festgestellte** Rechtsverhältnisse können **nicht mit Wirkung für die Vergangenheit** durch Vergleich verändert werden. Dem steht die formelle Rechtskraft des Urteils i.S.d. § 705 ZPO entgegen.[757]

---

752 Ausführlich zum Prozessvergleich AS-Skript ZPO (2018), Rn. 260 ff.
753 Thomas/Putzo/Seiler § 256 Rn. 5.
754 BGH NJW 1980, 889, 890; BGH NJW-RR 1992, 363; Palandt/Sprau § 779 Rn. 5.
755 Vgl. zum Folgenden Palandt/Sprau § 779 Rn. 6 ff., m.w.N. zur umfangreichen Kasuistik.
756 Vgl. zu diesen strafprozessualen Begriffen AS-Skript StPO (2018), Rn. 24.
757 Vgl. zur formellen und materiellen Rechtskraft AS-Skript ZPO (2018), Rn. 332 ff.

Allerdings ist eine hierauf abzielende Vereinbarung in der Regel als eine im Rahmen der Vertragsfreiheit (§ 311 Abs. 1) **zulässige Begründung eines neuen Rechtsverhältnisses** auszulegen. Auch ein Vergleich über einen **Streit über die Auslegung eines rechtskräftigen Urteils** ist **zulässig**.

B. Streit, Ungewissheit oder unsichere Verwirklichung des Anspruchs

449 Die Parteien müssen sich entweder streiten, also **ernstlich entgegengesetzte Vorstellungen über die Rechtsfolgen oder Voraussetzungen** des Rechtsverhältnisses vertreten. Oder sie müssen sich – auch ohne zu streiten – über eine solche Frage **ungewiss** sein, was z.B. bezüglich künftigen Rechtsentwicklungen oder des möglichen Eintritts von Bedingungen und Zeitbestimmungen (§§ 158 ff.) der Fall sein kann.

Gemäß § 779 Abs. 2 kann sich die Unsicherheit auch auf die **tatsächliche Verwirklichung** des Anspruchs beziehen, z.B. die Leistungsfähigkeit des Schuldners oder den Erfolg einer anstehenden Vollstreckung.

450 Maßgeblich ist die **subjektive Sicht der Parteien** des Vergleichs. Ob auch objektiv eine Unsicherheit besteht, ist aufgrund der Privatautonomie der Parteien irrelevant.[758]

C. Gegenseitiges Nachgeben

451 Die Parteien müssen im weitesten Sinne nachgeben, d.h. einander **irgendwelche Zugeständnisse** machen. Diese Zugeständnisse brauchen nicht gleichwertig zu sein und müssen sich nicht auf das streitige Rechtsverhältnis beziehen.

Beispiele: Einigung auf bestimmten Geldbetrag; Stundung oder Teilzahlungsbewilligung des Gläubigers; Kostenübernahme oder Titelverschaffung (z.B. durch Prozessvergleich, § 794 Abs. 1 Nr. 1 ZPO) bezüglich des unstreitigen Teils des Rechtsverhältnisses durch den Schuldner.

452 Auch hier ist die **Sicht der Parteien** maßgeblich, sodass solche „Zugeständnisse" genügen, die objektiv der „begünstigten" Partei ohnehin zustanden.[759]

453 Die Reichweite der Zugeständnisse ist im Einzelfall durch **Auslegung** nach §§ 133, 157 zu ermitteln. Klassisch ist etwa die Frage, in welchem Umfang der Vergleich das Rechtsverhältnis neu regelt.

Beispiel: Erfasst ein Vergleich im Nachgang zu einer unberechtigten Eigenbedarfskündigung auch solche weitergehenden Schadensersatzansprüche des Mieters, die darauf beruhen, dass der Vermieter die Voraussetzungen des Eigenbedarfs vorsätzlich vorgetäuscht hat?[760]

454 Diese Zugeständnisse müssen gegenseitig sein, d.h. es muss jede Partei ihr **Zugeständnis wegen des Zugeständnisses der anderen Partei** abgeben. Einseitige Zugeständnisse genügen nicht.[761]

Gegenbeispiel: bedingungsloses Anerkenntnis des Schuldners

758 Vgl. zu alledem MünchKomm/Habersack, § 779 Rn. 24 f.

759 Palandt/Sprau § 779 Rn. 9, auch zu den Beispielen.

760 Vgl. BGH NJW 2015, 2324 (im konkreten Fall verneint).

761 Palandt/Sprau § 779 Rn. 10, auch zum Gegenbeispiel.

2. Abschnitt: Unwirksamkeit

Die Wirksamkeit des Vergleichsvertrags beurteilt sich nach dem BGB AT und dem Schuldrecht AT. Insbesondere die folgenden **Besonderheiten** sollten bekannt sein. 455

A. Form

Der Vergleichsvertrag kann **grundsätzlich formfrei** abgeschlossen werden (Umkehrschluss aus § 125 S. 1). Enthält er **aber formbedürftige Verpflichtungen oder Verfügungen** (z.B. nach §§ 311 b Abs. 1, 766, 925), so erstreckt sich dieser Formzwang auch auf den Vergleichsvertrag.[762] 456

Hinweis: *Der **Prozessvergleich** muss hingegen die Form des § 160 Abs. 3 Nr. 1 ZPO (vgl. hierzu § 127 a) oder des § 278 Abs. 6 S. 1 Var. 1 oder 2 ZPO (auch für diesen gilt § 127 a analog) wahren. Im letztgenannten Fall können Formverstöße nach § 242 unbeachtlich sein.*[763]

B. Beschränkte Anfechtbarkeit

Die Anfechtung einer Vergleichserklärung wegen Irrtums gemäß § 119 Abs. 1 oder 2 ist ausgeschlossen, wenn sich der **Irrtum** auf einen streitigen oder ungewissen Punkt bezieht, der gerade **Gegenstand des Vergleichs** war. Anderenfalls würde der Zweck des Vergleichs, weitere Auseinandersetzungen über diesen Punkt zu vermeiden, verfehlt.[764] 457

*Diese Überlegung haben Sie bereits oben bei der **Bürgschaft** kennengelernt. Ein Irrtum des Bürgen über die Solvenz des Hauptschuldners ist irrelevant, weil die Bürgschaft gerade bezweckt, das Solvenzrisiko auf den Bürgen zu übertragen.*

Die Anfechtung wegen **arglistiger Täuschung** oder **Drohung** nach § 123 Abs. 1 ist uneingeschränkt zulässig.[765] Es sei daran erinnert, dass sowohl Täuschung als auch Drohung durch einen Dritten erfolgen können – auch durch einen Richter. 458

Beispiel:[766] Der Richter sagt in der mündlichen Verhandlung zum Kläger „Passen Sie auf, was Sie sagen; es wird sonst alles gegen Sie verwendet."

C. Anwendbarkeit der §§ 320 ff.

Die §§ 320 ff. (insbesondere § 323) sind nur auf solche Vergleiche anwendbar, die als **gegenseitige Verträge** mit **synallagmatischer Verknüpfung** der Leistungspflichten der Parteien ausgestaltet sind. Aus dem „gegenseitigen Nachgeben" i.S.d. § 779 Abs. 1 folgt das nicht zwingend, weil es alleine Voraussetzung für das Zustandekommen des Vergleichs ist und nicht das Verhältnis der Pflichten nach Entstehung des Vergleichs festlegt. 459

---

762 Palandt/Sprau § 779 Rn. 3.

763 Vgl. BGH RÜ2 2015, 177, und BGH RÜ2 2017, 148. Die Entscheidungen werden in der RÜ2 in Form eines Anwaltsschreibens an den Mandanten dargestellt. Diese typische Aufgabenstellung des 2. Staatsexamens ähnelt stark der Aufgabenstellung, die Ihnen bereits im 1. Examen in einer Anwaltsklausur („Was wird Rechtsanwältin R raten?") begegnet. Die Beiträge sind daher, obgleich sie sich primär an Referendare richten, auch für fortgeschrittene Studenten in der Vorbereitung auf das 1. Examen geeignet.

764 Palandt/Sprau § 779 Rn. 26.

765 Palandt/Sprau § 779 Rn. 27 f.

766 Nach BAG, NZA 2010, 1250; vgl. auch OVG Berlin-Brandenburg, Beschl. v. 24.06.2015 – OVG 5 N 7.14, BeckRS 2015, 47830.

An einem Synallagma **fehlt es** insbesondere dann, wenn die Parteien sich **nur hinsichtlich einer einzelnen Pflicht einer der Parteien** vergleichen.[767]

Beispiel mit Gegenseitigkeit:[768] A verpflichtet sich zur Ratenzahlung, im Gegenzug nimmt B eine eidesstattliche Versicherung zurück und beseitigt die Wirkungen eines Pfändungs- und Überweisungsbeschlusses.

Beispiel ohne Gegenseitigkeit:[769] A meint, B schulde ihr aus einem Arbeitsvertrag 3.300 €. B meint, es seien nur 2.900 €. A und B einigen sich auf 3.000 €.

D. Wegfall der Vergleichsgrundlage nach §§ 779 Abs. 1 Hs. 2, 313

460 In § 779 Abs. 1 Hs. 2 ist ein **besonderer Fall der Störung der Geschäftsgrundlage** geregelt. Der Vergleich ist hiernach unwirksam, wenn der ihm **als feststehend zu Grunde gelegte Sachverhalt falsch** ist und der Streit oder die Ungewissheit bei Kenntnis des richtigen Sachverhalts **nicht entstanden wäre**.

461 **Soweit der Anwendungsbereich** des § 779 Abs. 1 Hs. 2 reicht, sind die allgemeinen Grundsätze des **§ 313 ausgeschlossen. Im Übrigen ist § 313 anwendbar.**[770] In Betracht kommen insbesondere folgende Szenarien, die nicht vom Wortlaut des § 779 Abs. 1 Hs. 2 erfasst sind und daher nach § 313 zu beurteilen sind:

- Die Parteien haben sich über **Umstände** geirrt, die sie zwar dem Vergleich zugrunde gelegt, aber **nicht als feststehend betrachtet** haben.
- Der Streit bzw. die Ungewissheit hätte **auch bei Kenntnis der wahren Sachlage** bestanden.
- Die Erwartungen über **künftige Verhältnisse** oder **künftiges Verhalten** einer oder beider Parteien haben sich nicht erfüllt. Die Vergleichsgrundlage fehlt also nicht von Anfang an (§ 313 Abs. 2), sondern sie entfällt erst später (§ 313 Abs. 1).

Beispiel: B und M streiten über die Höhe der von M geschuldeten Miete für eine große Industrieanlage. Sie schließen einen Vergleich. Danach soll M von den von B geforderten 600.000 € einen Betrag in Höhe von 300.000 € zahlen. M hat sich dazu bereit erklärt, weil B ihm ein Ackergrundstück zu einem Preis verkaufen will, der derzeit zwar recht hoch ist, der sich nach zu erwartender Ausweisung des Grundstücks als Bauland aber als gutes Geschäft darstellen wird. Als sich herausstellt, dass das Grundstück wegen überraschend veränderter Mehrheitsverhältnisse im Stadtrat auf absehbare Zeit doch kein Bauland werden wird, weigert sich M, die 300.000 € zu zahlen. –
A. Es besteht keine **Zahlungspflicht des M aus dem Vergleich**, wenn der Vergleich unwirksam ist.
I. § 779 Abs. 1 Hs. 2 ist bereits deshalb nicht einschlägig, weil der zu Grunde liegende Sachverhalt wahr ist. Zwischen B und M besteht tatsächlich ein Mietvertrag und bei dem Grundstück handelte es sich bei Vergleichsschluss tatsächlich um Ackerland.
II. Aus **§ 313** könnte sich die Unwirksamkeit ergeben oder zumindest herbeiführen lassen. Beide Parteien sind bei Vertragsschluss davon ausgegangen, dass B ein künftiges Baugrundstück an M verkaufen werde. Dieser Umstand ist zur Geschäftsgrundlage des Vergleichs i.S.d. § 313 Abs. 1 geworden. M hätte den Vergleich nicht abgeschlossen, wenn er gewusst hätte, dass das Grundstück nicht als Bauland ausgewiesen werden wird. Dieser Umstand lag auch nicht im alleinigen Risikobereich des M. Die Vergleichsgrundlage ist also später entfallen.

---

767 Palandt/Grüneberg, Einf v § 320 Rn. 9.

768 Nach BGH NJW 2002, 1788.

769 Nach BAG, RÜ 2015, 297.

770 BGH NJW 1984, 1746; BGH NJW-RR 1994, 434; Palandt/Sprau § 779 Rn. 13; Palandt/Grüneberg § 313 Rn. 64. Näher zu § 313 AS-Skript Schuldrecht AT 2 (2018) 124.

Der Vergleich ist deshalb zwar nicht unwirksam. Mangels Anpassungsmöglichkeit gemäß § 313 Abs. 1 kann M aber gemäß § 313 Abs. 3 S. 1 vom Vergleich zurücktreten und ihn so vernichten. Tut M dies, so ist der Vergleich unwirksam und M muss nicht aufgrund des Vergleichs zahlen.
B. Ob und in welcher Höhe eine **Zahlungspflicht des M aus § 535 Abs. 2** wieder auflebt, sobald M den Vergleich durch Rücktritt vernichtet, kann anhand des Sachverhalts nicht beurteilt werden.

3. Abschnitt: Rechtsfolgen

Der Vergleich ist ein **Feststellungsgeschäft**, dessen Zweck es ist, Rechtsfrieden und Rechtssicherheit durch Beseitigung des Streits oder der Ungewissheit herzustellen. Der Vergleich stellt daher **unabhängig von der wirklichen Rechtslage verbindlich** fest, was zwischen den Parteien rechtens ist. **462**

A. Schuldverhältnis und Verpflichtungen

Wenn die Parteien über den **Inhalt eines Schuldverhältnisses** gestritten haben, so müssen sie die sich aus dem Vergleich ergebenden **Verpflichtungen erfüllen**, gleich ob diese mit dem Vergleich neu begründet wurden oder ob diese mit dem Schuldverhältnis begründet und mit dem Vergleich modifiziert wurden. Wenn die Parteien sogar über den **Bestand eines Schuldverhältnisses** gestritten haben, besteht dieses in der vom Vergleich vorgegebenen Gestalt. **463**

Regelmäßig wollen die Parteien **keine vollumfängliche Novation** (Schuldumschaffung). Es soll also nicht das alte Schuldverhältnis durch ein neues ersetzt werden, was auch das Erlöschen von Sicherheiten und Einwendungen zur Folge hätte. Der Parteiwille geht vielmehr in der Regel dahin, das „alte" Schuldverhältnis dem Grunde nach bestehen zu lassen und **nur einzelne Verpflichtungen zu modifizeren**. Soweit der Vergleich geht, ist dann zwar ein Rückgriff auf die Pflichten aus dem ursprünglichen Schuldverhältnis ausgeschlossen. **Sicherheiten und Einwendungen bleiben** aber, anders als bei der Novation, **bestehen**.[771] **464**

B. Gegenständliche Wirkung

Wenn die Parteien **über ein absolutes Recht** („anfänglich-konstitutiv") **verfügen**, tritt die absolute Wirkung dieser Verfügung selbstredend erst ein, wenn der erforderliche **Publizitätsakt** vorliegt. **465**

Beispiele: Übereignung oder Verpfändung einer beweglichen Sache durch Übergabe oder Übergabesurrogat (§§ 929 ff.; §§ 1205 f.); Übereignung oder Verpfändung eines Grundstücks durch Eintragung im Grundbuch (§ 873 Abs. 1).

Wegen des **Publizitätsgebots**[772] muss der Publizitätsakt ebenso vorliegen, wenn die Parteien sich („nachträglich-deklaratorisch") darüber verständigen, wer bereits vor Vergleichsschluss Inhaber des Rechts war.

Es kann **beispielsweise** keinen Unterschied machen, ob die Parteien sich am Mittwoch darüber vergleichen, dass eine Partei ab sofort oder aber bereits seit Dienstag Eigentümerin eines Pkw ist.

771 Palandt/Sprau § 779 Rn. 11.
772 Vgl. zum Publizitätsgebot AS-Skript Sachenrecht 1 (2018), Rn. 9.

C. Erlass gegenüber Gesamtschuldnern, § 423

466 Erlässt der Gläubiger einem von mehreren Gesamtschuldnern (im Folgenden: der beteiligte Gesamtschuldner) die Schuld ganz oder teilweise, so bestimmt sich die **Wirkung** dieses Erlasses – gemäß § 397 Abs. 1 ein Verfügungsvertrag – **nach § 423**.

Beispiel zum teilweisen Erlass: S1 und S2 haften als Gesamtschuldner dem G auf 10.000 €. G erlässt S1 2.000 €.[773]

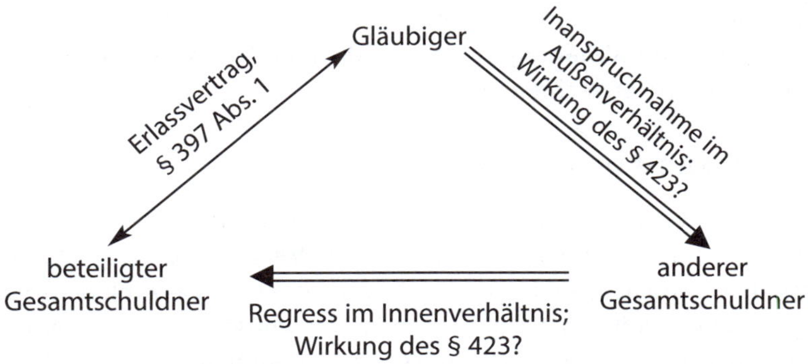

467 Die **Auslegung** eines (nicht eindeutig formulierten) **Erlasses** kann zu folgenden **Wirkungen** führen:[774]

- **Gesamtwirkung**, d.h. der Anspruch des Gläubigers gegen sämtliche Gesamtschuldner erlischt und der Regress nach § 426 Abs. 1 u. 2 entfällt, jeweils in Höhe des Erlasses. Diese Wirkung tritt gemäß § 423 Hs. 2 ein, wenn die Parteien das **ganze Schuldverhältnis aufheben** wollen. Soweit die Gesamtwirkung reicht, stellt der Erlass eine ausnahmsweise zulässige Verfügung des beteiligten Gesamtschuldners zugunsten Dritter (nämlich der anderen Gesamtschuldner) dar.

  Im **Beispiel** könnte G sowohl von S1 als auch von S2 nur noch 8.000 € verlangen. S1 und S2 können gegenseitig Regress nehmen, soweit einer von ihnen mehr als 4.000 € zahlt. Hinsichtlich der erlassenen 2.000 € besteht der Anspruch des G nicht mehr, sodass insoweit auch kein Regress mehr stattfindet.

- **Einzelwirkung**, d.h. der Anspruch des Gläubigers erlischt nur gegenüber dem beteiligten Gesamtschuldner und besteht in voller Höhe (vgl. § 421 S. 1) gegen die anderen Gesamtschuldner fort. Diese können aber nach § 426 Abs. 1 u. 2 (auch) beim beteiligten Gesamtschuldner vollen Regress nehmen. Der Erlass **schützt** den beteiligten Gesamtschuldner also **nur im Außenverhältnis** zum Gläubiger.

  Im **Beispiel** könnte G von S1 nur noch 8.000 €, von S2 hingegen weiterhin 10.000 € verlangen. S1 und S2 können gegenseitig Regress nehmen, soweit einer von ihnen mehr als 5.000 € zahlt. Der Erlass wirkt nicht für die Gesamtschuldner, sondern nur für S1 als Einzelperson, sodass er auch den Regress nicht beeinflusst.

---

773 Ein weiteres **Beispiel zu einem kompletten Erlass** finden Sie bei Staudinger/Looschelders § 423 Rn. 17 ff.

774 Vgl. insgesamt Palandt/Grüneberg § 423 Rn. 1 ff.

- **beschränkte Gesamtwirkung**, d.h. im Außenverhältnis wird der beteiligte Gesamtschuldner frei und die übrigen Gesamtschuldner werden so weit frei, wie der beteiligte Gesamtschuldner ihnen im Innenverhältnis haftet. Durch den privatautonomen Erlass wird also das **Außenverhältnis nach § 421 zulasten des Gläubigers mit dem Innenverhältnis nach § 426 verknüpft**. Soweit der Erlass geht, ist der Regress gegen den beteiligten Gesamtschuldner ausgeschlossen, weil er insofern ebenso zu behandeln ist, als habe er den Anspruch durch Leistung erfüllt.[775] Der Erlass **schützt** den beteiligten Gesamtschuldner also **im Außen- und im Innenverhältnis**.

  Im **Beispiel** könnte S2 hinsichtlich der erlassenen 2.000 € (soweit nicht ein anderes bestimmt ist, § 426 Abs. 1) von S1 1.000 € Regress nehmen. S2 wird also in dieser Höhe (Dank der Verhandlungen von S1 mit G) im Außenverhältnis zu G frei. G kann also von S2 9.000 € und von S1 8.000 € verlangen. Zahlt S2, so kann er von S1 maximal 4.000 € Regress nehmen, weil die Erfüllungswirkung des Erlasses den noch geschuldeten Betrag aus Sicht des S1 auf 8.000 € reduziert hat. Zahlt hingegen S1, so kann er von S2 maximal 5.000 € verlangen.

§ 423 erfasst sowohl **isolierte Erlasse**, als auch Erlasse, die **im Rahmen eines Vergleichs** mit dem beteiligten Gesamtschuldner vereinbart werden.[776] **468**

Bei einem **Erlass durch Vergleich** mit einem Gesamtschuldner führt die Auslegung in aller Regel dazu, dass **keine Gesamtwirkung** vorliegt, weil der Gläubiger keinen Anlass hat, alle Gesamtschuldner zu begünstigen, obwohl ihm nur einer von ihnen entgegenkommt. Vielmehr will der Gläubiger gegen die anderen Gesamtschuldner weiterhin voll vorgehen, sodass **grundsätzlich Einzelwirkung** vereinbart wird.

Auf eine **beschränkte Gesamtwirkung** kann **nur** geschlossen werden, wenn der Vergleich die Sache **für den beteiligten Gesamtschuldner vollständig erledigen**, ihn also **zu Lasten des Gläubigers auch vor Regressansprüchen schützen** soll. Auf ein solches selbstloses Entgegenkommen des Gläubigers kann nicht bereits aus dem Umstand geschlossen werden, dass der beteiligte Gesamtschuldner anderenfalls – abweichend von der Quotelung nach Köpfen gemäß § 426 Abs. 1 S. 1 – im Innenverhältnis weit überwiegend oder vollständig haften müsste. Es bedarf besonderer Anhaltspunkte dafür, dass der Gläubiger die Vermögensinteressen des beteiligten Gesamtschuldners über seine eigenen stellt.[777]

---

775 Staudinger/Looschelders § 423 Rn. 21.

776 BGH RÜ 2003, 442, 443.

777 BGH RÜ 2012, 140; Palandt/Grüneberg § 423 Rn. 4.

469

Materiell-rechtlicher Vergleich

Voraussetzungen des § 779 Abs. 1 Hs. 1

- Disponibles Rechtsverhältnis
- Streit /Ungewissheit/unsichere Verwirklichung
- Gegenseitiges Nachgeben

Unwirksamkeit

- Grundsatz: Formfreiheit; aber Form der enthaltenen Verpflichtungen und Verfügungen ist zu beachten
- Anfechtung wegen Irrtums nicht, wenn betroffene Tatsache gerade Gegenstand des Vergleichs ist
- Anfechtung wegen Täuschung und Drohung (auch durch Richter) möglich
- §§ 323, 349: nicht jeder Vergleich ist gegenseitiger Vertrag
- Wegfall der Vergleichsgrundlage:
  - § 779 Abs. 1 Hs. 2 als lex specialis
  - i.Ü. § 313 anwendbar (Tatsache als nicht feststehend betrachtet; Streit hätte auch bei Kenntnis der wahren Sachlage bestanden; Erwartung betrifft künftiges Verhalten oder Verhältnisse

Rechtsfolgen

- Vergleich legt Pflichten des bestehenden Schuldverhältnisses verbindlich fest; keine vollständige Novation des Schuldverhältnisses, sondern einzelne Modifikationen
- Gegenständliche Wirkung erfordert Vollzugsmoment (Publizität), auch bei „deklaratorischen Festlegungen"
- Erlass durch Vergleich für einen Gesamtschuldner hat grundsätzlich Einzelwirkung und ausnahmsweise beschränkte Gesamtwirkung im Verhältnis zu den anderen Gesamtschuldnern

11. Teil: Schuldversprechen, Schuldanerkenntnis und Tatsachenanerkenntnis

Vereinbaren zwei Personen, dass einer der Beteiligten **im weitesten Sinne zur Begleichung einer Schuld verpflichtet** sei, so kann dies 470

- ein abstraktes (auch: konstitutives) Schuldanerkenntnis oder Schuldversprechen i.S.d. §§ 780, 781 mit materiell-rechtlichen Wirkungen,
- ein kausales (auch: deklaratorisches oder bestätigendes) Schuldanerkenntnis mit materiell-rechtlichen Wirkungen,
- ein beweisrechtlich wirkendes Tatsachenanerkenntnis (Wissenserklärung) oder
- eine rechtlich unbedeutende Äußerung zur Beruhigung der Gegenseite

darstellen.

Daneben muss Ihnen der Begriff des **Anerkenntnisses i.S.d. § 212 Abs. 1 Nr. 1**[778] sowie des **Anerkenntnisses i.S.d. § 307 ZPO**[779] bekannt sein.[780]

Die Einordnung der Vereinbarung erfolgt im Wege der **Auslegung** gemäß §§ 133, 157. Bedeutung erlangen hierbei insbesondere der Wortlaut der abgegebenen Erklärung, die beiderseitige Interessenlage, die tatsächlichen Umstände des Einzelfalls sowie der von den Parteien mit der Vereinbarung verfolgte Zweck.[781] Es spielt insbesondere eine Rolle, welche Rechtsfolgen die Erklärung – nach dem aus objektiver Empfängersicht beurteilten Willen des Erklärenden – haben soll. 471

1. Abschnitt: Abstraktes (konstitutives) Schuldanerkenntnis bzw. -versprechen

A. Zustandekommen

Das abstrakte Schuldanerkenntnis oder -versprechen ist ein **einseitig verpflichtender, abstrakter Vertrag**. Die Einigung der Parteien begründet eine **neue, selbstständige Verbindlichkeit** einer der Parteien.[782] 472

Ob ein abstraktes **Schuldversprechen** (§ 780) **oder** ein abstraktes **Schuldanerkenntnis** (§ 781) vorliegt, beurteilt sich lediglich nach der Formulierung im Einzelfall. Die **Rechtsfolgen unterscheiden sich nicht**. In der Praxis wird daher regelmäßig nicht differenziert und die Normen werden oft zusammen zitiert.[783] Auch im 1. Examen wird diese Ungenauigkeit in der Regel toleriert. Wenn allerdings der Wortlaut der Vereinbarung eindeutig ist, dann schadet es nicht, wenn Sie sich auf eine der beiden Erscheinungsformen festlegen.

---

778 Vgl. hierzu allgemein AS-Skript BGB AT 2 (2019), Rn. . Vgl. ferner zu der Frage, ob die Mängelbeseitigung durch den Verkäufer ein Anerkenntnis i.S.d. § 212 Abs. 1 Nr. 1 darstellt, AS-Skript Schuldrecht BT 1 (2019), Rn. 168, sowie BGH RÜ 2012, 688.

779 Hierzu ausführlich AS-Skript ZPO (2018), Rn. 249 ff.

780 Vgl. auch die Auflistung der Begrifflichkeiten am Rand der gutachtlichen Aufbereitung von BGH RÜ 2011, 756, 757.

781 Wellenhofer-Klein Jura 2002, 505, 511 f.; Palandt/Sprau § 780 Rn. 4 u. § 781 Rn. 1.

782 Palandt/Sprau § 780 Rn. 1a u. § 781 Rn. 2.

783 Wellenhofer-Klein Jura 2002, 505; Palandt/Sprau § 780 Rn. 1.

473 Das Versprechen bzw. die Anerkennungserklärung – d.h. nur die Erklärung des Versprechenden oder Anerkennenden – muss gemäß §§ 780 S. 1, 781 S. 1 **schriftlich** abgegeben werden. Die Schriftform kann gemäß §§ 780 S. 2, 781 S. 2 nicht durch die elektronische Form des § 126 a ersetzt werden, vgl. § 126 Abs. 3.

Wenn andere Vorschriften eine **strengere Form** für das Leistungsversprechen vorschreiben (z.B. §§ 311 b Abs. 1, 518 Abs. 1 S. 2), gilt diese gemäß §§ 780 S. 1, 781 S. 3 auch für das Anerkenntnis bzw. Versprechen.[784]

Hingegen ist die Erklärung **formfrei**, wenn sie

- von einem **Kaufmann** (§ 350 HGB) oder
- aufgrund einer **Abrechnung**, die ein Rechnungsergebnis feststellt, oder im Wege eines – grundsätzlich formfreien, vgl. Rn. 456 – materiell-rechtlichen **Vergleichs** (§ 782)

abgegeben wird.

B. Rechtsfolge

474 Das abstrakte Anerkenntnis bzw. Versprechen wird **im Regelfall erfüllungshalber** (§ 364 Abs. 2)[785] abgegeben, sodass die im Streit stehende Forderung (wenn sie besteht) nach h.A. nur gestundet ist. Es kommt also grundsätzlich nicht zur Aufhebung des im Streit stehenden Schuldverhältnisses bzw. Anspruchs, es findet **keine Novation** statt. Der Gläubiger muss zwar zunächst seine Ansprüche aus dem Anerkenntnis bzw. Versprechen durchsetzen, kann aber bei Misserfolg sekundär auf die im Streit stehende Forderung (wenn sie besteht) zurückgreifen.

Eine Auslegung kann im Einzelfall ergeben, dass das Anerkenntnis bzw. Versprechen **ausnahmsweise** das im Streit stehende Schuldverhältnis vollständig ersetzt und damit zum Erlöschen bringt. Es findet eine **Schuldumschaffung** (**Novation**) statt. In diesem Fall tritt das Anerkenntnis bzw. Versprechen **an Erfüllungs statt** (§ 364 Abs. 1) an die Stelle der im Streit stehenden Forderung.[786]

475 Gegen das Anerkenntnis bzw. Versprechen selbst können **unmittelbar die üblichen Einwendungen und Einreden des BGB** bestehen.

Beispiel: Das Anerkenntnis kann nach §§ 142 Abs. 1, 123 Abs. 1 unwirksam sein, soweit der Anerkennende bei seiner Erklärung getäuscht/bedroht wurde und aufgrund dessen anficht.

476 Ob und in welchem Umfang **Einwendungen bzw. Einreden aus dem im Streit stehenden Schuldverhältnis** auch gegenüber dem abstrakten Anerkenntnis bzw. Versprechen geltend gemacht werden können, ergibt sich hingegen aus der **Auslegung** im Einzelfall. Aufgrund der Abstraktheit ist dies **regelmäßig zu verneinen**, der Gläubiger soll ja gerade einen sicheren Anspruch erhalten, obwohl das im Streit stehende Schuldverhältnis nichtig bzw. einredebehaftet ist bzw. zumindest sein könnte.[787] Folgende Einwendungen bzw. Einreden **schlagen** allerdings **ausnahmsweise durch**:

---

784 Palandt/Sprau § 780 Rn. 6 u. 781 Rn. 11; Wellenhofer-Klein Jura 2002, 505, 507 f.

785 Vgl. allgemein zu § 364 AS-Skript Schuldrecht AT 2 (2018), Rn. 17 ff.

786 Palandt/Sprau § 780 Rn. 7; Wellenhofer-Klein Jura 2002, 505, 506.

787 Vgl. (auch zum Folgenden) BGH WM 1976, 907, 909; Palandt/Sprau § 780 Rn. 9 ff.; Wellenhofer-Klein Jura 2002, 505, 507.

- Tritt das Anerkenntnis bzw. Versprechen an die Stelle einer **unvollkommenen Verbindlichkeit,**[788] so erwächst aus ihm – ebenso wie aus der unvollkommenen Verbindlichkeit selbst – kein Anspruch, vgl. §§ 656 Abs. 2, 762 Abs. 2.

- Gemäß § 812 Abs. 2 stellt auch das abstrakte Versprechen bzw. Anerkenntnis ein durch Leistung erlangtes Etwas dar. Ist also das im Streit stehende Schuldverhältnis nichtig, so kann der Schuldner das Versprechen bzw. Anerkenntnis gemäß § 812 Abs. 1 S. 1 Var. 1 bzw. S. 2 Var. 1 kondizieren. Dementsprechend kann er seiner Inanspruchnahme aus dem kondizierbaren Versprechen bzw. Anerkenntnis die **Bereicherungseinrede des § 821** entgegensetzen.

  Hinweis: *Die Nichtigkeit des im Streit stehenden Schuldverhältnisses führt also* ***nicht*** *zur* ***Nichtigkeit des Versprechens bzw. Anerkenntnisses****, über §§ 812 Abs. 2, 821 entsteht* ***aber eine Einrede****. Eine ähnliche „Verschiebung" finden Sie auch bei der Grundschuld, gegen welche sich aus dem Sicherungsvertrag eine Einrede ergibt, soweit die gesicherte Forderung nichtig ist,*[789] *oder bei der sich aus Gestaltungsrechten ergebenden Einrede nach § 770 (vgl. Rn. 413).*

Der Begünstigte trägt die **Darlegungs- und Beweislast** für das Entstehen des Versprechens bzw. Anerkenntnisses. Das Entstehen des im Streit stehenden Schuldverhältnisses muss er gerade nicht mehr beweisen. Der Versprechende bzw. Anerkennende trägt die Darlegungs- und Beweislast für die Einwendungen und Einreden gegen das Anerkenntnis bzw. Versprechen.[790] **477**

Hinweis: *Der eigentliche* ***Vorteil*** *des abstrakten Anerkenntnisses bzw. Versprechens für den Begünstigten liegt also* ***nicht in seiner materiell-rechtlichen Wirkung****, denn über §§ 812 Abs. 2, 821 setzen sich die Mängel der im Streit stehenden Forderung hinsichtlich des Anerkenntnisses bzw. Versprechens fort. Von Nutzen ist vielmehr die* ***prozessuale Auswirkung****: Es muss nicht mehr der Begünstigte beweisen, dass die im Streit stehende Forderung entstanden ist, sondern* ***der Anerkennende bzw. Versprechende muss*** *im Rahmen der §§ 812 Abs. 2, 821* ***beweisen, dass die im Streit stehende Forderung nicht entstanden ist****.*

Fall 14: Alles eine Frage der Beweislast

V hat an K Ersatzteile zu einem Preis von 11.250 € geliefert. K bestätigt per Brief auf Verlangen und zur Freude des V, dass V einen Zahlungsanspruch i.H.v. 11.250 € aufgrund der Lieferung hat. Als V später Zahlung verlangt, macht K geltend, der Kaufvertrag sei mangels Einigung unwirksam. Es lässt sich nicht aufklären, ob eine Einigung über den Kaufvertrag getroffen wurde. Wie ist die Rechtslage?

A. V könnte gegen K einen **Zahlungsanspruch aus einem Kaufvertrag** gemäß § 433 Abs. 2 Var. 1 haben. **478**

  I. Ein solcher Anspruch besteht nur, wenn V **beweisen** kann, dass der Kaufvertrag besteht, also insbesondere eine entsprechende **Einigung** erfolgt ist. Den V trifft

788 Näher zur unvollkommenen Verbindlichkeit AS-Skript BGB AT 1 (2018) Rn. 174.

789 Vgl. AS-Skript Sachenrecht 2 (2019), Rn. 371.

790 Wellenhofer-Klein Jura 2002, 505, 507.

die **Beweislast für die anspruchsbegründenden Tatsachen**. Dieser Beweis gelingt V nicht.

II. Zudem bewirkt das abstrakte Schuldanerkenntnis, dass der (vermeintliche) Anspruch aus § 433 Abs. 2 Var. 1 einstweilen **gestundet** ist.

V hat keinen Anspruch gegen K aus § 433 Abs. 2 Var. 1.

479 B. V könnte gegen K einen **Zahlungsanspruch aus einem abstrakten Schuldanerkenntnis** gemäß § 781 S. 1 haben.

I. Die Parteien haben sich darüber geeinigt, dass **neben der Kaufpreisschuld** eine **neue selbstständige Schuld aus dem Schuldanerkenntnis** entstehen sollte. Der Zugang der konkludenten Annahmeerklärung des V war nach § 151 entbehrlich. Eine Unwirksamkeit dieser Vereinbarung ist nicht ersichtlich. Insbesondere ist die Schriftform der §§ 780 S. 1, 126 gewahrt, sodass keine Unwirksamkeit nach § 125 S. 1 vorliegt.

II. K kann aber die **Bereicherungseinrede** gemäß **§ 821** erheben und die Zahlung verweigern, soweit er aus **§ 812 Abs. 1 S. 1 Var. 1 u. Abs. 2** einen Anspruch auf Rückgewähr des Anerkenntnisses hat.

1. V hat das **Schuldanerkenntnis durch Leistung des K erlangt**, § 812 Abs. 2.

2. Fraglich ist, ob dies **ohne Rechtsgrund** erfolgte. Der K hat das Schuldanerkenntnis im Hinblick auf seine (vermeintliche) Schuld aus dem Kaufvertrag i.V.m. § 433 Abs. 2 Var. 1 abgegeben, sodass der (vermeintliche) Kaufvertrag den **Rechtsgrund** bildete. K muss beweisen, dass der Kaufvertrag nicht besteht, denn den K trifft die **Beweislast für die Einreden gegen den Anspruch des V aus dem Schuldanerkenntnis**. Dieser Beweis gelingt K nicht, daher besteht ein Rechtsgrund für das Anerkenntnis, sodass dem K die Einrede des § 821 nicht zusteht.

V hat daher einen Zahlungsanspruch gegen K aus § 781 S. 1 i.H.v. 11.250 €.

C. Negatives Schuldanerkenntnis

480 Wenn nicht der Schuldner einen Anspruch positiv i.S.d. §§ 780 f. anerkennt, sondern umgekehrt der **Gläubiger das Nichtbestehen** eines Anspruchs oder Schuldverhältnisses **anerkennt**, so liegt ein negatives Schuldanerkenntnis vor.

Es kann **formfrei** vereinbart werden, die §§ 780 f. gelten nicht.[791]

Gemäß § 397 Abs. 2 wird das negative Schuldanerkenntnis **wie ein Erlass** i.S.d. § 397 Abs. 1 behandelt. Es ist also ein **Erfüllungssurrogat** in Form eines **Verfügungsvertrags**.

791 Palandt/Grüneberg § 397 Rn. 10.

2. Abschnitt: Kausales (deklaratorisches/bestätigendes) Schuldanerkenntnis

Das kausale Schuldanerkenntnis ist nicht als typischer Vertrag – insbesondere nicht in § 781 – geregelt, aber nach dem Grundsatz der **Vertragsfreiheit** (**§ 311 Abs. 1**) zulässig. **481**

A. Zustandekommen

Das kausale Anerkenntnis ist ein **Schuldbestätigungsvertrag**, der **formlos** vereinbart **482**
werden kann, da er nicht unter § 781 fällt.[792]

Durch das kausale Schuldanerkenntnis wird der Streit oder die Ungewissheit der Parteien bezüglich des Bestehens oder Umfangs des Anspruchs unter **Beibehaltung des Anspruchsgrundes** beigelegt. Es wird also **keine neue Verbindlichkeit** begründet, sondern die **bestehende oder vermeintliche Verbindlichkeit bestätigt**.[793]

Ein **Streit** oder eine **Ungewissheit** ist – wie beim Vergleich – Tatbestandsvoraussetzung des kausalen Schuldanerkenntnisses. Lagen sie bei Vereinbarung des Anerkenntnisses nicht vor, so ist es unwirksam und entfaltet keine Rechtsfolgen.[794] Die Beweislast für das Vorliegen eines Streits oder einer Ungewissheit trägt nach allgemeinen Grundsätzen der Gläubiger, der sich auf die Wirkung des Anerkenntnisses beruft.

Das kausale Anerkenntnis ist also in der Regel Bestandteil eines Vergleichs, sodass der **Nichtigkeitsgrund des § 779 Abs. 1 Hs. 2 entsprechend anzuwenden** ist.[795]

B. Rechtsfolge

Der Schuldner ist regelmäßig mit allen **Einwendungen und Einreden gegen die im** **483**
Streit stehende Forderung ausgeschlossen, die er bei Abgabe des kausalen Schuldanerkenntnisses **kannte** oder **kennen musste**. Einwendungen und Einreden, die er nicht kannte und nicht kennen musste, stehen ihm hingegen weiter zu. Ein engerer oder weiterer Ausschluss der Einwendungen und Einreden kann ausdrücklich vereinbart werden oder sich im Einzelfall aus einer Auslegung des Anerkenntnisses ergeben.[796]

Klausurhinweis: *Das kausale Anerkenntnis ist daher im Gutachten als* ***Ausschlussgrund im Rahmen der jeweiligen Einwendung bzw. Einrede*** *zu prüfen.*

Soweit der Ausschluss reicht, ist dem Schuldner sein **Verteidigungsmittel** also – solange das Anerkenntnis wirksam ist – **endgültig abgeschnitten**, weil er darauf verzichtet hat. Anders als beim abstrakten Anerkenntnis sind die §§ 821, 812 nicht einschlägig, sodass dem Schuldner **nicht** der **Gegenbeweis**[797] des Bestehens des Verteidigungsmittels über § 821 eröffnet ist.[798]

---

792 Palandt/Sprau § 781 Rn. 3 a.E.
793 Palandt/Sprau § 781 Rn. 3.
794 BGH NJW 1999, 2889.
795 BGH RÜ 2011, 756; BAG, NJW 2011, 630; näher zu § 779 Abs. 1 Hs. 2 Rn. 460 f.
796 BGH NJW 1976, 1259; Palandt/Sprau § 781 Rn. 4; Wellenhofer-Klein Jura 2002, 505, 508.
797 Vgl. zum Gegenbeweis und der Abgrenzung zum „Beweis des Gegenteils" (§ 292 S. 1 ZPO) AS-Skript ZPO (2018), Rn. 281.
798 Wellenhofer-Klein Jura 2002, 505, 508.

484 Der Einwendungsausschluss kann sich auch auf solche Einwendungen beziehen, die bereits das **wirksame Zustandekommen** des Schuldverhältnisses **verhindern oder rückwirkend vernichten** (z.B. § 142 Abs. 1). In diesem Fall hat das kausale Schuldanerkenntnis letztlich **konstitutive Wirkung**, wenn zuvor überhaupt kein Schuldverhältnis zwischen den Parteien besteht.

In diesen Fällen liegt also keine bloße Bestätigung/Deklaration vor. Es ist daher sprachlich sinnvoller, generell vom **kausalen Schuldanerkenntnis** zu sprechen.[799] Um Missverständnissen vorzubeugen, sollte das in § 781 geregelte Institut, das stets konstitutiv wirkt, nicht als konstitutives, sondern als **abstraktes Schuldanerkenntnis** bezeichnet werden.

485 Das deklaratorische Schuldanerkenntnis kann selbst eine **Nichtigkeit nach § 134 überwinden**. Folgendes ist aber zu beachten:[800]

- Die im Streit stehende Forderung muss im **Grenzbereich zwischen „noch erlaubt" und „schon verboten"** liegen. Denn nur dann können die Parteien **ernsthaft** über diese Frage **streiten/ungewiss sein** und ein Interesse daran haben, dies durch das Anerkenntnis beizulegen. Anderenfalls ist – wie in Rn. 482 dargelegt – der Tatbestand des Anerkenntnisses nicht erfüllt. Bei einem klar verbotenen Geschäft würde zudem anderenfalls § 134 in nicht akzeptablem Maße umgangen.
- Der **Schuldner muss das Risiko der Nichtigkeit aufgrund des Verbots kennen**, denn anderenfalls wird man ihm nicht im Wege der Auslegung unterstellen können, dass er auch auf den Schutz des § 134 verzichten wollte.

486 Da das kausale Schuldanerkenntnis das alte Schuldverhältnis **lediglich bestätigt**, kann es **nicht nach § 812 Abs. 1 S. 1 Var. 1 u. Abs. 2 zurückgefordert** werden, wenn sich im Nachhinein ergibt, dass die als möglicherweise bestehend anerkannte Schuld nicht besteht oder entgegen dem Anerkenntnis eine Einwendung oder Einrede tatsächlich doch besteht. Die reine unselbständige Bestätigung ist nicht als Leistung i.S.d. § 812 Abs. 1 S. 1 Var. anzusehen.[801] Dementsprechend steht dem Schuldner auch die **Einrede des § 821 nicht** zu.

Hinweis: *Das kausale Anerkenntnis ist also* ***für den Schuldner wesentlich gefährlicher als das abstrakte Anerkenntnis.*** *Das kausale Anerkenntnis bedarf keiner Form, es schließt Einwendungen und Einreden gänzlich aus, anstatt nur die Beweislast umzukehren und ihm kann nicht die Bereicherungseinrede (§ 821) entgegengehalten werden. Bei mehrdeutig formulierten,* ***auslegungsbedürftigen Äußerungen*** *des Schuldners spricht daher die Betrachtung der* ***Rechtsfolgen*** *regelmäßig für ein abstraktes Anerkenntnis.*

3. Abschnitt: Tatsachenanerkenntnis (Wissenserklärung)

487 Das Tatsachenanerkenntnis ist im Gegensatz zu den Schuldanerkenntnissen eine einseitige Erklärung **ohne Rechtsbindungswillen**. Es wird abgegeben, um dem anderen Teil das bloße **Wissen um das Bestehen eines (vermeintlichen) Anspruchs** mitzuteilen,

799 Wellenhofer-Klein Jura 2002, 505, 508.
800 Vgl. BGH RÜ 2011, 756.
801 Wellenhofer-Klein Jura 2002, 505, 509; Palandt/Sprau § 781 Rn. 4.

Erfüllungsbereitschaft anzuzeigen und den Beweis zu erleichtern, um ihn von gerichtlichem Vorgehen abzuhalten.[802] Es kann **formlos** erklärt werden.

Beispiele: „Ich bin bei Rot über die Ampel gefahren."; „Ich wusste, dass das Auto, das ich Ihnen verkauft habe, ein Unfallwagen war."

Das Tatsachenanerkenntnis bewirkt keinen Einwendungs- und Einredenausschluss, sondern lediglich eine **Beweiserleichterung bezüglich der anerkannten Tatsache im späteren Gerichtsverfahren**. Diese kann von einer reinen Indizwirkung[803] bis zur vollständigen Umkehr der Beweislast reichen.[804] **488**

Wird eine Tatsache **während des Gerichtsverfahrens zugestanden**, so ist sie nach Maßgabe des § 288 ZPO ohnehin als unstreitig zu behandeln. Dann stellen sich ohnehin keine Beweisfragen.

Fall 15: Erklärung an der Unfallstelle

Der hoch verschuldete X stößt mit dem Pkw des A, der auf dem Beifahrersitz sitzt, an einer Kreuzung mit dem Fahrzeug des B zusammen. B beschimpft den A, der schließlich ruft: „Meine Güte, Sie haben ja Recht, X hat den Unfall verschuldet. Das wäre ihm bei mehr Sorgfalt nicht passiert. Ich stehe dafür gerade." B lässt das Fahrzeug reparieren – Kosten 3.150 € – und verlangt von A Ersatz. Der weigert sich und benennt Zeugen dafür, dass der Unfall selbst dem weltbesten Fahrer ebenso passiert wäre. B behauptet, der Unfall sei ohne weiteres zu vermeiden gewesen. Welche Ansprüche hat B gegen A, auch unter Berücksichtigung von Beweisfragen?

A. Ein Anspruch des B gegen A aus einem **abstrakten Schuldanerkenntnis** gemäß §§ 780, 781, scheitert jedenfalls daran, dass dieses gemäß §§ 125 S. 1, 780 S. 1, 781 S. 1, 126 mangels Schriftform **formnichtig** ist. **489**

B. B könnte gegen A einen Anspruch aus **§ 7 Abs. 1 StVG**[805] haben.

I. Die **Voraussetzungen** des § 7 Abs. 1 StVG liegen vor. Beim Betrieb des Kfz des A wurde nämlich eine Sache des B – sein Pkw – beschädigt. A haftet als Halter verschuldensunabhängig, sodass es der Prüfung eines Verschuldens nicht bedarf.

II. **Höhere Gewalt** ist nicht ersichtlich, sodass der Anspruch nicht bereits nach § 7 Abs. 2 StVG ausgeschlossen ist.

III. Die Verpflichtung des A als Kraftfahrzeughalter zum (anteiligen) Innenausgleich gegenüber dem B als Kraftfahrzeughalter (vgl. § 17 Abs. 2 u. 1 StVG) ist jedoch nach § 17 Abs. 3 StVG ausgeschlossen, soweit der Unfall für A ein **unabwendbares Ereignis** war. Unabwendbar ist ein Ereignis, wenn es auch bei äußerster Sorgfalt von einem Idealfahrer nicht hätte abgewendet werden können.[806] A beruft sich auf die Unvermeidbarkeit des Unfalls auch für den weltbesten Fahrer und behauptet somit das Vorliegen eines unabwendbaren Ereignisses. B bestreitet dies. **490**

802 Palandt/Sprau § 781 Rn. 6.

803 Vgl. zum beweisrechtlichen Begriff des Indizes AS-Skript ZPO (2018), Rn. 282.

804 Wellenhofer-Klein Jura 2002, 505, 510; Palandt/Sprau § 781 Rn. 6.

805 Siehe ausführlich zur Haftung nach dem StVG AS-Skript Schuldrecht BT 4 (2019), Rn. 353 ff.

806 Burmann/Heß/Hühnermann/Jahnke § 17 StVG Rn. 8.

491 1. Dem A ist der **Einwand** aus § 17 Abs. 3 StVG **verwehrt**, wenn er seine Schuld gegenüber B mittels eines **kausalen Schuldanerkenntnisses**, einem atypischen Vertrag nach § 311 Abs. 1, bestätigt hat. Wegen der weitreichenden Folgen (Einwendungs- und Einredenausschluss) ist das nur dann anzunehmen, wenn die Erklärung zweifelsfrei darauf schließen lässt, dass die Parteien ihre rechtlichen Beziehungen dem Streit oder der Ungewissheit über den Unfallhergang entziehen wollen.

Angesichts der oft aufgewühlten Stimmungslage und der häufigen Eile bei der Beseitigung der Unfallfolgen ist **regelmäßig** davon auszugehen, dass Erklärungen am Unfallort **kein kausales Schuldanerkenntnis** darstellen. **Vorliegend** sind auch **keine besonderen Anhaltspunkte** dafür ersichtlich, dass A bereits am Unfallort den Streit mit B über den Unfallhergang beilegen wollte. Hierzu hatte A keinen Anlass gehabt. Es liegt also kein kausales Schuldanerkenntnis vor. Dem A ist der Einwand des § 17 Abs. 3 StVG nicht verwehrt.

Hinweis: *Anders ist es natürlich, wenn ein Unfallbeteiligter ausdrücklich und „am besten" noch schriftlich ein (abstraktes oder deklaratorisches) Anerkenntnis am Unfallort abgibt. Es ist daher davon abzuraten,* ***am Unfallort irgendwelche Schriftstücke, die die Gegenseite formuliert hat, zu unterschreiben.***

492 2. Allerdings trägt A als Schuldner nach allgemeinen Regeln die **Beweislast** für das Verteidigungsmittel des § 17 Abs. 3 StVG. Zudem ist seine Erklärung zu detailliert und konkret, um sie als (auch beweisrechtliche irrelevante) bloße **Erklärung zur Beruhigung** des B aufzufassen. Vielmehr liegt eine **Tatsachenerklärung** des A vor, mit welcher er eingeräumt hat, dass X bei größerer Sorgfalt – und daher erst recht ein Idealfahrer – den Unfall vermieden hätte.

Beispiele für bloße Beruhigungserklärungen: „Selbstverständlich werde ich berechtigte Ansprüche, die Sie gegen mich erheben, sofort begleichen."; „Wir tauschen jetzt unsere Personalien aus und klären dann in Ruhe, wer wem wieviel schuldet."

Beweisrechtlich liegt damit **ein** gegen die Unabwendbarkeit und daher **für B streitendes Indiz vor**. Trotz Beweisbelastung und dieses Indizes kann es aber sein, dass die von A benannten Zeugen das Gericht, welches **gemäß § 286 Abs. 1 ZPO in der Würdigung der Beweise frei** ist, von der Unabwendbarkeit überzeugen werden.

Ob B gegen A einen Anspruch aus § 7 Abs. 1 StVG hat, hängt vom Ausgang dieser Beweiserhebung und -würdigung ab.

Wäre **A selbst gefahren**, so käme ein weiterer Anspruch aus **§§ 18 Abs. 1 S. 1, 7 Abs. 1 StVG** in Betracht. Hier ist ein Verschulden erforderlich, es wird aber gemäß § 18 Abs. 1 S. 2 StVG vermutet. Die Ausführungen zu § 17 Abs. 3 StVG, der gemäß § 18 Abs. 3 StVG anwendbar ist, gelten entsprechend. Ferner könnte A dann aus **§ 823 Abs. 1** haften. Grundsätzlich trägt bezüglich dieser Norm B die Beweislast für das Verschulden des A, doch führt die Tatsachenerklärung des A dazu, dass die Beweislast umgekehrt wird und den A trifft.

Stichwortverzeichnis

Die Zahlen verweisen auf die Randnummern.